中央财政支持地方高校发展项目：理论经济学项目与江西财经大学教学改革项目资助出版

高等院校
"十三五"
经济类课程
规划教材

经济学实验案例教程

ECONOMICS EXPERIMENT CASE TUTORIAL

主　编　杨飞虎

副主编　封福育　王守坤　李国民

经济管理出版社

ECONOMY & MANAGEMENT PUBLISHING HOUSE

图书在版编目（CIP）数据

经济学实验案例教程/杨飞虎主编. —北京：经济管理出版社，2015.10
ISBN 978-7-5096-4001-2

Ⅰ.①经…　Ⅱ.①杨…　Ⅲ.①经济学—高等学校—教材　Ⅳ.①F0

中国版本图书馆 CIP 数据核字（2015）第 244846 号

组稿编辑：王光艳
责任编辑：许　兵　张　荣
责任印制：黄章平
责任校对：赵天宇

出版发行：经济管理出版社
　　　　　（北京市海淀区北蜂窝 8 号中雅大厦 A 座 11 层　　100038）
网　　址：www. E-mp. com. cn
电　　话：(010) 51915602
印　　刷：北京紫瑞利印刷有限公司
经　　销：新华书店
开　　本：720mm×1000mm/16
印　　张：25.25
字　　数：350 千字
版　　次：2015 年 10 月第 1 版　　2015 年 10 月第 1 次印刷
书　　号：ISBN 978-7-5096-4001-2
定　　价：68.00 元

本书编委会名单

杨飞虎　江西财经大学经济学院
封福育　江西财经大学经济学院
王守坤　江西财经大学经济学院
李国民　江西财经大学经济学院
万　春　江西财经大学经济学院
熊家财　江西财经大学会计学院
张　鹏　江西财经大学经济学院
余炳文　江西财经大学经济学院
李冀恺　江西财经大学经济学院
孟祥慧　江西财经大学经济学院
邢有为　江西财经大学经济学院

序　言

随着我国经济的发展和国际经济一体化进程的推动，经济热点问题日益凸显，采用实证分析的方法通过经济模型来解释经济问题的方式越来越受到学术界的广泛欢迎。现在市场上有关经济模型以及软件操作指导的书籍很多，而通过实验案例的形式来帮助学生掌握模型内涵及具体软件操作的指导书籍却十分匮乏。为此我们编著了《经济学实验案例教程》一书，旨在帮助经济学相关专业高年级本科生和研究生深入掌握常见经济模型及软件操作，同时希望对从事经济管理工作的政府机关、企事业单位也具有一定的实际参考价值。

本书具有以下特点：①实用性。本书包含了十五个在经济学领域使用频率较高的经济案例，能够帮助读者解决日常碰到的大部分问题。②创新性。本书内容与时俱进，理论及实践都致力求新，每个模型都配有最新的实验案例加以说明，帮助读者更好理解。③实践性。本书最大的特点就是实践性强。本书每章内容在理论指导的基础上列举了一个实例范文，使其具有较强的实际指导意义。④易读性。理论与实践相结合，有助于读者理解基本原理及方法。⑤自学性。本书每章开头都简要介绍了本章要学习模型的主要内容及重点，章节结尾配有具体的软件操作步骤，帮助读者自学软件操作。

本书共分为三大部分，包括十五个常用的计量模型。

第一部分是时间序列模型，包括以下六个案例：实验案例一，总量生产函数模型与全要素生产率实验。该部分介绍了该模型的基本理论和方法，同时在章末附上该案例使用 Eviews 软件的操作步骤帮助读者掌握该方法的具体应用。实验案例二，单位根检验与奥肯法则检验。该部分指导读者熟练掌握单位根检验原理以及检验基础。实验案例三，Johansen 多元协整检验模型实验。该部分指导读者掌握多元协整模型的原理、协整方程存在的形式以及 Johansen 检验方法，能够通过实验案例掌握多元协整模型的具体应用。实验案例四，向量自回归与误差修正模型实验。该部分指导读者熟练掌握方差分解、协整分析、向量自回归与误差修正模型的原理和实际应用。实验案例五，平滑转换回归模型实验。该部分帮助读者了解模型以及实际应用。实验案例六，多元 GARCH 模型实验。该部分指导读者掌握 GARCH 模型基本原理以及多元 GARCH 模型的分类，并通过实验案例以及实验步骤掌握模型的具体应用。

第二部分是面板数据模型，主要包括以下六个实验案例：实验案例七，静态面板数据模型实验。该部分指导读者掌握静态面板数据模型的原理及实际应用。实验案例八，面板单位根检验与趋同性分析。该部分指导读者掌握面板单位根检验基本原理以及分类情况，能熟练掌握截面独立的面板单位根检验和截面依赖的面板单位根检验的各种检验原理方法。实验案例九，动态面板数据模型——广义矩估计（GMM）方法应用实验。该部分指导读者掌握广义矩估计方法，并能通过实验案例及案例的 Stata 操作步骤解决相关问题。实验案例十，本案例包含两个子案例，分别通过使用 Matlab 软件及 Stata 软件实现，读者可以根据自己兴趣选择合适软件进行模仿学习。实验案例十一，空间面板模型实验。介绍了空间计量模型分析思路及估计技术，并对不同类型的空间权重加以评述，便于读者加深理解，并附上实验案例的 Stata 操作供读者模仿练习。

第三部分是其他专题，包括了一些常用的但又未能包括在以上部分的模型。实验案例十二是二元选择模型实验。该实验介绍二元选择的基本概念以及线性概率模型、对数单位模型和概率单位模型之间的差异，并能通过实验案例及软件操作来介绍该模型的简单应用。实验案例十三，排序选择模型（ODM）实验。该部分简要介绍了定性响应回归模型以及排序选择模型基本原理，并通过实验案例加深读者对该模型的理解。实验案例十四是归并模型实验。该部分指导读者掌握归并模型概念、估计方法以及应用，并能通过具体案例及 Stata 软件操作使读者掌握该模型的简单运用。实验案例十五是核密度估计方法。该部分简要介绍了核密度估计方法的原理，并通过实验案例使读者加深理解。

本教材由下述同志参与编写：杨飞虎（编写实验案例一、实验案例四、实验案例七），封福育（编写实验案例五、实验案例十），王守坤（编写实验案例九、实验案例十一、实验案例十五），李国民（编写实验案例二、实验案例八），万春（编写实验案例三、实验案例十三），熊家财（编写实验案例六、实验案例十二、实验案例十四），李冀恺、孟祥慧（参编实验案例一、实验案例七），邢有为（参编实验案例十），张鹏与余炳文参与编校，在此表示衷心感谢。

杨飞虎

2015 年 9 月

目　录

第一篇　时间序列模型

第二篇　面板数据模型

第三篇　其他专题

时间序列模型

本篇主要介绍了有关时间序列相关案例，主要有总量生产函数模型与全要素生产率实验、单位根检验与奥肯法则检验、Johansen 多元协整检验模型实验、向量自回归与误差修正模型实验、平滑转换回归模型实验、多元GARCH 模型实验共六个实验案例。以下基于各实验案例予以详细介绍。

实验案例一

总量生产函数模型与全要素生产率实验

总量生产函数与全要素生产率实验案例的学习主要分为总量生产函数与全要素生产率理论知识的简介与实际案例的运用，目的是使读者能够更好地将理论运用于实践。

一、总量生产函数与全要素生产率简介

以下主要从理论的角度对总量生产函数与全要素生产率进行简介，从总体上把握本章实验的原理。

1. 总量生产函数模型简介

生产函数表示在一定时间内，在技术条件不变的情况下，生产要素的投入同产品或劳务的产出之间的数量关系。总量生产函数是指经济社会的产出与总就业量、资本之间的函数关系。常见的总量生产函数形式：

$$Y_t = A_t K_t^\alpha L_t^\beta \tag{1-1}$$

其中，Y_t 为 t 期实际产出，A_t 为 t 期技术水平，K_t 为 t 期资本投入，L_t 为 t 期劳动力投入，α 为资本投入的产出弹性，β 为劳动投入的产出弹性。一般假设，技术进步为中性的，即 A_t 为常数；规模报酬不变，即 $\alpha + \beta = 1$。

2. 全要素生产率简介

全要素生产率（Total Factor Productivity，TFP）又称为"索洛余值"，最早是由美国经济学家罗伯特·M.索洛（Robert M. Solow）提出，是衡量单位总投入的总产量的生产率指标，即总产量与全部要素投入量之比。全要素生产率的增长率常常被视为科技进步的指标，其来源包括技术进步、组织创新、专业化和生产创新等。产出增长率超出要素投入增长率的部分为全要素生产率（TFP，也称总和要素生产率）增长率。20 世纪 50 年代，诺贝尔经济学奖获得者罗伯特·M.索洛提

出了具有规模报酬不变特性的总量生产函数和增长方程，形成了现在通常所说的全要素生产率含义，并把它归结为由技术进步而产生的。

根据维基百科定义：全要素生产率一般的含义为资源（包括人力、物力、财力）开发利用的效率。从经济增长的角度来说，生产率与资本、劳动等要素投入都贡献于经济的增长。从效率角度考察，生产率等同于一定时间内国民经济中产出与各种资源要素总投入的比值。从本质上讲，它反映的是国家（地区）为了摆脱贫困、落后和发展经济在一定时期表现出来的能力和努力程度，是技术进步对经济发展作用的综合反映。全要素生产率是用来衡量生产效率的指标，它有三个来源：一是效率的改善；二是技术进步；三是规模效应。在计算上它是除去劳动、资本、土地等要素投入之后的"余值"，由于"余值"还包括没有识别的其他带来增长的因素和概念上的差异以及度量上的误差，它只能相对衡量改善技术进步的程度。

全要素生产率是宏观经济学的重要概念，也是分析经济增长源泉的重要工具，尤其是政府制定长期可持续增长政策的重要依据。首先，估算全要素生产率有助于进行经济增长源泉分析，即分析各种因素（投入要素增长、技术进步和能力实现等）对经济增长的贡献，识别经济是投入型增长还是效率型增长，确定经济增长的可持续性。其次，估算全要素生产率是制定和评价长期可持续增长政策的基础。具体来说，通过全要素生产率增长对经济增长贡献与要素投入贡献的比较，就可以确定经济政策是应以增加总需求为主还是应以调整经济结构、促进技术进步为主。不过目前学术界关于全要素生产率内涵的界定还有分歧。本案例的全要素生产率是指各要素（如资本和劳动等）投入之外的技术进步和能力实现等导致的产出增加，是剔除要素投入贡献后所得到的残差，最早由索洛（1957）提出，故也称为索洛残差。

二、实验名称：中国经济增长因素分析（1952~2008）

此实验案例主要运用总量生产函数与全要素生产率简介基本原理结合现实经济情况，从而对中国经济增长因素分析（1952~2008），以下对相关实证过程予以详细介绍。

（一）研究背景

分析经济增长的影响因素，探究经济增长的动力和源泉一直是经济增长理论的重要内容。1957 年美国经济学家罗伯特·M.索洛在研究美国经济时基于柯布—道格拉斯生产函数提出经济增长因素分析的测算方法。索洛将技术进步纳入生产函数中，在把资本增长和劳动增长对经济增长的贡献剥离以后，剩余部分归结为广义的技术进步，从而定量分离出了技术进步在经济增长中的作用，这便是有名的"索洛余值"（也称综合要素生产率或全要素生产率），使人们能分析出生产率的增长源泉。肯德里克（Kendrick J. K., 1957）认为，全要素生产率应当包括知识进步、劳动素质变化、土地质量变化、资源从新分配、与产量有关的因素、纯政府部门影响、其他剩余因素等。肯德里克指出，全要素生产率的提高在经济增长过程中起着越来越重要的作用，而全要素生产率的提高主要来自于技术进步，因此，可以说技术进步在现代经济增长中起决定作用，是经济增长的主要动力和源泉。继肯德里克之后，美国著名经济学家丹尼森（Denison E., 1969、1983）发展了"余值"的测算方法，主要是把投入要素进行了更加详细的分类，然后利用权数合成总投入指数。丹尼森把影响经济增长因素分为 2 大类 9 小类：第一大类为生产要素投入总量的增加，它包括 4 小类内容：劳动投入数量的变化、劳动者素质的变化、资本质量的变化、资本投入数量的变化；第二大类为单位投入量的产出量（生产率）。包括资源配置改善、规模经济、知识进步、政策因素影响以及一些不规则因素的影响等。丹尼森认为，影响经济增长的因素主要有要素投入量和要素生产率两大类。在两大类因素中，要素生产率的提高对总增长率的贡献已大大超过要素投入量增加所作的贡献；而在 9 类子因素中，知识进步因素的贡献最大、自身增长最快；其次是教育因素。因此，要促进经济高速增长，必须大力发展教育，开发新技术，提高管理水平。由索洛和丹尼森等发展起来的这种方法直到今天仍然占有十分重要的地位。

（二）文献回顾

从目前关于中国经济增长因素实证分析的文献看，最常用的生产函数形式为超越对数生产函数、Cobb-Douglas 生产函数和 CES 生产函数，大多数学者采用了 C-D 函数形式，但在变量的构造和指标的选择上存在较大的差异，这些差异无疑会在客观上影响实证检验的结果，但研究结果有一些共同的观点：①中国经济增长呈现出典型的资本投入推动型特点；②劳动力投入对推动经济增长的作用不显著；③全要素生产率对我国经济增长的贡献，不同实证分析的结果存在较大的差异。沈坤荣（1999）采用超越对数生产函数分析指出，1953~1997 年中国经济增长中，资本投入的贡献率为 57.8%，劳动投入的贡献率为 18.83%，全要素生产率贡献率为 23.4%。孙琳琳、任若恩（2005）分析指出，1981~2002 年资本投入增长、劳动投入增长和全要素生产率增长对经济增长的贡献率分别为 49%、

16%、35%。郭庆旺、贾俊雪（2005）指出，全要素生产率增长对我国 1979~2004 年经济增长的平均贡献率较低，仅为 9.46%，而要素投入增长的平均贡献率高达 90.54%，我国经济增长主要依赖于要素投入增长，是一种典型的投入型增长方式。孙新雷、钟培武（2006）运用索洛的经济增长因素分析法分析指出，1978~2004 年资本投入增长、劳动投入增长和全要素生产率增长对经济增长的贡献率分别为 80.02%、6.24%、13.74%。薛永鹏、王莎基（2009）用时变参数状态空间模型分析指出，1979~2006 年资本、劳动和科技进步对中国经济增长的贡献率分别为 83.7%、11%、5.3%。曹吉云（2007）运用 C-D 函数形式分析指出，1979~2005 年中国经济增长的 59.75% 是由资本投入的增加带来的，11.29% 是由劳动投入的增加带来的，而全要素生产率增长对经济增长的贡献份额为 28.95%。李宾、曾志雄（2009）分析指出，1978~2007 年中国经济增长中，资本贡献率高达 71.2%，劳动的贡献率仅为 9.0%，全要素生产率贡献率为 19.8%。总体来看，中国的经济增长是要素投入增长特别是资本投入增长推动的。中国的经济增长并没有伴随明显的全要素生产率的提高，属于主要由要素投入推动的经济增长。中国资本投入对经济增长的贡献主要来自于资本数量的增加，资本投入质量改善对经济增长并没有做出太多的贡献。

（三）研究设计与数据来源

研究设计与数据来源主要包括统计指标的选取、中国基年资本存量 K_0 的确定、中国投资（新增资本）价格指数的处理、中国每年投资（新增资本）的处理、重置率或折旧率的确定、中国历年资本存量的估算六个方面，以下予以详细介绍。

1. 统计指标的选取

按照索洛采用的生产函数形式：$Y_t = A_t K_t^{\alpha} L_t^{\beta}$，$Y_t$、$K_t$ 和 L_t 分别是 t 时期的净产出、资本存量和劳动者人数。本书在具体操作中，Y_t 直接用 1952~2008 年中国 GDP（1952 年不变价）表示，L_t 用 1952~2008 年中国年末从业人员数表示。对于中国资本存量的估算，本书采用丹尼森和何枫的总资本观点——中国资本存量界定为中国某一基期的总资本量与历年新增的按照基期价格指数核算的资本形成总额之和，用模型表示：

$$K(t) = (1 - \delta(t))K(t - 1) + GCF(t)/PIGCF(t) \qquad (1-2)$$

其中，$K(t)$ 为按照基期（1952 年不变价）核算的历年中国资本存量，$\delta(t)$ 为历年资本折旧率获重置率，$GCF(t)$ 为历年按当年价核算的中国资本形成总额，$PIGCF(t)$ 为历年中国资本形成总额价格指数（1952=1）。下面介绍中国资本存量的估算过程。

2. 中国基年资本存量 K_0 的确定

本书将中国资本存量研究基年确定为 1952 年，并将不变价格设定为 1952 年价格。1952 年中国资本存量的实际数据无法直接得到，只能在某种假定之下对其进行推断。本书将结合资本产出比法和国内权威研究确定 1952 年的中国资本存量。具体如下：

（1）通过资本产出比法估算中国 1952 年的基准资本存量。确定中国基准资本存量 K（1952），首先直接援引美国经济学家帕金斯（1989）"1953 年中国资本—国民收入之比为 3"的假设，假设 1952 年中国资本产出比为 3。由于 1952 年中国 GDP 核算数据为 679 亿元，因此 1952 年中国资本存量约为 2037 亿元。另外，西方发达国家的资本产出比长期约为 2.5 左右，如假设 1952 年中国资本产出比为 2.5，大致推算中国 K（1952）数值约为 1675 亿元。二者中间值 K（1952）=（2037 + 1675)/2 = 1856（亿元）。

（2）通过国内权威研究估算中国 1952 年的基准资本存量。由于我国从没有进行资本存量核算，现只能根据学术界一些权威研究估算 1952 年中国资本存量（见表 1–1）。

表 1–1　国内权威研究对 1952 年（不变价）中国资本存量估算

不含土地和人力资本的资本存量测算	邹至庄	张军扩	王小鲁	贺菊煌	何枫等	张军、章元
中国资本存量（亿元）	1030	2000	1600	1384	2547	800

应该指出，上述研究关于中国资本存量数据差别很大，其中张军、章元（2003）所指的资本仅指固定资本；而其余学者的资本存量数据包括固定资本、存货价值，这与本书的资本存量口径一致。可以发现根据张军扩和王小鲁研究成果测算中国资本存量和资本产出比法估算中国 1952 年的资本存量数值的上限和下限比较接近，因此，本书就选取根据张军扩和王小鲁研究成果测算的中国资本存量数值的中间值作为中国基准资本存量 K（1952），即 K（1952）=（2000+1600)/2=1800（亿元）。

3. 中国投资（新增资本）价格指数的处理

投资（新增资本）价格指数的选取有两个比较可行的指标，一是固定资产投资价格指数 PIIFA(t)，二是资本形成总额价格指数 PIGCA(t)。考虑到这两个指标均是对一年内资本品进行核算，基本上可以互相替代，本着方便简洁的原则，本书采用张军、章元（2003）的研究成果，以固定资产投资价格指数作为中国投资（新增资本）价格指数；对中国 1952~1990 年固定资产投资价格指数，以上海市 1952~1990 年固定资产投资价格指数进行替代；对中国 1991~2008 年固定资产投资价格指数，采用国家统计局公布的固定资产投资价格指数进行替代。经过数据处理，获得 1952~2008 年中国固定资产投资价格指数（1952=1）如下：

表 1-2　1952~2008 年中国固定资产投资价格指数（1952=1）

年份	PIIFA	年份	PIIFA	年份	PIIFA	年份	PIIFA
1952	1	1967	0.79	1982	0.75	1997	2.75
1953	0.98	1968	0.86	1983	0.7	1998	2.74
1954	0.96	1969	0.74	1984	0.75	1999	2.73
1955	0.93	1970	0.74	1985	0.8	2000	2.76
1956	0.64	1971	0.72	1986	0.86	2001	2.77
1957	0.87	1972	0.73	1987	1	2002	2.78
1958	0.88	1973	0.78	1988	1.18	2003	2.84
1959	0.87	1974	0.71	1989	1.33	2004	3
1960	0.84	1975	0.69	1990	1.39	2005	3.05
1961	0.83	1976	0.7	1991	1.52	2006	3.09
1962	0.85	1977	0.76	1992	1.75	2007	3.21
1963	0.86	1978	0.7	1993	2.22	2008	3.5
1964	0.9	1979	0.71	1994	2.45		
1965	0.78	1980	0.72	1995	2.6		
1966	0.83	1981	0.72	1996	2.7		

4. 中国每年投资（新增资本）的处理

本书把中国每年资本形成总额作为每年投资（新增资本）。由于本书研究的是以 1952 年为不变价的历年中国资本形成总额数据，因此按照表 1-2 的 1952~2008 年中国固定资产投资价格指数（1952=1）进行换算，就可获得 1952~2008 年中国资本形成总额（1952 年不变价）数据。

5. 重置率或折旧率的确定

当前国内大多数研究中考虑折旧，然而都是采用会计折旧概念，而非经济折旧概念。并且很少有人将折旧与重置概念相区分，而直接将二者等同起来。事实上，只有在使用一套相同的相对效率序列，并且在其他一些较严格的限制之下，经济折旧与重置才是相同的，二者一般并不相同。考虑到重置率或折旧率的确定非常复杂，想获取公认的重置率或折旧率几乎不可能，因此，本书按照王小鲁（2000）的研究方法，设定 1952~2008 年中国历年资本存量的折旧率为 5%。这样是有依据的，我国在 1952~2008 年的绝大多数年份，官方公布的折旧率是 5%~6%。

6. 中国历年资本存量的估算

在确定了中国 1952 年基期 K（1952）、每年投资（新增资本）价格指数、每年资本形成总额（当年价）、平均折旧率等各项数值后，利用永续盘存法公式求得 1952~2008 年中国历年资本存量（1952 年不变价，见表 1-3）。

表 1-3　1952~2008 年中国资本存量（1952 年不变价）

年份	资本存量（亿元）	年份	资本存量（亿元）	年份	资本存量（亿元）	年份	资本存量（亿元）
1952	1800	1967	5581.79	1982	19769.8	1997	80524.79
1953	1912.36	1968	5805.26	1983	21694.17	1998	87927.09
1954	2053.08	1969	6171.62	1984	23962.93	1999	95600.88
1955	2188.6	1970	6869.66	1985	27086.66	2000	103445
1956	2481.67	1971	7663.68	1986	30315.93	2001	112630
1957	2679.43	1972	8364.19	1987	33262.13	2002	123388.8
1958	3036.36	1973	9104.32	1988	36429.7	2003	136924.6
1959	3599.14	1974	9967.55	1989	39369.65	2004	153134.5
1960	4103.71	1975	11008.74	1990	42255.12	2005	171919.2
1961	4229.37	1976	11872.73	1991	45318.88	2006	193874
1962	4227.43	1977	12723.96	1992	48816.35	2007	218889.8
1963	4324.55	1978	14056.19	1993	53455.58	2008	243166.7
1964	4497.54	1979	15436.34	1994	59085.29		
1965	4865.1	1980	16886.33	1995	65927.21		
1966	5308.35	1981	18306.18	1996	73291.93		

（四）中国总量生产函数模型：实证检验与结论评析

构建中国总量生产函数模型是进行经济增长因素分析的前提，下面进行实证分析。

1. 实证分析模型的建立

参照索洛采用的生产函数，本书以替代变量 SZB_t 表示技术水平因子，构建中国总量生产函数模型如下：

$$Y_t = SZB_t^A L_t^\alpha K_t^\beta \tag{1-3}$$

其中，Y_t 为第 t 期中国 GDP（1952 年不变价），L_t 为第 t 期中国年末从业人员数，K_t 为第 t 期中国资本存量（1952 年不变价），SZB_t 为第 t 期中国第三产业增加值占 GDP 比重，A、α、β 为待估模型参数。

2. 数据的来源及处理说明

本书研究数据来源为历年中国统计年鉴及中经网统计数据库，经整理获得。

根据上面的 K_t 数据处理，以 1952 年价的中国 GDP 为 Y_t（亿元），劳动力投入 L_t 取各年中国年末从业人员数（万人）。随着社会的发展和技术进步，就业人口逐步向第三产业转移，第三产业的产值占总产出比例也逐步提高，第三产业的这种规律性转移事实上是技术进步的结果。因此，本书尝试以第三产业增加值占 GDP 比重 SZB_t 作为技术水平 A_t 的替代变量。

3. 实证分析

根据模型（1–3）设立的中国总量生产函数模型，本书利用 EViews 6.0 分析软件，对模型变量进行回归分析。在实际测算中，考虑到长周期的各种随机因素干扰太大，可能导致模型出现伪回归现象，本书采用了 1978 年和 1993 年这两个重要的时间点为间隔，分别测算了 1952~1977 年、1978~2008 年、1993~2008 年、1952~2008 年这四个时期的中国总量生产函数。分析结果分别如下：

（1）1952~1977 年中国总量生产函数。

$$\ln Y_t = 0.448\ln SZB_t + 0.224\ln L_t + 0.705\ln K_t + 1.344AR（1）- 0.613AR（2） \quad（1–4）$$
$$（4.058）\quad（2.021）\quad（5.448）\quad（8.006）\quad（-3.648）$$

其中，$R^2 = 0.9781$，调整的 $R^2 = 0.9735$，D–W 值 = 1.9396。AR（1）、AR（2）为随机误差项的滞后一期及滞后二期，模型随机误差项基本服从 0 均值的常方差正态分布，且随机误差项与因变量和自变量不相关。模型拟合比较理想，模型参数均在 10% 的显著性水平上通过检验。

（2）1978~2008 年中国总量生产函数。

$$\ln Y_t = 0.441\ln SZB_t + 0.103\ln L_t + 0.824\ln K_t + 0.913AR（1）- 0.362AR（2） \quad（1–5）$$
$$（6.565）\quad（2.342）\quad（23.556）\quad（4.996）\quad（-2.348）$$

其中，$R^2 = 0.99971$，调整的 $R^2 = 0.99967$，D–W 值 = 1.824。AR（1）、AR（2）为随机误差项的滞后一期及滞后二期，模型随机误差项基本服从 0 均值的常方差正态分布，且随机误差项与因变量和自变量不相关。模型拟合比较理想，模型参数均在 5% 的显著性水平上通过检验。

（3）1993~2008 年中国总量生产函数。

$$\ln Y_t = 0.252\ln SZB_t + 0.057\ln L_t + 0.847\ln K_t \quad（1–6）$$
$$（4.549）\quad（2.337）\quad（49.424）$$

其中，$R^2 = 0.99979$，调整的 $R^2 = 0.99976$，D–W 值 = 1.333，模型拟合比较理想，模型参数均在 1% 的显著性水平上通过检验。

其中，$R^2 = 0.99986$，调整的 $R^2 = 0.99984$，D–W 值 = 1.161，模型拟合比较理想，模型参数均在 1% 的显著性水平上通过检验。AR(1) 为随机误差项的滞后一期，模型随机误差项基本服从 0 均值的常方差正态分布，且随机误差项与因变量和自变量不相关。模型拟合比较理想，模型参数均在 10% 的显著性水平上通过检验。

（4）1952~2008 年中国总量生产函数。

$$\ln Y_t = 0.442\ln SZB_t + 0.192\ln L_t + 0.737\ln K_t + 1.365AR（1）- 0.568AR（2）\quad（1-7）$$
$$\qquad（6.662）\qquad（3.908）\qquad（17.172）\qquad（12.712）\qquad（-5.279）$$

其中，$R^2 = 0.9989$，调整的 $R^2 = 0.9988$，D—W 值 = 1.8725。AR（1）、AR（2）为随机误差项的滞后一期及滞后二期，模型随机误差项基本服从 0 均值的常方差正态分布，且随机误差项与因变量和自变量不相关。模型拟合比较理想，模型参数均在 1% 的显著性水平上通过检验。

4. 实证分析结论评析

从上述四个时期的中国总量生产函数来看，模型拟合得都比较理想，模型都非常显著地通过检验。上述四个模型包含着非常丰富的宏观经济信息，现归纳为以下几点结论：

（1）在 1952~1977 年周期里，中国资本投入的产出弹性为 0.705，相应地，劳动力投入的产出弹性为 0.224，明显的产出贡献中资本的比重大于劳动比重。而在 1978~2008 年这个改革开放周期里，中国资本投入的产出弹性迅速上升到 0.824，劳动力投入的产出弹性 0.103，产出贡献中资本的比重远远超过劳动比重。在 1993~2008 年社会主义市场经济建设周期里，中国资本投入的产出弹性高达 0.847，劳动力投入的产出弹性急剧下降到 0.057，明显地，劳动力投入的产出弹性急剧下降到-0.034，劳动的贡献不断下降。在 1952~2008 年这个长周期里，中国资本投入的产出弹性高达 0.737，劳动力投入的产出弹性 0.192，充分表明了中国经济增长的资本驱动型特征。

劳动力增长对经济增长的影响不明显这一结论是符合中国实际情况的。汪森军、张国强（2000）研究显示，劳动力增长对经济增长的影响不明显，其产出弹性仅仅是 0.01。本书认为，劳动力在中国经济增长中的低贡献率源于以下原因：一是全国范围内的劳动力大量剩余；二是农业部门及城市非公有经济部门广大就业岗位具有低技术含量特征；三是传统的国有部门中存在大量隐性失业人员，尽管随着改革的深入，国有部门人浮于事的现象有所改观，但传统国有部门惯有的非利润最大化原则，还是导致大量隐性失业人员的存在。

（2）上述实证分析模型均显著通过检验，其中，技术因子也比较显著地通过各种统计检验。表明在 1952~2008 年的这段时间，以中国第三产业增加值占 GDP 比重作为技术水平的替代变量是合理的。

（3）在模型（1-4）中，劳动和资本的产出弹性 $\alpha + \beta = 0.929 < 1$；在模型（1-5）中，劳动和资本的产出弹性 $\alpha + \beta = 0.927 < 1$；在模型（1-6）中，劳动和资本的产出弹性 $\alpha + \beta = 0.904 < 1$；在模型（1-7）中，劳动和资本的产出弹性 $\alpha + \beta = 0.929 < 1$。从这可以看出，1952~2008 年中国宏观生产的规模报酬递减，这也反

映出中国的经济增长主要靠资本和劳动等要素驱动，而代表技术进步的全要素生产率在中国经济增长中扮演的角色远远不够。我国经济增长的这些特点与我国当前经济发展阶段较为适应，比较符合经济增长方式转变的阶段性规律。在我国经济发展的初级阶段，乃至今后相当长的一段时间内，我国经济增长仍将主要依赖于要素投入增长，意味着政府不能忽视要素投入的重要性。但另外，也应认识到提高全要素生产率对我国经济长期持续增长的重要性，毕竟很高的要素投入增长不可能长期维持下去。所以，政府一方面应继续加大公共教育和科技等投入，提升技术进步率；另一方面还应通过各种政策大力改善和提升技术研发能力，优化资源配置，提升技术效率，从而促进经济增长方式转变，提高效率型经济增长。

（五）结论与对策建议

从本书分析可以看出，中国经济增长主要靠资本投入驱动，劳动投入以及全要素生产率对经济增长的贡献率在改革开放以后始终在低位徘徊，明显表现为投资驱动型的粗放型的经济增长模式。尽管投资驱动的模式在中国工业化、城市化及建立社会主义新农村的进程中有时代的合理性，但这是一个不可持续的增长模式，因为资源的供给不可能无限，资源和环境的压力承受不可能无限。因此，必须高度重视人力资本及技术进步在经济增长中的贡献，提高人力资本及全要素生产率对经济增长的贡献。大部分西方发达国家在"二战"后经济增长就实现了技术进步为主导的集约型增长，其全要素生产率对经济增长的贡献从早期的超过40%，到现在一些国家达到惊人的80%~90%。因此，提高人力资本贡献率以及全要素生产率贡献率对于促进中国经济增长方式由粗放型增长转向集约型增长、促进中国经济社会可持续发展无疑有着重要意义。中国目前已进入高速发展时期，在这一时期更主要的是要努力提高经济增长的质量，实现技术基础的革新。中国在"十一五"期间乃至今后长期都需要把经济增长质量放在社会发展的优先战略地位，特提出以下对策建议：

第一，建立高效的资本形成和有效利用机制，提高我国的资本生产率。当前我国经济增长主要依靠投资的高投入来支撑，这在当前我国储蓄率较高、资本相对过剩的态势下是很容易实现的。但投资主要取决于投资成本与投资的预期收益率的比较，如果资本生产率较低，理性的经济主体是不会投资的，储蓄投资转化的渠道就会出现梗塞。资本生产率的崩溃必然导致经济增长的崩溃，因此要大力发展资本市场，提高投资的效率和效益，加快资本的形成和有效利用。

第二，提高教育水平，重视人力资本积累，发挥人力资本的作用。一个国家长期经济增长的决定性因素是知识和人力资本积累这样一些内生因素，而不是资源和人口数量这样一些外生因素。我国是世界上人力资源最丰富的国家，但必须与教育相结合，人力资源才能成为中国经济增长的推动力量。

第三，调整优化结构，提高要素配置效率。通过提高新增投资效率来调整资产存量结构，优化产业结构和布局，防止投资过度对长期通货紧缩的压力。对当前一些环境污染严重、企业规模效益差的行业，要通过市场和行政的手段逐步治理，实现产业升级和优化布局。加大对教育、科学研究和技术服务业等的投入，把社会资源用于加强自主创新和技术改造，按照科学发展观的要求，提高全要素生产率对经济增长的贡献率，实现效率型经济增长。

第四，鼓励非国有经济的技术创新。当前我国技术创新的主体高度集中在国有经济部门，必须同时鼓励和推进非国有经济的技术创新。当前非国有经济是我国扩大就业、提升消费率的主战场，必须千方百计发展非国有经济，提高非国有经济发展的技术含量，要使非国有经济成为我国技术创新的主体。这样非国有经济就能持续发展和提高国际竞争力水平，就有能力持续扩大就业和提高就业人员待遇。政府应在资金支持上和税收上鼓励非国有经济的技术创新。

第五，增加科技研发投入，推进知识创新和技术进步。新增长理论认为长期经济增长取决于技术进步，而技术进步则取决于研究开发的投入。2008 年我国研究与试验发展（R&D）经费支出 4570 亿元，占 GDP 的 1.52%，而发达国家占 GDP 达 3%~5%。我国要不断加大科技投入，特别是研究开发的投入，以缩小与发达国家科技投入的差距，进而缩小科技水平上的差距，以增加中国经济增长的技术含量。

三、实验操作步骤

步骤 1：首先打开 EViews 软件，选择建立工作文件。如图 1–1 所示。

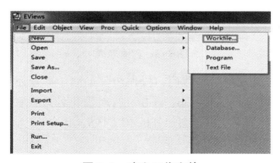

图 1–1　建立工作文件

步骤 2：在工作文件类型中选择时间序列类型，设置初始时间和结束时间。如图 1-2 所示。

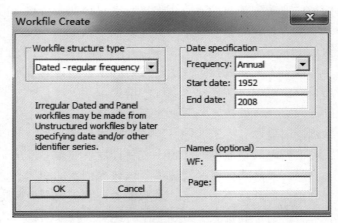

图 1-2　设置初始时间和结束时间

步骤 3：创建如下序列：国内生产总值（y）、资本存量（zb）、劳动就业人数（jy）、第三产业增加值占 GDP 比重（sjzb），如图 1-3 所示。

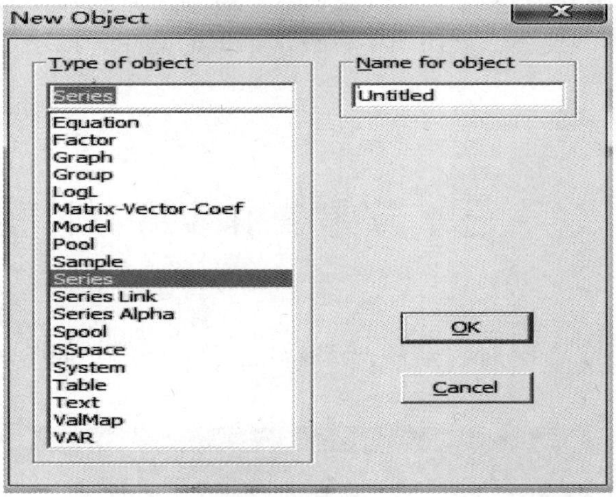

图 1-3　创建序列

步骤 4：将数据填入相应的数列，操作步骤如图 1-4 所示。
步骤 5：分别对数列 y、jy、zb、sjzb 进行对数化处理，如图 1-5 所示。
步骤 6：利用最小二乘法进行回归分析（以 1952~1977 年为例），如图 1-6 所示。模型估计结果如图 1-7 所示。
根据图 1-7 的分析结果 D-W = 0.515484，给定显著性 $\alpha = 0.05$，查 D-W 表。

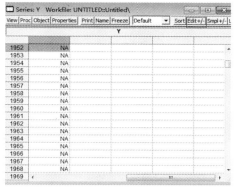

图 1-4　填写数据

图 1-5　进行对数化处理

图 1-6 利用最小二乘法进行回归

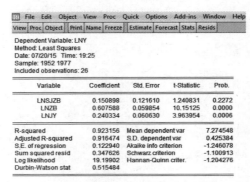

图 1-7 最小二乘法进行回归结果

Dependent Variable: LNY
Method: Least Squares
Date: 07/20/15   Time: 19:25
Sample: 1952 1977
Included observations: 26

Variable	Coefficient	Std. Error	t-Statistic	Prob.
LNSJZB	0.150898	0.121610	1.240831	0.2272
LNZB	0.607588	0.059854	10.15125	0.0000
LNJY	0.240334	0.060630	3.963954	0.0006

R-squared	0.923156	Mean dependent var	7.274548
Adjusted R-squared	0.916474	S.D. dependent var	0.425384
S.E. of regression	0.122940	Akaike info criterion	-1.246078
Sum squared resid	0.347626	Schwarz criterion	-1.100913
Log likelihood	19.19902	Hannan-Quinn criter.	-1.204276
Durbin-Watson stat	0.515484		

因为 n = 26，解释变量的个数 k 为 3，得下限临界值 d_L = 1.14，上限临界值 d_U = 1.46。又因为统计量 $0 < 0.515484 = DW < d_L = 1.14$，表明存在正自相关。

步骤 7：进行 LM 检验确定滞后阶数。实验步骤如下：

为确定滞后的阶数，我们选择 LM 检验。

在方程窗口中，点击 Views/Residual Test/Serial Correlation LM Test，选择滞后期为 2。如图 1-8 所示。

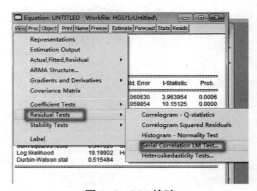

图 1-8 LM 检验

输出结果如图 1-9 所示。

Variable	Coefficient	Std. Error	t-Statistic	Prob.
LNJY	-0.011046	0.036743	-0.300614	0.7667
LNZB	-0.000130	0.036133	-0.003607	0.9972
LNSJZB	-0.050130	0.077001	-0.651025	0.5221
RESID(-1)	1.108830	0.186159	5.956362	0.0000
RESID(-2)	-0.478687	0.191858	-2.495008	0.0210
R-squared	0.668191	Mean dependent var		-0.000377
Adjusted R-squared	0.604989	S.D. dependent var		0.117919
S.E. of regression	0.074112	Akaike info criterion		-2.195438
Sum squared resid	0.115344	Schwarz criterion		-1.953496
Log likelihood	33.54069	Hannan-Quinn criter.		-2.125767
Durbin-Watson stat	2.065794			

图 1-9　（滞后阶段 2）LM 检验结果

滞后阶段 1 和滞后阶段 2 的相伴概率（即 p 值）分别为 0 和 0.021。因此，在显著性水平的条件下 $\alpha = 0.05$，拒绝无自相关的原假设，即随机干扰项存在自相关。

当选择滞后阶段 3 时，进行 LM 检验，输出结果如图 1-10 所示。

Variable	Coefficient	Std. Error	t-Statistic	Prob.
LNJY	-0.005179	0.057906	-0.089436	0.9299
LNZB	-0.004536	0.059574	-0.076145	0.9403
LNSJZB	-0.039608	0.092525	-0.428084	0.6747
RESID(-1)	1.124930	0.261750	4.297727	0.0006
RESID(-2)	-0.539194	0.362304	-1.488236	0.1574
RESID(-3)	-0.006121	0.285406	-0.021448	0.9832
R-squared	0.670717	Mean dependent var		-0.000474
Adjusted R-squared	0.560955	S.D. dependent var		0.125437
S.E. of regression	0.083115	Akaike info criterion		-1.902218
Sum squared resid	0.103622	Schwarz criterion		-1.603783
Log likelihood	25.97329	Hannan-Quinn criter.		-1.837450
Durbin-Watson stat	2.005698			

图 1-10　（滞后阶段 3）LM 检验结果

从输出结果来看，e_{t-2} 的回归系数显著不为 0，表明存在二阶自相关。

步骤 8：自相关的修正，本书采用科克伦—奥克特法（迭代法），对自相关进行修正，具体步骤如图 1-11 所示。

则可得到输出结果如图 1-12 所示。

同理可得 1978~2008 年、1993~2008 年、1952~2008 年其余三个时期的结果，如图 1-13 所示。

步骤 9：检验是否存在异方差，步骤如图 1-14 所示。

收尾概率大于 0.05，接受原假设，残差不存在异方差。

同理可得其他三个时间序列的异方差检验结果，如图 1-15 所示。

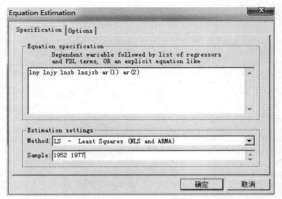

图 1-11　运用迭代法对自相关修正（1952~1977）

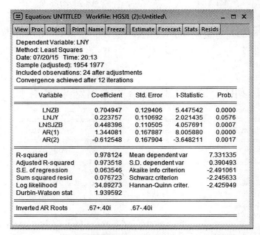

图 1-12　自相关修正结果（1952~1977）

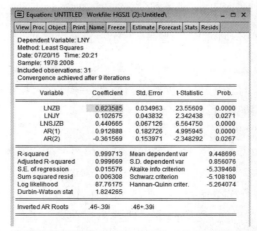

图 1-13　自相关修正结果（1978~2008，1993~2008，1952~2008）

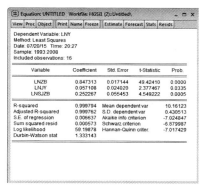

图1-13　自相关修正结果（1978~2008，1993~2008，1952~2008）（续图）

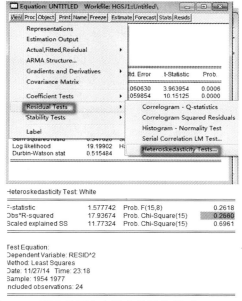

图1-14　检验是否存在异方差及结果（1952~1977）

Heteroskedasticity Test: White

F-statistic	5.603556	Prob. F(6,24)	0.0009
Obs*R-squared	18.08812	Prob. Chi-Square(6)	0.0060
Scaled explained SS	25.81892	Prob. Chi-Square(6)	0.0002

Test Equation:
Dependent Variable: RESID^2
Method: Least Squares
Date: 11/27/14   Time: 23:24
Sample: 1978 2008
Included observations: 31

Heteroskedasticity Test: White

F-statistic	1.892519	Prob. F(15,39)	0.0554
Obs*R-squared	23.16930	Prob. Chi-Square(15)	0.0806
Scaled explained SS	42.56237	Prob. Chi-Square(15)	0.0002

Test Equation:
Dependent Variable: RESID^2
Method: Least Squares
Date: 11/27/14   Time: 23:28
Sample: 1954 2008
Included observations: 55

图 1–15   检验是否存在异方差及结果 （1978~2008，1993~2008，1952~2008）

四、案例讨论

1. 简述总量生产函数模型与全要素生产率。
2. 总量生产函数模型与全要素生产率问题的过程中应做哪些具体分析？
3. 总量生产函数模型与全要素生产率统计指标的选取中应注意哪些问题？

单位根检验与奥肯法则检验

本实验案例主要从单位根检验与奥肯法则检验的原理出发，并将其运用于实证研究来分析产出波动与失业变化之间的关系，下面针对详细原理及实证予以介绍。

一、单位根检验理论简介

时间序列经济变量表现出趋势性变化，如经济变量 GDP、投资和利率。趋势对时间序列有持久的影响。对于具有趋势的非平稳的经济时间序列进行回归，其结果是没有任何实际意义的，不能真实地反映被解释变量与解释变量之间存在的均衡关系，可能产生伪回归现象。为避免这种伪回归的产生，通常的做法是将趋势分离出来。所以计量分析一个重要任务是确定序列趋势的合适形式，然后去除趋势。常见的去除趋势方法有两种：一阶差分法和时间趋势回归法。单位根检验的目的是对具有趋势的时间序列确定趋势形式，决定是采用一阶差分法还是时间趋势回归法能取得平稳的时间序列。

（一）单位根检验理论

单位根检验原理主要从确定性趋势和随机趋势、时间序列两个方面予以详细介绍。

1. 确定性趋势和随机趋势

时间序列有两种常见趋势：确定性趋势和随机趋势。如果一个时间序列表现为下列过程：

$$y_t = \alpha + \beta t + \varepsilon_t, \ \beta \neq 0 \tag{2-1}$$

其中，ε_t 为白噪声的随机干扰项，t 为时间，根据系数表现出明显的上升或下降趋势。这种趋势称为确定性趋势。一个具有确定性趋势的随机过程被称为趋势平稳过程。减去确定性时间趋势项后，该过程变为平稳过程。

如果一个时间序列表现为下列随机游走过程：

$$y_t = y_{t-1} + \varepsilon_t \tag{2-2}$$

序列 y_t 是非平稳的过程，上述过程其实为一个一阶差分方程，其解为 $y_t = y_0 + \sum_{i=1}^{t} \varepsilon_i$，$y_0$ 为 y_t 的初始值，$\sum_{i=1}^{t} \varepsilon_i$ 为该序列中的随机趋势，每个 ε_i 的冲击都将对 y_t 的均值产生持久的影响。

当然，宏观经济变量通常具有确定性趋势和（或）随机趋势，去除序列中的趋势方法有差分法和用时间趋势回归法。对于具有随机趋势的序列进行差分后变成平稳过程。对于随机性趋势的消除方法，通常可用差分变换去除趋势，而对于确定性趋势通过回归去消除时间趋势项。判断一个非平稳的时间序列是否有趋势以及趋势是随机性的还是确定性的，可以通过单位根检验进行。

2. 时间序列单位根检验基础

通常，单位根检验假设序列 y_t 满足下列过程：

$$y_t = \alpha + \beta t + \rho y_{t-1} + \varepsilon_t \tag{2-3}$$

如果 $\rho = 1$，那么每一期的干扰项对 y_t 的影响将不会衰减，称该序列包含单位根；如果 $|\rho| < 1$，那么过去的干扰项影响就会随着时间变化而减少，称该序列不含有单位根。根据 α、β 的不同取值，有以下几种情况，如图 2-1 所示。

（1）情形 1：常数项。上述方程中不包括时间项，只包括一个常数项 α，反映在备择假设成立时该序列具有非零均值。

$$y_t = \alpha + \rho y_{t-1} + \varepsilon_t$$

检验的假设：

$$H_0: \rho = 1 \rightarrow y_t \sim I(1)$$
$$H_1: |\rho| < 1 \rightarrow y_t \sim I(0) \tag{2-4}$$

假设 H_0 下，y_t 有单位根，该序列称为随机趋势非平稳过程，或差分平稳过程，或有漂移的非平稳过程，或一阶单整序列 $I(1)$（可以经过一阶差分变为平稳序列）；备择假设成立时，y_t 没有单位根，为具有非零均值的平稳序列 $I(0)$。该形式适合检验没有确定性趋势的时间序列，如利率、汇率等。

（2）情形 2：常数项和时间趋势项。

$$y_t = \alpha + \beta t + \rho y_{t-1} + \varepsilon_t \tag{2-5}$$

检验的假设和情形 1 一样。当时间变量前的参数显著不为零，如果 H_0 成立，表明该时间序列含有单位根，则该序列为有随机性趋势和确定性趋势的非平稳过程；如果 H_1 成立，没有单位根，该序列显示出确定性趋势。

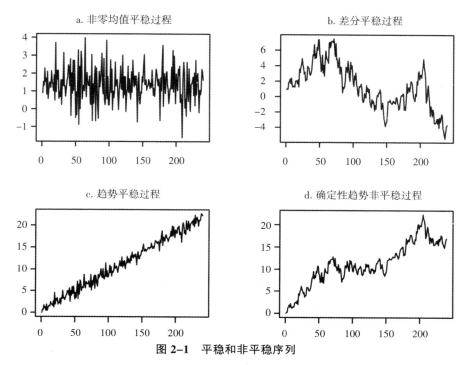

图 2-1　平稳和非平稳序列

实践中，选择哪种情形进行检验，取决于理论和数据特征。理论上序列符合某种情形，检验时就采用某种形式。如果从图形上观察出序列具有时间趋势或漂移项，检验时就采用具有这些项进行估计。

（二）几种常见的单位根检验方法

单位根检验的方法有许多，常见的单位根检验方法主要有迪基—富勒（ADF）检验，Philipps–Perron（PP）检验，Elliott、Rothenberg、Stock（ERS）检验，KPSS检验等。

1. 迪基—富勒（ADF）检验

上面的单位根检验假设要检验的时间序列是具有白噪音的一阶自回归 AR（1）过程。迪基—富勒检验通过最小二乘法估价下列模型：

$$y_t = \alpha + \beta t + \rho y_{t-1} + \varepsilon_t \qquad (2\text{-}6)$$

要检验是否存在单位根，只需检验 $\rho = 1$ 是否成立。通常将式（2-6）写成差分形式：

$$\Delta y_t = \alpha + \beta t + (\rho - 1)y_{t-1} + \varepsilon_t \qquad (2\text{-}7)$$

单位根检验变成了检验 $\phi = \rho - 1 = 0$ 是否成立。迪基—富勒（1979）使用式（2-8）、式（2-9）和式（2-10）不同的回归方程检验序列 y_t 的单位根：

$$\Delta y_t = \phi y_{t-1} + \varepsilon_t \tag{2-8}$$

$$\Delta y_t = \alpha + \phi y_{t-1} + \varepsilon_t \tag{2-9}$$

$$\Delta y_t = \alpha + \beta t + \phi y_{t-1} + \varepsilon_t \tag{2-10}$$

三个回归方程的差异在于是否存在确定性趋势部分。对这三个方程的估计方法都一样，区别在于构建的 t 统计量的临界值差异。

然而，实际经济数据可能具有更加复杂的结构，回归模型可能存在序列相关，从而影响估计结果。为此，迪基—富勒扩展了基本的 AR（1）单位根检验，采用更加一般化的 ARMA（p，q）模型假设，在原有模型中增加滞后项，三个估计方程分别是式（2-11）、式（2-12）和式（2-13）：

$$\Delta y_t = \phi y_{t-1} + \sum_{i=2}^{k} \Delta y_{t-i} + \varepsilon_t \tag{2-11}$$

$$\Delta y_t = \alpha + \phi y_{t-1} + \sum_{i=2}^{k} \Delta y_{t-i} + \varepsilon_t \tag{2-12}$$

$$\Delta y_t = \alpha + \beta t + \phi y_{t-1} + \sum_{i=2}^{k} \Delta y_{t-i} + \varepsilon_t \tag{2-13}$$

其中，k 为滞后项数。通常迪基—富勒检验单位根是指扩展的迪基—富勒（ADF）检验，对三个方程进行回归，分别计算三个方程的 t 统计量 τ、τ_u、τ_t 检验 $\phi = 0$ 是否成立。ADF 检验为左单侧检验，当计算出的 t 值大于临界值时接受原假设，即该时间序列变量包含单位根，否则拒绝原假设接受备择假设，即该变量不含单位根。检验时可以选择回归模型中是否包括常数项、时间趋势项和滞后项，一般先从包含时间趋势和常数项的方程开始检验，然后，检验包括常数项的模型，最后检验纯随机游走模型。

进行 ADF 单位根检验，一个重要方面是选择合适的滞后期数 k。k 太小，检验有偏；k 太大，检验的势受损。根据 Ng & Perron（1995）的建议，通常首先设定一个最大滞后期，然后用最大滞后期回归 ADF 检验方程。如果最大滞后期的系数显著性检验 t 统计量大于 1.6，则选择滞后期等于最大滞后期，进行单位根检验。否则用最大滞后期减去 1，重复检验回归方程中的最后一个滞后期系数显著性。对于最大滞后期的选择有个经验法则，$k_{max}[12 \times (T/100)^{1/4}]$，其中，T 为时间序列期数，[x] 表示对 x 取整。

下面以中国 1978 年到 2013 年的居民最终消费支出序列为例，说明 ADF 检验方法。数据来自世界银行，采用 R 宏包 urca 进行 ADF 检验。首先，从 R 语言官网安装相应版本，[①] 然后，将下列代码复制到 R 窗口运行即可。命令 urca.df 进行 ADF 检验基本格式为：ur.df（y，type = c（"none"，"drift"，"trend"），lags = 1，

---

① http://www.r-project.org/.

selectlags = c （"Fixed","AIC","BIC"））。

表 2-1　中国居民最终消费支出的 ADF 单位根检验

```
# R code 5.1
# 判断是否系统安装必要宏包
packs = c(" urca"," WDI"," dplyr")
for (i in 1:3) {if (! is.element(packs[i],installed.packages( )[,1])}
install.packages(packs[i],dependencies=TRUE)}
# 加载相应宏包
library(WDI)
library(dplyr)
library(urca)
# 从世界银行网站下载数据
consData = WDI(country = "CN",indicator = "NE.CON.PRVT.KN",start = 1978,end = 2013)
names(consData) = c("c"," china"," consumption"," year")
consData = consData % > % select(-c) % > % arrange(year)
# 带常数项和时间趋势的 ADF 检验
# 最大滞后阶数设为 10,使用 BIC 标准自动选择滞后阶数
y = consData$consumption
c.df = ur.df(y,type = "trend",lags = 10,selectlags = "BIC")
summary(c.df)
# 带常数项的 ADF 检验
c2.df = ur.df(y,type = "drift",lags = 10,selectlags = "BIC")
summary(c2.df)
```

从上面运行的结果来看（见表 2-2），中国居民最终消费支出序列的 ADF 检验 t 统计量 τ_3 为 1.67，大于显著性为 5% 的临界值，说明不能拒绝原假设，即该序列包含单位根。此外，urca 宏包的统计结果中也显示了对时间趋势项和常数项的 F 统计量的值，其中，ϕ_3 检验，H_0: $\beta = 0$，$\phi = 0$，其为 6.55，虽然在 5% 显著性下不能拒绝，但在 10% 水平下拒绝零假设，说明该序列有单位根，且有时间趋势。

下一步检验该序列是纯随机游走过程还是带漂移项（常数项）的非平稳过程。在表 2-2 中，ϕ_2 检验常数项系数和单位根系数是否为零，其值为 5.00，在 5% 水平下不能拒绝，说明该序列有单位根，但为漂移项。此结果在 ϕ_1 检验（常数项系数和单位根系数是否为零）得到验证。综合两种检验结果，说明中国居民最终消费支出 1978 年到 2013 年的数据有带时间趋势的单位根，但无漂移项。

2. Philipps–Perron（PP）检验

Phillips 和 Perron（1988）针对检验模型中误差项可能弱相关和含有异方差情况，提出一种基于下列两个估计方程新单位根检验方法。

表 2-2　中国消费支出 ADF 检验结果与临界值

检验	统计值	1%显著水平	5%显著水平	10%显著水平	检验	统计值	1%显著水平	5%显著水平	10%显著水平
τ_2	3.65	-3.58	-2.93	-2.60	ϕ_2	5.00	7.02	5.13	4.31
τ_3	1.67	-4.15	-3.50	-3.18	ϕ_3	6.55	9.31	6.73	5.61
ϕ_1	7.62	7.06	4.86	3.94					

$$y_t = \mu + \alpha y_{t-1} + \varepsilon_t$$
$$y_t = \mu + \beta(t - 1/2T) + \alpha y_{t-1} + \varepsilon_t \tag{2-14}$$

其中，$\varepsilon_t \sim I(0)$ 可能存在异方差。迪基—富勒检验对于基本的回归模型使用最小二乘法估计，为了消除系列相关影响，其扩展的检验回归方程中加入系列的一阶差分的滞后项。而 Phillips 和 Perron（1988）则使用 Newey-West（1987）标准误差处理序列相关问题，并对系数 α、μ、β 建立了相应的统计量 $Z(t_{\hat{\alpha}})$、$Z(t_{\hat{\mu}})$、$Z(t_{\hat{\beta}})$，其临界值和迪基—富勒检验具有相同分布。

PP 检验的假设和 ADF 检验一样，检验统计值大于临界值，不能拒绝原假设，说明存在单位根，否则，接受备择假设，没有单位根。多数计量统计包，如 EViews、Stata 等，都有 PP 检验。在开源软件 R 中，PP 检验可以使用 urca 宏包的 ur.pp 命令，也可以使用 tseries 宏包中的 pp.test 命令。宏包 urca 的 ur.pp 命令的格式如下：

ur.pp（x, type = c（"Z-alpha","Z-tau"）, model = c（"constant","trend"）, lags = c（"short","long"）, use.lag = NULL）

使用 ur.pp 命令 PP 检验中国居民最终消费支出的单位根的代码和结构情况如表 2-3 所示，检验单位根的统计值为 9.84，大于其临界值，因而不能拒绝有单位根的零假设。

表 2-3　中国居民最终消费支出 PP 单位根检验

```
R code 5.2
# 使用有常数项和时间趋势的模型进行检验,自动选择滞后项
c.pp = ur.pp（y,model = "trend",type = "Z-tau",lags = "long"）
summary（c.pp）
#############################
# Phillips-Perron Unit Root Test #
#############################
#Test regression with intercept and trend
#Value of test-statistic, type: Z-tau  is: 9.8385
#       aux. Z statistics
#Z-tau-mu        -1.6714
#Z-tau-beta      -1.3622
#Critical values for Z statistics:
#           1pct    5pct    10pct
#critical values -4.241184 -3.542555 -3.203173
```

3. Elliott、Rothenberg、Stock（ERS）检验

为了提高单位根检验的势，Elliott、Rothenberg、Stock（1996）基于去除趋势方法，提出两种单位根检验方法：P-test 和 DF-GLS 检验。其中 P-test 检验是一种处理误差项序列相关的可行点最优检验，而 DF-GLS 检验是一种类似 ADF 检验，区别在于先通过 GLS 回归将时间序列去除趋势之后，再进行没有常数项 ADF 检验。其检验模型如下：

$$\Delta y_t^d = \alpha_0 y_{t-1}^d + \alpha_1 \Delta y_{t-1}^d + \cdots + \alpha_p \Delta y_{t-p}^d + \varepsilon_t \qquad (2\text{-}15)$$

其中，y_t^d 为 y_t 去除常数项和/或时间趋势后残差项。原假设 H_0：$\alpha_0 = 0$，y_t 有单位根；备择假设 H_1：y_t 为具有时间趋势的平稳过程，或者是有非零均值但没有时间趋势的平稳过程。检验的临界值请参考 Elliott 等（1996）。ERS 检验单位根方法可以使用 R 宏包 urca 中的 ur.ers( ) 命令。其使用的格式如下：

ur.ers（y，type = c（"DF-GLS","P-test"），model = c（"constant","trend"），lag.max = 4）

下面是使用 ERS 检验中国居民最终消费支出的单位根情况。使用 DF-GLS 类的 ERS 检验，模型为有确定性趋势项，最大滞后项选择 4 项。检验结果见表 2-4，其 DF-GLS$^\tau$ 的统计值为-1.93，大于显著水平 5% 的临界值，说明不能拒绝有单位根的零假设。

表 2-4　中国居民最终消费支出 ERS 单位根检验

```
# R code 5.3
c2.ers<- ur.ers(y, type = "DF-GLS", model = "trend", lag.max = 4)
summary(c2.ers)
#################################################
# Elliot, Rothenberg and Stock Unit Root Test #
#################################################
## Test of type P-test detrending of series with intercept and trend
## Value of test-statistic is: -1.9282
## Critical values of P-test are:
##               1pct   5pct  10pct
## critical values -3.77 -3.19 -2.89
```

4. KPSS 检验

上面介绍的单位根检验方法，如 ADF 检验、PP 检验、ERS 检验等，都把零假设设为时间序列 y_t 具有单位根。而 Kwiatkowski、Phillips、Schmidt & Shin（KPSS，1992）提出的单位根检验则相反，零假设设为序列 y_t 为平稳过程，没有单位根。KPSS 检验估计模型如下：

$$y_t = \alpha + \beta t + \mu_t + u_t$$

$$\mu_t = \mu_{t-1} + \varepsilon_t$$

(2-16)

其中，ε_t 是均值为 0 方差为 σ_ε^2 的白噪声，u_t 为 I（0），可能有异方差，μ_t 为纯随机游走过程。KPSS 检验的假设为 H_0：$\sigma_\varepsilon^2 = 0$，H_1：$\sigma_\varepsilon^2 > 0$。KPSS（1992）给出了右尾检验的上临界值。如果检验统计值大于临界值，则拒绝零假设，即有单位根；否则，不能拒绝零假设，说明该序列为平稳过程。KPSS 的单位根检验可以选择模型是否有时间趋势和常数项。在 R 中，可以使用 urca 宏包中的 ur.kpss（ ）命令，也可以使用 tseries 宏包中的 kpss.test（ ）命令进行检验。命令 ur.kpss（ ）可以指定模型类型和滞后项，如果不指定，则使用默认设置，其使用格式如下：

ur.kpss （y，type = c（"mu"，"tau"），lags = c（"short"，"long"，"nil"），use.lag = NULL）

表 2-5   中国居民最终消费支出 KPSS 单位根检验

```
# R code 5.4
# 使用带时间趋势的模型，自动选择滞后项
c.kpss = ur.kpss （y，type = " tau"）
summary （c.kpss）
#######################
# KPSS Unit Root Test #
#######################
#Test is of type： tau with 3 lags.
#Value of test-statistic is： 0.2435
#Critical value for a significance level of:
#            10pct  5pct  2.5pct  1pct
#critical values 0.119   0.146   0.176   0.216
```

使用 KPSS 检验中国居民最终消费支出序列，其 R 检验代码和结果见表 2-5。从结果可知，检验统计值为 0.2435，大于临界值，所以，拒绝没有单位根的零假设，说明该序列有单位根。其结论和前面检验一样。

二、 实验名称：产出波动与失业变化之间的关系

此实验案例主要运用单位根检验与奥肯法则检验基本原理与现实经济情况结合从而对产出波动与失业变化之间的关系予以分析，以下对相关实证过程予以详细介绍。

（一）研究背景与文献综述

经济产出波动与失业率变化是度量一个国家宏观经济健康发展的重要方面，正确认识两者关系也是制定宏观政策的重要依据。自 1962 年奥肯发现美国的经济增长与失业率变化之间存在着一种稳定的负相关关系以来，大量学者使用通过不同国家和地区数据验证两者之间关系，并将此称为奥肯法则。对于中国是否也存在这种关系问题，学者进行了许多研究。一些学者认为，中国目前尚缺乏证据支持（蔡昉，2007；邹薇等，2003；蒲艳萍，2006）。其原因是，由于经济体制差异及中国失业率变化的特殊原因，使得奥肯法则的成立前提条件在中国得不到满足。另一些学者则发现，奥肯法则作为经验规则在中国同样成立（周长才，2001；林秀梅等，2007）。

估计实际产出与失业率之间关系，文献主要根据奥肯（1962）建议采取两种估计模型，一是一阶差分模型，二是缺口模型。对于含有单位根的非平稳时间序列而言，一阶差分是取得平稳时间序列的一种常用的便利方法。曼昆（Mankiw，2002）、李（Lee，2000）及江静仪（2006）应用此模型检验了美国、16 个 OECD 国家及中国台湾地区的奥肯关系。缺口模型主要针对时间序列在经济周期期间的行为进行分析，采用缺口模型估计奥肯系数的文献很多，比如阿特菲尔德与西尔弗斯通（Attfield & Silverstone，1998、1997)、李（2000）及江静仪（2006）。然而，李（2000）指出，不同的设定模型可能导致估计的结果有所差异。

本书利用不同的模型和时间序列趋势分解方法，使用最新数据对我国产出波动与就业变化之间的关系进行分析。我们发现，经济波动和失业波动之间在我国也存在稳定负相关关系，这说明了经济规律不会由于制度差异而造成其适用性发生显著变化（Chou & Shen，2004）。

（二）实证分析

为了介绍单位根检验的用法，本书将同时采用两种简单估计模型，用来比较不同估计方法是否会导致不同的结论，而没有考虑变量间的协整问题。

1. 模型设定

本实验使用两种模型估计奥肯定律：一阶差分模型和缺口模型。

（1）一阶差分模型将实际产生水平 y_t 和失业率水平 u_t 的关系以一阶差分的形式表示，如模型（2-17）所示。

$$\Delta y_t = \beta_0 - \beta_1 \Delta u_t + \varepsilon_t, \quad \beta_1 > 0, \quad t = 1, 2, \cdots, T \tag{2-17}$$

其中，Δ 为差分运算符号；ε_t 为随机扰动项，其服从一个独立同分布的正态分布；T 为样本数；参数 β_0 为截距项，代表平均增长率；β_1 为奥肯系数。

（2）由于奥肯法则度量了实际产出与失业率偏离其长期均衡趋势之间的关系，估计奥肯系数的第二种模型（缺口模型）衡量了实际产出和潜在产出（或产出的长期均衡趋势水平）间的缺口和实际失业与失业的长期均衡水平间的缺口关系，具体形式如模型（2-18）所示。

$$y_t - y_t^* = \beta_1 (u_t - u_t^*) + \varepsilon_t, \quad \beta_1 < 0, \quad t = 1, 2, \cdots, T \tag{2-18}$$

其中，y_t^* 表示潜在产出水平或产出的长期均衡趋势水平，$y_t - y_t^* \equiv y^c$ 表示周期性的产出水平或产出缺口；u_t^* 表示自然失业率，$u_t - u_t^* \equiv u^c$ 表示周期性的失业率或失业缺口。与模型（2-17）相比，模型（2-18）需要事先知道产出和失业的趋势水平，但是无法直接观察到，因此我们估计奥肯系数之前必先估计出产出和失业率的长期趋势水平。对于如何估计出这些变量的趋势水平的值，文献中并没有达成一定的共识，研究者可以用经济理论方法（多变量方法）和时间序列的方法（单变量方法）进行估计（Canova，1998）。本书采取时间序列的方法来估计实际产出和失业率的长期趋势水平。

为了估计实际产出和失业率的长期趋势水平，本案例采用了常用的 HP 滤波（Hodrick et al.，1997）分离方法。HP 滤波方法假设时间序列 y_t 由一个趋势成分 τ_t 和周期性成分 c_t 组成。其分解模型 $y_t = \tau_t + c_t + \varepsilon_t$。趋势成分和周期性成分通过下列模型求解：

$$\min_{\tau} \left(\sum_{t=1}^{T} (y_t - \tau_t)^2 + \lambda \sum_{t=2}^{T-1} \left[(\tau_{t-1} - \tau_t) - (\tau_t - \tau_{t-1}) \right]^2 \right) \tag{2-19}$$

HP 滤波方法的一个重要问题就是平滑参数 λ 的取值，不同的 λ 值即不同的滤波器，决定了不同的周期方式和平滑度。在处理季度数据时一般沿用霍德里克（Hodrick）和普莱斯考特（Prescott）的方法，λ 等于 1600。但是，在处理年度数据时，学者对 λ 的取值则有较大分歧，有取 $\lambda = 10$、$\lambda = 100$、$\lambda = 400$ 等情况，而拉夫恩和乌利希（Ravn & Uhlig，2002）认为 λ 应该是观测数据频率的 4 次方，即年度数据应取 6.25。根据数据的分解结果拟合情况，本实验的 λ 取 100。

HP 滤波方法分离出来的趋势均具有随机性的特征，为时间序列变量非稳态的来源。若变量为一个随机趋势的单位根时间序列时，使用 HP 法可以避免传统确定性趋势分解方法扭曲时间序列周期性部分的统计特征，从而得出的结论更为可靠。

2. 数据来源

研究样本的时间序列数据为 1978~2014 年，来自于国家统计局网站。本书用 y 表示实际产出（GDP）的增长率，用 u 表示失业率。对于失业率数据的估计，我国失业统计无论从制度上还是从统计方法上均不完善。在我国官方所公布的数据中，对于失业率的统计主要有三种方法：城镇调查失业率，该数据比较接近事实，但由于种种原因此数据并不公开，不可得；人口普查的失业率数据科学客观，但其数据不满足本书所要分析的要求；城镇登记失业率，其缺陷是对登记时间缺乏严格的规定，登记对象只反映城镇户口以及并未考虑下岗工人的人数。综合上述，鉴于数据的可得性原因，本书采用中国官方所公布的城镇登记的失业率作为真实失业率变量代理变量，以反映我国失业率的波动。我国实际 GDP 增长率与失业率的变动趋势如图 2-2 所示。

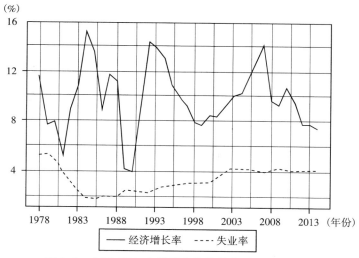

图 2-2　中国 GDP 年增长率和失业率（1978~2014）

3. 单位根检验

本案例估计检验全部使用免费软件 R 以及其相应宏包进行，单位根检验使用宏包 urca 检验。按照单位根检验的一般步骤，先从包含时间趋势和常数项的模型开始，然后检验只包含常数项的模型，最后检验纯随机游走模型。检验的滞后项以 BIC（或 AIC）标准自动选择滞后项，最大设为 10。

首先，本案例分别对经济增长率 y 和失业率 u 数据进行 ADF 单位根检验、PP 检验、ERS 检验和 KPSS 检验。其次，分别对经济增长率 y 和失业率 u 数据的差分后和 HP 滤波去除趋势后的数据进行单位根检验。

　　表 2-6 列出了经济增长率 y 和失业率 u 数据使用 4 种单位根检验的结果。ADF 检验表明，y 和 u 的 t 统计值都大于 5% 临界值，不能拒绝零假设，说明 GDP 增长率和失业率序列有单位根。但是，确定性趋势检验方面（表 2-6 中没有列出），失业率检验的确定性趋势检验不显著，而增长率 y 序列在 5% 显著性水平下不显著，而在 10% 水平下显著拒绝确定性趋势为零的假设。PP 检验中，两种序列的统计值都大于 5% 显著性水平的临界值，不能拒绝有单位根的零假设。ERS 检验（DF-GLS）结果表明，y 在 10% 显著性水平下不能拒绝有单位根的零假设，而 u 在 5% 显著性水平下不能拒绝零假设。KPSS 检验的结果从另一方面验证了前面 3 种检验的结论，y 序列在 5% 水平下可以拒绝没有单位根假设，u 序列在 10% 水平下可以拒绝没有单位根假设，说明 y 与 u 都存在单位根。可见通过常见单位根检验，其结果显示实际产出增长率及失业率变量的时间序列均为非平稳过程。

表 2-6　GDP 增长率和失业率的单位根检验结果

方法	变量	统计值	1%	5%	10%	结论
ADF 检验 H_0: $I(1)$	y	$\tau_3 = -3.39$	-4.15	-3.50	-3.18	5% 下不能拒绝 H_0
	u	$\tau_3 = -1.93$				
PP 检验 H_0: $I(1)$	y	$Z_\tau = -2.53$	-4.23	-3.54	-3.20	5% 下不能拒绝 H_0
	u	$Z_\tau = -3.27$				
ERS 检验 (DF-GLS) H_0: $I(1)$	y	$DF_{GLS}^\tau = -1.96$	-2.61	-1.95	-1.62	10% 下不能拒绝 H_0
	u	$DF_{GLS}^\tau = -1.40$				5% 下不能拒绝 H_0
KPSS 检验 H_0: $I(0)$	y	KPSS = 0.18	0.22	0.15	0.12	5% 下拒绝 H_0
	u	KPSS = 0.13				10% 下拒绝 H_0

注：除了 KPSS 检验为右尾检验外，其他检验都为左尾检验。1%、5%、10% 各列为相应的临界值。

　　为了得到平稳的时间序列，对非平稳数据进行差分和 HP 滤波趋势分解变换。图 2-3 为基于两种方法得到的产出增长率和失业率的缺口的时间序列图。从图 2-3 中可以看出，经过差分和 HP 滤波去除趋势后，经济增长率和失业率序列都接近均值为零的平稳过程。该结果将进一步得到单位根检验的验证。

　　表 2-7 列出了以 ADF、PP、ERS 检验验证两个变量的一阶差分（Δy_t，Δu_t）、周期性的产出水平（$y_t - y_t^*$）以及周期性的失业率水平（$u_t - u_t^*$）是否具有单位根的检验结果。结论显示一阶差分后（Δy_t，Δu_t）、（$y_t - y_t^*$）与（$u_t - u_t^*$）的统计值，除了失业率差分 PP 检验外，均小于置信度下的 Mackinnon 临界值，充分显示了 5% 的显著水平下我们可以拒绝差分和去趋势后的序列有单位根假设。因此，两个变量（y，u）均为一阶单整数列，服从 $I(1)$ 过程，但是，差分和趋势后，这两个变量为平稳过程，服从 $I(0)$ 过程。

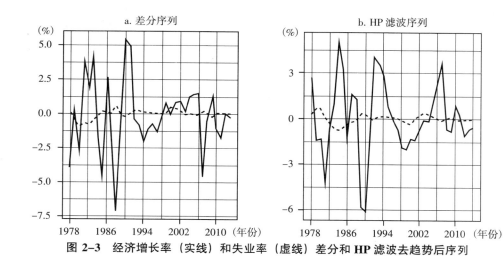

图 2-3　经济增长率（实线）和失业率（虚线）差分和 HP 滤波去趋势后序列

表 2-7　GDP 增长率和失业率差分和去除趋势后单位根检验结果

			统计值	1%	5%	10%	结论
差分法	ADF 检验	Δy	$\tau_1 = -5.38$	-2.61	-1.95	-1.61	5% 下拒绝 H_0，说明差分和去除趋势后的序列为平稳过程
		Δu	$\tau_1 = -4.11$				
	PP 检验	Δy	$Z_\tau = -6.89$	-4.24	-3.54	-3.20	
		Δu	$Z_\tau = -3.54$				
	ERS 检验	Δy	$DF_{GLS} = -1.97$	-2.63	-1.95	-1.62	
		Δu	$DF_{GLS} = -4.80$				
HP 滤波法	ADF 检验	y_c	$\tau_1 = -5.87$	-2.62	-1.95	-1.61	
		u_c	$\tau_1 = -4.54$				
	PP 检验	y_c	$Z_\tau = -5.67$	-3.57	-2.92	-2.60	不能拒绝 H_0
		u_c	$Z_\tau = -1.98$				
	ERS 检验	y_c	$DF_{GLS} = -2.56$	-2.63	-1.95	-1.62	拒绝 H_0
		u_c	$DF_{GLS} = -2.74$				

4. 估计结果与分析

根据一阶差分模型（2-17）以及缺口模型（2-18），估计出中国实际 GDP 的增长率与失业率之间的关系。表 2-8 给出了一阶差分模型和缺口模型的估计结果。一阶差分模型结果显示我国产出与失业波动之间存在负向关系，估计的奥肯系数为 -2.765，在 5% 显著性水平下显著。以 HP 分解法的缺口模型看，系数 β_1 估计值为 -3.148，在 5% 水平下显著。由此可见，从一阶差分模型和 HP 分解法估计出的奥肯系数来看，1978~2014 年，我国的奥肯系数总体上为 -3 左右，也就是说，失业率每高出趋势失业率 1 个百分点，经济增长率将比其趋势增长率下降 3% 左右。

本实验的结果近似于奥肯原始估计的美国的系数（约 3%），但高于后来许多学者对美国的奥肯系数估计值（从−1.2 到−2.0 不等，其大小差异取决于不同的估计模型以及选择不同的时间段）。同时，本实验结果既不同于国内不少文献认为我国奥肯法则不成立的结论（其结果或者不显著，或者系数不稳定），也和文献对我国的奥肯系数估计值有出入，如周长才（2001）发现 1985~1999 年我国的奥肯系数为−3.7。

表 2-8 回归估计结果

	差分模型：Δy	缺口模型：$y - y^*$
Δx	−2.765** (1.248)	
$u-u^*$		−3.148** (1.185)
常数项	0.209 (0.418)	0.000 (0.376)
Observations	36	37
R^2	0.126	0.168
Adjusted R^2	0.100	0.144
Residual Std. Error	2.496 (df = 34)	2.284 (df = 35)
F Statistic	4.908** (df = 1; 34)	7.060** (df = 1; 35)

注：*$p < 0.1$；**$p < 0.05$；***$p < 0.01$。

本实验结果不同于这些文献的原因主要在于选择的估计方法和样本长度的不同。以前文献估计的样本更短，如方福前等（2010）使用 1978~2006 年数据，尹碧波等（2010）使用 1978~2007 年数据，而我们采用更长的数据。本实验也使用相同方法对我国不同时间段数据进行估计，发现有些短区间样本可能会使得估计系数不显著，从而得出奥肯法则在我国不成立的结论。这说明在我国经济转型时期，由于数据时间短和失业率数据不够准确，使得我国的产出波动和失业率变化之间没有表现出稳定的关系。但是，随着我国经济转型深化，市场经济不断发展，在较长时间内我国产出波动和失业率变化之间将会表现出稳定相关关系，体现出和市场经济中相似的经验规律。

三、实验操作步骤

（一）安装 R 软件环境

本案例的检验与估计都是基于 R 软件和相关宏包进行，通过代码脚本实现。

之所以选择这样的估计环境，原因如下：其一，R 是一套完整的数据处理、计算和制图软件系统。其功能包括数据存储和处理系统、数组运算、统计分析、统计制图等。其二，可扩展性强，当前在经济、金融的学术研究和应用领域受到广泛关注。到目前为止，有 6480 多个实现各种功能的宏包，而且这个数量还在不断增加。其三，R 易编程，通过代码脚本可以实现估计结果的可重复性。当然更为重要的是，R 是一个免费的自由跨平台软件，不必担心盗版问题，UNIX、LINUX、MacOS 和 WINDOWS 系统下都可以免费下载和使用。

在 R 官方主页（http：//www.r-project.org/）下可以找到 R 的各个版本的安装程序。当然，也可以到以下网站下载。

北京交通大学网站 http：//mirror.bjtu.edu.cn/cran/

中国科学院 http：//mirrors.opencas.cn/cran/

中国科技大学 http：//mirrors.ustc.edu.cn/CRAN/

兰州大学 http：//mirror.lzu.edu.cn/CRAN/

厦门大学 http：//mirrors.xmu.edu.cn/CRAN/

安装完成后，程序会创建 R 程序组，并在桌面上创建 R 主程序的快捷方式。通过快捷方式运行 R，便可调出 R 的主窗口如图 2-4 所示。R 的界面简单，只有几个菜单和快捷按钮。快捷按钮下面的窗口便是命令输入窗口。主窗口上方的一些文字是刚运行 R 时出现的一些说明和指引。

图 2-4　R 软件的主界面

（二）R 代码脚本的使用

R 是一种区分大小写的解释语言。你可以在命令提示符（>）后输入命令，回车后便会输出结果。R 中有多种数据类型，如向量、矩阵、数据框和列表等，

R 的功能是由程序内置函数和用户自编函数完成的。一些函数是默认直接可用，而有些函数需要加载相应宏包后才能使用。

对于 R 使用网上有很多优秀免费教程，如 Paradis 的《R for beginners》（有中文版）手册，刘思喆《153 分钟学会 R》等是关于 R 的一个很好入门教材。近年来，出版了大量的初级、中级、高级的 R 应用编程的书籍，如 Kabacoff 的《R 语言实战》（高涛等译，2013）、达尔加德的《R 语言统计入门》（第 2 版，2014）、麦特洛夫的《R 语言编程艺术》（陈堰平译，2013）等。

R 命令除了在主窗口以交互方式运行外，也可以将一系列命令集中在一起存为一个脚本文件（以 R 为扩展名，如 mytest.R）。然后，在 R 主界面，击菜单"文件—打开程序脚本"，打开脚本文件，再全部选中所要运行的代码行，点右键，点"运行当前行或所选代码"。也可以在 R 命令提示符后输入 souce（mytest.R），回车即可运行该代码。

（三）单位根检验与模型估计

运行下列代码有两种方式：一是复制一行或几行代码到 R 主窗口中的命令提示符后，按回车键，即运行代码。二是将所有代码另存为一个脚本文件，[①] 如 okun.R，然后在 R 中打开改代码文件，从菜单中选择运行即可。代码中的 # 后面的文字为注释行，在 R 中不会运行，主要起解释作用。

```
# R1.0 当前目录
## 查看当前工作目录
getwd（）
## 若要改变工作目录，请将下行前的注释号（#）删除，并设定目录
#setwd（"你的设定文件目录"）
# R1.1 判断是否安装所需宏包
pack2 = c（"urca","ggplot2","dplyr","grid","mFilter",
" stargazer"," gridExtra"）
for（i in 1:4）{
    if（! is.element（pack2 [i], installed.packages（ ） [, 1]）） {
        install.packages（pack2 [i], dependencies=TRUE）
    }
```

----

① 该脚本代码网络下载地址为 http：//econ.jxufe.cn/microweb/okun/okun.R。

```
          }
#R1.2 加载宏包
library（urca）
library（ggplot2）
library（dplyr）
library（grid）
library（stargazer）
library（mFilter）
library（gridExtra）
#R1.3 下载并整理数据
## 下载数据，该数据来自国家统计局
## year—年，y—经济增长率，u—失业率
okun = read.csv（"http://econ.jxufe.cn/microweb/okun/okun.csv"，
header=TRUE，sep = ";"）
head（okun）
names（okun）
## 利用 dplyr 宏包将排序
okun = okun %>% as.data.frame（）%>% arrange（year）
```

#R1.4 利用宏包 ggplot2 画图 2-2，运行后 okun.jpeg 将出现在工作目录文件夹中

```
jpeg（"okun.jpeg"，width = 4，height = 3，units = "in"，res = 300）
ggplot（okun，aes（x=year））+
   geom_line（aes（y=y，linetype=" 经济增长率"））+
   geom_line（aes（y=u，linetype=" 失业率"））+theme_bw（）+
   scale_x_continuous（limits=c（1978，2014），breaks=seq（1978，2013，5））+
        theme（text=element_text（family=" SimSun"，size=10），
              legend.position =" bottom"，
              legend.title=element_blank（），
              legend.key = element_blank（），
              legend.direction = " horizontal"，
              legend.margin = unit（-1.0," cm"），
              legend.key.height = unit（0," cm"））+
   labs（x= ""，y=" %"）
dev.off（）
```

#R1.5 检验 GDP 增长率和失业率的单位根

使用 ADF 检验，以 BIC 标准自动选择滞后项，最大设为 10

```
y = okun$y
u = okun$u
y1.df = ur.df（y，type = " trend"，lags = 10，selectlags = " BIC"）
summary（y1.df） #phi3，ph2 检验不能拒绝 H0，说明不存在确定性趋势
y2.df = ur.df（y，type = " none"，lags = 10，selectlags = " BIC"）
summary（y2.df） # 不能拒绝 H0，y 有单位根
u1.df = ur.df（u，type = " trend"，lags = 10，selectlags = " BIC"）
summary（u1.df）
u2.df = ur.df（u，type = " drift"，lags = 10，selectlags = " BIC"）
summary（u2.df）
```

使用 PP 检验

```
y.pp = ur.pp（y，model=" trend"，type=" Z-tau"，lags=" long"）
summary（y.pp）
u.pp = ur.pp（u，model=" trend"，type=" Z-tau"，lags=" long"）
summary（u.pp）
```

使用 ERS 检验

```
y.ers<- ur.ers（y，type=" DF-GLS"，model=" constant"，lag.max=4）
summary（y.ers）
u.ers<- ur.ers（u，type=" DF-GLS"，model=" constant"，lag.max=4）
summary（u.ers）
```

KPSS 检验（右尾临界值）

```
y.kpss = ur.kpss（y，type = " tau"，lags = " long"）
summary（y.kpss）
dy.kpss = ur.kpss（diff（y），type = " tau"，lags = " long"）
summary（dy.kpss）
u.kpss = ur.kpss（u，type = " tau"，lags = " long"）
summary（u.kpss）
du.kpss = ur.kpss（diff（u），type = " mu"，lags = " long"）
summary（du.kpss）
```

#R1.6 差分序列的单位根检验

ADF 检验

```
dy.df = ur.df（diff（y），type = " none"）
```

```
summary (dy.df) # 拒绝 H0，差分 y 无单位根
du.df = ur.df (diff (u)，type = " none"，lags = 10，selectlags = " BIC")
summary (du.df)
## PP 检验
dy.pp = ur.pp (diff (y)，model=" trend"，type=" Z-tau"，lags=" long")
summary (dy.pp)
du.pp = ur.pp (diff (u)，model=" trend"，type=" Z-tau"，lags=" long")
summary (du.pp)
## ERS 检验
dy.ers<- ur.ers (diff (y)，type=" DF-GLS"，model=" constant"，lag.max=4)
summary (dy.ers)
du.ers<- ur.ers (diff (u)，type=" DF-GLS"，model=" constant"，lag.max=4)
summary (du.ers)
#R1.7 序列的 HP 滤波分解
y.hp = hpfilter (y，freq = 100，type=" lambda")
u.hp = hpfilter (u，freq = 100，type=" lambda")
#R1.8 将去除趋势后序列加到 okun 对象中
okun$yc = y.hp$cycle
okun$uc = u.hp$cycle
names (okun)
#R1.9 对经过 HP 滤波去除趋势后的周期性序列进行单位根检验
yc = okun$yc
uc = okun$uc
## ADF 检验 (y-y*)
summary (ur.df (yc，type=" none"))
## PP 检验 (y-y*)
summary (ur.pp (yc，model=" constant"，type=" Z-tau"，lags=" long"))
## ERS 检验 (y-y*)
summary (ur.ers (yc，type=" DF-GLS"，model=" constant"，lag.max=4))
## ADF 检验 (u-u*)
summary (ur.df (uc，type=" none"))
## PP 检验 (u-u*)
summary (ur.pp (uc，model=" constant"，type=" Z-tau"，lags=" long"))
## PP 检验 (u-u*)
```

```
summary（ur.ers（uc，type=" DF-GLS"，model=" constant"，lag.max=4））
## ADF 检验（u-u*）
#R2.0 利用宏包 ggplot2 画图 2-3
jpeg（" okun-d-hp.jpeg"，width = 4，height = 3，units = " in"，res = 300）
## 画差分后序列
okun2 = data.frame（year = okun$year［1：36］，dy = diff（okun$y），du = diff
（okun$u））
okun2
g1 = ggplot（okun2，aes（x=year））+
geom_line（aes（y=dy，linetype=" 1.增长率差分"））+
geom_line（aes（y=du，linetype=" 2.失业率差分"））+theme_bw（）+
scale_x_continuous（limits=c（1978，2013），breaks=seq（1978，2013，8））+
theme（text=element_text（family=" SimSun"，size=10），
            legend.position =" bnone"，
            legend.title=element_blank（），
            legend.key = element_blank（），
            legend.direction = " horizontal"，
            legend.margin = unit（-1.0," cm"），
            legend.key.height = unit（0," cm"），
            plot.margin = unit（c（0，0，0，0），" cm"），
            plot.title = element_text（size = 7））+
    labs（x= ""，y=" %"，title = "（a）差分序列")
## 画 HP 滤波去趋势后的序列
g2 = ggplot（okun，aes（x=year））+
geom_line（aes（y=yc，linetype=" 1. HP 滤波去趋势后增长率"））+
geom_line（aes（y=uc，linetype=" 2. HP 滤波去处趋势后失业率"））+
theme_bw（）+
scale_x_continuous（limits=c（1978，2014），breaks=seq（1978，2013，8））+
theme（text=element_text（family=" SimSun"，size=10），
            legend.position =" none"，
            legend.title=element_blank（），
            legend.key = element_blank（），
            legend.direction = " horizontal"，
            legend.margin = unit（-1.0," cm"），
```

```
                legend.key.height = unit（0,"cm"）,
                plot.margin = unit（c（0, 0, 0, 0）,"cm"）,
                plot.title = element_text（size = 7））+
    labs（x=""，y="%"，title = "（b）HP 滤波序列"）
grid.arrange（g1，g2，ncol=2）
dev.off（）
#R2.1 估计差分模型和缺口模型
reg.df = lm（diff（y）~ diff（u））
reg.hp = lm（yc ~ uc）
stargazer（reg.df，reg.hp，type="text"）
stargazer（reg.df，reg.hp，type="html"，out = "okun.html"）
```

四、案 例 讨 论

1. 为什么要进行单位根检验？
2. 有哪几种常见的单位根检验方法？
3. 如何判断检验模型是否包含常数项及时间趋势？
4. 使用 ADF 检验时，滞后项阶数如何确定？
5. 能否仿照实验案例进行独立 ADF 检验和 PP 检验？

实验案例三

Johansen 多元协整检验模型实验

本案例主要从多元协整检验模型原理及实证两个角度对中国财政收入和支出的平稳性和协整性进行分析，下面从这两个角度予以详细分析。

一、多元协整模型简介

（一）多元协整的含义

经济学中的均衡是指经济系统在一定条件约束下，保持一种稳定不变的状态。协整分析通常以经济均衡为基础。协整理论主要用来分析短期变动关系容易受到随机扰动的显著影响，而长期关系又受到经济均衡关系约束的经济系统。对于 m 个时间序列变量 $Y_t = (Y_{1t}，Y_{2t}，\cdots，Y_{mt})'$，下标 t 代表时间，协整的定义：

对于 m 维向量 Y 的分向量，它们之间为 d、b 协整，记为 CI（d，b），满足：

（1）$Y_t \sim I(d)$，要求 Y_t 的每个分量 $Y_{mt} \sim I(d)$；

（2）存在非零向量 β，使得 $\beta'Y_t \sim I(d-b)$，要求 $0 < b \leqslant d$，则称 Y_t 是协整的，向量 β 又称为协整向量。

（二）多元协整检验模型

EG 两步法的协整检验和误差修正模型主要是针对单方程而言，且主要用于分析 Y_t、X_t 二元非平稳时间序列之间的均衡关系。本实验将进一步推广到 VAR 模型，分析的非平稳时间序列也不限于两个，而是拓展到一组非平稳时间序列，研究它们是否具有协整关系。如果存在，我们还要进一步确认这种长期均衡关系的形式。

对于以下 P 阶 VAR 模型：

$$Y_t = A_1 Y_{t-1} + A_2 Y_{t-2} + \cdots + A_p Y_{t-p} + BX_t + \varepsilon_t \qquad (3-1)$$

其中，Y_t 是 m 个一阶单整 I（1）非平稳时间序列构成的列向量，$Y_t = (Y_{1t}, Y_{2t}, \cdots, Y_{mt})'$，时间 t = 1，2，$\cdots$，n。$X_t$ 是 d 维确定性外生变量，ε_t 是由干扰项构成的向量，又称为新息向量。

为了分析 m 个非平稳经济变量 Y_{1t}，Y_{2t}，$\cdots$，Y_{mt} 之间的协整关系，将式（3-1）进行差分处理，变形后可以得到式（3-2）：

$$\nabla Y_t = \sum_{i=1}^{p-1} \Gamma_i \nabla Y_{t-i} + \prod Y_{t-1} + BX_t + \varepsilon_t \qquad (3-2)$$

其中，$\Gamma_i = -\sum_{j=i+1}^{p} A_j$，$\prod = \sum_{i=1}^{p} A_i - I_m$。

差分 $\nabla Y_t = Y_t - Y_{t-1}$，其他 ∇Y_{t-1} 类似处理，i = 1，2，$\cdots$，p-1。由于 $Y_t \sim I(1)$，经过一阶差分的内生变量中各序列都是平稳的，即 $\nabla Y_{t-1} \sim I(0)$。构成 $\prod Y_{t-1}$ 的各变量都是 I（0）时，才能保证新息是平稳过程，Y_t 的各分量之间存在协整关系。因此可以得到系数矩阵的秩满足 $0 < R(\Pi) = r < m$，此时，存在两个 m × r 阶矩阵 α 和 β，使得：

$$\Pi = \alpha\beta' \qquad (3-3)$$

其中，两个分解矩阵的秩都是 r。将式（3-3）代入式（3-2），得到：

$$\nabla Y_t = \sum_{i=1}^{p-1} \Gamma_i \nabla Y_{t-i} + \alpha\beta' Y_{t-1} + BX_t + \varepsilon_t \qquad (3-4)$$

$\beta' Y_{t-1}$ 每行都是 I（0）组合向量，即每一行都是使得变量 $Y_{1,t-1}$，$Y_{2,t-1}$，$\cdots$，$Y_{m,t-1}$ 具有协整关系的一种线性组合形式。因此，矩阵 β' 决定了协整关系的个数与形式，它的秩 r 是线性无关的协向量的个数，它的每一行构成一个协整向量。β 为协整向量矩阵，r 为协整向量的个数。α 为调整参数矩阵，或修正系数矩阵，每个元素表示相应的每个误差修正项之差分对被解释变量的调整速度，类似于误差修正模型的调整系数的含义。

（三）Johansen 检验

1. 协整方程存在的情形

与单变量时间序列可能出现均值非零，包含确定性趋势或随机趋势一样，协整方程也可以包含截距和确定性趋势。式（3-4）假设方程可能会有以下情况：

（1）序列 Y_t 没有确定性趋势，协整方程中没有截距项，没有趋势项。

$$\prod Y_{t-1} + BX_t = \alpha\beta' Y_{t-1} \qquad (3-5)$$

（2）序列 Y_t 没有确定性趋势，协整方程中有截距项，没有趋势项。

$$\prod Y_{t-1} + BX_t = \alpha(\beta' Y_{t-1} + \rho_0) \qquad (3-6)$$

（3）序列 Y_t 有线性确定性趋势，协整方程中有截距项，没有趋势项。

$$\prod Y_{t-1} + BX_t = \alpha(\beta' Y_{t-1} + \rho_0) + \alpha^* \gamma_0 \qquad (3-7)$$

（4）序列 Y_t 有线性确定性趋势，协整方程中有截距项，有趋势项。

$$\prod Y_{t-1} + BX_t = \alpha(\beta' Y_{t-1} + \rho_0 + \rho_0 t) + \alpha^* \gamma_0 \tag{3-8}$$

（5）序列 Y_t 有二次确定性趋势，协整方程中有截距项，有趋势项。

$$\prod Y_{t-1} + BX_t = \alpha(\beta' Y_{t-1} + \rho_0 + \rho_0 t) + \alpha^* (\gamma_0 + \gamma_1 t) \tag{3-9}$$

其中 α^* 是 $m \times m-r$ 阶矩阵，被称为 α 的正交互余矩阵（Orthogonal Complement），并且满足 $\alpha' \alpha^* = 0$ 以及 $rank(|\alpha'| \alpha^*|) = m$。

2. Johansen 检验方法

对于以上五种情况，EViews 采用 Johansen（1995）提出的关于系数矩阵的协整似然比（LR）检验方法，对于给定的秩 r，上述五种情况的检验严格性递减。

由于 r 个最大特征根可得到 r 个协整向量，而对于其余 m−r 个非协整组合来说，λ_{t+1}，λ_{t+2}，…，λ_k 应该为 0，可得到如下协整似然比检验原假设、备择假设：

H_{r0}：$\lambda_r > 0$，$\lambda_{r+1} = 0$，至多有 r 个协整关系，

H_{r1}：$\lambda_{r+1} > 0$，有 r 个协整向量（或协整关系）（r = 1，2，…，m−1）。

相应的检验迹统计量：

$$\eta_r = -T \sum_{i=r+1}^{m} \log(1 - \lambda_i) \tag{3-10}$$

其中，λ_i 是大小排第 i 的特征值，T 是观察期总数。这不是独立的一个检验，而是对应于 r 的不同取值的一系列检验。EViews 从检验不存在任何协整关系的零假设开始，然后是最多一个协整关系，直到最多 m−1 个协整关系，共计检验 m 次，备择假设保持不变。依次的检验过程：

$\eta_0 <$ 临界值，接受 H_{00}，说明不存在协整向量；

$\eta_0 >$ 临界值，拒绝 H_{00}，说明至少有 1 个协整向量；

$\eta_1 <$ 临界值，接受 H_{10}，说明只存在 1 个协整向量；

$\eta_1 >$ 临界值，拒绝 H_{10}，说明至少有 2 个协整向量；

……

$\eta_r <$ 临界值，接受 H_{r0}，说明只存在 r 个协整向量。

二、实验名称：中国财政收入和支出的平稳性和协整性分析[①]

下面主要由研究背景、文献回顾及实证分析组成，对中国财政收入和支出的平稳性和协整性分析予以详细介绍。

（一）研究背景

财政收入和财政支出是财政政策的主要内容，是财政系统最为重要的经济变量，这些变量有两个特点：一方面，由于经济行为的惯性，财政收支时间序列具有前后连贯性，显示出平稳性的一面；另一方面，财政政策作为一种外生冲击（Exogenous Shock），财政收支会发生阶跃性突变，使相关变量的序列变得不稳定，进而影响经济增长等变量的平稳性，造成各种经济政策的效果难以把握。

（二）文献回顾

不少学者对中国财政数据作了相关研究，很多集中在财政支出对经济增长的关系上。张海星（2004）作了公共支出与经济增长的长期平稳协整检验，认为中国公共物质资本投资、公共人力资本投资和公共研发支出均具有正向的经济增长效应。刘进等（2004）实证分析了公共支出、公共投资和 GDP 的平稳关系，结论是公共支出、公共投资对 GDP 增长具有显著的因果关系。由于时间序列的脆弱性，选择不同长度的时间段会使序列稳定性发生变化，可能由零阶单整 I(0) 序列（即自身平稳的序列）或一阶单整 I(1) 序列（表示作一次差分后平稳的序列）波动为二阶单整 I（2）序列（表示作两次差分后平稳的序列），并且显著性水平选取不同所得稳定性的结论也不同，进而影响这些变量之间平稳关系的研究结果。

（三）实证分析

实证分析主要对模型设定和变量数据说明，并用 Johansen 多元协整模型进行

---

① 万春，许莉. 中国预算内收支长期稳定性和均衡性实证分析——基于 1978~2003 年的样本 [J]. 财贸研究，2006（2）：85-91.

分析，下面对数据及分析过程进行详细的介绍。

1. 模型设定和变量数据说明

（1）模型设定。在对时间序列作平稳性检验、EG 两步法检验协整的基础上，本案例建立如下 VAR 模型：

$$Y_t = A_1 Y_{t-1} + A_2 Y_{t-2} + \cdots + A_p Y_{t-p} + \varepsilon_t \tag{3-11}$$

进行两种多元 Johansen 协整检验：①$Y_t = (Y_{1t}, \ Y_{2t}, \ \cdots, \ Y_{mt})'$，其中 Y_{mt} 为财政收入及其子项；②$Y_t = (Y_{1t}, \ Y_{2t}, \ \cdots, \ Y_{nt})'$，其中 Y_{nt} 为财政支出及其子项。

（2）变量选取及数据来源说明。本书立足财政收支数据的时间序列特性分析，力图在尽可能长的时间段内考察其平稳性及变量间的协整关系（有些时间序列自身不平稳，但其某种线性组合却平稳，这个线性组合反映了变量之间长期稳定均衡的比例关系，称为协整关系），从而发现财政收入及其构成分项目之间的比例结构、财政支出及其分项目之间的比例结构是否长期稳定，财政收支是否对经济增长具有稳定的推动效应。根据《中国统计年鉴》（2000~2004）等资料，选取了 1978~2003 年中国财政收入支出及 GDP 数据作样本。参照各年的 GDP 指数，折算 GDP 平减指数，由于财政收入和支出所涉及的领域极其广泛，故本书对所有财政经济变量都用以 1978 年为基准的 GDP 综合平减指数进行了平减，再作平稳性分析。

2. Johansen 多元协整模型分析

对于财政收入、财政支出、GDP 等时间序列数据，按照由易到难的顺序展开分析：先是检验序列的平稳性，研究两个同阶非平稳时间序列变量之间的关系，采用 EG 两步法分析它们之间的协整关系；对于多个同阶非平稳时间序列变量之间的关系，采用 Johansen 多元协整模型分析它们之间的协整关系。本案例我们主要注重以 Johansen 多元协整模型检验多个同阶非平稳时间序列变量之间的长期均衡关系。

（1）财政收入数据分析。按当年价格计算的财政收入，1978 年为 1132.26 亿元，以后各年稳步上升，1989 年为 2664.90 亿元，2003 年为 21715.25 亿元。用 1978 年 GDP 平减指数调整后，发现不变价财政收入呈增长趋势。财政收入的获得渠道有税收、企业收入（1994 年以后废除）、企业亏损补贴（此项实质上是负值）、预算调节基金收入、教育费附加收入以及其他收入等，另外国内外的债务收入也是财政收入的另一种方式，此处不专门讨论。

财政收入项目中我们考察以下几个变量：财政收入 GR（Government Revenue），不包括国内外债务收入。税收 TS（Taxes），等于"各项税收"加上

"企业收入"，由于我国计划经济体制下财政收入的一部分来自国有企业上缴利润，利改税后这部分逐渐以税收形式进入财政收入，故将这两项加总作为 TS。税收是财政收入的主要来源，其主要组成子项有增值税 VT（Value-added Tax）、营业税 BT（Business Tax）、消费税 CT（Consumption Tax）、关税 TF（Tariffs）、农业各税 AT（Agricultural and Related Tax）以及企业所得税 CT（Company Income Tax）等，增值税的份额最大，其次为企业所得税和营业税。

1）财政收入和税收的协整分析。

a. 平稳特性检验。检验 GR 及 TS 的时间序列平稳特性，由扩展的迪基—富勒 ADF（Augmented Dickey-Fuller Test）作序列的单位根检验得如表 3-1 所示的结果。

表 3-1　财政收入和税收的 ADF 检验结果

变量	检验方式（C，T，L）	ADF 检验值	临界值	平稳性结论	D-W 值
GR	（C，T，5）	−0.541006	−3.2677**	不平稳	2.192735
D（GR）	（C，T，0）	−1.369208	−3.2418**	不平稳	1.982297
D2（GR）	（0，0，0）	−4.372296	−2.6700	平稳	2.002717
TS	（C，T，4）	−0.316744	−3.2602**	不平稳	1.935057
D（TS）	（C，T，0）	−2.615888	−3.2418**	不平稳	2.076641
D2（TS）	（0，0，0）	−6.201342	−2.6700	平稳	2.075960
RE	（0，0，0）	−4.473441	−2.6649	平稳	1.969071

注：处理所用软件为 EViews3.1，表中的临界值为 Mackinnon 计算值，** 为显著性水平为 10% 时的临界值，其余为 1% 显著性水平下的临界值。（C，T，L）中 C 表示截距项，取 0 表示无截距项；T 表示时间趋势项，取 0 表示无时间趋势项；L 为滞后期数。

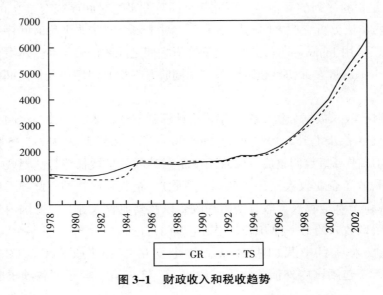

图 3-1　财政收入和税收趋势

结合图 3-1 及表 3-1 的平稳性检验结果，对 GR 和 TS 的序列变异特性进行分析。发现 1997~2003 年 GR 及 TS 突变迅速，从趋势来看，1997 年 GR 和 TS 开始突变性上升，表现出很强的趋势，由经济背景我们知道，1997 年发生东南亚经济危机，是中国积极财政政策的前兆，而 1998~2003 年中国实施的积极财政政策造成了财政支出等变量的急剧上升。从平稳性角度，1978~1996 年 GR 是 I(1)，而 1997~2003 年大幅度上升，加剧了该序列的波动性，纳入 1997 年后数据变为 I(2)，表明 GR 于 1997 年发生突变，1978~2003 年整个序列表现为 I(2)，同样的分析适合 TS 及其他财政变量，1978~2003 年 TS 序列也为 I(2)。

由财政收入的分项收入可知，税收占了主要部分，从二者的变化趋势图上可以看出，二者紧密相依，且 GR 与 TS 均为二阶单整非平稳序列 I(2)，可能存在协整关系。

b. 二元协整检验。用 EG（Engle and Granger）两步法检验财政收入和税收之间的长期平稳关系。EG 两步法是指对于两个同阶单整变量，首先作两者的回归分析，如果残差序列是平稳的，则这两个变量之间存在长期稳定的协整关系。作如下回归方程：

$$GR = 1.066440TS + \left[AR(1) = 0.606394\right]$$
$$t\text{-Statistic}(63.17057) \qquad (3.568055) \tag{3-12}$$

括号中的数为 t 统计量，方程调整拟合度系数 $R^2 = 0.995419$，F 值为 5215.482，AR（1）为一阶自回归项。检查该回归方程的残差序列 RE 的平稳性，结果如表 3-1 所示。RE 平稳，说明财政收入和税收之间存在协整关系，二者的相依关系稳定，反映了税收是财政收入的稳定组成部分。税收是财政收入的主要来源（1978~2003 年税收占财政收入的比例平均高达 93%，若将 1985 年开始的企业亏损补贴从 TS 中扣除，该比例会小些），其他的收入如能源交通重点建设基金收入占财政收入的份额较少，基本不能显著地影响财政收入的变化。

2）财政收入及其组成子项的协整分析。前面已经分析税收和财政收入存在长期均衡关系，且税收在财政收入来源中占绝对比重，将税收分解，考查其子项 VT、BT、TF、AT、CT 和财政收入是否存在长期均衡关系。增值税、营业税及企业所得税从 1985 年才开始单独列出，从年鉴等资料，我们只能从 1985 年开始获得它们的数据，故此处选取了 1985~2003 年的各个变量数据（仍以 1978 年 GDP 平减指数为平减基准）作样本。

首先检验各序列数据 1985~2003 年的平稳性。在 1% 的显著性水平下，GR、VT、BT、TF、AT、CT 均为 I(2)，各变量均有较大的波动性。

对于多元变量的长期平稳关系，采用 Johanson 多元协整检验。由于数据不足以作包含所有变量的协整检验，除财政收入外，我们选取了在税收中占份额较大的增值税、营业税和企业所得税，由图 3-1 可知财政收入具有很强的时间趋势，作协整方程带有截距和趋势项、序列 Y_t 带有二次确定性趋势项选项的协整检验，得到如表 3-2 所示的结果。

表 3-2   财政收入与其子项协整检验结果

特征值	似然比检验统计量	零假设	备择假设	5%临界值	1%临界值
0.950911	81.23427	R=0	R≥1	54.64	61.24
0.736094	29.99417	R≤1	R≥2	34.55	40.49
0.347061	7.347386	R≤2	R≥3	18.17	23.46
0.005910	0.100763	R≤3	R≥4	3.74	6.40

根据表 3-2，在 1%显著性水平下，存在唯一的协整方程：

$$GR = 1.086078VT + 2.077297BT + 2.019152CT + 38.05884T - 278.5630 \qquad (3-13)$$
$$(0.10354) \qquad (0.30133) \qquad (0.13285)$$

括号中的数据是各协整系数估计值的渐进标准误，T 表示从 1985 年开始的时间趋势项。从协整方程可以看出增值税、营业税、企业所得税均与财政收入均存在明显的正向协整关系，系数分别为 1.086078、2.077297、2.019152，表明从 1985 年以来，剔除财政收入的时间趋势（每年随时间增加 38.05884 亿元），增值税、营业税、企业所得税与财政收入存在稳定的正向比例关系，即税收子项与财政收入有稳定的对应关系，财政收入结构具有相应的稳定性。类似可以分析财政收入和其他收入来源的协整关系。

（2）财政支出数据分析。按当年价格计的财政支出 GE（Government Expenditure）呈现明显的增长趋势。1978 年为 1122.09 亿元，此后持续增长，1989 年为 2823.78 亿元，以后递增的速度加快，1997 年后增幅显著突变，为 1296 亿元，1999~2003 年每年增加 2000 亿元以上。

根据 2004 年《中国统计年鉴》，财政支出分为以下 11 个主要分项目：基本建设支出（X_1）；增拨企业流动资金（X_2）；挖潜改造资金和科技三项费用（X_3）；地质勘探费（X_4）；工、交、流通部门事业费（X_5）；支农支出（X_6）；文教科学卫生支出（X_7）；抚恤和社会福利救济费（X_8）；国防支出（X_9）；行政管理费（X_{10}）；政策性补贴支出（X_{11}）。

1）平稳性检验。仍然用 ADF 检验，发现 GE 数据序列 1978~1996 年序列为 I(1)，但是 1997~2003 年由于政策冲击的效应，使得这一时期的数据带有强烈的时间趋势（二次和三次），加剧了 1978~2003 年整个阶段的数据波动。

为分析财政支出各项目对总支出的依存关系，本书对 11 个指标从两个角度作了选取，一是从数据的数值上排除相对较小或随着经济改革进程逐渐下降趋于消失的项目，由此剔除 X_2、X_4、X_5、X_8、X_{11} 五个指标；二是从指标的平稳性角度，用 1978 年为 100 的 GDP 平减指数调整后，GE、X_5、X_7、X_8、X_{10} 为 I(2)，X_2 为 I(0)，其他指标 X_1、X_3、X_4、X_6、X_9、X_{11} 为 I(1)，由于不是同阶单整，造成直接运用这些指标作协整分析的困难。将所有指标取对数处理，记 log（GE）= LGE，其他以此类推，除 LX_2 为 I(0)，其他对数指标均为 I(1)，适合作协整分析，且可考察变量间的弹性关系。遵照以上两条原则，选取同阶 I(1) 对数指标变量 LGE、LX_1、LX_3、LX_6、LX_7、LX_9、LX_{10} 作协整分析。

2）协整检验。对 LGE、LX_1、LX_3、LX_6、LX_7、LX_9、LX_{10} 作 Johansen 协整检验，结果如表 3-3 所示。

表 3-3　财政支出与其子项目的协整检验结果

特征值	似然比检验统计量	零假设	备择假设	5%临界值	1%临界值	结论
0.983952	286.9583	R=0	R≥1	136.61	146.99	**
0.957239	187.7868	R≤1	R≥2	104.94	114.36	**
0.867565	112.1355	R≤2	R≥3	77.74	85.78	**
0.700644	63.61554	R≤3	R≥4	54.64	61.24	**
0.520157	34.66863	R≤4	R≥5	34.55	40.49	*
0.422963	17.04554	R≤5	R≥6	18.17	23.46	接受
0.148181	3.849155	R≤6	R≥7	3.74	6.40	*

注：** 表示在 1% 显著性水平拒绝原假设，* 表示在 5% 显著性水平拒绝原假设。

由于纳入变量较多，有 6 个原假设被拒绝，我们选择只有一个协整方程的情况作分析：

$$LGE = 0.281129LX_1 + 0.013462LX_3 + 0.081544LX_6 + 0.168437LX_7 +$$
$$（0.00599）\quad（0.00996）\quad（0.01450）\quad（0.02933）$$
$$0.175526LX_9 + 0.169785LX_{10} + 0.014997T + 2.487602 \quad\quad (3-14)$$
$$（0.01074）\quad（0.03043）$$

T 代表 1978 年开始的时间趋势项。

可见，剔除了系数为 0.014997 的时间趋势后，基本建设支出、挖潜改造资金和科技三项费用、支农支出、文教科学卫生支出、国防支出、行政管理费对财政支出都存在正向的长期协整关系。这些变量对财政支出的弹性分别为 0.281129、0.013462、0.081544、0.168437、0.175526、0.169785，其中基本建设支出、文教科学卫生支出、国防支出、行政管理费对财政支出的弹性较大。协整方程表明 1978~2003 年财政支出结构是稳定的，各支出项目和总支出存在协整的比例关系。

（3）财政收支与经济增长关系分析。我们用财政收入、基本建设支出、财政支出和 GDP 的协整检验来分析财政收支活动与经济增长之间的关系。

1）财政收入、基本建设支出、财政支出和 GDP 的协整检验。LGDP、LGE、LGR、LX_1 分别为 GDP、GE、GR、X_1 取对数后的序列，对之作 ADF 平稳性检验，LGDP 为 I(0)，LGE、LX_1 为 I(1)，LGR 为 I(2)，对数序列不为同阶单整序列，不可直接用对数序列作协整分析。在 1% 的显著性水平下，水平量序列 GDP、GE、GR、X_1 为 I(2)（需要注意的是，改变显著性水平这些序列可能是不同阶的），可直接利用水平变量作协整分析。从图 3-2、图 3-3、图3-4 知道 GDP 和财政支出、基本建设支出、财政收入均有较强的时间趋势需要剔除。

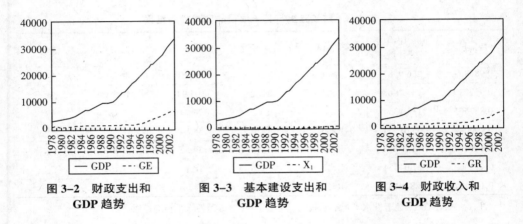

图 3-2　财政支出和 GDP 趋势　　　图 3-3　基本建设支出和 GDP 趋势　　　图 3-4　财政收入和 GDP 趋势

规定 T 代表从 1978 年开始计数的时间趋势项，分别作 GDP 和财政支出、GDP 和基本建设支出、财政收入和 GDP 之间的协整分析，得到以下三个回归方程：

（Ⅰ）GDP = −898.4513 + 2.223616GE + 765.7680 T　　　　　　　　（3-15）

t–Statistic （−1.918858）（8.610683）（13.20485）

调整后的可决系数 R^2 = 0.982841，F 值为 716.9730，残差序列 RE21 的平稳性检验结果如表 3-4 所示。RE21 平稳，故方程是协整的，表明财政支出与剔除一次时间趋势的 GDP 存在长期稳定关系，系数为 2.223616。

（Ⅱ）GDP = 6.179285X_1 + 496.1460T + 24.82591T^2　　　　　　（3-16）

t–Statistic （8.135455）（10.46589）　（11.23292）

调整后的可决系数 R^2 = 0.992535，F 值为 1662.870，残差序列 RE22 的平稳性检验结果如表 3-4 所示。RE22 平稳，故方程是协整的，说明基本建设支出与剔除一次和二次时间趋势的 GDP 存在长期协整关系，协整系数较大，达 6.179285。

（Ⅲ）GR = 450.0823 + 0.285859GDP − 180.4625T　　　　(3-17)

t-Statistic　（2.873747）（8.484860）（−4.378334）

调整后的可决系数 $R^2 = 0.920308$，F 值为 145.3535，残差序列 RE23 的平稳性检验如表 3-4 所示。RE23 的平稳性表明剔除时间趋势后，GDP 与财政收入存在稳定的比例关系，系数 0.285859。

可见，GDP 与财政支出、基本建设支出及财政收入均存在长期协整关系，但我们还需考察它们之间是否存在因果关系。

表 3-4　残差平稳性检验

变量	检验方式（C，T，L）	ADF 检验值	临界值	平稳性结论	DW 值
RE21	(0，0，1)	−2.551469	−1.9559*	平稳	1.462581
RE22	(0，0，1)	−2.585834	−1.9559*	平稳	1.837446
RE23	(0，0，1)	−2.922645	−2.6649	平稳	2.247717

注：* 表示在 5%显著性水平，其余为 1%显著性水平下拒绝原假设。

2）财政收入、基本建设支出、财政支出和 GDP 的因果检验。考察变量间因果关系较为简便的工具是格兰杰（Granger）因果检验，即对于两个变量，以一个为解释变量，另一个为被解释变量作回归，可添加入两个变量的滞后项作解释变量，如果回归系数及方程都是显著的，则称解释变量是被解释变量的 Granger 原因，或者说解释变量 Granger 导致被解释变量。

借鉴刘进等（2004）的研究结果，公共支出和公共投资（其公共支出即本书财政支出，本书基本建设支出是其公共投资的主要子项）和经济增长之间存在单向因果关系，在滞后 1 期、2 期、3 期内均以 Granger 方式引致 GDP，并且随着考察期的滞后，因果关系趋于平淡。本书只做财政收入和 GDP 的 Granger 检验，选择滞后期数为 1~4 期，结果如表 3-5 所示，在 10%显著性水平下，在滞后 1 期、2 期、3 期内 GDP 单向 Granger 导致财政收入。

表 3-5　格兰杰（Granger）因果检验结果

变量因果关系	滞后期数	F-统计量	结论	变量因果关系	滞后期数	F-统计量	结论
GDP→GR	1	3.90082	10%显著性水平接受	GDP→GR	3	2.55854	10%显著性水平接受
GR→GDP	1	0.11501	拒绝	GR→GDP	3	0.03859	拒绝
GDP→GR	2	3.00734	10%显著性水平接受	GDP→GR	4	1.75690	拒绝
GR→GDP	2	0.56545	拒绝	GR→GDP	4	0.08631	拒绝

Granger 检验表明：财政支出和基本建设支出是 GDP 的 Granger 原因，而 GDP 是财政收入的 Granger 原因，其内在的经济逻辑是财政支出和基本建设支出作为总需求的一部分拉动经济增长，经济增长促进财政收入的增加，即财政体系在经济增长的良性循环中发挥稳定而又积极的推动作用。

（四）总结与政策建议

从 1978~2003 年的数据分析知道，财政收入、财政支出及 GDP 等序列在整个时间段内并不平稳，均为二阶单整序列 I(2)，造成数据波动较大的一个原因是中国从 1998 年以后的积极财政政策使得 1997~2003 年的财政收入、财政支出及 GDP 等序列均表现出很强的时间趋势（一次或二次），加剧了整个时间段内数据的波动性。

财政收入虽然有较大的波动，但其与主要组成因子税收之间存在长期协整关系，说明税收是我国财政收入的基本稳定来源的这一事实。进一步研究发现，剔除了一次时间趋势的财政收入和几个主要税种（增值税、营业税及公司所得税）之间存在协整关系，说明财政收入的来源结构具有稳定性，即收入来源子项和总收入之间存在稳定的比例关系。

从弹性系数角度来看，财政支出和几个主要的分项目支出（基本建设支出、挖潜改造资金和科技三项费用、支农支出、文教科学卫生支出、国防支出、行政管理费）的对数序列之间存在长期均衡的协整关系，说明财政支出结构具有稳定性，即分项目支出和总支出之间存在稳定的对应关系。

财政收入与其分项目的协整关系及财政支出与其分项目的协整关系表明财政系统是稳定运行的，而财政收支和 GDP 的协整关系则表明财政收支活动稳定而又积极地促进经济增长。这表明，财政政策作为我国政府最为便捷、有效的宏观经济政策之一，在将来较长时间内，仍然对实现促进经济增长、增加就业等宏观经济目标发挥关键性的作用。如何进一步优化财政支出结构与总量，提升财政政策的运用水平，是我国政府面临的重要挑战之一。

三、实验操作步骤

由于系统不同（如 XP 或 Win7）、软件版本不同（如 EViews 3.1 或 EViews 6.0）、数据的小数点位数不一致（如 2 位小数或 4 位小数）等原因，所得结果可能会有稍微不同。

步骤 1：运用 excel 将原始数据用对应的价格指数平减，做好数据导入的准备工作。

步骤 2：打开 EViews 软件，选择建立工作文件，导入各变量的数据，如图 3–5 所示。

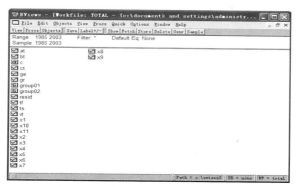

图 3–5　建立工作文件及导入数据

步骤 3：检验时间序列 GR 的平稳特性，如图 3–6 所示。

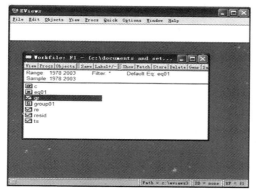

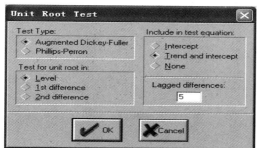

图 3–6　检验时间序列 GR 的平稳特性

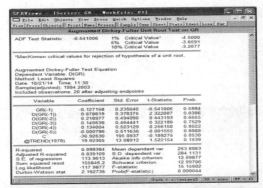

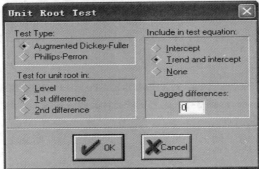

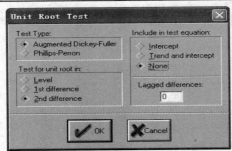

图 3-6　检验时间序列 **GR** 的平稳特性（续图）

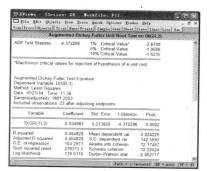

图 3-6　检验时间序列 **GR** 的平稳特性（续图）

步骤 4：类似步骤 3，检验其他时间序列的平稳性。

步骤 5：用 EG 两步法检验财政收入 GR 和税收 TS 之间的二元协整关系。

（1）作 GR 对 TS 的回归，如图 3-7 所示。

图 3-7　作 **GR** 对 **TS** 的回归

（2）检验残差项 RE 的平稳性（注意用命令 genr RE=resid 保存回归处理后的残差项的结果，否则 resid 中的数据很容易被下次回归操作覆盖），如图 3-8 所示。

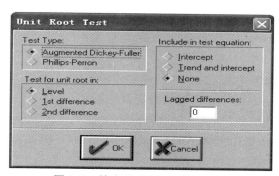

图 3-8　检查残差项 **RE** 的平稳性

（3）检验残差项 RE 的结果是否平稳，如图 3-9 所示。

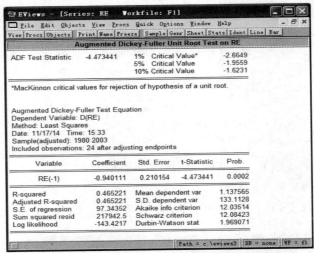

图 3-9　检验残差项 RE 的结果是否平稳

步骤 6：Johansen 检验财政收入 GR 及其子项 VT、BT、CT 之间的多元协整关系。注意时间段为 1985~2003 年（用命令 range 1985 2003 来截取不同时间段的数据），选项为协整方程 CE 带有截距和趋势项，序列 Y_t 带有二次确定性趋势项。

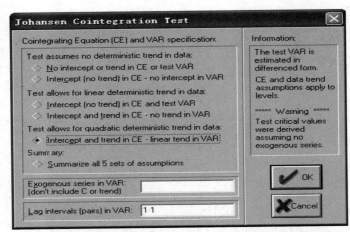

图 3-10　Johansen 检验财政收入 GR 及其子项 VT、BT、CT 之间的多元协整关系

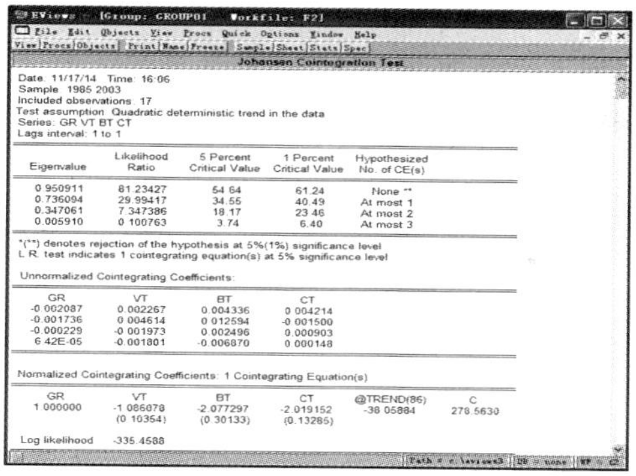

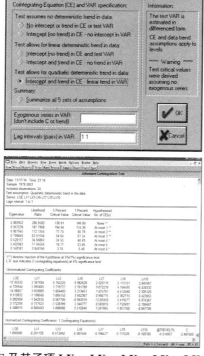

图 3-10　Johansen 检验财政收入 **GR** 及其子项 **VT**、**BT**、**CT** 之间的多元协整关系（续图）

步骤 7：Johansen 检验财政支出 LGE 及其子项 LX_1、LX_3、LX_6、LX_7、LX_9、LX_{10} 之间的多元协整关系（L 表示对原序列取对数处理后的序列），如图3-11 所示。注意时间段为 1978~2003 年，选项为协整方程 CE 带有截距和趋势项，序列 Y_t 带有二次确定性趋势项。

图 3-11　财政支出 **LGE** 及其子项 LX_1、LX_3、LX_6、LX_7、LX_9、LX_{10} 之间的多元协整
关系（**Johansen** 检验）

步骤 8：用 EG 两步法检验财政收入 GR、基本建设支出 X_1、财政支出 GE 与 GDP 之间的协整关系。

（1）用 EG 两步法检验财政支出 GE 与 GDP 之间的协整关系，如图 3-12 所示。

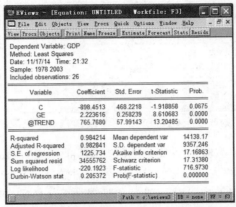

图 3-12　财政收入 GR、基本建设支出 X_1、财政支出 GE 与 GDP 之间的协整关系
（EG 两步法）

（2）检验残差项是否平稳，如图 3-13 所示。

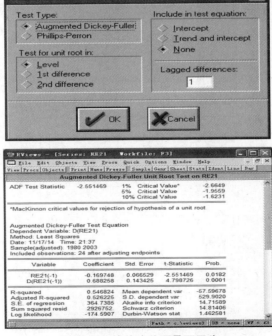

图 3-13　检验残差项是否平稳

（3）用 EG 两步法检验基本建设支出 X_1 与 GDP 之间的协整关系，如图 3-14 所示。

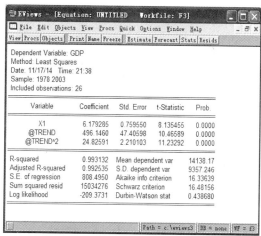

图 3-14 基本建设支出 X_1 与 GDP 之间的协整关系（EG 两步法）

（4）检验残差项是否平稳，如图 3-15 所示。

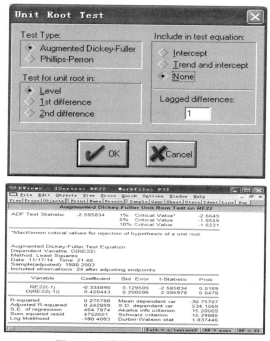

图 3-15 检验残差项是否平稳

（5）用 EG 两步法检验财政收入 GR 与 GDP 之间的协整关系，如图 3-16 所示。

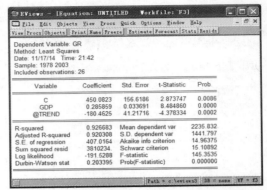

图 3-16　用 EG 两步法检验财政收入 GR 与 GDP 之间的协整关系

（6）检验残差项是否平稳，如图 3-17 所示。

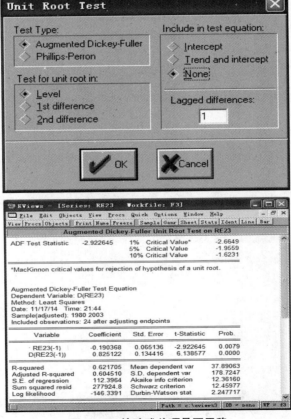

图 3-17　检验残差项是否平稳

步骤 9：检验财政收入 GR、GDP 之间的 Granger 因果关系。如图 3-18、图 3-19、图 3-20 和图 3-21 所示。

（1）一阶滞后。

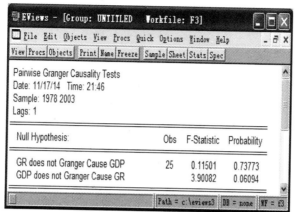

图 3-18　检验财政收入 GR、GDP 之间的 Granger 因果关系（一阶滞后）

（2）二阶滞后。

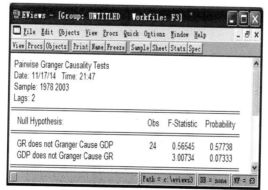

图 3-19　检验财政收入 GR、GDP 之间的 Granger 因果关系（二阶滞后）

（3）三阶滞后。

（4）四阶滞后。

步骤 10：类似检验基本建设支出 X_1、GDP 之间，财政支出 GE、GDP 之间的 Granger 因果关系。

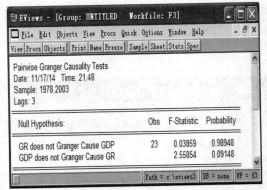

图 3-20　检验财政收入 GR、GDP 之间的 Granger 因果关系（三阶滞后）

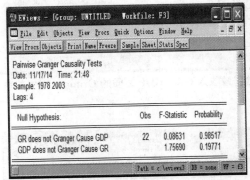

图 3-21　检验财政收入 GR、GDP 之间的 Granger 因果关系（四阶滞后）

四、案例讨论

1. Johansen 多元协整检验和 EG 协整检验的区别是什么？

2. Johansen 多元协整检验在什么情况下使用？

3. 如何通过 Johansen 多元协整结果建立多元线性回归方程？

4. 浅析 Johansen 多元协整检验原理。

向量自回归与误差修正模型实验

向量自回归与误差修正模型实验主要从向量自回归与误差修正模型理论入手，从而对我国城镇化进程与公共投资动态关系进行探析，以下为针对理论与实证的详细介绍。

一、向量自回归与误差修正模型简介

向量自回归与误差修正模型理论简介主要包括 VAR 模型简介、脉冲响应函数、方差分解及误差修正模型等的介绍，下面进行详细介绍。

（一）VAR 模型简介

向量自回归模型（Vector Autoregression Model，VAR）是一种常用的计量经济模型，由计量经济学家和宏观经济学家克里斯托弗·西姆斯（Christopher Sims）提出。它扩充了只能使用一个变量的自回归模型（简称 AR 模型），使容纳大于 1 个变量，因此经常用在多变量时间序列模型的分析上。

向量自回归模型采用的是联立方程的形式，在模型的每一个方程中，内生变量对模型中的全部内生变量的滞后值进行回归，从而估计全部内生变量的动态关系。VAR(p) 模型的数学表达式如模型（4-1）所示。

$$y_t = \Phi_1 y_{t-1} + \cdots + \Phi_p y_{t-p} + H x_t + \varepsilon_t \quad (t = 1, 2, \cdots, T) \tag{4-1}$$

其中，y_t 表示 k 维内生变量列向量，x_t 表示 d 维外生变量列向量，p 表示滞后阶数，T 表示样本的个数。k×k 维矩阵 Φ_1，$\cdots$，Φ_p 和 k×d 维矩阵 H 是待估计的系数矩阵。ε_t 是 k 维扰动列向量。将模型（4-1）展开成矩阵时，可表示为模型（4-2）。

$$
\begin{pmatrix} y_{1t} \\ y_{2t} \\ \vdots \\ y_{kt} \end{pmatrix} = \Phi_1 \begin{pmatrix} y_{1t-1} \\ y_{2t-1} \\ \vdots \\ y_{kt-1} \end{pmatrix} + \cdots + \Phi_p \begin{pmatrix} y_{1t-p} \\ y_{2t-p} \\ \vdots \\ y_{kt-p} \end{pmatrix} + H \begin{pmatrix} x_{1t} \\ x_{2t} \\ \vdots \\ x_{dt} \end{pmatrix} + \begin{pmatrix} \varepsilon_{1t} \\ \varepsilon_{2t} \\ \vdots \\ \varepsilon_{kt} \end{pmatrix}, \quad t = 1, 2, \cdots, T \quad (4\text{-}2)
$$

(二) 脉冲响应函数

脉冲响应函数是 VAR 模型的一项重要功能。它描述的是当 VAR 模型受到某种冲击时，这种冲击对内生变量的当期值和未来值所带来的影响。以两个变量组成的 VAR（2）模型为例来说明脉冲响应函数。两个变量构成的 VAR 模型可以表述为模型（4-3）。

$$
x_t = a_1 x_{t-1} + a_2 x_{t-2} + b_1 z_{t-1} + b_2 z_{t-2} + \varepsilon_{1t},
$$
$$
z_t = c_1 x_{t-1} + c_2 x_{t-2} + d_1 z_{t-1} + d_2 z_{t-2} + \varepsilon_{2t}, \quad t = 1, 2, \cdots, T \quad (4\text{-}3)
$$

令随机项 $\varepsilon_t = (\varepsilon_{1t}, \varepsilon_{2t})'$，且假定：

$E(\varepsilon_{it}) = 0(i = 1, 2)$，$Var(\varepsilon_t) = E(\varepsilon_t \varepsilon_t') = \sum$，$E(\varepsilon_{it}, \varepsilon_{is}) = 0(t \neq s)$

进一步假定模型（4-2）中的 VAR 模型所反映的系统从第 0 期开始活动，其中假定 $x_{-1} = x_{-2} = z_{-1} = z_{-2}$。假定第 0 期扰动项 $\varepsilon_{10} = 1$，$\varepsilon_{20} = 0$，其后两扰动项均为 0，则当 $t = 0$ 时，$x_0 = 1$，$z_0 = 0$；当 $t = 1$ 时，$x_1 = a_1$，$z_0 = c_1$……这样计算下去，求得的结果 x_0、x_1、x_2……称为由 x 的脉冲引起的 x 的响应函数。同样求得的 z_0、z_1、z_2……称为 x 的脉冲引起的 z 的响应函数。

(三) 方差分解

方差分解也是 VAR 模型的一项重要功能。它通过分析每一个结构冲击对内生变量变化的贡献程度，进而评价不同结构冲击的重要性。西蒙斯于 1980 年给出方差分解的思路，根据 VAR 模型滞后算子的表达式的变形如：

$$
y_t = C(L)\varepsilon_t \quad (4\text{-}4)
$$

其中：

$$
C(L) = C_0 + C_1 L + C_2 L^2 + \cdots + C_h L^h + \cdots \ (C_0 = I_k)
$$
$$
C_h = (c_1^{(h)}, c_2^{(h)}, \cdots, c_i^{(h)}, \cdots, c_k^{(h)})^T \quad (h = 1, 2, \cdots, \infty; \ i = 1, 2, \cdots, k)
$$
$$
c_h = (c_{i1}^{(h)}, c_{i2}^{(h)}, \cdots, c_{ij}^{(h)}, \cdots, c_{ik}^{(h)}) \quad (i = 1, 2, \cdots, k)
$$

所以有模型（4-5）：

$$
y_{it} = \sum_{j=1}^{k} (c_{ij}^{(0)}\varepsilon_{jt} + c_{ij}^{(1)}\varepsilon_{jt-1} + c_{ij}^{(0)}\varepsilon_{jt-2} + \cdots) \quad (4\text{-}5)
$$

因为扰动项向量 ε_t 的协方差矩阵是对角矩阵，模型（4-5）可变形为模型（4-6）。

$$Var(y_{it}) = \sum_{j=1}^{k} \left(\sum_{h=0}^{\infty} (c_{ij}^{(h)})^2 \sigma_{jj} \right) \tag{4-6}$$

其中，σ_{jj} 为 ε_t 的协方差矩阵中的对角线上的第 j 个元素。对于 h，实际上不可能取到 ∞，因为 $c_{ij}^{(h)}$ 会随着 h 的增大而呈几何级数性的递减，所有 h 只需取有限的 s 项即可。因此可以将相对贡献率（RVC）定义为第 j 个变量基于冲击的方差对 y_i 的方差的相对贡献程度，可表述为模型（4-7）：

$$RVC_{j \to i(s)} = \frac{\sum_{h=1}^{s-1} (c_{ij}^{(h)})^2 \sigma_{jj}}{Var(y_{it})} = \frac{\sum_{h=0}^{s-1} (c_{ij}^{(h)})^2 \sigma_{jj}}{\sum_{j=1}^{k} \left\{ \sum_{q=0}^{s-1} (c_{ij}^{(h)})^2 \sigma_{jj} \right\}} \tag{4-7}$$

显然 $0 \leq RVC_{j \to i(s)} \leq 1$，且 $\sum_{j=1}^{k} RVC_{j \to i(s)} = 1$，$RVC_{j \to i(s)}$ 值越大，意味着第 j 个变量对第 i 个变量的影响越大。

（四）误差修正模型

误差修正模型（Error Correction Model，ECM）是一种具有特定形式的计量经济学模型，它的主要形式是由戴维森（Davidson）、亨德里（Hendry）、塞尔维亚（Srba）和杨（Yeo）于 1978 年提出的，称为 DHSY 模型。误差修正模型基于 VAR 模型的协整分析，是对 VAR 模型的重要完善与扩展。

恩格尔（Engle）与格兰杰（Granger）1987 年提出了著名的 Granger 表述定理（Granger Representation Theorem），指出：如果变量 X 与 Y 是协整的，则它们间的短期非均衡关系总能由一个误差修正模型表述。因此要建立误差修正模型，需要首先对 VAR 模型中各内生变量进行协整分析，以发现变量之间的协整关系，即长期均衡关系，并以这种关系构成误差修正项。然后建立短期模型，将误差修正项看作一个解释变量，连同其他反映短期波动的解释变量一起，建立短期模型，即误差修正模型。

根据协整与误差修正模型的关系，可以得到误差修正模型建立的 Engle-Granger 两步法：第一步，进行协整回归（OLS 法），检验变量间的协整关系，估计协整向量（长期均衡关系参数）；第二步，若协整性存在，则以第一步求到的残差作为非均衡误差项加入到误差修正模型中，并用 OLS 法估计相应参数。需要注意的是，在进行变量间的协整检验时，如有必要可在协整回归式中加入趋势项，这时，对残差项的稳定性检验就无须再设趋势项。另外，第二步中变量差分滞后项的多少，可以残差项序列是否存在自相关性来判断，如果存在自相关，则应加入变量差分的滞后项。

二、 实验名称：我国城镇化进程与公共投资动态关系探析

此案例根据向量自回归与误差修正模型原理，对我国城镇化进程与公共投资动态关系进行探析，主要包含研究背景、文献回顾与实证分析三方面，下面予以详细介绍。

(一) 研究背景

城镇化实质上是工业化进程中，农业活动在经济活动中所占的比重逐渐下降，而非农业活动的比重逐渐上升的过程。进而造成农村过剩劳动力向城镇迁移，农村人口逐渐降低，城镇人口稳步增长，推动城镇就业水平、社会福利水平、生活水平的进一步提高。城镇化对中国未来发展非常重要，是转移大量富余农村劳动力的唯一现实出路。要充分利用城镇化发展契机，加强城镇基础设施建设，完善社会公共服务。统计年鉴显示，1996 年中国的城镇化率是 30.48%，2012 年达到 52.6%，这意味着在过去 16 年里，中国的城镇化率提高 22.12 个百分点，由此可以推测中国城镇化率从 30% 提高到 60% 大约需要 20 年时间。而在城镇化过程如此迅猛发展背后，需要巨额的公共投资来完善基础设施建设和公共服务水平。

从以上分析得出，城镇化蕴含着巨大的内需潜力，需要在基础设施和公共服务等方面进行大量投资。公共投资承担着重要的角色，能够引导城镇化朝着与资源环境承载能力相适应的方向健康发展。由此，对城镇化进程中的公共投资问题研究显得十分必要，对公共投资问题的研究，能够更加合理地调整公共投资结构，提高公共投资效率，有效引导城镇化平稳发展；同时对公共投资问题的研究，能够正确引导私人投资，扩大城镇化发展资金来源，缓解公共投资不足的问题。

本书首先定性分析生产性公共投资、消费性公共投资及私人投资对城镇化率的影响。然后，通过建立 VAR 模型，并运用协整检验和误差修正模型分析各变量间的长期关系。根据理论分析与实证分析结果，针对如何适当分配投资比率，提高城镇化发展水平，提出相应的对策建议。

(二) 文献回顾

目前，国内外关于城镇化发展与公共投资的相关研究，主要集中于公共投资

与城镇基础设施建设方面。安德烈·罗杰斯和杰弗里·G.威廉森（Andrei Rogers & Jeffrey G. Williamson，1982）从公共品供给角度，分析第三世界国家城市化发展对公共服务和基础设施的需求，并指出，公共投资不仅满足城市居民对公共服务和基础设施的需求，同时满足商业发展和城市结构改变的需求。科克（Kirkby R. J.R.，1985）在分析新中国成立后，中国城镇化缓慢发展问题的原因时指出，我国城镇化水平低下主要在于当时既定的工业化目标，从而忽视了城市基础设施投资以及农村的扩大再生产，从而将大量的资金用于重工业的发展，一定程度上忽视了城市的发展。我国学者周立（2001）分析了城镇化进程中公共基础设施投资需求方面的问题，指出当前基础设施的需求存在着很大的缺口，但是融资渠道却相对较少，从客观上造成了基础设施投资需求的不足。城镇人口数量增加对基础设施建设的要求也相应提高，因此城镇化发展造成基础设施需求的上升是必然的，城镇化发展过程中基础设施投资供给方面的问题将更加突出。王国刚（2010）指出，城镇化是中国未来经济的重心，从长远的角度来看，中国经济的重心在于投资，尤其是消费性投资。这里所指的"消费性投资"是基础设施投资范畴的一部分。刁清华（2013）在分析城镇化对投资影响的基础上指出，新型城镇化将刺激基础设施建设的需求，从而使公共投资需求增加。

　　除了理论研究，很多学者也从实证角度研究了城镇化水平与投资之间的关系。李世蓉（2005）利用矩阵模型，在相关假设的基础上，研究城市化进程对基础设施投资的需求量。蒋时节（2005）利用全国 1988~2000 年的数据分析基础设施投资与城市化之间短期和长期关系时指出，短期内，基础设施投资不会带来确定的城市化水平的提高；长期情况下，基础设施建设对城市化水平的影响，随着城市化的提高，等量化的城市化水平需要的基础设施投资逐渐增加。蒋时节（2009）在基础设施投资上进行分类，然后研究分类基础设施与城市化的相关性。研究结果表明，传统的生产性基础设施投资对城市化的影响逐渐减小，贡献率也在降低，而文化教育类和社会服务类基础设施的投资与城市化的相关性最大，贡献程度也在增加。宗振利（2010）根据 Logistics 曲线预测未来城镇化人口，进而预测未来城镇化进程中的公共投资规模，结果得出 2030 年我国城镇化大概需要的公共投资规模为 30 万亿元。方俊伟（2012）以江西省为例，利用 VAR 模型研究城镇化与投资间的关系，实证结果显示：一方面，加大基础设施的投资和房地产的开发，能有效促进农村人口向城市流动以及城市面积的扩展，显著地推动城镇化进程；另一方面，城镇化进程的加快，也必然引起投资水平的提高，带动投资。敬辉蓉（2013）结合中国 1978~2010 年度数据，利用误差修正模型相关理论研究城镇化水平与投资之间的动态关系。研究结果表明：城镇化水平的提高会带来投资的增长，而且平均城镇化水平提高 1% 会带来投资约 11.83% 的增长，并且城镇化水平有序的提高是拉动投资的手段，从而保证经济持续增长。王晓丽（2013）借助脉冲响应函数和方差分解等方法来研究我国城镇化与产业结构、投资间的动态关系时，强调城镇化与投资间存在较强的正向交互影响作用，并且长期的影响更显著、更有效。

从国内外学者的研究可以发现，城镇公共基础设施建设和公共服务完善是城镇化健康发展的内涵，其中公共投资在城镇公共基础设施建设和公共服务完善方面发挥着重要的作用。然而，国内外学者在分析公共投资对城镇化发展的作用时，更多的是探讨基础设施建设对城镇化的促进作用，较少考虑到完善的公共服务对城镇化发展的促进作用。基于前人的研究，本书在清晰地界定公共投资的基础上，突破性地将公共投资划分为生产性部分和消费性部分，来考察公共投资各部分对城镇化发展的影响作用。

（三）城镇化与公共投资动态关系分析

首先从模型设定和变量数据说明入手，对矢量自回归模型进行分析。

1. 模型设定和变量数据说明

（1）模型设定。向量自回归模型（VAR 模型）通常用于相关时间序列系统的预测和随机扰动对变量系统的动态影响。其建模思想是把每一个外生变量作为所有内生变量滞后值的函数来构造模型。该模型是包含多个方程的非结构化模型。并且，VAR 模型各个方程右边没有非滞后的内生变量，因此，可以使用最小二乘法（OLS）进行参数估计。误差修正模型（VEC 模型）是包含约束条件的 VAR 模型，该模型应用具有协整关系的非平稳时间序列建立模型，它不仅考虑了各变量间的相互作用，而且还可以通过误差修正项来减少模型误设的概率。

因此建立 VAR 模型：

$$Y_t = c + A_1 Y_{t-1} + A_2 Y_{t-2} + \cdots + A_p Y_{t-p} + \varepsilon_t \tag{4-8}$$

其中，Y_t 是 N 维列向量，c 表示 N 阶常数列向量，$A_1, \cdots, A_p$ 是待估的系数矩阵，ε_t 是随机扰动项，p 表示内生变量滞后阶数（根据 AIC 和 SC 最小准则确定）。同时模型（4-8）满足 $E(\varepsilon_t) = 0$，$E(\varepsilon_t Y_{t-i}) = 0$，$i = 0, 1, 2, \cdots, p$，即 ε_t 的期望为 0，同时与 Y_t 及其滞后项不相关。模型（4-8）通过协整转换可得出 VEC 模型：

$$\Delta Y_t = c + B_1 \Delta Y_{t-1} + B_2 \Delta Y_{t-2} + \cdots + B_{p-1} \Delta Y_{t-(p-1)} + A_{t-p} + \varepsilon_t \tag{4-9}$$

其中，$B_i = -A_i (i = 1, 2, \cdots, p-1)$。

（2）变量选取及数据来源说明。

1）变量选取。

　　依据前文关于公共投资的界定，本书选择全社会固定资产投资中，公共投资直接形成的生产性公共投资额和非生产性公共投资额来衡量公共投资。此方法选取量化指标，基于公共投资具有生产性和非生产性，生产性体现在公共投资会以固定资产的实物形式存在于经济社会中，非生产性体现在公共投资能够改善教育、医疗和社会福利等公共服务。

　　根据排除性原则，去除上述行业公共投资外，剩下行业投资即为私人投资，主要包括农林牧渔业、采矿业、建筑业、制造业、计算机服务和软件业、住宿和餐饮业、信息传输、批发和零售业、金融业、租赁和商业服务业以及房地产业，选择私人投资额衡量私人投资水平。

　　依据科学性与可操作性原则，选择城镇人口增量来衡量城镇化发展水平，此指标为分析投资增量对城镇化发展提供便利，并且能够保证研究数据与国家统计局公布数据的一致性，为本研究带来一定可信度。

　　UR 表示城镇人口增量，用来度量城镇化发展水平，LNUR 是 UR 取对数后的数据。

　　PG 表示生产性公共投资额，代表生产性公共投资规模，LNPG 是 PG 取对数后的数据。

　　CG 表示非生产性公共投资额，代表非生产性公共投资规模，LNCG 是 CG 取对数后的数据。

　　SG 表示私人投资额，代表私人投资规模，LNSG 是 SG 取对数后的数据。

　　2）数据说明。

　　本书采用全国的数据资料，数据来源于 1979~2014 年《中华人民共和国统计年鉴》，并选择 1978 年作为基期，利用固定资产投资价格指数对生产性公共投资额、非生产性公共投资额及私人投资额进行折算。由于 2002 年国民经济行业分类标准发生改变，与 2002 年数据统计标准发生变化，也导致公共投资数据发生相应变动，在保证数据的连续性及完整性的基础上，本书对 2002 年之前的公共投资数据进行了相应调整。同时，利用全社会固定资产投资取代城镇固定资产投资，主要基于 2002 年国民经济行业分类标准改变之前，农村固定资产投资与城镇固定资产投资无明确划分，并且在 2002 年国民经济行业分类标准改变之后，农村固定资产投资占全社会固定资产投资比重小于 2%。因此，选取全社会固定资产投资作为研究对象不会对数据可靠性产生实质性影响。

　　2. 矢量自回归模型分析

　　（1）序列平稳性的单位根检验。

　　时间序列平稳性是时间序列分析的基础，只有平稳序列，对其分析才具有统计学上的意义，才能避免"伪回归"现象出现。

假定时间序列 $\{X_t\}$（$t = 1$，2，…）是由随机过程产生的，即该序列数值服从某一概率分布，并且满足以下条件：

均值 $E(X_t) = \mu$ 为常数，且与时间 t 无关；

方差 $Var(X_t) = E(X_t - \mu)^2 = \sigma^2$ 为常数，且与时间 t 无关；

协方差 $Cov(X_t, X_{t+k}) = E[(X_t - \mu)(X_{t+k} - \mu)] = \tau_k$ 为时间间隔 k 的函数，与时间 t 无关。

则称该序列 $\{X_t\}$ 为平稳序列，该过程为平稳随机过程。

首先对本书中的各序列进行平稳性检验，由于可能存在高阶相关性，因此本书采用 ADF 单位根检验。利用 EViews 6.0 对各序列进行 ADF 检验，结果如表 4-1 所示：序列 LNUR、LNPG、LNCG 和 LNSG 在 5% 显著水平下都不能拒绝存在单位根的原假设，所以序列 LNUR、LNPG、LNCG 和 LNSG 都是非平稳的。但是原序列的一阶差分序列 ΔLNUR、ΔLNPG、ΔLNCG 和 ΔLNSG 在 5% 的显著水平下 ADF 值均小于临界水平值，因此序列 ΔLNUR、ΔLNPG、ΔLNCG 和 ΔLNSG 均通过单位根检验，是平稳序列，则 ΔLNUR、ΔLNPG、ΔLNCG 和 ΔLNSG 均为一阶单整序列。

表 4-1 单位根检验

变量	ADF 值	检验类型 (c, t, k)	临界值			结论
			1%	5%	10%	
LNUR	−2.93	(c, 0, 0)	−3.63	−2.95	−2.61	非平稳
ΔLNUR	−11.40	(c, 0, 1)	−3.64	−2.95	−2.61	平稳
LNPG	0.31	(c, 0, 0)	−3.63	−2.95	−2.61	非平稳
ΔLNPG	−4.70	(c, 0, 1)	−3.64	−2.95	−2.61	平稳
LNCG	−1.71	(c, t, 0)	−4.24	−3.54	−3.20	非平稳
ΔLNCG	−5.10	(c, 0, 1)	−3.64	−2.95	−2.61	平稳
LNSG	−3.40	(c, t, 0)	−4.25	−3.55	−3.21	非平稳
ΔLNSG	−3.28	(c, 0, 1)	−3.64	−2.95	−2.61	平稳

注：①在（c, t, k）中，c 表示常数项，t 表示趋势项，k 表示滞后期数，k 由 AIC 准则确定；②"Δ"代表一阶差分序列。

（2）Granger 因果关系检验。

在建立 VAR 模型之前，需要对变量进行 Granger 因果关系检验，此检验的目的不在于确定变量 $\{X_t\}$ 与 $\{Y_t\}$ 之间的因果关系，而是探讨自变量的滞后期对因变量的影响，更加侧重的是一种预测效果。

首先建立 y_t 关于 y 及 x 滞后变量的回归模型，如下：

$$y_t = c + \sum_{i=1}^{n} \alpha_i x_{t-i} + \sum_{i=1}^{n} \beta_i x_{t-j} + \varepsilon_t \tag{4-10}$$

其中，c 为常数项，α_i、β_i 为回归系数，ε_t 是白噪声项，并且滞后期 n 的选取具有随机性。

检验原假设"H_0：x 不是 y 格兰杰原因"等价于"H_0：$\beta_1 = \beta_2 = \cdots = \beta_n = 0$"。

然后用滞后回归模型的残差平方和 RSS_1 与该模型成立时的残差平方和 RSS_0 构造 F 统计量：

$$F = \frac{(RSS_0 - RSS_1)/n}{RSS_1/(N - 2n - 1)} \tag{4-11}$$

在原假设 H_0 成立的条件下，F 统计量服从第一个自由度为 n、第二个自由度为 $N - 2n - 1$ 的 F 分布，以及 $F \sim F(n, N - 2n - 1)$，其中 N 为样本容量。

如果 F 大于显著水平 α 下的 F 临界值 $F_\alpha(n, N - 2n - 1)$，则 β_1，β_2，$\cdots$，β_n 显著不为零，应拒绝原假设"H_0：x 不是 y 格兰杰原因"。反之，则不能拒绝原假设"H_0：x 不是 y 格兰杰原因"。

在此，通过以上方法对本书相关变量进行 Granger 因果关系检验，结果如表 4-2 所示：

表 4-2　因果关系检验

原假设	F 统计量	显著性概率	结论
LNPG 不是 LNUR 的格兰杰原因	9.46	0.0043**	拒绝
LNUR 不是 LNPG 的格兰杰原因	0.65	0.4264	接受
LNCG 不是 LNUR 的格兰杰原因	13.48	0.0009**	拒绝
LNUR 不是 LNCG 的格兰杰原因	0.26	0.6162	接受
LNSG 不是 LNUR 的格兰杰原因	6.80	0.0137*	拒绝
LNUR 不是 LNSG 的格兰杰原因	0.33	0.5723	接受

注：* 和 ** 分别表示在 5% 和 1% 显著水平下存在 Granger 因果关系。

从表 4-2 可以得出以下结论：第一，在 1% 的显著水平下，LNCG 与 LNPG 间存在着单向格兰杰因果关系，即生产性公共投资是城镇化发展的一个重要影响因素，并且对城镇化发展起到积极的作用。这种关系比较符合现实经济发展，基础设施建设项目能够完善城镇化发展，但城镇化发展并不是基础设施建设的唯一影响因素。第二，在 1% 的显著水平下，LNCG 是 LNUR 的格兰杰原因，即非生产性公共投资的波动能够影响后期城镇化发展，事实上，非生产性公共投资能够完善社会公共服务，从而影响城镇化发展水平。第三，在 5% 的显著水平下，LNSG 是 LNUR 的格兰杰原因，即私人投资的波动能够影响城镇化发展，基于中国城镇化的长期发展战略，私人投资将逐渐进入公共投资领域，对公共投资起到补充作用，进而完善城镇化发展内涵。

（3）VAR 模型估计及稳定性分析。

根据 ADF 单位根检验的结果知，$\Delta LNUR$、$\Delta LNPG$、$\Delta LNCG$ 和 $\Delta LNSG$ 均为一阶单整序列。由此，可以建立 VAR（p）模型。根据五项评价指标（LR 准则、FPE 准则、AIC 准则、SC 准则和 HQ 准则）显示，四项指标显示最佳滞后期为 2期，本书变量的滞后期值定为 2，用 EViews 6.0 分析可得如下 VAR(2) 模型的估计结果：

$$
\begin{bmatrix} LNUR_t \\ LNPG_t \\ LNCG_t \\ LNSG_t \end{bmatrix} = \begin{bmatrix} 4.47 \\ -0.89 \\ 0.07 \\ 0.77 \end{bmatrix} + \begin{bmatrix} 0.10 & -0.30 & 0.34 & -0.17 \\ 0.10 & 0.85 & 0.04 & 0.58 \\ 0.14 & 0.14 & 0.97 & 0.03 \\ -0.02 & 0.13 & -0.18 & 1.52 \end{bmatrix} \begin{bmatrix} LNUR_{t-1} \\ LNPG_{t-1} \\ LNCG_{t-1} \\ LNSG_{t-1} \end{bmatrix} +
$$

$$
\begin{bmatrix} 0.16 & 0.24 & 0.16 & -0.01 \\ -0.14 & -0.24 & 0.17 & -0.26 \\ -0.18 & -0.13 & -0.10 & 0.08 \\ -0.02 & -0.01 & 0.14 & -0.64 \end{bmatrix} \begin{bmatrix} LNUR_{t-2} \\ LNPG_{t-2} \\ LNCG_{t-2} \\ LNSG_{t-2} \end{bmatrix} + \varepsilon_t \qquad (4-12)
$$

VAR(2) 模型的检验结果显示，R^2 数值为 0.74，说明模型估计的四个方程拟合得非常好；而且 AIC 准则和 SC 准则均比较小，说明模型比较合理。为了更加准确地判断建立的 VAR(2) 模型的稳定性，采用 AR 单位根图来判断。如图 4-1所示：

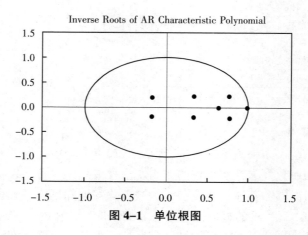

图 4-1 单位根图

图 4-1 中单位圆内的点表示 AR 特征根倒数的模，并且这些点均位于单位圆内，由此判断建立的 VAR(2) 模型是稳定的，也就是说，当模型中某个变量产生一个冲击时，其他变量会发生相应改变，但随时间推移，这种冲击产生的影响会逐渐消失，系统趋于稳定。根据此模型可以判断，由城镇人口增量、生产性公共

投资额、非生产性公共投资额和私人投资额构成的经济系统是稳定的。

根据以上建立的VAR(2)模型，能够得到如下结论：

1）生产性公共投资对城镇化发展的影响。在VAR(2)模型中滞后1期和滞后2期生产性公共投资对城镇化发展的影响系数分别为–0.30和0.24，这说明生产性公共投资滞后1期对城镇化发展产生负向影响，滞后2期的生产性公共投资对城镇化产生正向影响，这与我们通常理解的结论不一致，尤其滞后1期的生产性公共投资对城镇化发展产生负向影响。主要原因是，生产性公共投资主要包括公共基础设施建设，从生产性公共投资项目的批准到投入使用之间存在着一定的时间间隔，从滞后2期生产性公共投资对城镇化发展的影响可以很明显地看出这一时滞效应。由此得出，生产性公共投资在长期内对城镇化发展产生积极的影响。

2）非生产性公共投资对城镇化发展的影响。在VAR（2）模型中滞后1期和滞后2期非生产性公共投资对城镇化发展的影响系数分别为0.34和0.16，这说明，滞后1期和滞后2期非生产性公共投资对城镇化发展均产生正向影响。由此可以得出，非生产性公共投资对城镇化发展产生正向作用。非生产性公共投资主要投向公共服务领域，投资回报周期相对生产性公共投资较短，非生产性公共投资在短期内能够对城镇化发展产生正向作用，弥补生产性公共投资产生的时滞效应，并且对城镇化发展起到长期促进作用，丰富城镇化发展的内涵。

3）私人投资对城镇化发展的影响。在VAR（2）模型中滞后1期和滞后2期私人投资对城镇化发展的影响系数分别为–0.17和–0.01，这说明，滞后1期和滞后2期私人投资对城镇化发展产生负向影响。当前，城镇化发展正由政府主导向市场主导转变，在此之前，私人投资主要集中于竞争性行业，追求投资回报，忽略城镇化发展的实际意义，因此，会导致负向影响的效果。从私人投资所涉及的领域可以看出，私人投资对城镇化发展的直接作用不明显，但存在着间接作用，随着市场开放程度的加深，私人投资对城镇化发展的间接促进作用越发显著，比如提供更多的就业岗位等。

4）城镇化发展对投资的影响。在VAR（2）模型中，滞后1期城镇人口增量对生产性公共投资、非生产性公共投资和私人投资的影响系数分别为0.10、0.14和–0.02，这说明，城镇化发展对上述投资的需求很大，城镇化发展对基础设施建设、公共服务完善及私人投资具有重要的依附性。这与现实结论十分吻合，这也说明城镇化发展对扩大内需有重要的影响。

（4）基于VAR模型的脉冲响应函数。

以上通过VAR(2)模型分析了生产性公共投资、非生产性公共投资及私人投资与城镇人口增量之间的关系，探讨了各变量的变动对另一个变量的影响趋势。为了确定各变量之间的动态变化关系，特别是了解各变量的变动对城镇人口增量的冲击，接下来通过脉冲响应函数来分析变量之间的动态影响关系。

首先考虑一个 k 阶向量自回归模型：

$$Y_t = \alpha + \beta_1 Y_{t-1} + \beta_2 Y_{t-2} + \cdots + \beta_k Y_{t-k} + \varepsilon_t \tag{4-13}$$

其中，$\{Y_t\}$ 为由内生变量组成的 n 维向量，α 为常数项，β_1，β_2，$\cdots$，β_k 为系数矩阵，ε_t 为误差向量，方差矩阵为 φ。假设 $\{Y_t\}$ 为一个随机平稳序列，则自回归模型（4-13）能够转化为一个无穷向量移动平均模型：

$$Y_t = c + \sum \delta_p \varepsilon_{t-p} \tag{4-14}$$

其中，c 为常数项，δ_p 为系数矩阵，并由式（4-14）的 α、β 求出。通过公式变换得出式（4-14）的过程可知，系数矩阵 δ_p 的第 i 行第 j 列元素表示第 i 个变量对第 j 个变量单位冲击的 p 期响应。由于 ε_t 的方差矩阵 φ 为正定矩阵，故存在一个非奇异矩阵 Q，使得 $QQ' = \varphi$。由此式（4-14）可表示为：

$$Y_t = c + \sum (\delta_p Q)(Q^{-1} \varepsilon_{t-p}) = c + (\delta_p Q)\omega_{t-p} \tag{4-15}$$

经过变换，原误差项变成标准白噪声 ω，其系数矩阵的第 i 行第 j 列元素表示系统中第 i 个变量对第 j 个变量一个标准误差的正交化冲击的 p 期脉冲响应。从而，可以通过式（4-15）计算系统中一个变量对另一个变量冲击的脉冲响应。

通过以上方法，利用 EViews 6.0 软件，求出各变量间的脉冲相应图，如图 4-2 所示。

图 4-2 是 VAR 模型脉冲响应函数结果，其中，第二部分是生产性公共投资对城镇人口增量冲击的效果图，实线表示受冲击后城镇人口增量的走势。第二部分显示，生产性公共投资变动一个标准差后，城镇人口增量在第 1 期内出现负反应，在第 2 期达到最低 -0.038，在第二期内冲击影响逐渐减弱，最后在第 3 期趋于平稳，最终城镇人口增量保持一种平稳状态。对于城镇人口增量在第 1 期出现负反应，解释为：由于投资活动具有一定的时滞性，从投资项目决策的执行到产生效应间，存在一定的时间差，并且短期内无法及时转化为生产力。由此可以看出，生产性公共投资的波动冲击，在短期内并没有对城镇化发展产生影响。

第三部分是非生产性公共投资对城镇人口增量冲击的效果图，如图所示，受非生产性公共投资一个标准差单位正向冲击后，城镇人口增量从最初阶段逐渐表现出正向响应，在第 5 期达到最大 0.064，最终城镇人口增量恢复到平稳状态。这是因为，非生产性公共投资会改善城镇公共服务水平，改善城镇化质量，随着城镇化逐渐完善，非生产性公共投资将主要用于维持现有城镇公共服务水平稳定。

第四部分是私人投资对城镇人口增量冲击的效果图，受私人投资一个标准差正向冲击后，城镇人口增量从最初阶段逐渐出现负向响应，在第 4 期降到最低值 -0.027。随后，这种响应逐渐微弱，在第 8 期趋于平稳，最终达到平稳状态。这说明，私人投资冲击对城镇化发展有一定的影响，私人投资更多的是间接性影

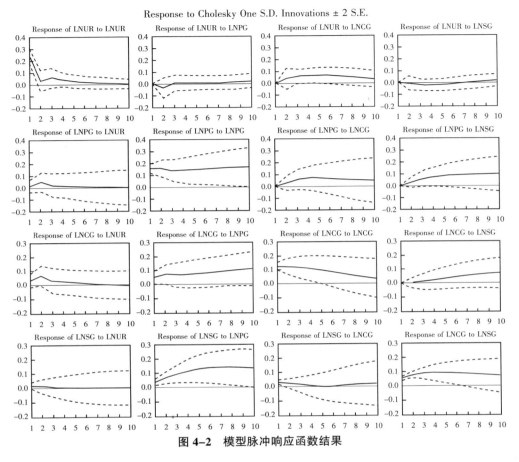

图 4-2 模型脉冲响应函数结果

响城镇化发展，私人投资能够创造更多的就业岗位。对于私人投资冲击，城镇人口增量的负向响应，可能与私人投资的领域相关。

（5）方差分解分析。

脉冲响应函数捕捉的是一个变量的冲击对另一个变量的动态影响路径，而方差分解可以将 VAR 模型系统内一个变量的方差分解到各个扰动项上。

根据式（4-13），对 k 阶滞后向量组成的 VAR 模型的 s 期预测误差为：

$$\text{Var}[\,Y_{t+s} - E(Y_{t+s}|Y_t,\ Y_{t-1},\ Y_{t-2},\ \cdots)\,] = \varepsilon_{t+s} + \delta_1 \varepsilon_{t+s-1} + \delta_2 \varepsilon_{t+s-2} + \cdots + \delta_{s-1} \varepsilon_{t+1}$$

$$(4\text{-}16)$$

则式（4-16）的均方误差为：

$$
\begin{aligned}
\text{MES} &= \varphi + \delta_1 \varphi \delta_1' + \cdots + \delta_{s-1} \varphi \delta_{s-1}' \\
&= QQ' + \delta_1 QQ' \delta_1 + \cdots + \delta_{s-1} QQ' \delta_{s-1} \\
&= \sum_{j-1}^{k} (Q_j Q_j' + \delta_1 Q_j Q' \delta_1 + \cdots + \delta_{s-1} Q_j Q' \delta_{s-1})
\end{aligned}
$$

$$(4\text{-}17)$$

其中，Q_j 表示矩阵 Q 的第 j 列向量，式（4-17）括号内多项式表示第 j 个正交化冲击对第 s 期预测均方差的贡献情况。由此，任意一个系统内生变量的预测均方误差可分解为系统内各变量的随机冲击，再通过计算，得出每一个变量冲击的相对重要性，即每个变量的贡献占总贡献的比率。通过相对重要性信息随时间的变化，即可以估计出该变量的作用时滞及各变量效应的相对大小。

根据上述理论方法，在建立的 VAR（2）模型中进行方差分解分析，以测算各内生变量对彼此波动的相对贡献率。

表 4-3　方差分析结果

时期	LNUR	LNPG	LNCG	LNSG
1	100	0	0	0
2	95.17558	2.31728	2.36416	0.142976
3	90.20912	2.134194	6.654726	1.001963
4	85.11701	2.072261	10.90193	1.9088
5	80.15826	2.008724	15.39667	2.436346
6	76.03602	1.957458	19.43011	2.576408
7	72.92758	1.949829	22.60874	2.513843
8	70.6947	2.03304	24.83359	2.438673
9	69.06368	2.264388	26.19629	2.475645
10	67.74963	2.699185	26.87412	2.677067

由表 4-3 对 LNUR 的方差分解可以得出：在 LNUR 的变化中，城镇人口增量对自身的影响逐渐减小，从第 1 期开始，幅度逐渐减小，最后贡献率稳定在 67% 左右。但是生产性公共投资、非生产性公共投资和私人投资对城镇人口增量的贡献率从第 1 期开始增加，在第 10 期以后，各影响因素的贡献率趋于平稳。总体来看，生产性公共投资、非生产性公共投资和私人投资对城镇化的贡献率较大，并且各影响因素对城镇人口增量的解释力长期内趋优。但是，从单个影响因素分析可以看出，非生产性公共投资对城镇化发展的贡献较大，而生产性公共投资和私人投资的贡献率相对较小。因此，可以适当引导投资方向，优化投资环境，提高生产性公共投资效率及增加非生产性公共投资比率。

3. 基于协整检验与 VEC 模型分析

（1）协整关系检验。

从上述各序列单位根检验结果可知，原序列存在单位根，是非平稳序列。但是，原序列一阶差分后都是平稳的，需要通过协整检验来分析各变量之间存在的长期稳定的关系。协整分析主要有两种判别方法，即特征根迹检验（Trace 检验）和最大特征根检验，本书采用的是 Trace 检验。协整分析结果如表 4-4 所示。

表 4-4　协整分析结果

原假设	特征值	迹统计量	临界值（5%）	概率
None *	0.713489	66.12956	47.85613	0.0004
At most 1	0.369484	26.13029	29.79707	0.1249
At most 2	0.297958	11.37136	15.49471	0.1897
At most 3	0.001592	0.050997	3.841466	0.8213

注：* 表示在5%的显著水平下拒绝原假设。

由检验结果可知，在5%显著性水平下，城镇人口增量、生产性公共投资、非生产性公共投资和私人投资之间存在一个协整关系。接下来，给出一个标准化的城镇人口增量、生产性公共投资、非生产性公共投资和私人投资之间关系的协整方程：

$$LNUR_t = -4.19LNPG_t + 2.24LNCG_t + 3.10LNSG_t - 17.22 \tag{4-18}$$

式（4-18）表明，城镇人口增量与生产性公共投资、非生产性公共投资和私人投资之间存在着长期稳定关系，生产性公共投资每增加1%，城镇人口增量将减少4.19%；非生产性公共投资每增加1%，城镇人口增量将增加2.24%；私人投资每增加1%，城镇人口增量将增加3.10%。

（2）VEC 模型的建立与分析。

在确定了长期协整关系后，对残差序列作了检验后发现随机误差项不存在自相关和异方差现象。在此基础上，通过 VEC 模型进一步分析短期内生产性公共投资、非生产性公共投资和私人投资对城镇人口增量的影响。首先，通过 EViews 6.0 操作，得出误差修正项 ECM_t 为：

$$ECM_t = LNUR_{t-1} + 4.19LNPG_{t-1} - 2.24LNCG_{t-1} - 3.10LNSG_{t-1} + 17.22 \tag{4-19}$$

根据上述误差修正项，可得出 VEC 模型为：

$$\begin{bmatrix} \Delta LNUR_t \\ \Delta LNPG_t \\ \Delta LNCG_t \\ \Delta LNSG_t \end{bmatrix} = \begin{bmatrix} 0.06 \\ 0.08 \\ 0.07 \\ 0.06 \end{bmatrix} + \begin{bmatrix} -0.06 \\ 0.08 \\ -0.01 \\ -0.04 \end{bmatrix} ECM_{t-1} +$$

$$\begin{bmatrix} -0.46 & -0.32 & 0.42 & -0.34 \\ -0.01 & 0.22 & 0.07 & 0.12 \\ 0.20 & 0.06 & 0.07 & 0.14 \\ -0.05 & -0.01 & -0.11 & 0.72 \end{bmatrix} \begin{bmatrix} \Delta LNUR_{t-1} \\ \Delta LNPG_{t-1} \\ \Delta LNCG_{t-1} \\ \Delta LNSG_{t-1} \end{bmatrix} +$$

$$\begin{bmatrix} -0.17 & 0.26 & 0.36 & -0.47 \\ -0.16 & -0.01 & -0.38 & 0.25 \\ 0.03 & 0.15 & -0.15 & -0.19 \\ -0.02 & 0.04 & 0.01 & -0.32 \end{bmatrix} \begin{bmatrix} \Delta LNUR_{t-2} \\ \Delta LNPG_{t-2} \\ \Delta LNCG_{t-2} \\ \Delta LNSG_{t-2} \end{bmatrix} + \varepsilon_t \qquad (4-20)$$

上述模型的 AIC 值和 SC 值分别为 1.12 和 1.58，两者均很小，说明模型的整体效果显著。

从上述误差修正模型可以看出，误差修正项的第一个系数为–0.06，说明在生产性公共投资、非生产性公共投资和私人投资第 t 期不变的情况下，城镇人口增量在第 t 期的变化会抵消前一期 6% 的非均衡误差；第二个系数 0.08 表示，在城镇人口增量、非生产性公共投资和私人投资第 t 期不变的情况下，生产性公共投资第 t 期的变化可以增加前一期 8% 的非均衡误差；同理，第三个和第四个系数分别表示，在其他三个变量第 t 期不变的情况下，变量自身第 t 期的变化值分别会抵消前一期 1% 和 4% 的非均衡误差。

通过与上述协整方程比较，可以得出以下几点结论：

长期内，生产性公共投资对城镇人口增量的弹性系数为–4.19，小于短期内生产性公共投资对城镇人口增量的弹性系数–0.30，基于当前生产性公共投资总量水平较高的现状，生产性公共投资与非生产性公共投资结构的不协调，导致生产性公共投资对城镇化发展的实际效果不明显。现实中生产性公共投资居高的效果就是公共基础设施不断翻新，然而社会福利水平滞后，亦无法改变城镇化内涵式发展。无论长期，或者短期，生产性公共投资水平与非生产性公共投资水平不匹配，将导致的结果是盲目扩张城市边界而忽视社会公共服务水平，最终导致城镇化发展水平维持原状。

长期内，非生产性公共投资对城镇人口增量的弹性系数为 2.24，大于短期内的弹性系数 0.34，非生产性公共投资长期效应更加明显。基于目前城镇化发展现状，非生产性公共投资存在着一定的不足。短期内，投入的非生产性公共投资到形成一定的效应之间存在着一定的时滞，所以短期非生产性公共投资对城镇化发展的促进作用没有长期非生产性公共投资对城镇化发展的促进作用那么明显。

长期内，私人投资对城镇人口增量的弹性系数为 3.10，明显大于短期内弹性系数–0.17，结合中国城镇化长期发展战略，私人投资会更深层次地进入城镇化各发展领域，补充政府在城镇化发展中的不足，因此，从长期来看，私人投资会对城镇化发展起到促进作用。同时短期内私人投资对城镇人口增量的弹性系数接近于 0，这说明短期内私人投资对城镇化发展的作用不明显，但总体来看，长期内私人投资对城镇化发展起到一定的积极作用。

（四）总结与政策建议

通过建立 VAR 模型，从实证角度分析生产性公共投资、非生产性公共投资和私人投资与城镇化率之间的动态关系。随着城镇化发展的不断推进，对城镇化发展水平的要求越来越高，不仅仅是空间上的城镇化，而且还涉及人口、户籍、医疗和教育等领域。这些领域的城镇化推进，对政府的职能要求越来越高，需要政府解决的问题越来越多。在当前形势下，政府要充分发挥引导作用，加速推动公共市场建设，引导资金正确合理地投向城镇化领域。

目前，中国的城镇化水平已经达到国际平均水平 53.0%，但是地区间城镇化水平发展不协调，2012 年东部沿海地区的城镇化水平为 56.4%，超过全国平均水平 52.57%，但是西部地区的城镇化水平为 44.9%，明显落后全国平均水平。这种不协调就需要依靠公共投资的正确引导，进而加快西部地区的城镇化发展。所以，本书给出如下建议：

（1）科学规划城镇化。目前《国家新型城镇化规划（2014~2020 年）》已出台，将会对我国城镇化发展起到指导和规范的作用。借此机会，合理规划各城市城镇化建设，适当缩小各地区间城镇化水平差异，并且结合地方特色，提高城镇化内涵。

（2）发挥政府在城镇化发展过程中的统筹规划能力，尤其是在基础设施和公共服务完善领域，政府主导的公共投资要优于市场主导的私人投资，要充分发挥政府的引导作用。

（3）要适当地引导公共投资投向城镇化的各个领域，包括基础设施、公共行政和社会保障等体系。同时，要注重公共投资的效率，监督投资项目的进度，减少投资中的腐败现象。

（4）建立规范化的城镇化建设专项资金转移制度。在城镇化进程中，可以适当地建立城镇化建设专项资金，用于转移支付给城镇化相对落后的城市。按照城市级别，可以设立专门的机构来管理城镇化专项资金，从而提高城镇化整体水平和效率。

（5）深化体制改革，允许更多的非公有制经济投资法律所禁止的基础设施及公用事业行业，解决城镇化过程中公共投资资金不足的问题。

（6）开辟更多的公共投资投融资渠道，可以尝试性发行市政债券，增加公共投资的资金来源，缓解当前地方政府的债务危机。同时，使公共投资能够更多地投向城镇公用设施建设和公共福利建设。

三、实验操作步骤

步骤 1：首先打开 EViews 软件，选择建立工作文件，如图 4-3 所示。

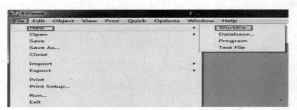

图 4-3　建立工作文件

步骤 2：在工作文件类型中选择时间序列类型，设置初始时间和结束时间，如图 4-4 所示。

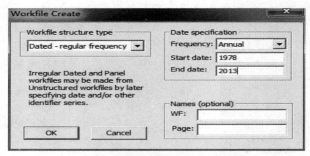

图 4-4　设置初始时间与结束时间

步骤 3：建立如下序列：城镇化率（UR）、生产性公共投资（PG）、非生产性公共投资（CG）、私人投资（SG），如图 4-5 所示。

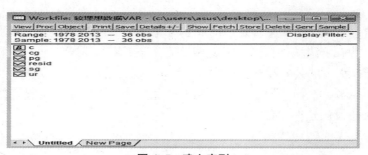

图 4-5　建立序列

步骤 4：将数据填入相应序列，分别对序列 UR、PG、CG、SG 进行对数化处理，操作步骤如图 4-6 所示。

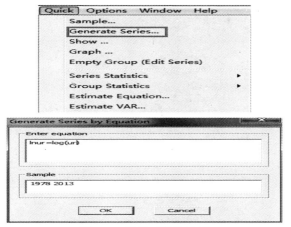

图 4-6　数据对数化处理

步骤 5：对 LNUR 进行单位根检验，判断序列的线性状况，是否有截距和趋势，如图 4-7 所示。

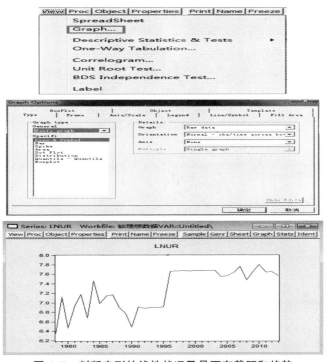

图 4-7　判断序列的线性状况及是否有截距和趋势

步骤 6：根据上面判断序列 UR 存在时间趋势和截距，再进行单位根检验，如图 4-8 所示。

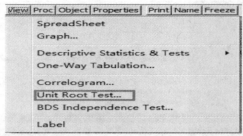

图 4-8　对 LNUR 进行单位根检验

步骤 7：LNUR 单位根检验结果如图 4-9 所示。

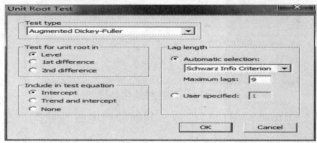

图 4-9　LNUR 单位根检验结果

步骤 8：LNUR 的单位根检验结果显示不平稳，一阶单位根检验步骤和结果如图 4-10 所示。

步骤 9：按照对 LNUR 进行单位根检验的方法，对 LNPG 进行单位根检验，如图 4-11 所示。

步骤 10：LNPG 的单位根检验结果显示不平稳，一阶单位根检验结果如图 4-12 所示。

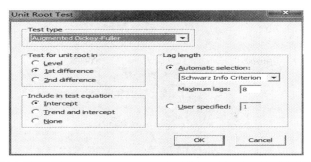

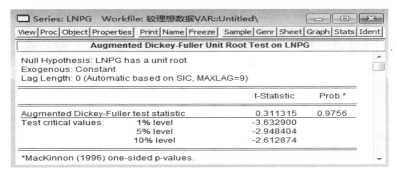

图 4-10　一阶单位根检验步骤和结果

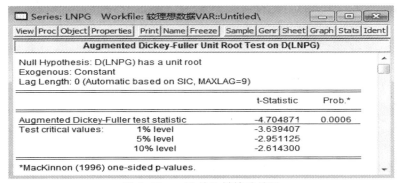

图 4-11　对 LNPG 进行单位根检验

图 4-12　一阶单位根检验结果

步骤 11：按照对 LNUR 进行单位根检验的方法，对 LNCG 进行单位根检验，结果如图 4-13 所示。

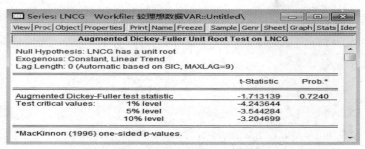

图 4-13　LNCG 单位根检验结果

步骤 12：LNCG 的单位根检验结果显示不平稳，一阶单位根检验结果如图 4-14 所示。

Series: LNCG　Workfile: 较理想数据VAR::Untitled\

View Proc Object Properties Print Name Freeze Sample Genr Sheet Graph Stats Ider

Augmented Dickey-Fuller Unit Root Test on D(LNCG)

Null Hypothesis: D(LNCG) has a unit root
Exogenous: Constant
Lag Length: 0 (Automatic based on SIC, MAXLAG=9)

	t-Statistic	Prob.*
Augmented Dickey-Fuller test statistic	-5.098592	0.0002
Test critical values: 1% level	-3.639407	
5% level	-2.951125	
10% level	-2.614300	

*MacKinnon (1996) one-sided p-values.

图 4-14　一阶单位根检验结果

步骤 13：按照对 LNUR 进行单位根检验的方法，对 LNSG 进行单位根检验，结果如图 4-15 所示。

Series: LNSG　Workfile: 较理想数据VAR::Untitled\

View Proc Object Properties Print Name Freeze Sample Genr Sheet Graph Stats Iden

Augmented Dickey-Fuller Unit Root Test on LNSG

Null Hypothesis: LNSG has a unit root
Exogenous: Constant, Linear Trend
Lag Length: 1 (Automatic based on SIC, MAXLAG=9)

	t-Statistic	Prob.*
Augmented Dickey-Fuller test statistic	-3.404441	0.0675
Test critical values: 1% level	-4.252879	
5% level	-3.548490	
10% level	-3.207094	

*MacKinnon (1996) one-sided p-values.

图 4-15　LNSG 单位根检验结果

步骤 14：LNSG 的单位根检验结果显示不平稳，一阶单位根检验结果如图 4-16 所示。

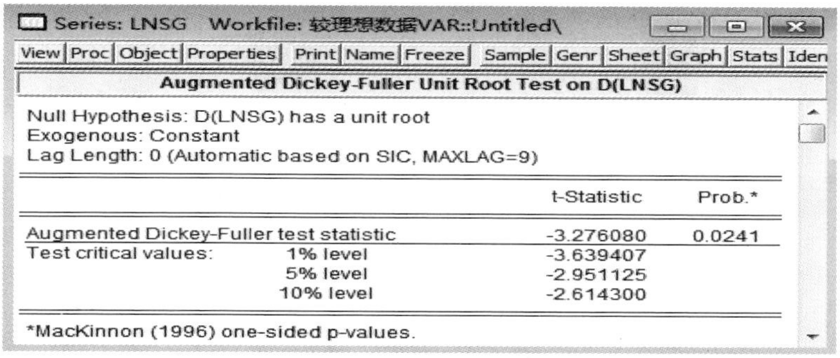

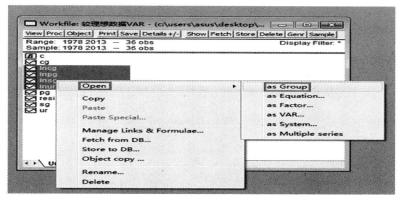

图 4-16　一阶单位根检验结果

步骤 15：四个序列间 Granger 因果关系检验操作步骤如图 4-17 所示。

图 4-17　Granger 因果关系检验

步骤 16：格兰杰因果关系检验结果如图 4-18 所示。

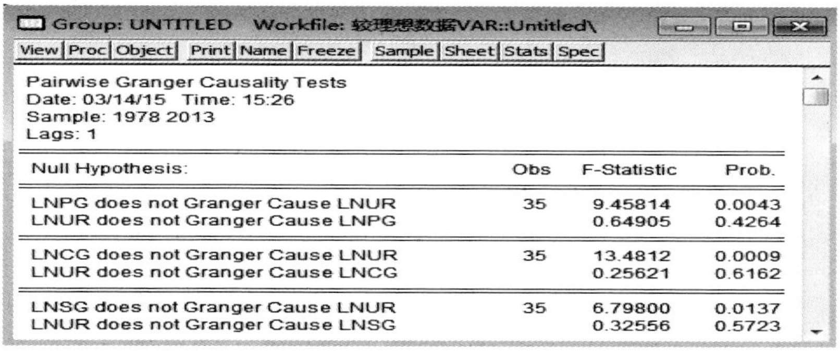

图 4-18　格兰杰因果关系检验结果

步骤 17：建立 VAR 模型，EViews6.0 操作步骤如图 4-19 所示。

步骤 18：VAR 类型选择非限制性 VAR，如图 4-20 所示。

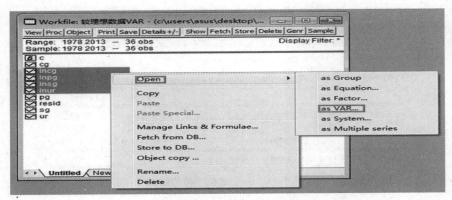

图 4-19　建立 VAR 模型

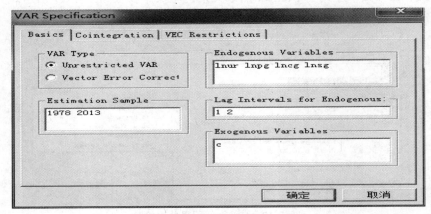

图 4-20　选择非限制性 VAR

步骤 19：VAR 模型的参数如图 4-21 所示。

步骤 20：VAR 模型的单位根图，操作步骤如图 4-22 所示。

步骤 21：VAR 模型的单位根图，结果如图 4-23 所示。

步骤 22：VAR 模型的脉冲响应操作步骤如图 4-24 所示。

步骤 23：VAR 模型的脉冲响应结果如图 4-25 所示。

步骤 24：LNUR 方差分解操作步骤如图 4-26 所示。

步骤 25：LNUR 方差分解结果如图 4-27 所示。

步骤 26：LNUR、LNPG、LNCG、LNSG 协整关系检验步骤如图 4-28 所示。

步骤 27：LNUR、LNPG、LNCG、LNSG 协整关系检验结果如图 4-29 所示。

步骤 28：VEC 模型构建步骤如图 4-30 所示。

步骤 29：VAR 模型类型选择误差修正模型，如图 4-31 所示。

步骤 30：VEC 模型参数如图 4-32 所示。

	LNUR	LNPG	LNCG	LNSG
LNUR(-1)	0.103678 (0.17920) [0.57855]	0.103723 (0.12073) [0.85911]	0.142886 (0.10516) [1.35879]	-0.022123 (0.05622) [-0.39347]
LNUR(-2)	0.161475 (0.17675) [0.91358]	-0.140403 (0.11908) [-1.17904]	-0.183588 (0.10372) [-1.77005]	-0.024135 (0.05546) [-0.43522]
LNPG(-1)	-0.300883 (0.31760) [-0.94735]	0.854749 (0.21398) [3.99453]	0.139716 (0.18637) [0.74966]	0.131752 (0.09965) [1.32217]
LNPG(-2)	0.236884 (0.27443) [0.86318]	-0.237698 (0.18489) [-1.28559]	-0.130132 (0.16104) [-0.80807]	-0.003919 (0.08610) [-0.04551]
LNCG(-1)	0.342593 (0.36187) [0.94674]	0.044704 (0.24380) [0.18336]	0.972766 (0.21235) [4.58102]	-0.179038 (0.11354) [-1.57693]
LNCG(-2)	0.163125 (0.34251) [0.47626]	0.167836 (0.23076) [0.72732]	-0.096806 (0.20099) [-0.48165]	0.137266 (0.10746) [1.27734]
LNSG(-1)	-0.173573 (0.56133) [-0.30922]	0.582905 (0.37818) [1.54133]	0.033172 (0.32939) [0.10071]	1.518845 (0.17612) [8.62412]
LNSG(-2)	-0.007212 (0.60114) [-0.01200]	-0.263534 (0.40501) [-0.65069]	0.082464 (0.35275) [0.23377]	-0.643462 (0.18861) [-3.41166]
C	4.469176 (1.83373) [2.43720]	-0.893650 (1.23544) [-0.72334]	0.074132 (1.07605) [0.06889]	0.771416 (0.57533) [1.34082]
R-squared	0.744817	0.986320	0.982327	0.994226
Adj. R-squared	0.663159	0.981942	0.976672	0.992378
Sum sq. resids	1.425411	0.647015	0.490833	0.140316

图 4-21　VAR 模型的参数

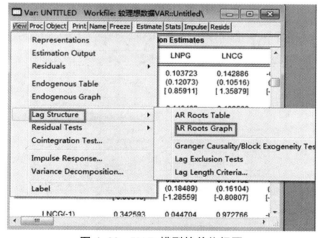

图 4-22　VAR 模型的单位根图

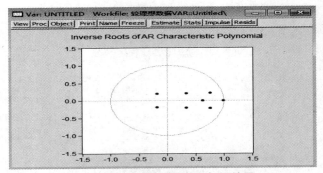

图 4-23　VAR 模型的单位根图结果

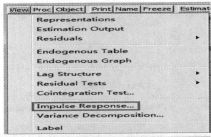

图 4-24　VAR 模型的脉冲响应

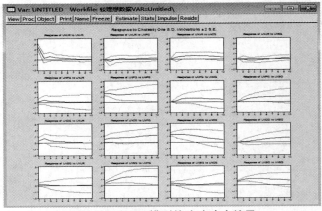

图 4-25　VAR 模型的脉冲响应结果

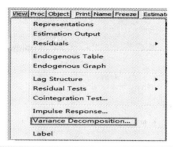

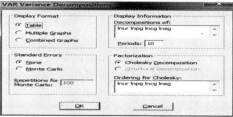

图 4-26　LNUR 方差分解

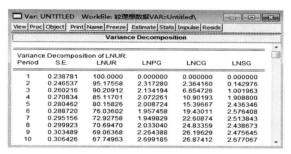

图 4-27　LNUR 方差分解结果

图 4-28　LNUR、LNPG、LNCG、LNSG 协整关系检验

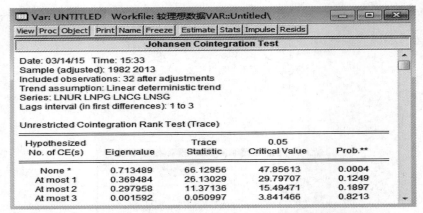

图 4-29　LNUR、LNPG、LNCG、LNSG 协整关系检验结果

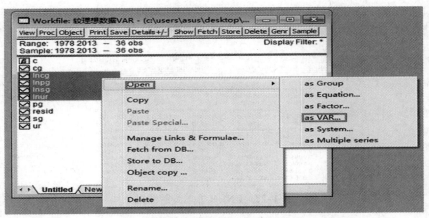

图 4-30　构建 VEC 模型

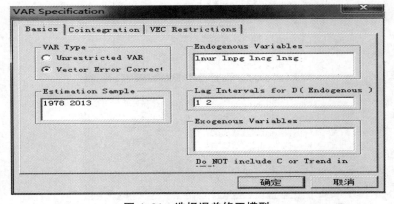

图 4-31　选择误差修正模型

Var: UNTITLED　Workfile: 较理稳数据VAR::Untitled\

View | Proc | Object | Print | Name | Freeze | Estimate | Stats | Impulse | Resids |

Vector Error Correction Estimates

Vector Error Correction Estimates
Date: 03/14/15　Time: 15:35
Sample (adjusted): 1981 2013
Included observations: 33 after adjustments
Standard errors in ( ) & t-statistics in [ ]

Cointegrating Eq:	CointEq1
LNUR(-1)	1.000000
LNPG(-1)	-4.187996 (0.89045) [-4.70321]
LNCG(-1)	2.240470 (0.66430) [3.37267]
LNSG(-1)	3.102468 (1.04611) [2.96571]
C	-17.22339

Error Correction:	D(LNUR)	D(LNPG)	D(LNCG)	D(LNSG)
CointEq1	-0.056781 (0.06924) [-0.82003]	0.084471 (0.04252) [1.98664]	-0.013845 (0.04056) [-0.34139]	-0.039415 (0.01949) [-2.02213]
D(LNUR(-1))	-0.464611 (0.20139) [-2.30706]	-0.008557 (0.12366) [-0.06919]	0.201803 (0.11795) [1.71088]	0.052798 (0.05669) [0.93132]
D(LNUR(-2))	-0.173234 (0.18803) [-0.92132]	-0.155958 (0.11546) [-1.35073]	0.030328 (0.11013) [0.27538]	0.023127 (0.05293) [0.43693]
D(LNPG(-1))	-0.317784 (0.29812) [-1.06597]	0.219890 (0.18306) [1.20116]	0.057733 (0.17461) [0.33064]	-0.014811 (0.08392) [-0.17649]
D(LNPG(-2))	0.264272 (0.29995) [0.88104]	-0.006169 (0.18419) [-0.03349]	0.145652 (0.17569) [0.82905]	0.042128 (0.08444) [0.49892]
D(LNCG(-1))	0.416857 (0.45922) [0.90775]	0.066357 (0.28199) [0.23532]	0.066642 (0.26897) [0.24777]	-0.113625 (0.12927) [-0.87896]
D(LNCG(-2))	0.356655 (0.35635) [1.00086]	-0.380300 (0.21882) [-1.73794]	-0.152371 (0.20872) [-0.73004]	0.011355 (0.10031) [0.11319]
D(LNSG(-1))	-0.341934 (0.80264) [-0.42601]	0.121394 (0.49288) [0.24630]	0.142473 (0.47011) [0.30306]	0.721067 (0.22595) [3.19131]
D(LNSG(-2))	-0.467106 (0.75508) [-0.61862]	0.249736 (0.46367) [0.53861]	-0.186296 (0.44226) [-0.42124]	-0.317311 (0.21256) [-1.49282]
C	0.056932 (0.07068) [0.80555]	0.083793 (0.04340) [1.93075]	0.066370 (0.04139) [1.60335]	0.058925 (0.01990) [2.96176]

图 4-32　VEC 模型参数

四、案例讨论

1. VAR 模型相对于传统经济计量方法有何优点？
2. 做 VAR 模型前是否必须做格兰杰因果检验？
3. 如果要做 Granger 检验，该如何确定滞后阶数？
4. 如何判断建立的 VAR 模型是否稳定？
5. 试讨论 VAR 和 VEC 模型的区别与联系。

实验案例五

平滑转换回归模型实验

本实验案例为平滑转换回归模型实验，对平滑转换回归模型进行介绍后，对国际油价波动对国内物价水平的不对称影响进行实证分析。

一、平滑转换回归模型简介

下文主要针对 STR 模型的主要类型、原理及演化过程，STR 模型的表述形式及其转换函数进行详细介绍。

实证分析中常见的非线性机制转换模型有三种：马尔柯夫机制转换模型（Markov Regime–Switching Model）、门限回归模型（Threshold Regression Model）和平滑转换回归模型（Smooth Transition Regression Model，STR）。其中，马尔柯夫机制转换模型和门限回归模型都暗含了一个假定：在某一特定的时点，时间序列的运动方式从一种机制跳跃到了另一种机制，并且这种跳跃是离散的。然而现实经济中，有些机制的转换并不是一个突变过程，而是一个连续的、渐变的过程（Terasirta，1994；Dumas，1994；Bertala & Caballero，1990）。

因为时间的长期性及不同个体调整的不同步性使得门限两侧的过渡调整过程变得平滑。为体现状态转换的平稳性，格兰格与特雷西塔（Granger & Terasirta，1993）提出平滑转换回归模型。该模型认为，变量的调整机制将随其对均衡偏离的变化而转换，而相邻状态间的转换是渐变的、连续和平滑的，这也是它与门限自回归模型最根本的不同之处。在这个模型中，任何时期内调整都会发生，但是调整速率会随着偏离幅度的不同而不同。

STR 模型的表述形式如模型（5–1）所示：

$$y_t = (\alpha_0 + \alpha_1 x_1 + \alpha_2 x_2 + \cdots + \alpha_k x_k) + (\beta_0 + \beta_1 x_1 + \beta_2 x_2 + \cdots + \beta_k x_k) f(z, \gamma, c) + \varepsilon_t$$

（5–1）

模型（5-1）为非线性的平滑转换模型。其中，f(z,γ,c) 表示转换函数，转换函数 f(z,γ,c) 中的 z 为阈值变量，对阈值变量的选取可以是多样的，既可以选取内生变量的滞后值，也可以选取所有内生变量，同时可以选取外生变量，以及所有外生变量的函数，甚至可以是一个确定性的时间趋势；γ 为决定机制转换速度的平滑参数，它的大小决定了机制之间的转换速度和平滑性；c 为阈值。转换函数 f(z,γ,c) 的大小主要取决于阈值变量 z 和阈值参数 c 的相对大小。

STR 模型的转换函数 f(z,γ,c) 通常有两种形式，一种为逻辑转换函数（Logistic Smooth Transition，LSTR），表述为：

$$f(z,\gamma,c) = \frac{1}{1 + \exp\left[-\gamma^*(z-c)\right]} \tag{5-2}$$

另一种称为指数转换函数（Exponential Smooth Transition，ESTR），表述为：

$$f(z,\gamma,c) = 1 - \exp\left[-\gamma^*(z-c)^2\right] \tag{5-3}$$

二、 实验名称：国际油价波动对国内物价水平的不对称影响

基于上述 STR 模型原理的介绍，下面详细介绍国际油价波动对国内物价水平不对称影响的详细实证分析过程。主要包括研究背景、文献回顾、模型的设定与检验及实证分析几方面。

（一）研究背景

石油作为重要的基础原料之一，被称为"国民经济的血液"，在国民经济各部门各行业中被广泛应用。随着经济快速增长，我国对石油的使用量和进口依赖程度都在不断上升。2001 年，我国原油进口量仅有 6000 万吨，石油进口依存度为 30%；2009 年我国原油进口量就激增至 2.04 亿吨，石油进口依存度为 51.3%；2010 年我国原油进口量更是高达 2.4 亿吨，石油进口依存度进一步上升至 54%。[①] 而进入 21 世纪以来，由于地缘政治和国际炒家投机原因，国际市场原油价格出现剧烈波动。欧洲北海布伦特原油价格由 2003 年初的 31.29 美元/桶迅速上涨至 2008 年 8 月的 133.9 美元/桶（为历史最高水平），而 4 个月后又快速回落至 41.58 美元/桶，2009 年后又开始逐步回升，2011 年 4 月油价攀升至 123.15 美元/

---

① 数据来源：中华人民共和国海关总署（http://www.customs.gov.cn/publish/portal0/）。

桶。[①] 与此同时，我国的物价水平也经历了一个大起大落的过程。2007~2008 年，我国的生产者价格指数（PPI）快速上升，而后开始回落，然而进入 2010 年后又一次逐渐攀升，2011 年 6 月我国的 PPI 同比增长了 7.1%，7 月 PPI 更是增长了 7.5%[②]（图 5-1 给出了 2007 年 1 月至 2011 年 7 月国际原油价格和我国 PPI 的走势）。

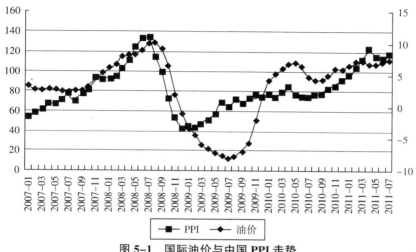

图 5-1 国际油价与中国 PPI 走势

由此引发的问题是，国际市场原油价格波动对我国 PPI 是否有显著影响？如何揭示并刻画国际油价波动对 PPI 的影响机制以及冲击效应？这种冲击效应给政策制定者带来何种启示？

研究上述问题将揭示国际原油价格对我国 PPI 的影响机理，有助于货币决策者制定适当的货币政策，对于降低和规避国际油价波动对我国物价水平的冲击，维护宏观经济的安全与稳定有着重大理论价值和强烈现实意义。

（二）文献回顾

关于国际油价波动对物价水平影响这一问题的探讨，国内外学者开展了一系列卓有成效的研究。20 世纪 70 年代起学者们就开始分析油价波动对物价水平的冲击方向、影响水平以及作用时效。从学者们的实证研究方法来看，大致分为以下几种类型：

---

① 数据来源：国际货币基金组织统计数据库（http://www.imf.org/external/data.htm）。
② 数据来源：中经网统计数据库。

1. 投入—产出模型

20 世纪八九十年代，很多学者应用投入—产出模型分析油价波动对物价水平的影响。例如，吴等（2011）应用投入—产出模型分析了油价冲击对中国物价水平的影响。他们认为，中国的物价控制对于降低油价波动对通胀影响的作用十分显著，特别是在短期内。奥古恩（Olgun，1982）通过运用投入—产出价格模型分析了国际原油价格波动对土耳其物价水平的影响。他的研究结果表明：国际原油价格对土耳其物价水平的传递效应是显著的，原油价格上涨将导致国内物价水平上升。任泽平等（2007）利用投入—产出价格影响模型测算了原油价格变动对中国物价总体水平和各部门产品价格的影响程度。他们研究发现，油价波动对 CPI、PPI 和固定资产投资指数影响都非常显著。桂缏评等（2012）、马丁（Martin，2011）和霍夫曼等（Hoffman，1983）都利用了该方法考察国际油价波动对物价水平的影响。

2. 一般均衡模型

20 世纪末 21 世纪初，学者们广泛应用一般均衡模型考察油价波动对物价水平的冲击效应。例如，迪奥黛安与博伊德（Doroodian & Boyd，2003）根据美国 1970~2000 年的经验数据，运用动态一般均衡模型检验了国际原油价格对美国国内通货膨胀水平的冲击效应。他们研究认为，国际油价波动对国内物价有着显著的影响，但是随着技术进步和经济结构的转变，这种冲击效应正在逐渐变弱。我国学者任若恩等（2010）也通过建立跨时优化一般均衡模型，实证分析了国际石油价格变化对国内物价水平的影响。他们的研究结果表明，国际油价对 CPI 以及各部门产出价格均有显著影响，而且具有明显的时间滞后效应。此外，博伊德和尤里（Boyd、Uri，1997）及林伯强等（2008）学者也应用该方法探讨了油价波动对一般价格水平的影响。

3. 时间序列模型

随着计量经济学关于时间序列模型理论的发展成熟，越来越多学者将其应用于宏观经济分析。其中部分学者应用线性模型进行分析，例如哈恩（Hahn，2003）应用 VAR 方法考察了油价波动对欧盟各国物价水平的影响。他的研究结果表明，欧盟各国物价指数的变动主要是由于其他外部冲击所造成，国际原油价格的震荡对物价水平影响并不显著。林伯强等（2010）运用递归的 SVAR 模型分析了能源价格上涨对一般价格水平的影响。他们研究发现能源价格上涨对 PPI 有显著影响，且存在 6 个月左右的时滞，而对 CPI 的冲击则非常微弱且没有明显的滞后效应。此外，柯罗尼与马内拉（Cologni & Manera，2008）及刘建等（2010）也应用线性模型考察了国际原油价格波动对物价水平的冲击效应。也有部分学者在非线性模型的研究框架下考察油价波动对物价水平的影响，例如陈建宝等

（2011）应用 STR 模型分析了国际油价对我国 CPI 的冲击，发现国际油价对我国的通货膨胀产生较强的间接效应。Cuìado 等（2003）也在非线性框架下分析了油价波动对物价的影响。

除了上述三类研究方法之外，还有些学者应用其他方法探讨了国际原油价格波动对物价水平的影响。例如陈（Chen，2009）应用状态空间模型考察了 19 个工业化国家的通胀水平。他的研究结果也表明，国际油价波动对各国的物价水平有显著的影响，但油价波动对各国的物价冲击程度因各国的开放程度、货币政策的执行情况而不同。李成等（2010）利用小波变频分析方法考察油价与通胀之间的溢出关系。他们发现，国际油价只在短周期里对我国通胀有单向均值溢出效应，而无波动溢出效应。李卓等（2011）在新凯恩斯主义的分析框架下，应用广义矩法实证分析国际油价波动对我国通货膨胀的影响。他们认为，国际油价波动对物价影响在短期内显著，而在长期中并不显著。

纵观上述文献，各位学者的研究方法、样本选择均不同，研究结论也迥异。但是大多数学者均忽略了下述客观事实：国际原油价格波动对国内 PPI 的冲击主要是通过影响原材料厂商成本，然后再传导至下游厂商。因此，国际原油价格在上涨和下降过程中其作用将是不同的。国际原油价格下跌过程中，原材料成本的下降将导致商品价格下降，PPI 向下调整是灵活的。但在国际原油价格上涨的过程中，原材料成本的上升将导致商品价格上升。然而部分原材料厂商为了保持市场份额不下降，并不会把所有的成本都转嫁到下游厂商身上，因此 PPI 向上调整幅度较小，并表现出一定的黏滞性。所以，国际原油价格对 PPI 的冲击效应可能不是线性的，而是表现出非线性和不对称性。根据上述分析，本书将在菲利普斯曲线相关理论基础上，通过建立非线性的平滑转换模型（Smooth Transition Model，STR），以期准确揭示国际原油价格对我国 PPI 的影响机制以及机制转换的动态路径和变化趋势，并基于此提出相关的政策建议（陈建宝等学者虽然也应用 STR 模型进行分析，但其研究对象是 CPI，而且其模型外生变量仅为油价，没有考虑其他因素，模型缺乏严格的理论基础）。

（三）模型的设定与检验

模型的设定与检验主要包含模型的设定及数据说明、模型的非线性及转换函数形式检验两方面。

1. 模型的设定与数据说明

在已有的文献中，大都采用菲利普斯曲线来考察国际原油价格波动对物价水平的影响程度，而典型的菲利普斯模型可以表述为：

$$\pi_t = \alpha_1 \pi_{t-1} + \alpha_2 UG_{t-1} + \alpha_3 x_{t-1} + \varepsilon_t \tag{5-4}$$

其中，π_t 表示物价水平，UG_t 表示失业率与自然失业率之缺口，x_t 表示厂商生产成本的控制变量，ε_t 表示随机扰动项。在实证分析中，常采用产出缺口代替失业缺口，本书也按此处理。此外，本书用国际原油价格和劳动者的平均工资度量厂商生产成本。这样模型（5-4）改写为模型（5-5）：

$$\pi_t = \alpha_1 \pi_{t-1} + \alpha_2 (y_{t-1} - y_{t-1}^*) + \alpha_3 oil_{t-1} + \alpha_4 w_{t-1} + \varepsilon_t \tag{5-5}$$

其中，$y_{t-1} - y_{t-1}^*$ 表示产出缺口，oil_{t-1} 表示厂商国际原油价格，w_{t-1} 表示工人工资水平。

在实证分析中，本书的国际原油价格数据来源于国际货币基金组织统计数据库，其余原始数据均来源于中经网统计数据库。样本期为 1999 年第 1 季度至 2011 年第 2 季度。其中，物价指数 π_t 分别采用工业品出厂价格指数（PPI）。对于产出缺口 $y_t - y_t^*$，本书借鉴现有文献常用的 HP 滤波方法估算潜在产出。首先使用季度 PPI（1999 年第 1 季度为基期）将名义 GDP 换算为实际数据记为 y_t，由 HP 计算的潜在产出记为 y_t^*，最后根据 $y_t - y_t^*$ 计算产出缺口。对于国际原油价格 oil_t，本书采用国际货币基金组织公布的欧洲北海布伦特（Brent）原油 FOB 现货价格，先按照各期的人民币兑美元名义汇率将其转换为人民币，然后使用 PPI 将其转换为实际价格（1999 年第 1 季度为基期）。劳动者报酬 w_{t-1} 为全部单位劳动者平均报酬，也使用 PPI 将其转换为实际值（1999 年第 1 季度为基期）。实证分析中所有数据均使用 X12 方法消除季节趋势。表 5-1 给出了模型各个变量的描述性统计指标。

表 5-1　各个变量的描述性统计

变量	π_t	$y_{t-1} - y_{t-1}^*$	oil_{t-1}	w_{t-1}
平均值	1.801555	−10.1366	358.6295	4559.444
中位数	1.381813	14.47028	338.3579	4265.8
极大值	8.391725	1582.203	698.1793	7984.169
极小值	−2.19733	−1456.93	130.1488	2037.858
标准差	2.504493	546.4015	144.0152	1804.527
偏态系数	0.651534	0.24775	0.426156	0.369597
峰态系数	2.781736	4.310745	2.144137	1.882729
雅克贝拉统计量	3.563989	4.008959	2.978663	3.664181
观测值个数	49	49	49	49

由于国际原油价格与我国 PPI 之间的关系可能不是线性的，而是表现出非线性和不对称性，所以本书将上述模型进一步扩展为 STR 模型，以期准确刻画油价波动对 PPI 影响机制的具体路径和变化趋势。STR 模型具体表述如下：

$$\pi_t = \alpha_0 + \alpha_1\pi_{t-1} + \alpha_2(y_{t-1} - y_{t-1}^*) + \alpha_3 oil_{t-1} + \alpha_4 w_{t-1} +$$
$$(\beta_0 + \beta_1\pi_{t-1} + \beta_2(y_{t-1} - y_{t-1}^*) + \beta_3 oil_{t-1} + \beta_4 w_{t-1})f(z,\gamma,c) + \varepsilon_t \tag{5-6}$$

本书选取 oil_{t-1} 为阈值变量，即随着国际原油价格的变化，非线性转换函数 $f(z,\gamma,c)$ 在 0~1 之间平滑移动，国际原油价格波动对 PPI 的影响也在两个机制之间平滑转换。

2. 模型的非线性及转换函数形式检验

对于模型（5-6），本书所要解决的检验问题可归结为线性模型对非线性模型的检验、转换函数形式的检验。

首先关于国际原油价格波动对我国 PPI 冲击效应是具有线性特征还是非线性特征，即实证分析中应该选用线性模型（5-5）还是非线性模型（5-6）。根据戴克（Dijk，2002）等的理论，对于模型的非线性检验是基于转换函数的三阶泰勒展开式（将指数转换函数和逻辑转换函数分别在原点进行三阶泰勒展开），并将泰勒展开式作为转移函数的近似式代入模型（5-6）。为表述方便，我们定义 $x_{2t} = (oil_{t-1})$，$x_{1t} = (1, \pi_{t-1}, (y_{t-1} - y_{t-1}^*), oil_{t-1}, w_{t-1})$，由此可以建立如下辅助回归：

$$\pi_t = x_{1t}\beta_0 + x_{1t}x_{2t}\beta_1 + (x_{1t}x_{2t}^2)\beta_2 + (x_{1t}x_{2t}^3)\beta_3 + \mu_t \tag{5-7}$$

泰诺斯维尔（Teräsvirta，1992）、贾内尔和汉森（Caner & Hansen，2001）提出应用 LM 乘数检验来判断模型是否具有非线性性质。其主要思想如下：

$H_0: \beta_1 = \beta_2 = \beta_3 = 0$，$H_1: \beta_{jt}$ 不全为 0。

相应的检验统计量 $LM = N \times \left(\dfrac{RSS - RSS^*}{RSS}\right) \sim \chi^2(3m)$，其中 RSS 为在虚拟假设下受约束回归的残差平方和，而 RSS^* 是无约束模型的残差平方和，m 为解释变量个数，N 为观测值数量。在虚拟假设成立的条件下，表示模型不存在非线性效应，模型退化为一个线性模型；反之拒绝虚拟假设则表示模型存在非线性效应。

如果模型具有非线性效应，接下来应当确定非线性转换函数的形式。为此需要对 STR 模型（5-6）进行递归的 LM 乘数检验以确定非线性转换函数形式。依次进行检验的虚拟假设分别为：$H_{01}: \beta_3 = 0$；$H_{02}: \beta_2 = 0/\beta_3 = 0$；$H_{03}: \beta_1 = 0/\beta_2 = \beta_3 = 0$。如果 $H_{01}: \beta_3 = 0$ 或 $H_{03}: \beta_1 = 0/\beta_2 = \beta_3 = 0$ 被最强烈地拒绝，那么非线性转换函数应该选择 LSTR 形式；反之，如果 $H_{02}: \beta_2 = 0/\beta_3 = 0$ 被最强烈地拒绝，那么非线性转换函数通常应该选择 ESTR 模型形式。表 5-2 给出了对模型（5-6）进行非线性检验和递归的 LM 乘数检验结果。

由表 5-2 给出的检验结果可知：在 1%的显著性水平下，模型（5-6）拒绝虚拟假设 $H_0: \beta_1 = \beta_2 = \beta_3 = 0$。这表明模型（5-6）具有非线性效应，递归 LM 检验结果表明：实证分析中模型（5-6）应该选择 LSTR 模型。

表 5-2　模型 (5-6) 转换函数的递归 LM 检验

模型设定检验	模型 (5-3) 检验结果
H_0: $\beta_1 = \beta_2 = \beta_3 = 0$	0.0020
H_{01}: $\beta_3 = 0$	0.0054
H_{02}: $\beta_2 = 0/\beta_3 = 0$	0.0086
H_{03}: $\beta_1 = 0/\beta_2 = \beta_3 = 0$	0.4186
选用模型	LSTR 模型

注：表内给出的是精确的 p 值。

（四）实证分析

以下通过对模型 (5-6) 的估计、模型的稳健性检验与模型的结论分析进行实证分析。

1. 模型的估计

确定了模型 (5-6) 的阈值变量和转换函数形式之后，我们还需对模型 (5-3) 进行参数估计。STR 模型参数估计的关键问题在于初值设定，为了确定平滑参数 γ 和阈值 c 的初始值，本书采用二维格点搜索方法。对于平滑参数 γ 的构造区间为 [0.5, 10]，步长为 0.095。对于阈值 c 的构造区间为 [104.95, 698.25]，步长为 0.594。然后任意取一组平滑参数 γ 和阈值 c，计算模型的残差，求出使得残差平方和最小时对应的平滑参数 γ 和阈值 c 作为进一步进行非线性优化估计的初始值。最终我们得到平滑参数 γ 和阈值 c 的初始值分别为 4.69 和 436.93。进一步，将其代入模型 (5-6)，利用递归的 Newton-Raphson 方法，求解出极大条件似然函数，这样我们就可以计算出模型 (5-6) 的参数估计值，并将其列入表 5-3。

表 5-3　STR 模型的 NLS 估计结果

待估参数	估计值	标准差
α_0	16.1247	15.6380
α_1	0.8245***	0.1669
α_2	−0.0008*	0.0005
α_3	0.0203*	0.0120
α_4	−0.0001	0.0001
β_0	194.4477***	50.0067
β_1	−2.1892***	0.5609
β_2	0.0026***	0.0009
β_3	0.0314	0.0195
β_4	0.0001	0.0010
γ	4.6934**	2.2069

待估参数	估计值	标准差
c	436.8954***	23.9142
R²	0.8288	

注：***、**、* 分别代表 1%、5% 和 10% 的显著性水平。

2. 模型的稳健性检验

为进一步评价估计结果，本书先对上述估计结果进行残差诊断检验。首先对模型（5-6）的回归残差进行平稳性检验，利用 ADF 和 PP（Phillips-Perron）两种检验方法进行单位根检验，并将检验结果列入表 5-4。

表 5-4 残差平稳性检验

检验方法	检验统计量	1% 的显著性水平对应临界值	结论
ADF	−3.58	−3.43	平稳
PP	−5.63	−3.57	平稳

由表 5-4 给出的检验结果表明：在 1% 的显著性水平下，回归残差为平稳序列。

此外，由于实证分析中采用数据为时间序列数据，因此，我们还需对残差进行自相关检验。本书利用 Box-Pierce 的 Q 统计量来检验残差是否具有自相关性，并将检验结果列入表 5-5（滞后阶选取到 8）。

表 5-5 残差自相关检验

滞后阶	1	2	3	4	5	6	7	8
F 统计量	3.92	1.76	0.95	1.12	1.08	0.85	0.65	0.69
P 值	0.06	0.18	0.42	0.36	0.38	0.53	0.71	0.69

注：表内括号中给出的是精确的 p 值。

由表 5-5 给出的检验结果可知，在 5% 的显著性水平下，我们不拒绝残差不存在自相关的虚拟假设。

最后我们检验模型残差是否存在 ARCH 效应，根据误差项的 ARCH-LM 检验，模型（5-3）卡方分布统计量的值为 7.63，对应 p 值为 0.47，F 统计量为 1.17，对应 p 值为 0.34。这表明在 5% 的显著水平下，模型的残差不存在 ARCH 效应。

上述残差检验的结果表明：模型（5-6）的回归残差均为平稳序列，不存在自相关且没有 ARCH 效应。由此我们认为对于 STR 模型（5-6）的估计结果至少具有一致性和稳健性，故估计结果可用于分析其经济意义。

3. 模型的结论分析

模型（5-6）的估计结果反映了国际原油价格对我国 PPI 的影响机制以及机制转换的动态路径，即国际原油价格对 PPI 的影响具有非线性效应，且机制转换特征可以由逻辑转换函数（LSTR 模型）来描述。

实证分析估计得到模型（5-6）的阈值 c = 436.89，表明当国际原油价格低于阈值 436.89 元/桶时，转换函数 f（z，γ，c）取值将趋于 0，这时模型处于低机制状态，国际油价波动对 PPI 的影响程度由转嫁系数 α_3 = 0.0203 决定；而当国际原油价格高于阈值 436.89 元/桶时，转换函数 f（z，γ，c）取值将趋于 1，这时模型处于高机制状态，国际油价波动对 PPI 的影响程度由转嫁系数 $\alpha_3 + \beta_3$ = 0.0517 决定；当国际原油价格在阈值 436.89 元/桶附近时，国际油价波动对 PPI 的影响程度在两个机制之间平滑转换，且机制转换速度相对较快（实证分析估计得到的平滑参数 γ = 4.69）。

这一估计结果和胡克（Hooker，2002）、库兰朵（Cuìado，2003）等的研究结果相近，即国际原油价格波动对我国 PPI 的冲击不仅是非线性的，而且是不对称的。之所以出现这种现象，原因是国际原油价格波动对 PPI 的影响主要通过以下两个传导机制实现：一是通过贸易途径的输入型通货膨胀效应。在国际原油价格上涨的过程中，原材料成本的上升将导致商品价格上升，然而出口厂商为了保持市场份额不下降，并不会把所有的成本都转嫁到进口国下游厂商身上。当国际原油价格低于一定目标水平时，厂商为了维持市场份额，自己将更多地承担油价上涨带来的成本，对下游厂商的转嫁幅度较小；而当国际原油价格高于一定的目标水平时，厂商为了维持自身利润，这时油价上涨所带来的成本转嫁至下游厂商的幅度较大。二是通过产业链传导的成本推动通货膨胀效应。原油是工业生产中最重要的生产资料之一，国际原油价格上涨会带动大宗商品和其他原料价格上涨，从而带动国内物价水平上升。然而在现实经济生活中，我国成品油价格仍然由政府进行调控，当油价波动时，国内油价也会做相应调整。但是我国的成品油价格调整滞后，不能及时、灵敏地反映市场变化，定价机制缺乏透明，涨价易，降价难。由此，上述两个传导路径的共同作用，导致国际油价波动对我国 PPI 的影响具有非线性和不对称特征。

实证结果同时表明：国际原油价格低于阈值水平时，油价波动对 PPI 的影响程度较小；国际原油价格高于阈值水平时，油价波动对 PPI 的影响程度较大。这与我国的实际情况也相吻合。例如，2000~2001 年，国际市场原油价格急速下降，原油价格由 2000 年第 3 季度的 257.14 元/桶下降至 2001 年第 4 季度的 201.78 元/桶，降幅高达 24.11%，然而由于原油价格低于阈值水平，油价波动对

PPI 影响不大，同期国内 PPI 仅由 0.22% 微幅下降至 0.10%。反之，2007~2008 年，国际市场原油价格出现了一波持续快速上涨，原油价格由 2007 年第 2 季度的 450.76 元/桶上升至 2008 年第 2 季度的 698.18 元/桶，由于国际原油价格高于阈值水平，由此引发国内 PPI 高企，PPI 由 4.76% 上升至最高时期的 8.39%。之所以出现这种情况，主要原因是，随着油价的波动，人们的通胀预期也会发生变动。当油价处于低位（即低于阈值水平）时，人们的通胀预期也较低，这时国际油价对国内物价水平的影响较小；但一旦油价高于阈值水平，人们的心理将发生改变，这时通胀预期将上升，此时国际油价对国内物价水平的影响较大。

进一步的分析表明：第一，对于模型（5-6）而言，前期物价指数对当期物价指数均有很强的影响。这进一步证实我国的通胀水平受公众的通胀预期影响很大，同时也说明治理通胀的一个关键在于降低人们的通胀预期。第二，在模型中，实际产出缺口与劳动者的报酬变动均会引起物价指数发生相应的变动。这表明影响通货膨胀的因素很多，各种外部冲击都可能导致物价水平变动。

（五）结论与启示

长期以来，国际原油价格的波动就是各界关心的主要问题之一。考察国际油价波动对国内物价水平的作用机制和影响程度，将有助于货币当局制定合适的政策，以减缓油价波动对国内物价和宏观经济的干扰。因此，本书在菲利普斯曲线理论研究框架下，根据我国 1999 年第 1 季度至 2011 年第 2 季度的经验数据，应用非线性的平滑转换模型研究国际原油价格对我国 PPI 的影响机制以及动态特征。实证分析结果发现：国际油价波动对于 PPI 的影响具有非线性效应，并且机制转换特征可以由逻辑转换函数来描述，这说明国际油价波动对于国内物价水平冲击是不对称的。当国际原油价格低于阈值水平时，油价波动对 PPI 的影响程度较小；当国际原油价格高于阈值水平时，油价波动对 PPI 的影响程度较大；当国际原油价格处于阈值水平附近时，油价波动对 PPI 的影响将在两个机制之间平滑转换，并且机制转换速度非常快。

上述结论所派生的货币政策含义：为了抑制通货膨胀，我们不能忽视油价波动对于物价水平影响的非线性和不对称性。这表明政府在治理通胀时，不仅要严密监控国内物价水平，同时也要关注国际市场原油价格波动情况。即央行应该继续坚持逆周期性的货币政策，而且应根据国际原油价格波动情况和国内物价指数不同，政策的实施力度可以不同。当原油价格上涨幅度（下降幅度）较大时，可能导致高通胀（通缩）风险，央行应该实行严厉的紧缩性货币政策（宽松的货币政策）；反之，当原油价格波动幅度较小时，央行采取的货币政策仍然是逆周期性的，但力度可以较小。进一步，为了将国际油价波动对我国宏观经济和物价水平影响降至最低，长期中政府还应采取以下措施：首先，我国应加快产业结构升级，对于高能耗产业逐步进行限制和转型，对绿色环保节能产业给予大力扶持。其次，政府要加大建设战略石油储备力度，完善石油储备运行体系，以减轻国际油价震荡给国内物价带来的冲击。最后，我国应重视研究和发展节能技术，并寻求替代能源。

三、实验操作步骤

步骤 1：首先打开 JMulTi 软件，熟悉其工作界面，如图 5-2 所示。

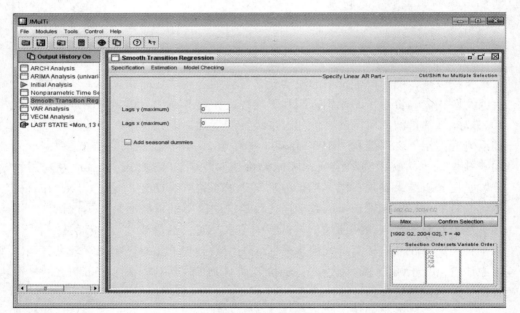

图 5-2　打开 JMulTi 软件

步骤 2：点击第三个小图标导入数据，如图 5-3 所示。

（1）点击下拉菜单，选取 xls 类型文件（即 Excel），如图 5-4 所示。

（2）点击 PPI21（最终实证数据），导入数据。这时将弹出对话框，如图 5-5 所示。

图 5-3　导入数据

图 5-4　选取 xls 类型文件（即 Excel）

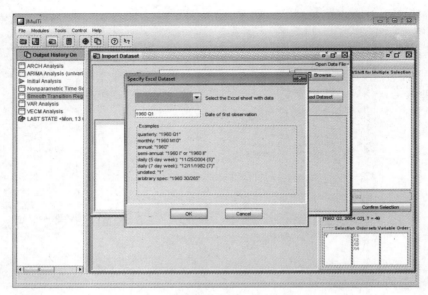

图 5–5　点击 PPI21，导入数据

（3）要求我们设定数据起始时间频率等。本书使用季节数据，起始时间为 1999 年第 2 季度，如图 5–6 所示。

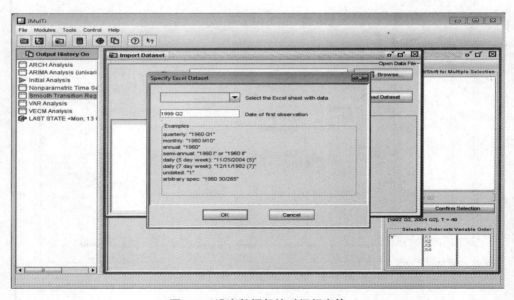

图 5–6　设定数据起始时间频率等

（4）设定完毕，然后点击"OK"，如图 5-7 所示。

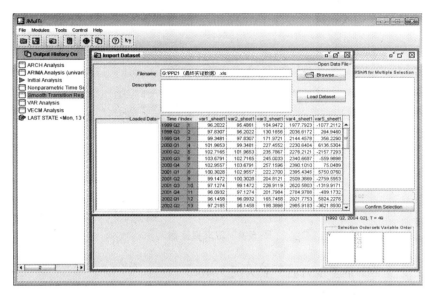

图 5-7　设定结果图

（5）点击 load dataset，下载数据，得到图 5-8。

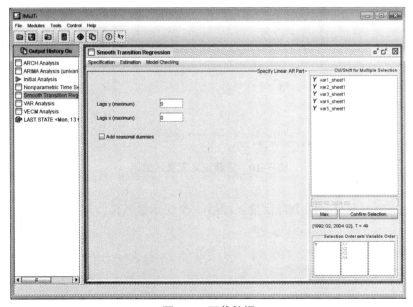

图 5-8　下载数据

步骤 3：定义变量。在图 5-8 中，所有变量类型被默认为 Y（内生变量 Endogenous，即因变量），实际上只有第一个是真正因变量，因此我们需要把下面四个变量改变为 X（外生变量 Exogenous，即自变量），如图 5-9 所示。

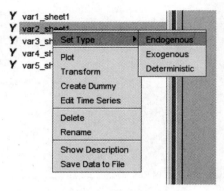

图 5-9　定义自变量

（1）变量类型重新定义后，变为图 5-10。

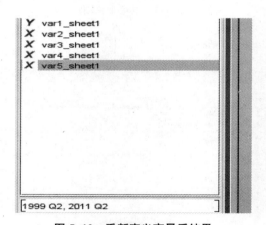

图 5-10　重新定义变量后结果

（2）一个因变量，四个自变量。然后，改变变量名称，如图 5-11 所示。

图 5-11 改变变量名称

（3）将因变量定义为 y，四个自变量分别命名为 x1、x2、x3 和 x4，最后得到图 5-12。

图 5-12 变量名称

步骤 4：检验模型是否具有非线性效应，如图 5-13 所示。

（1）点击 specification-test linear/STR，如图 5-13 所示。

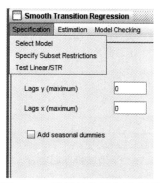

图 5-13 平滑转换回归设定图

（2）得到图 5–14。

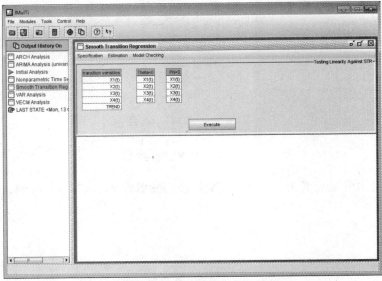

图 5–14　平滑转换回归参数设置

（3）本案例选取的转换变量是 x2。

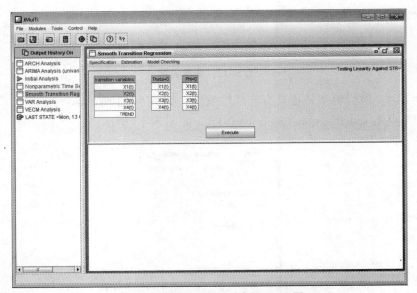

图 5–15　平滑转换回归变量 x2 设置

（4）点击 execute 得到图 5-16。

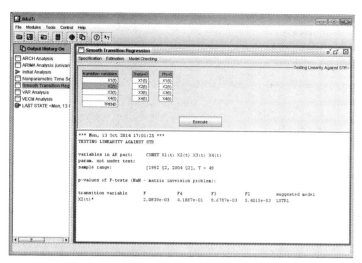

图 5-16　是否具有非线性效应

这就是表 5-2 给出的结果。从给出的检验结果可知：在 1%的显著性水平下，模型（5-3）拒绝虚拟假设 H_0：$\beta_1 = \beta_2 = \beta_3 = 0$。这表明模型（5-3）具有非线性效应。进一步的递归 LM 检验结果表明：实证分析中模型（5-3）应该选择 LSTR 模型。

步骤 5：确定初始值。点击 estimation-grid search for startvalues，如图 5-17 所示。

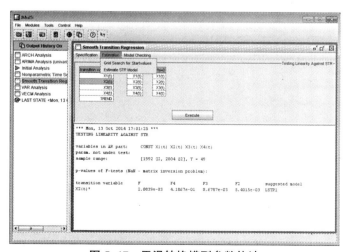

图 5-17　平滑转换模型参数估计

选取的转换变量仍然是 x2，如图 5–18 所示。

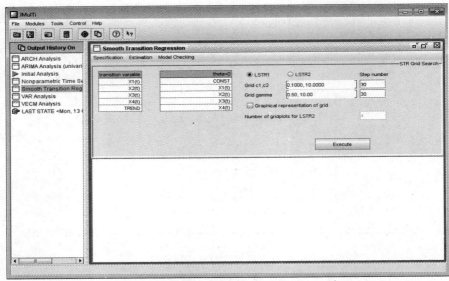

图 5–18　平滑参数构造区间

对于平滑参数 γ 的构造区间为［0.5，10］，步长为 0.095。对于阈值 c 的构造区间为［104.95，698.25］，步长为 0.594。然后任意取一组平滑参数 γ 和阈值 c，计算模型的残差，求出使得残差平方和最小时对应的平滑参数 γ 和阈值 c 作为进一步进行非线性优化估计的初始值，如图 5–19 所示。

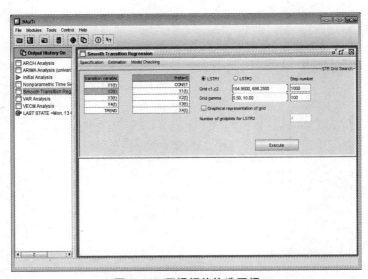

图 5–19　平滑阈值构造区间

点击 execute 得到图 5-20。

```
*** Mon, 13 Oct 2014 17:13:14 ***
STR GRID SEARCH

variables in AR part:      CONST X1(t) X2(t) X3(t) X4(t)
restriction theta=0:
transition variable:       X2(t)
sample range:              [1992 Q2, 2004 Q2], T = 49
transition function:       LSTR1
grid c                     { 104.95, 698.25, 1000}
grid gamma                 { 0.50, 10.00, 100}

SSR           gamma        c1
145.3096      4.6931       436.9367
```

图 5-20　确定初始值

最终我们得到平滑参数 γ 和阈值 c 的初始值分别为 4.69 和 436.93。

步骤 6：估计模型。点击 estimation-estimate STR model，如图 5-21 所示。

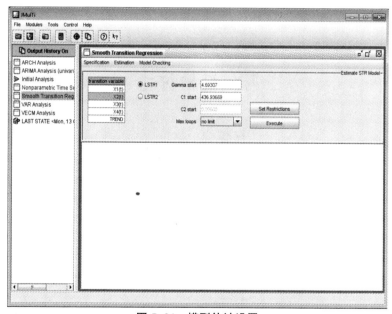

图 5-21　模型估计设置

点击 execute 得到图 5-22。

```
variable              start     estimate      SD      t-stat    p-value
----- linear part ------
CONST              16.11549   16.12476   15.6380     1.0311    0.3092
X1(t)               0.82461    0.82452    0.1669     4.9411    0.0000
X2(t)               0.02031    0.02032    0.0120     1.6933    0.0988
X3(t)              -0.00088   -0.00088    0.0005    -1.8857    0.0672
X4(t)              -0.00005   -0.00005    0.0001    -0.7289    0.4707
---- nonlinear part ----
CONST             194.49536  194.44774   50.0067     3.8884    0.0004
X1(t)              -2.18982   -2.18922    0.5609    -3.9032    0.0004
X2(t)               0.03144    0.03141    0.0195     1.6072    0.1165
X3(t)               0.00260    0.00260    0.0009     2.8518    0.0071
X4(t)               0.00001    0.00001    0.0001     0.0816    0.9354
Gamma               4.69307    4.69634    2.2069     2.1280    0.0401
C1                436.93669  436.89542   23.9142    18.2693    0.0000

AIC:                          1.5768e+00
SC:                           2.0401e+00
HQ:                           1.7526e+00
R2:                           8.2527e-01
adjusted R2:                  0.8288
variance of transition variable:   21439.4356
SD of transition variable:         146.4221
```

图 5-22　模型估计及结果

这就是表 5-3 给出的最终估计结果。

四、案例讨论

1. 指出平滑转换回归模型与门限自回归模型最根本不同之处。
2. 如何判断模型具有非线性性质？
3. 如何确定非线性转换函数的形式？
4. 如何确定平滑参数 γ 和阈值 c 的初始值？

$$实验案例六$$

多元 GARCH 模型实验

本案例主要基于对 GARCH 模型实验原理简要的介绍, 借助多元 GARCH 模型对国际金融危机背景下国内外股市波动溢出效应问题进行分析, 下面详细介绍。

一、GARCH 模型简介

(一) 一元 GARCH 模型简介

一元 GARCH 模型是 GARCH 模型基础, 下面对 ARCH 模型及典型的 GARCH 模型进行介绍。

1. ARCH 模型

鉴于金融时间序列数据存在波动聚集 (Volatility Cluster) 现象, 即价格波动可能在一段时间比较高, 但在另一段时间比较低, 因此恩格尔 (Engle, 1982) 提出了自回归条件异方差模型 (Autoregressive Conditional Heteroskedasticity Model)。ARCH 模型的主要思想: 扰动项 ε_t 的条件方差依赖于它前期 ε_{t-1} 的大小, 因此, 标准的 ARCH (q) 模型可以表述如下:

$$\begin{cases} Y_t = X_t\beta + \varepsilon_t \\ \varepsilon_t|\Omega_{t-1} \sim N(0, \sigma_t^2) \\ \sigma_t^2 = \alpha_0 + \alpha_1\varepsilon_{t-1}^2 + \alpha_2\varepsilon_{t-2}^2 + \cdots + \alpha_q\varepsilon_{t-q}^2 \end{cases} \quad (6-1)$$

其中, Ω_{t-1} 是 t-1 时刻的信息集合。ARCH (q) 模型的平稳性条件: $\alpha_0 > 0$, $\alpha_i \geqslant 0$, 同时 $\alpha_1 + \alpha_2 + \cdots + \alpha_q < 1$。

2. GARCH 模型

鉴于 ε_t^2 的条件方差 σ_t^2 依赖于多期之前的变化量, 而实践中, 对于大部分 q 无限制约束估计经常会违背 α_i 非负的限定条件, 因此, 波勒斯勒夫 (Bollerslev,

1986）建议采用一期或两期 σ_t^2 的滞后值替代诸多 ε_t^2 滞后值，他在此基础上提出了广义自回归条件异方差模型（GARCH 模型），典型的 GARCH（p，q）模型可以表示如下：

$$\sigma_t^2 = \alpha_0 + \sum_{j=1}^{p} \beta_j \sigma_{t-j}^2 + \sum_{i=1}^{q} \alpha_i \varepsilon_{t-i}^2 = \alpha_0 + \alpha(L)\varepsilon_t^2 + \beta(L)\sigma_t^2 \tag{6-2}$$

其中，p 是 GARCH 项的最大滞后阶数；q 是 ARCH 项的最大滞后阶数；L 为滞后算子；GARCH 模型的平稳性条件：$\alpha_0 > 0$，$\alpha_i \geq 0$，$\beta_j \geq 0$，同时 $\sum_{i=1}^{q} \alpha_i + \sum_{j=1}^{p} \beta_j < 1$。权衡模型的灵活性与简约性，大多数实证设计一般选取 $p \leq 2$，$q \leq 2$。

（二）多元 GARCH 模型简介

在现代金融体系中，各个市场和各种资产不是单独存在的，它们之间往往存在着波动相关性，因此，为了更好地分散风险，有必要将一元 GARCH 模型向多元 GARCH 模型进行扩展。

1. 多元 GARCH 模型框架

设 y_t 是一个 $N \times 1$ 维向量，Ω_{t-1} 为截至 t-1 期的信息集，同时，y_t 的条件方差矩阵 H_t 是 $N \times N$ 的半正定矩阵，那么多元 GARCH 模型可表示如下：

$$\begin{cases} y_t = \mu_t(\theta) + \varepsilon_t \\ \varepsilon_t = H_t^{1/2}(\theta)z_t，其中 z_t \sim H(0，I_N) \\ var(y_t|\Omega_{t-1}) = var_{t-1}(y_t) = var_{t-1}(\varepsilon_t) = H_t^{1/2}(\theta)var_{t-1}(z_t)H_t^{1/2}(\theta) = H_t \end{cases} \tag{6-3}$$

其中，$\mu_t(\theta)$ 为均值向量，而 ε_t 为随机扰动项。

2. VEC 模型

波勒斯勒夫、恩格尔和伍尔德里奇（Bollerslev，Engle & Wooldridge，1988）提出了关于 H_t 的一般公式。在 VEC 模型中，每一个 H_t 都是关于滞后残差平方、滞后残差交叉乘积以及滞后 H_t 的线性函数，那么，典型的 VEC（p，q）可表示如下：

$$\begin{aligned} Vech(H_t) &= C + \sum_{i=1}^{q} A_i Vech(\varepsilon_{t-i}\varepsilon_{t-i}') + \sum_{j=1}^{p} B_j Vech(H_{t-j}) \\ &= C + A(L)Vech(\varepsilon_t\varepsilon_t') + B(L)Vech(H_t) \end{aligned} \tag{6-4}$$

其中，$Vech(\cdot)$ 为向量半拉直算子，表示将一个矩阵的下三角部分拉伸为一个向量；如果 $A = (a_{ij})_{M \times M}$，那么 $Vech(A) = (a_{12}, a_{21}, a_{22}, a_{31}, a_{32}, a_{33}, \cdots, a_{M1}, a_{M2}, \cdots, a_{MM})'$。$A_i$ 和 B_j 均为 $N(N+1)/2$ 维的方阵，$A(L)$ 和 $B(L)$ 分别是 q 和 p 阶的滞后算子多项式。

鉴于 VEC 模型需要估计的参数较多，因此波勒斯勒夫等建议将矩阵 A 和 B 约束为对角矩阵，使得 H_t 的每个元素只依赖于它自身的滞后项和前期的扰动项，从而大大减少了待估参数数量，这种模型也被称为对角 VEC（Diagonal VEC，DVEC）模型。

本书使用一个双变量的 GARCH（1，1）-VEC 模型进行说明。此时，方程（6-4）可表示如下：

$$
h_t = \begin{bmatrix} h_{11,t} \\ h_{12,t} \\ h_{22,t} \end{bmatrix} = \begin{bmatrix} c_{01} \\ c_{02} \\ c_{03} \end{bmatrix} + \begin{bmatrix} \alpha_{11} & \alpha_{12} & \alpha_{13} \\ \alpha_{21} & \alpha_{22} & \alpha_{23} \\ \alpha_{31} & \alpha_{32} & \alpha_{33} \end{bmatrix} \begin{bmatrix} \varepsilon_{1,t-1}^2 \\ \varepsilon_{1,t-1}\varepsilon_{2,t-1} \\ \varepsilon_{2,t-1}^2 \end{bmatrix} + \begin{bmatrix} \beta_{11} & \beta_{12} & \beta_{13} \\ \beta_{21} & \beta_{22} & \beta_{23} \\ \beta_{31} & \beta_{32} & \beta_{33} \end{bmatrix} \begin{bmatrix} h_{11,t-1} \\ h_{12,t-1} \\ h_{22,t-1} \end{bmatrix}
$$

$$(6-5)$$

如果将矩阵 A 和 B 约束为对角矩阵，则可得对角 VEC 模型：

$$
h_t = \begin{bmatrix} h_{11,t} \\ h_{12,t} \\ h_{22,t} \end{bmatrix} = \begin{bmatrix} c_{01} \\ c_{02} \\ c_{03} \end{bmatrix} + \begin{bmatrix} \alpha_{11} & 0 & 0 \\ 0 & \alpha_{22} & 0 \\ 0 & 0 & \alpha_{33} \end{bmatrix} \begin{bmatrix} \varepsilon_{1,t-1}^2 \\ \varepsilon_{1,t-1}\varepsilon_{2,t-1} \\ \varepsilon_{2,t-1}^2 \end{bmatrix} + \begin{bmatrix} \beta_{11} & 0 & 0 \\ 0 & \beta_{22} & 0 \\ 0 & 0 & \beta_{33} \end{bmatrix} \begin{bmatrix} h_{11,t-1} \\ h_{12,t-1} \\ h_{22,t-1} \end{bmatrix}
$$

$$(6-6)$$

那么有：

$$
\begin{cases} h_{11,t} = c_{01} + \alpha_{11}\varepsilon_{1,t-1}^2 + \beta_{11}h_{11,t-1} \\ h_{12,t} = c_{02} + \alpha_{22}\varepsilon_{1,t-1}\varepsilon_{2,t-1} + \beta_{22}h_{12,t-1} \\ h_{22,t} = c_{03} + \alpha_{33}\varepsilon_{2,t-1}^2 + \beta_{33}h_{22,t-1} \end{cases}
$$

$$(6-7)$$

3. BEKK 模型

如果不对参数施加很强的约束，那么很难保证 H_t 的正定性。恩格尔和克罗纳（Engle & Kroner，1995）提出了一种新方法以保证 H_t 的正定性，该模型也被称为 BEKK 模型。H_t 可以表示如下：

$$
H_t = C'C + \sum_{i=1}^{q}\sum_{k=1}^{m} A_{ik}'\varepsilon_{t-i}\varepsilon_{t-i}'A_{ik} + \sum_{j=1}^{p}\sum_{k=1}^{m} B_{jk}'H_{t-j}B_{jk} \tag{6-8}
$$

其中，C 为 N 阶上三角矩阵，A_{ik} 和 B_{jk} 都是 N 阶的参数方阵。一个具体 BEKK（1，1，1）模型可表示如下：

$$
H_t = C'C + A_{11}'\varepsilon_{t-1}\varepsilon_{t-1}'A_{11} + B_{11}'H_{t-1}B_{11} \tag{6-9}
$$

恩格尔和克罗纳（1995）证明，BEKK 可以在一定条件下转化为 VEC 和 DVEC 模型。双变量 BEKK（1，1，1）模型可表示如下：

$$
H_t = C'C + \begin{bmatrix} \alpha_{11} & \alpha_{12} \\ \alpha_{21} & \alpha_{22} \end{bmatrix}' \begin{bmatrix} \varepsilon_{1,t-1}^2 & \varepsilon_{1,t-1}\varepsilon_{2,t-1} \\ \varepsilon_{1,t-1}\varepsilon_{2,t-1} & \varepsilon_{2,t-1}^2 \end{bmatrix} \begin{bmatrix} \alpha_{11} & \alpha_{12} \\ \alpha_{21} & \alpha_{22} \end{bmatrix} +
$$

$$\begin{bmatrix} \beta_{11} & \beta_{12} \\ \beta_{21} & \beta_{22} \end{bmatrix}' H_{t-1} \begin{bmatrix} \beta_{11} & \beta_{12} \\ \beta_{21} & \beta_{22} \end{bmatrix} \tag{6-10}$$

4. DCC 模型

DCC–MGARCH（Dynamic Conditional Correlation Multivariate GARCH）模型被称为动态条件相关多变量 GARCH 模型。该模型假定方差之间的条件相关系数是时变的，这更符合金融市场特征，因此具有较好的经济意义。Engle（2002）所提出的 DCC–MGARCH 模型可表示如下：

$$H_t = D_t R_t D_t \tag{6-11}$$

其中，$D_t = diag(h_{11,t}^{1/2}, h_{22,t}^{1/2}, \cdots, h_{nn,t}^{1/2})$，$h_{jj,t}$ 由单变量 GARCH 模型所定义，R_t 是 ε_t 的条件相关系数矩阵：

$$R_t = (diag Q_t)^{-1/2} Q_t (diag Q_t)^{-1/2} \tag{6-12}$$

其中，N 阶正定对称方阵 Q_t 由以下方程定义：

$$Q_t = (1 - \alpha - \beta)\overline{Q} + \alpha \mu_{t-1} \mu_{t-1}' + \beta Q_{t-1} \tag{6-13}$$

其中，μ_{it} 为标准化残差，即 $\mu_{it} = \varepsilon_{it} / \sqrt{h_{ii,t}}$，$\overline{Q}$ 是 ε_t 的无条件方差—协方差矩阵。

5. 多元 GARCH 模型比较

从表 6-1 可知，多元 GARCH 模型能够最全面地刻画市场波动性，但是由于它的待估参数最多，估计起来较困难，而其他模型都是这个模型的部分简化形式。

表 6-1　多元 GARCH 模型比较[①]

模型	优点	缺点
多元 GARCH	全面、准确地刻画波动性，具有明确的经济意义	待估参数多，估计困难
DVEC-GARCH	模型形式简化，参数减少	对波动的刻画可能不够全面、不够准确
BEKK-MGARCH	可以保证 H_t 的正定性	参数的经济意义不够明确
CCC-MGARCH	模型形式简化，参数减少，有一定的经济意义	常相关约束可能不成立
DCC-MGARCH	能刻画动态相关关系，且经济意义明确	参数较多，估计困难

---

① 樊智，张世英. 多元 GARCH 建模及其在中国股市分析中的应用 [J]. 管理科学学报，2004，6（2）：68-73.

二、实验名称：国际金融危机背景下国内外股市波动溢出效应的实证研究

借助多元 GARCH 模型能更好地分析国际金融危机背景下国内外股市波动溢出效应，下文为其实证研究过程，主要包含引言、模型设定与变量选取、实证结果及结论与建议等。

（一）引言

20 世纪 80 年代以来，在经济全球化和科技高速发展的背景下，金融全球化和自由化趋势越来越明显，世界股票市场之间的联系越来越密切。这种关联性一方面促使信息在不同市场间快速传递，强化金融政策作用并提高金融市场运行效率；另一方面也导致风险在整个金融体系中更快的传递，一个市场的风险会通过信息传递和波动联动效应引起其他市场的连锁反应，进而演变为更大规模的金融危机，如 1997 年的亚洲金融危机以及 2007 年的次级贷款危机等。股票市场联系最为典型的表征就是股市间的波动溢出效应，股市间的波动溢出效应指一个股票市场的波动状况不仅受到自身前期波动的影响，还可能受到其他市场前期波动的影响，也即存在收益率条件二阶矩之间的 Granger 因果关系。波动溢出效应不仅存在于同一国家的不同股票市场，也存在于不同国家的不同股票市场间。鉴于波动的本质是金融资产的风险，因此，对股票市场波动溢出的研究具有十分重要的学术价值与实际应用价值。

什么因素导致股票市场之间存在显著的波动溢出效应？学术界主要有两种观点：一是"经济基础说"，二是"市场传染说"。经济基础假说认为股票市场内存在一系列属性相同或相似的基本经济因素，信息在不同市场内进行传导，从而产生相互影响；市场传染说则认为即使不存在共同的基本因素，股票市场之间的传染效应也会导致市场间的波动溢出。上述两种观点最初是由伊托和林（Ito & Lin，1994）提出。基于此，康纳利和王（Connolly & Wang，1998）研究发现，美国、日本、英国三国股票市场的联系可以通过三国的宏观经济新闻公告得到解释，这些公告包括货币供应、工业制造、通胀、失业率等。金和瓦迪瓦尼（King & Wadhwani，1994）对 1987 年 10 月美国股市暴跌事件进行研究并发现，即使信息仅对某个特定的市场适用，市场间也可能通过股价的变化传递价格信息，导致其他市场对该事件反应过度；他们还发现市场间的协方差只有小部分能

为利率等基本因素所解释，这意味着不应将经济因素作为解释收益波动相关性的唯一因素。

对股票市场间波动溢出效应的研究主要集中于近十几年的时间，学者们主要通过 GARCH 类模型方法对波动溢出效应进行研究。Hamao 等（1990）较早地利用单变量 GARCH 模型研究了美国、日本、英国三国股市的波动溢出，发现存在着纽约到东京、伦敦到东京以及纽约到伦敦的单向波动溢出，且美国起着信息先导作用。Theodossiou 和 Lee（1993）也通过建立 GARCH-M 模型对美国、日本、英国、加拿大和德国的股市进行研究，发现美国股市是其他国家股市的信息输入源。刘金全和崔畅（2002）采用滨尾（Hamao，1990）的方法对沪深两市间的波动溢出效应进行了研究，发现仅存在沪市到深市的单向波动溢出效应。利用单变量方法进行波动溢出效应分析时，会造成市场割裂，忽略市场相关，从而导致信息缺失和估计有偏性，如蒲甘（Pagan，1984）指出使用多变量 GARCH（Multivariate GARCH，MGARCH）可以充分利用残差向量的方差—协方差矩阵所包含的有效信息，进而得到更精确的参数估计。Koutmos 和 Booth（1995）运用多变量 EGARCH 模型研究纽约、东京、伦敦三大股市，发现三大股市之间不仅存在波动溢出效应，而且波动溢出还具有不对称性。赵留彦和王一鸣（2003）利用二元 GARCH 模型研究发现 2001 年 2 月之前，A 股与 B 股市场的波动相对独立；但此后，存在从 A 股到 B 股市场的单向波动溢出。董秀良和曹凤岐（2009）采用多元 GARCH 模型对美国、日本、中国香港地区和我国沪市的波动溢出进行研究，发现只存在中国香港地区股市对沪市的单向波动溢出，同时，由于美国、日本股市波动均对中国香港股市具有传染效应，它们可以通过影响中国香港股市进而间接引起我国沪市的波动。也有一些学者对金融危机背景下的市场间波动溢出特征进行研究，如利内特等（Lin et al.，1994）利用 GARCH 研究发现，1987 年金融危机时期纽约股市对东京股市存在波动溢出，其他时间则不存在这种现象。龚朴和黄荣兵（2009）利用时变 t-copula 模型测算次贷危机对内地股市的影响，发现次贷危机加剧了中国内地股票市场的震荡，同时，由次贷危机引发的美国股市剧烈震荡易于通过香港股票市场传导至内地股市。曾志坚、徐迪和谢赤（2009）研究了金融危机背景下中国内地证券市场与世界主要证券市场的联动效应，发现随着金融危机的爆发与深化，中国内地证券市场与世界证券市场的联动效应也发生了相应的变化，中国内地证券市场对德国与香港证券市场均有显著的影响。黄飞雪等（2010）采用具有准确拓扑序列的亚超度量空间方法对全球最具代表性的 52 个股指进行研究，发现金融危机爆发后，各个股指之间的相关程度显著提高，联动性更强，同时，危机后中国股指的影响力增强，美国下降。

上述文献对股市波动溢出效应研究集中于发达国家间，对新兴市场的研究较少，而研究中国股市与国际股市之间关系的更少。由美国次贷危机所引发的金融危机席卷全球，对各国产生了深远的影响，尤以股票市场最为严重，如美国标准普尔 500 指数从 2007 年 10 月的最高 1576 点下跌到 2009 年的最低 666.8 点，跌幅达到 57.8%，与此同时，上证综合指数也从最高的 6124 点一路向下跌至 1664.9 点，跌幅达到 72.8%。各国股票市场同时间的剧烈波动，市场间是否存在波动溢出以及溢出强度如何？国际金融危机是否对金融市场间的波动溢出方式和强度产生影响？目前研究金融危机前后的股票市场间波动溢出效应的文献较少，且一般通过两个股市考虑到两国市场间的直接溢出效应，没有考虑通过第三国股票市场引发的间接波动溢出。本案例试图以国际金融危机为分界点，将时间轴区分为危机爆发前和爆发后，利用 MGARCH-BEKK 模型对中国内地及香港地区、美国和日本四国（地区）股票市场间的波动溢出效应进行研究，为我国制定宏观金融政策提供依据。

（二）模型设定与变量选取

1. VAR-MGARCH-BEKK 模型及波动溢出检验方法

本书采用 Engle（1995）所提出的 BEKK 形式 MGARCH 模型进行实证研究，该模型待估参数相对较少，同时，可在较弱的条件下保证方差—协方差矩阵的正定性。由于 GARCH 模型更适合非预期收益率成分建模，我们将均值方程设定为向量自回归形式以捕捉数据生成过程（Data Generate Process）。四元 VAR（p）– MGARCH-BEKK（1，1）模型可表示如下：

$$\left\{ \begin{array}{l} R_t = \alpha_0 + \sum\limits_{i=1}^{p} \alpha_p R_{t-p} + \varepsilon_t \\ H_t = C'C + A'\varepsilon_{t-1}\varepsilon'_{t-1}A + B'H_{t-1}B \end{array} \right. \tag{6-14}$$

其中，均值方程（6-14）采取 p 阶滞后的向量自回归形式，方程（6-15）是 BEKK 形式的多元 GARCH 条件方差方程。R_t 为 4×1 维的收益率列向量，Ω_{t-1} 为 t-1 时刻的信息集，ε_t 为 t 时刻的残差向量，H_t（4×4 矩阵）为 t 时刻的方差—协方差矩阵，第 i 行第 j 列的元素为 $h_{ij,t}$。一般而言，在 t-1 时刻的信息集下，残差服从多元正态分布，即 $\varepsilon_t|\Omega_{t-1} \sim N（0，H_t）$，但大量研究发现了收益率序列与正态分布不符，他们建议使用多元 t 分布以刻画股价的尖峰厚尾现象。C 为 4×4 的下三角矩阵，A 和 B 是 4×4 矩阵，它们的第 i 行第 j 列元素分别为 α_{ij}、b_{ij}，分别反映了波动的 ARCH 效应和 GARCH 效应。H_t 的第 l 行第 m 列元素可表述如下：

$$h_{lm,t} = c + \sum\limits_{i=1}^{n} \sum\limits_{j=1}^{n} \alpha_{il} \alpha_{jm} \varepsilon_{i,t-1} \varepsilon_{j,t-1} + \sum\limits_{i=1}^{n} \sum\limits_{j=1}^{n} b_{il} b_{jm} h_{ij,t-1} \tag{6-16}$$

式（6-16）中的参数 α_{ii}、b_{ii} 体现了市场波动的持续性，如果 α_{ii}、b_{ii} 为零或

是统计不显著，说明市场滞后一期残差平方以及滞后一期条件方差对现期的条件方差没有影响。同时，参数 α_{il}、b_{jm}（$l \neq m$）则体现了市场 l 对市场 m 的波动溢出，如果两个参数同时为零或者统计不显著，则说明市场 l 滞后一期残差平方、滞后一期条件方差以及市场 l 与市场 m 的滞后一期协方差对市场 m 的条件方差没有影响，因此，我们通过检验 $\alpha_{lm} = b_{lm} = 0$ 来判断市场 l 对市场 m 的波动溢出效应。同理，我们也可考察市场 m 对市场 l 的波动溢出效应，该检验的原假设：H_0：$\alpha_{ml} = b_{ml} = 0$，市场 m 和市场 l 之间存在双向波动溢出效应的原假设：H_0：$\alpha_{lm} = b_{lm} = \alpha_{ml} = b_{ml} = 0$。

我们采用似然比检验法（Likelihood Ratio Test）对上述原假设进行检验，其对应 LR 统计量：

$$LR = -2(L_{restricted} - L_{unrestricted}) \sim \chi^2(n) \tag{6-17}$$

其中，$L_{restricted}$ 和 $L_{unrestricted}$ 分别表示受约束模型和无约束模型的对数似然值。统计量 LR 服从参数为受约束参数个数的卡方统计量。

2. 变量选择

考虑各国（地区）股票市场不同股票指数的规模和影响力，本书选取上证综合指数、香港恒生指数、美国标准普尔指数和日经 225 指数分别作为中国内地、中国香港地区、美国和日本股市的代表。鉴于我国股市处于初步发展阶段，经历了频繁的交易规则和制度变更，因此分析时间窗口可能会对实证研究结果产生重大影响。2005 年 4 月 29 日，中国证监会发布了《关于上市公司股权分置改革试点有关问题的通知》，启动了股权分置改革的试点工作。在股权分置改革之后，我国股市进入了全流通时代，股票市场的制度也趋于完善，从而更利于股票市场的稳定和发展，因此本案例选取 2005 年 4 月 29 日至 2010 年 8 月 31 日的各国（地区）的股指收盘数据。本书数据来自雅虎财经。

美国的次贷危机是从 2006 年春季开始逐步显现出来的，在 2007 年 8 月开始席卷美国、欧洲和日本等主要国际金融市场。综合股权分置改革和美国次贷危机，本书将时间窗口划分如下：①国际金融危机爆发前，2005 年 4 月 29 日至 2007 年 7 月 31 日；②国际金融危机爆发后，2007 年 8 月 1 日至 2010 年 8 月 31 日。由于中国内地、中国香港和日本交易时间在同一天，而美国股票市场的交易时间与上述三者不一致，因此将美国股市滞后一日作为当日数据；此外，本书剔除四个市场交易日期不一致的观测值，最后得到始于 2005 年 5 月 10 日的 946 个交易日的观测值。其中国际金融危机爆发前有 408 个交易日数据，国际金融危机爆发后有 538 个交易日数据。由于实证分析需要，本书通过如下对数变换将股价序列转换为收益率数据：

$$R_t = (\log S_t - \log S_{t-1}) \times 100\% \tag{6-18}$$

其中，S_t 为 t 时刻的股市收盘价数据。本书将变换后的数据分别记为 RSH（上证）、RHSI（恒生）、RSP500（标普）以及 RN225（日本）。

3. 描述性统计

表 6-2 是各个股票市场收益的基本统计特征。Jarque-Bera 统计量表明，每个收益率序列均不服从正态分布。从偏度来看，各个序列都是右偏的；就峰度而言，各序列均大于 3，存在典型的尖峰厚尾特征。从 Ljung-Box 统计量来看，国际金融危机爆发前，美国股市和日本股市存在着自相关；在国际金融危机爆发后，四个股票市场的收益率序列都表示出不同程度的自相关性。序列平方的 L-B 统计量，除去金融危机爆发前的香港市场，其他时间的各收益率序列都具有显著的自相关性，这揭示了股市波动的时变性和聚集性。从 ADF 检验来看，四个市场收益率序列都是平稳过程，可以直接建模。市场收益率的这些统计特征说明有必要引入多元 GARCH 模型进行分析。

表 6-2　股市收益率的基本统计特征

	国际金融危机爆发前				国际金融危机爆发后			
	RSH	RHSI	RSP500	RN225	RSH	RHSI	RSP500	RN225
均值	0.0034	0.0012	0.0005	0.0011	−0.0009	−0.0002	−0.0006	−0.0012
标准差	0.0193	0.0105	0.0077	0.0122	0.0260	0.0271	0.0238	0.0262
偏度	−0.1702	−0.6351	−0.5439	−0.3335	−0.0279	−0.2314	−0.7858	−1.7650
峰度	5.7278	5.4787	5.2752	7.5572	4.457	10.486	14.337	22.211
J-B	128.14	131.55	107.85	359.74	54.7	1266.1	2925.2	8516.8
Q(6)	4.15	4.00	7.69	19.42***	11.17*	11.98	21.17***	28.61***
Q (12)	17.77	15.54	19.23**	21.44**	19.79*	21.96**	44.52***	45.42***
Q^2(6)	21.46***	3.16	13.09**	72.73***	33.08***	83.98***	124.1***	87.78***
Q^2 (12)	54.71***	11.39	31.42**	78.83***	41.55***	129.4***	193.3***	111.8***
ADF	−20.5***	−20.7***	−22.4***	−22.4***	−23.2***	−24.8***	−27.7***	−26.0**

注：①***、** 和 * 分别表示在 1%、5% 和 10% 的显著性水平下拒绝原假设，下同；②J-B 是正态性检验统计量；③Q(6)、Q(12)、Q^2(6) 和 Q^2(12) 分别表示序列和序列平方的 Ljung-Box Q 统计量；④ADF 是单位根检验，用以检验序列的平稳性。

（三）实证结果

实证结果主要包含参数估计及波动溢出效应检验。

1. 参数估计

本书设定模型的均值方程服从 VAR 模型。鉴于 VAR 模型的滞后阶数会对估计结果产生重要影响，因此，本书依据 AIC 和 SC 信息准则，将 VAR 模型的滞后阶数设定为 1。为捕捉收益率序列存在的尖峰厚尾现象，本书设定残差服从多元学生式 t 分布。本案例采用极大似然法进行参数估计，表 6-3 和表 6-4 提供了模型的估计结果，限于篇幅，本案例未给出均值方程的估计结果。波动方程的估计结果如表 6-3 和表 6-4 所示。

表 6-3　MGARCH-BEKK 模型参数估计结果（国际金融危机爆发前）

矩阵参数				
	RSH	RHSI	RSP500	RN225
C	0.0027** (0.00)			
	0.0029*** (0.00)	0.0009 (0.36)		
	0.0006 (0.29)	−0.0008* (0.09)	0.0003 (0.69)	
	0.0003 (0.78)	0.0016** (0.01)	−0.0003 (0.69)	0.0000 (0.99)
A	0.1031** (0.04)	−0.1177*** (0.00)	−0.0847*** (0.00)	−0.0598** (0.04)
	−0.0788 (0.52)	−0.0430 (0.62)	0.0848* (0.08)	0.0046 (0.96)
	0.1362 (0.29)	−0.0602 (0.53)	0.0371 (0.54)	−0.2335** (0.02)
	0.0337 (0.59)	0.0614 (0.17)	0.0781** (0.02)	0.2482*** (0.00)
B	1.0110*** (0.00)	0.0575*** (0.00)	0.0139 (0.10)	0.0310*** (0.00)
	−0.2360*** (0.00)	0.8233*** (0.00)	−0.0788** (0.02)	−0.0712 (0.14)
	0.0879 (0.13)	0.1772*** (0.00)	1.0125*** (0.00)	0.1873*** (0.00)
	0.0336 (0.25)	−0.0087 (0.71)	−0.0315** (0.04)	0.9303*** (0.00)
标准化残差检验	Z（RSH）	Z（RHSI）	Z（RSP500）	Z（RN225）
ARCH-LM（1）	0.044 (0.83)	0.563 (0.45)	0.464 (0.50)	0.483 (0.49)

注：①括号内为 P 值；②***、**、* 分别表示 1%、5%、10%的显著性水平。

表 6-3 是国际金融危机爆发前 MGARCH-BEKK 模型的估计结果，由表 6-3 可知：①矩阵元素 α_{11} 和 α_{44} 分别在 5%和 1%的水平上统计显著，说明上海市场和日本市场存在 ARCH 效应，而香港市场和美国市场均不统计显著，说明不存在显著的 ARCH 效应。矩阵 B 的四个对角元素均在 1%的水平上统计显著，这说明四个市场都存在显著的 GARCH 效应，即四个市场的波动都受到自身前期波动的影响，波动具有聚集性，且矩阵 B 的四个对角元素都很接近于 1，说明波动具有高度的持续性。Ross（1989）认为价格波动反映信息处理过程，表 6-3 发现股价波动具有聚集性和持久性，说明股票市场对信息的处理速度较慢、投资者呈现一定程度的非理性。②为检验模型设定形式正确性，我们对模型残差项进行相关的检验。表 6-3 中标准化残差的 ARCH-LM（1）检验均不能拒绝原假设，表明各残差序列均不存在 ARCH 效应，说明上述模型设定较为合理。③学生 t 分布的形态参数是 6.405，在 1%的水平上拒绝原假设，说明收益率序列存在着尖峰厚尾特征，这也反映了股票市场的非理性。④相对于单个市场分别估计的单变量 GARCH 模型，BEKK 模型的对数似然值有了提高：上海股市、香港股市、美国

股市和日本股市的单变量 GARCH 似然值分别为 1096.79、1283.78、1434.59 和 1242.58，其值之和 5057.74 小于 BEKK 模型的似然值 5246.02，表明使用多元 GARCH 模型估计多个市场的波动关系时确实考虑了市场之间的协方差关系，能够更好刻画股票市场的数据特征。

表 6-4 MGARCH-BEKK 模型参数估计结果（国际金融危机爆发后）

矩阵参数				
	RSH	RHSI	RSP500	RN225
C	0.0038** (0.00)			
	0.0018 (0.17)	0.0013 (0.18)		
	−0.0005 (0.44)	−0.0009 (0.26)	0.0005 (0.58)	
	0.0035** (0.03)	−0.0038*** (0.00)	0.0008 (0.61)	0.0001 (0.96)
A	−0.2327** (0.04)	0.0109 (0.74)	0.0028 (0.093)	−0.0682* (0.08)
	0.2420*** (0.00)	0.1610*** (0.00)	−0.0489 (0.34)	0.1227*** (0.02)
	−0.0280 (0.61)	0.2376*** (0.00)	0.1990*** (0.00)	0.1580*** (0.00)
	−0.0632 (0.21)	−0.1175** (0.01)	−0.0047 (0.92)	0.1533*** (0.00)
B	0.9701*** (0.00)	0.0379** (0.04)	−0.0234 (0.13)	−0.0235 (0.21)
	−0.0105*** (0.69)	0.9644*** (0.00)	0.1364*** (0.00)	0.0586 (0.22)
	−0.0642* (0.08)	−0.3150*** (0.00)	0.7990*** (0.00)	−0.1566*** (0.00)
	0.0588 (0.25)	0.1722*** (0.71)	0.0960*** (0.00)	0.9576*** (0.00)
标准化残差检验	Z (RSH)	Z (RHSI)	Z (RSP500)	Z (RN225)
ARCH-LM (1)	1.073 (0.30)	0.638 (0.42)	7.771 (0.99)	0.184 (0.67)

注：①括号里面为 P 值；②***、**、* 分别表示 1%、5%、10%的显著性水平。

表 6-4 是国际金融危机爆发后 MGARCH-BEKK 模型的参数估计结果，由表 6-4 的结果可知：①系数矩阵 A 和 B 的对角元素均在 5%的水平上显著异于零，说明各个市场的波动均受到自身前期波动的影响，存在着波动聚集性和持续性。②标准化残差的 ARCH-LM (1) 检验均不能拒绝原假设，表明上述模型的设定是合理的。③学生 t 分布的形态参数是 8.761，在 1%的水平上显著，说明利用 t 分布能够较好地拟合收益率序列存在的尖峰厚尾特征。④BEKK 模型的对数似然值为 5722.45，而上海股市、香港股市、美国股市和日本股市的单变量 GARCH 模型的对数似然值分别为 1240.58、1263.12、1387 和 1306.71，四个市场的总和为 5197.41，相比之下，BEKK 模型的对数似然值有了显著的提高，说明 BEKK 模型很好地反映了股票市场间的相互影响关系，这使得研究结果更加稳健。

2. 波动溢出效应检验

在估计了模型参数的基础上，我们按照方程（6-16）、方程（6-17）检验股市间是否存在波动溢出效应。表 6-5 是国际金融危机爆发前股市间波动溢出检验结果，其中，假设检验 RSH→RHSI、RHSI→RSH、RSH⇔RHSI 的原假设分别是"H_0：不存在沪市对香港股市的波动溢出"、"H_0：不存在香港股市对上海股市的波动溢出"以及"H_0：不存在上海股市和香港股市间的双向波动溢出"，其他的符号含义类似。分析结果如表 6-5 所示。

表 6-5　国际金融危机爆发前股市间波动效应检验

	假设检验 1	假设检验 2	假设检验 3
沪市（RSH）与香港股市（RHSI）	RSH → RHSI $\chi^2 = 28.05$***	RHSI → RSH $\chi^2 = 17.15$***	RSH ⇔ RHSI $\chi^2 = 33.93$***
沪市（RSH）与美国股市（RSP500）	RSH → RSP500 $\chi^2 = 26.06$***	RSP500 → RSH $\chi^2 = 4.52$	RSH ⇔ RSP500 $\chi^2 = 31.19$***
沪市（RSH）与日本股市（RN225）	RSH → RN225 $\chi^2 = 9.99$***	RN225 → RSH $\chi^2 = 3.44$	RSH ⇔ RN225 $\chi^2 = 14.14$***
香港股市（RHSI）与美国股市（RSP500）	RHSI → RSP500 $\chi^2 = 13.56$***	RSP500 → RHSI $\chi^2 = 14.00$***	RHSI ⇔ RSP500 $\chi^2 = 25.47$***
香港股市（RHSI）与日本股市（RN225）	RHSI → RN225 $\chi^2 = 2.19$	RN225 → RHSI $\chi^2 = 1.93$	RHSI ⇔ RN225 $\chi^2 = 6.08$
美国股市（RSP500）与日本股市（RN225）	RSP500 → RN225 $\chi^2 = 18.25$***	RN225 → RSP500 $\chi^2 = 7.34$**	RSP500 ⇔ RN225 $\chi^2 = 22.59$***

注：①χ^2 代表卡方统计量，其自由度为受限参数个数；②***、**、* 分别表示 1%、5%、10%的显著性水平；③波动溢出效应检验的原假设均为不存在波动溢出效应。

表 6-5 是国际金融危机爆发前股市间波动溢出效应的检验结果。从沪市与其他市场间的波动溢出效应检验来看，沪市和香港股市间存在显著的双向波动溢出关系，还存在沪市到美国股市和沪市到日本股市的单向波动溢出；考察香港股市与其他股市间的关系时，发现存在香港股市和美国股市的双向波动溢出效应，与日本股市不存在任何的波动溢出关系；另外，美国股市和日本股市间存在双向波动溢出。综合而言，上海股市面临的外部风险主要来源于香港股市；但是由于存在美国股市对香港市场的波动传染效应，因此，美国股市可以借助对香港股市而间接地影响沪市。此外，表 6-3 的结果说明不存在日本股市对香港股市的波动传染，因而日本市场不能通过香港股市间接影响沪市，如果是借助美国股市影响沪市，那么信息传导过程较为漫长，信息传递效率非常低下，产生的作用相对较小。因此，把握沪市和深市的短期外部波动风险时，应重点关注香港股市的波动风险，但是同时也要注意美国市场所产生的间接波动传染效应。图 6-1 总结了在国际金融爆发前，外国股市和香港股市影响我国沪市的传导路径。

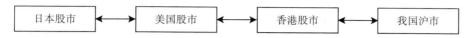

图 6-1　国际金融危机爆发前外国股市对我国沪市的传导路径

　　表 6-6 是国际金融危机爆发后股市间波动溢出效应的检验结果。研究我国沪市与其他市场之间的关系，发现只存在香港股市对我国沪市的单向波动溢出，但美国股市、日本股市与我国股市之间不存在波动溢出效应。相比于金融危机爆发前，我国沪市的对外影响力有所减弱，这可以通过贸易渠道和金融渠道得以解释。从贸易渠道来看，我国采取了外向型的发展模式，进出口在经济中扮演着重要角色，次贷危机导致外国居民的消费行为更加谨慎，对进口商品的消费意愿锐减，我国出口受阻，同时，国际贸易保护主义也进一步抑制了国际贸易往来，实体经济受挫将影响到股市表现。从金融渠道来看，随着国际金融危机的爆发，上海股市也步入快速下滑通道，投资风险上升，国外投机资金大量回抽；同时，欧美跨国金融机构出现严重资金短缺，导致他们大量抽回其在亚洲等市场的资金以弥补自身的资金缺口。金融渠道的联系减少，最终导致上海市场对外的影响力减弱。

　　另外，香港股市和日本股市之间存在显著的双向波动溢出效应，而且股市间的联系得到了加强，突出表现为香港股市和美国股市、日本股市间的双向波动溢出关系。原因可能在于，西方发达国家（地区）间具有较为相似的经济制度和经济结构，且由于美国和日本作为世界上最大和第二大的经济体，与其他国家发生密切的贸易往来；在次贷危机爆发后，各国携手应对，共同"救市"，欧美各国央行多次联手持续对金融体系注入巨资，同时美联储持续降息，导致市场整体流动性过剩，进而形成相似的经济政策背景。此外，欧美各国资金和金融账户完全开放，国际投资资本可以自由地转移、套利，此时，股票市场价格波动将更快地反映信息，股票市场之间的联系得到加强，市场之间呈现双向波动溢出关系。

　　本书还发现，在国际金融危机前后，中国内地股市和外国股市的波动溢出效应发生着不同的变化，中国的对外影响力下降与外国股市间联系加强并存。前文从贸易渠道受阻以及金融渠道的资本回抽解释了上海市场对外影响力的下降，此外，还有一个可能的原因是由于中国内地证券市场在较强的经济增长预期和较充裕的流动性支撑下，上证指数在 2009 年上半年从 1664 点上涨到 3300 多点，A股市场的相对独立性运行特征可能是导致中国沪市与其他市场存在波动特征差异的一个重要原因；同时，我国资本账户存在管制，次贷危机对我国总体影响有限。西方发达国家（地区）资本账户完全开放，投机者可以方便地进行跨市交易，从而"传染"另一金融市场；各国应对救市实施了一系列相似的宏观政策，使得西方发达国家具有共同经济基础，导致西方发达国家股市间的联系加强。

表 6-6　国际金融危机爆发后股市间波动效应检验

	假设检验 1	假设检验 2	假设检验 3
沪市（RSH）与香港股市（RHSI）	RSH → RHSI $\chi^2 = 4.35$	RHSI → RSH $\chi^2 = 22.35^{***}$	RSH ⇔ RHSI $\chi^2 = 28.37^{***}$
沪市（RSH）与美国股市（RSP500）	RSH → RSP500 $\chi^2 = 2.76$	RSP500 → RSH $\chi^2 = 3.80$	RSH ⇔ RSP500 $\chi^2 = 8.20$
沪市（RSH）与日本股市（RN225）	RSH → RN225 $\chi^2 = 3.15$	RN225 → RSH $\chi^2 = 2.04$	RSH ⇔ RN225 $\chi^2 = 5.82$
香港股市（RHSI）与美国股市（RSP500）	RHSI → RSP500 $\chi^2 = 37.63^{***}$	RSP500 → RHSI $\chi^2 = 128.48^{***}$	RHSI ⇔ RSP500 $\chi^2 = 160.29^{***}$
香港股市（RHSI）与日本股市（RN225）	RHSI → RN225 $\chi^2 = 7.09^{**}$	RN225 → RHSI $\chi^2 = 16.11^{***}$	RHSI ⇔ RN225 $\chi^2 = 45.35^{***}$
美国股市（RSP500）与日本股市（RN225）	RSP500 → RN225 $\chi^2 = 23.86^{***}$	RN225 → RSP500 $\chi^2 = 16.37^{**}$	RSP500 ⇔ RN225 $\chi^2 = 33.45^{***}$

注：①χ^2代表卡方统计量，其自由度为受限参数个数；②***、**、*分别表示1%、5%、10%的显著性水平；③波动溢出效应检验的原假设均为不存在波动溢出效应。

综上所述，在国际金融危机爆发之后，我国上海股市不仅受到自身前期波动的影响，还受到美国、日本、中国香港股市波动的外部波动风险的传染。我国沪市的外部波动风险主要直接来自于香港市场，且由于美国和日本股市均对香港地区股市具有波动溢出效应，因此，美国股市和日本股市可以借助香港市场间接地传染我国沪市。因此，在把握我国沪市所面临的外部风险时，应重点关注中国香港股市的波动，还要注意美国和日本市场的波动，这与董秀良和曹凤岐（2009）的结论是一致的。图6-2总结了金融危机爆发后外国股市和中国香港股市影响我国沪市的波动传导路径。

图 6-2　国际金融危机爆发后外国股市对我国沪市的传导路径

（四）结论与建议

基于国内外股市的波动溢出效应的实证结果发现，在国际金融危机爆发前后，我国沪市、香港股市、美国股市和日本股市的波动都受到自身前期波动的显著影响，而且具有很强的波动聚集性和持续性。在波动溢出方面，国际金融危机爆发前，存在香港股市和我国沪市的双向波动溢出，而美国股市通过中国香港市场间接影响我国沪市。国际金融危机爆发后，只存在着香港股市对沪市的直接影响，但上海市场对外影响却在减弱；同时，美国、日本、中国香港股市之间存在着双向波动溢出，美国、日本股市可以借助中国香港股市间接引起沪市的波动。所以，在把握我国股票市场的外部波动风险时应该重点关注中国香港股市，但同时也要注意美国和日本股市的波动，特别是美国股市。综合而言，国际金融危机爆发后，世界股票市场间的联系不断加强，其中，中国香港股市与内地股市联系最为紧密，这是因为香港地区和内地之间存在着大量的贸易、金融往来，大量内地企业赴港上市后又回归大陆交叉上市，此外，随着港股直通车、QDII 制度的完善，预期两地联系会进一步加强。随着我国股市的对外开放程度不断提高，与世界金融市场的联系将会日趋紧密，内地股市受到世界市场的影响将逐步加强。本书的结论具有重要的政策意义。

第一，我国政府在制定宏观经济政策、金融政策时应具有高度的前瞻性和统筹性。由于国内外股市间存在着紧密联系，任何针对单一市场的政策都可能通过信息传递机制影响其他市场。因此，应充分利用市场间的信息传递机制，理性选择经济政策。

第二，要建立一个合理、有效的监管体系，建立、健全中国股市的预警机制。信息在股票市场间的快速传递，虽然有利于经济政策执行，但也会加速金融体系内的风险传递。所以政策制定者应制定一个合理、有效的监管框架，提高危机处理能力。

第三，世界各国应加强合作，增强整体抵抗风险的能力。在经济全球化下，任何国家都不可能独立地发展，而且由于股票市场风险的高发性和整体性，世界各国应密切合作，共抗风险，促进世界经济的健康、稳定发展。

三、实验操作步骤

本实验以国际金融危机爆发前国内外股市波动溢出效应检验为例，详细阐述如何使用 WinRATS 软件建立多元 GARCH 模型并分析波动溢出效应。

步骤 1：首先打开 WinRATS 软件，如图 6-3 所示。

WinRATS 软件的默认界面是输入和输出窗口为同一窗口，我们可以点击软件上方 I|O 的选项将二者分离。

图 6-3　打开 WinRATS 软件

步骤 2：导入数据。

本实验数据为 2005 年 5 月 10 日至 2007 年 7 月 31 日的上证综合数据、香港恒生指数、美国标普 500 指数以及日经 225 指数。由于时区以及开盘日期原因，若干交易日不存在交易数据，因此本书直接以截面数据导入，总共有 408 个观测值。

菜单式操作如图 6-4 所示。

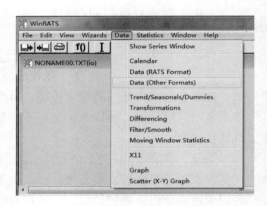

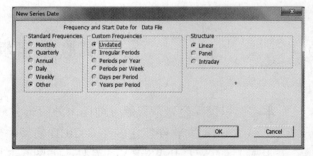

图 6-4　导入数据

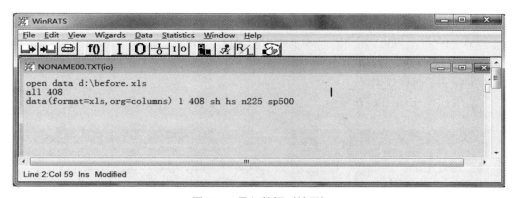

图 6-4 导入数据（续图）

我们也可以在窗口中输入以下两组命令导入数据：

命令一：

open data d：\before.xls

all 408

data（format=xls，org=columns）1 408 sh hs n225 sp500

命令二：

open data d：\before.xls

all 408

data（format=xls，org=columns）/ sh hs n225 sp500

步骤 3：将股票价格数据转换为收益率数据。

菜单式操作如图 6-5 所示。

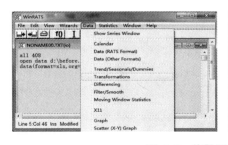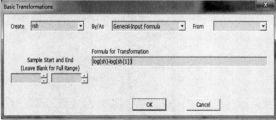

图 6-5 将股票价格数据转换为收益率数据

上述菜单操作等价于下列命令：

** sh ｛1｝ 表示滞后一期的 sh 变量

set rsh = log（sh）−log（sh ｛1｝)

set rhsi = log（hs）−log（hs｛1｝）

set rsp500 = log（sp500）−log（sp500｛1｝）

set rn225 = log（n225）−log（n225｛1｝）

步骤4：查看数据。

菜单式操作如图6-6所示。

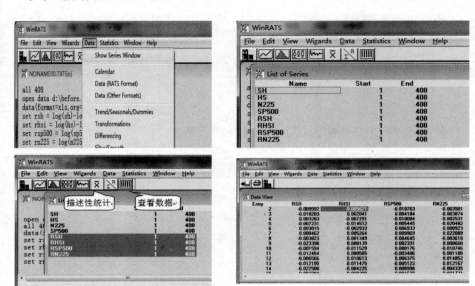

图 6-6　查看数据（一）

我们也可以通过以下命令实现上述操作，如图6-7所示。

print / rsh rhsi rsp500 rn225

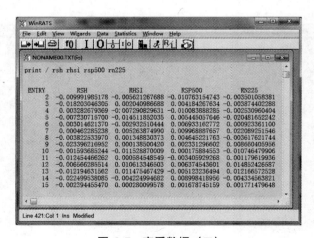

图 6-7　查看数据（二）

步骤 5：建立 1 阶滞后的向量自回归模型（VAR），并将其命名为 varbefore。
菜单操作如图 6-8 所示。

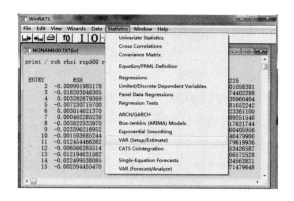

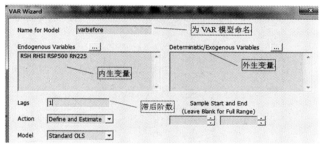

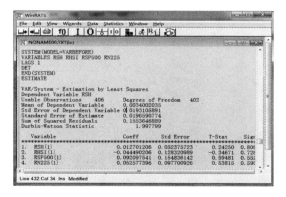

图 6-8　建立 1 阶滞后的向量自回归模型

上述菜单式操作等价于如下命令：
SYSTEM（MODEL=VARBEFORE）
VARIABLES RSH RHSI RSP500 RN225

LAGS 1

DET

END（SYSTEM）

ESTIMATE

步骤 6：建立 MGARCH–BEKK（1，1）模型。

菜单式操作如图 6-9、图 6-10 和图 6-11 所示。

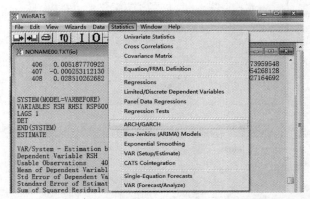

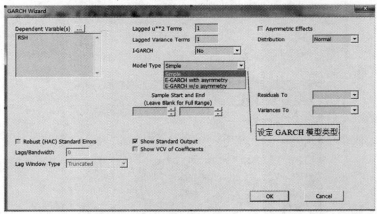

图 6-9　建立 MGARCH–BEKK（1，1）模型（一）

当仅有一个被解释变量时，上述界面设定一元 GARCH 模型。

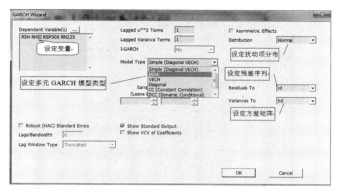

图 6-10 建立 MGARCH-BEKK（1，1）模型（二）

当被解释变量为多个时，上述界面设定多元 GARCH 模型。

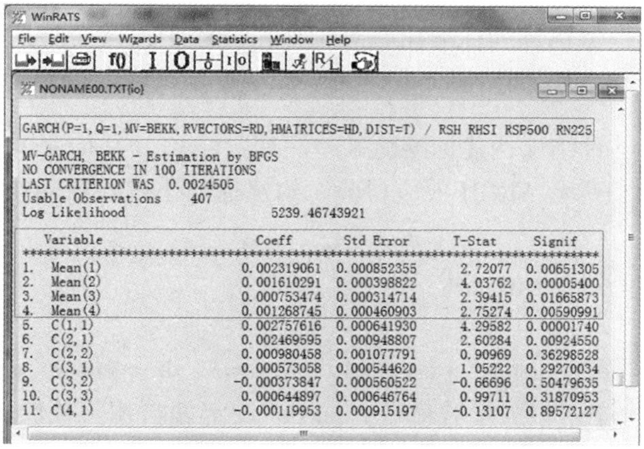

图 6-11 建立 MGARCH-BEKK（1，1）模型（三）

上述 MGARCH-BEKK（1，1）模型可通过以下命令实现：

GARCH（P=1，Q=1，MV=BEKK，hmatrices=hd，rvectors=rd，dist=t）/ rsh rhis rsp500 rn225

从图 6-9 至图 6-11 可以看到，使用上述命令建立 MGARCH-BEKK（1，1）时，其均值方程均为 $R_t = \alpha_0 + \varepsilon_t$，那么如何将均值方程设置为 VAR 模型呢？我们可对上述命令略作修改：

GARCH（P=1，Q=1，model=varbefore，MV=BEKK，hmatrices=hd，rvectors=rd，dist=t）

鉴于 VAR 模型中已设定了建模变量，因此，命令"/ rsh rhis rsp500 rn225"可以省略。图 6-12 为 VAR-MGARCH-BEKK（1，1）的估计界面。

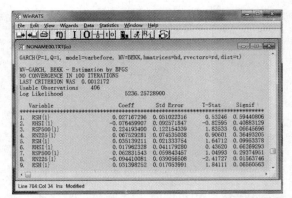

图 6-12　VAR-MGARCH-BEKK（1，1）的估计界面

步骤 7：诊断性检验。

如果选取的 GARCH 模型是合适的，那么模型误差就必须满足相应的假定，因此，我们可以根据估计的标准化残差构建相应检验，以检验选取的模型是否为正确形式。

首先，根据估计结果构建标准化残差序列：$\hat{e}_t = \varepsilon_t / \sqrt{\hat{h}_t}$；其次，对残差 $\hat{e}_t$ 进行序列相关检验和残余 ARCH 效应检验。构建标准化残差和序列相关检验可通过以下命令实现：

set z1 = rd（t）(1)/ sqrt（hd（t）　(1，1)）

set z1f = z1 * z1

cor（partial=pacf，qstat，number=12，span=3，dfc=%nreg）z1

其中，cor 为序列相关检验命令，partial 设定偏自相关检验，number 设定了滞后阶数，span 设定了计算相关系数的间隔长度，qstat 选项设定使用 Ljung-Box 统计量检验显著性。如图 6-13 所示。

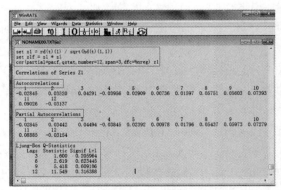

图 6-13　标准化残差和序列相关检验

ARCH 效应检验可通过以下命令实现：

linreg z1f

constant z1f {1}

compute trsq=%nobs*%rsquared

cdf chisqr trsq 1

其中，linreg 为线性回归命令。上述命令等于估计回归方程 $\hat{e}_t^2 = \omega_0 + \omega_1 \hat{e}_{t-1}^2$，并检验 ω_1 是否等于 0，如图 6-14 所示。

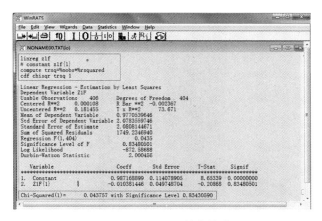

图 6-14　ARCH 效应检验

步骤 8：进行波动溢出效应检验。

首先，估计 VAR- MGARCH-BEKK（1，1）模型；其次，检验波动溢出效应。根据方程（6-16），我们可以通过检验 $\alpha_{lm} = b_{lm} = 0$ 来判断是否存在着市场 l 对市场 m 的波动溢出。如果要检验上海市场（RSH）对香港市场（RHSI）是否产生了波动溢出，那么我们可以通过检验 $\alpha_{12} = b_{12} = 0$ 进行诊断（MGARCH-BEKK（1，1）模型中的变量顺序为 RSH、RHSI、RSP500、RN225）。估计结果中，α_{21} 和 b_{21} 分别为第 32 个和第 48 个参数，因此，我们可执行如下命令进行检验（执行此命令前，请重新估计 MGARCH-BEKK（1，1）模型）：

test

32 48

0 0

同时，我们也可通过检验 $\alpha_{21} = b_{21} = 0$ 和 $\alpha_{12} = b_{12} = \alpha_{21} = b_{21} = 0$ 来判断是否存在着香港市场对上海市场以及双向波动溢出效应。

test

35 51

0 0

test

32 48 35 51

0 0 0 0

检验结果如图 6-15 所示。

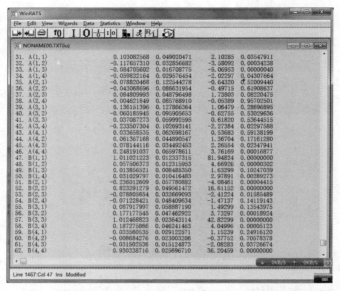

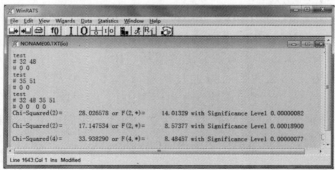

图 6-15　波动溢出效应检验

步骤 9：计算股票市场间的动态相关系数。

在估计了 VAR- MGARCH-BEKK（1，1）的基础上，我们可进一步计算股市之间的动态相关系数，市场 i 和市场 j 之间的动态相关系数为 $\rho_{ij,t} = h_{ij,t}/\sqrt{h_{ii,t}}\ \sqrt{h_{jj,t}}$。

WinRATS 中，我们可通过以下命令计算上海市场与香港市场、上海市场与美国市场以及上海市场与日本市场之间的动态相关系数，如图 6-16 所示。

set rho1 = HD（t）（1，2）/sqrt（HD（t）（1，1）*HD（t）（2，2））

set rho2 = HD（t）（1，3）/sqrt（HD（t）（1，1）*HD（t）（3，3））

set rho3 = HD（t）（1，4）/sqrt（HD（t）（1，1）*HD（t）（4，4））

graph（style=line）1

rho1

graph（style=line）1

rho2

graph（style=line）1

rho3

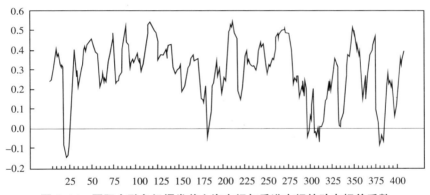

图 6-16　国际金融危机爆发前上海市场与香港市场的动态相关系数

附录：实验用到的命令

** 导入数据，* 表示注释

all 408

open data d：\before.xls

data（format=xls，org=columns）/ sh hs n225 sp500

** 生成收益率序列

set rsh = log（sh）−log（sh {1}）

```
set rhsi = log（hs）–log（hs｛1｝）
set rsp500 = log（sp500）–log（sp500｛1｝）
set rn225 = log（n225）–log（n225｛1｝）
** 列因变量
print / rsh rhsi rsp500 rn225
** 描述性统计
table / rsh rhsi rsp500 rn225
** 建立 VAR 模型
SYSTEM（MODEL=VARBEFORE）
VARIABLES RSH RHSI RSP500 RN225
LAGS 1
DET Constant
END（SYSTEM）
ESTIMATE
** 建立 VAR(1)–MGARCH–BEKK（1，1）模型
GARCH（P=1，Q=1，model=varbefore，MV=BEKK，hmatrices=hd，rvectors=
rd，dist=t)
** 生成标准化残差序列
set z1 = rd(t)(1)/ sqrt（hd(t)(1，1)）
set z1f = z1 * z1
** 对标准化残差进行序列相关检验
cor（partial=pacf，qstat，number=12，span=3，dfc=%nreg）z1
** 对标准化残差进行 ARCH 效应检验
linreg z1f
# constant z1f｛1｝
compute trsq=%nobs*%rsquared
cdf chisqr trsq 1
** 进行波动溢出效应检验
GARCH（P=1，Q=1，model=varbefore，MV=BEKK，hmatrices=hd，rvectors=
rd，dist=t)
test
# 32 48
# 0 0
test
```

35 51

0 0

test

32 48 35 51

0 0　0 0

** 估计动态相关系数并画图

set rho1 = HD(t)（1，2）/sqrt（HD（t）（1，1）*HD（t）（2，2））

set rho2 = HD（t）（1，3）/sqrt（HD（t）（1，1）*HD（t）（3，3））

set rho3 = HD（t）（1，4）/sqrt（HD（t）（1，1）*HD（t）（4，4））

graph（style=line）1

rho1

graph（style=line）1

rho2

graph（style=line）1

rho3

四、案例讨论

1. 试指出 GARCH 模型的缺陷。

2. 描述各多元 GARCH 类模型的优缺点。

3. 如何估计多元 GARCH 模型的参数?

4. 如何检验波动溢出效应?

## 第二篇

面板数据模型

本篇着重介绍面板数据，与时间序列数据不同，面板数据能够同时获取时间及截面空间等二元数据。具有单纯时间数据及截面数据不可比拟的优势。本篇主要从静态面板数据模型实验、面板单位根检验与趋同性分析实验、动态面板数据模型——广义矩估计（GMM）方法应用实验、面板门槛模型实验及空间面板模型实验入手对面板数据模型予以详细的介绍。

实验案例七

静态面板数据模型实验

一、面板数据模型简介

面板数据是包含不同个体及时期的多维数据，下面主要从面板数据模型原理进行简介，与此同时，根据个体成员和时间的不同假设对面板数据模型形式进行简要介绍。

（一）面板数据模型简介

面板数据（Panel Data）是对不同时刻的截面个体进行连续观测所得到的多维时间序列数据。由于这类数据有着独特的优点，可以整合更多的信息，所以面板数据模型目前已在计量经济学、国民经济学等领域有着较为广泛的应用。它是一类利用混合数据分析变量间相互关系并预测其变化趋势的计量经济模型。模型能够同时反映研究对象在时间和截面单元两个方向上的变化规律及不同时间、不同单元的特性。面板数据模型综合利用样本信息，使研究更加深入，同时可以减少多重共线性带来的影响。

面板数据模型的基本假设可以称作参数齐性假设，即经济变量 y 由某一参数的概率分布函数 P（y｜θ）产生。其中，θ 是 m 维实向量，在所有时刻对所有个体均相等。违背假定的情况通常有参数非齐性偏差和选择性偏差。参数的非齐性包括截面单元参数 θ 非齐性和时间序列参数非齐性。选择性偏差主要是因为样本并非从总体中随机抽取的。

一般的线性合成数据模型可表示为模型（7-1）：

$$y_{it} = \alpha_{it} + \beta'_{it} x'_i + \mu_{it} \qquad (i = 1, \cdots, N; t = 1, \cdots, T) \qquad (7-1)$$

其中，α_{it} 为常数项；$x'_i = (x_{1,it}, x_{2,it}, \cdots, x_{k,it})$，为外生变量；$\beta'_{it} = (\beta_{1,it}, \beta_{2,it}, \cdots,$

$\beta_{k,it}$），为参数向量；K 为外生变量个数；N 为截面单位总数；T 为时期总数。随机扰动项 μ_{it} 相互独立，且满足零均值、同方差。而这里的 α_{it}、β_{it} 包含了时间和截面效应，α_{it} 可以进一步再分成总体效应与个体效应之和，即：

$$\alpha_{it} = \alpha + \delta_i + \eta_t$$

其中，α 表示总体效应；δ_i 表示截面效应；η_t 表示时期效应，一起构成个体效应。

（二）面板数据模型形式

假定时间序列参数齐性，即参数满足时间一致性，也就是参数值不随时间的不同而变化，模型（7-1）可写成模型（7-2）：

$$y_{it} = \alpha_{it} + \beta'_{it} x_{it} + \mu_{it} \tag{7-2}$$

其中，参数 α_i 与 β_i 都是个体时期恒量，其取值只受到截面单元不同的影响。在参数不随时间变化的情况下，截距和斜率参数可以有如下两种假设：

（1）H_{01}：回归斜率系数相同（齐性）但截距不同，即有：

$$\beta_1 = \beta_2 = \cdots = \beta_N$$

模型为（7-3）：

$$y_{it} = \alpha_i + \beta' x_{it} + \mu_{it} \tag{7-3}$$

（2）H_{02}：回归斜率系数和截距都相同，即有：

$$\alpha_1 = \alpha_2 = \cdots = \alpha_N \qquad \beta_1 = \beta_2 = \cdots = \beta_N$$

模型为（7-4）：

$$y_{it} = \alpha + \beta' x_{it} + \mu_{it} \tag{7-4}$$

注意这里没有斜率系数非齐性而截距齐性的假设，因为当斜率不同时，考虑截距相同没有实际意义。判断样本数据究竟符合哪种模型形式（即为式（7-1）~式（7-4）中的哪一种），可以利用协方差分析。

通常称模型（7-3）为变截距模型，而模型（7-2）为变系数模型。这两种模型又都有固定效应模型和随机效应模型之分，并分别对应不同的参数估计方法。模型中的截面单元和时期也可以有两种效应，即截面效应固定，时期效应随机；或截面效应随机，时期效应固定。这两种情形的随机效应只有在数据为平衡时才可以估计。区分固定效应和随机效应的标准在于推论是否以样本自身个性特性为条件。

如果研究者仅以样本自身效应为条件进行研究，宜使用固定效应模型；如果欲以样本对总体进行推论，则应采用随机效应模型。例如，一项针对一些个体的试验，最终也只是关心这些个体的情况，可以使用固定效应模型。但如果把这些个体当作一个总体的随机抽样，关心总体情况，应该选择随机效应模型。这个原则对于变系数模型也是适用的。

二、实验名称：公共投资对私人投资影响的实证分析

通过对面板模型的理论简介，下面对公共投资对私人投资影响进行实证分析。主要包含引言、文献回顾及实证分析及研究结论等。

（一）引言

在市场经济体制下，投资管理已经成为政府进行宏观调控的重要手段。尽管私人部门投资需求难以有效调控，但是政府公共投资仍然具有一定的灵活性。例如在 2008 年我国面临国际金融危机挑战的严峻形势时，为了防止经济增长快速下滑，保持国民经济平稳、较快发展，中央政府及时研判形势，在较短时期内出台了一系列以"保增长、扩内需、调结构、惠民生"为核心的政策措施。在刺激消费、扩大内需、着力转变经济发展方式的同时，中央政府特别重视投资在保增长中的作用，及时出台了 4 万亿元投资的经济刺激方案，通过发挥中央对地方政府投资的引导作用，最大限度地减少了经济波动，保持了中国经济平稳、持续和健康发展的态势。

公共资本和私人资本之间存在一定的互补关系，社会总资本积累则通过公共资本和私人资本的交替上升过程来进行，而公共投资归根结底来源于私人部门的产出增长和资本积累。随着我国投资体制的不断改革和完善，公共投资主要集中在非竞争性领域，因此往往具有典型的正外部效应，比如公共基础设施投资，它的发展直接为以此为发展基础的相关产业部门的扩张提供了支持，而公共投资的一些特殊领域，比如教育与科技投资，本身就是技术进步的源泉，因此公共投资的意义可以有一部分通过技术进步的作用体现出来，这些，对于私人投资都会产生"挤入效应"，然而，如果公共投资所产生的社会效益远远低于私人企业投资的机会成本，便会产生"挤出效应"。因此，如何在两者之间进行协调，使公共投资对私人投资的"挤入效应"最大化，使二者合力作用最大化成为本案例研究的重点。

（二）文献回顾

在研究公共投资影响私人投资的文献中，主要存在四类观点：①部分研究认为公共投资与私人投资之间没有显著相关性。如瓦伊和黄（Wai & Wong，1982）、莱文和雷内尔（Levine & Renelt，1982）、巴斯和科德斯（Barth & Cordes，1998）的研究结果表明，公共投资和私人投资没有明显的相关关系。史蒂和兰辛（Steve &

Lansing，1998）发现信贷的可得性对私人投资有影响，而政府支出的影响并不显著。②认为公共投资对私人投资存在"挤入效应"。如阿绍尔（Aschauer，1989）针对美国 1949~1985 年的数据分析表明，美国公共投资对私人投资的挤进效应更明显。费韦贝赫（Vijverberg，1997）指出，公共投资的先期扩张往往带来私人投资的繁荣，从而为经济增长带来累积效应。埃尔登和霍尔库姆（Lutfi Erden & Randall G. Holcombe，2005）认为，私人投资受到银行信贷的限制，得出公共投资每增加 10%可以引起私人投资 2%的增长，且这一结论更适合发展中国家。畑农敏哉（Toshiya Hatano，2010）根据日本数据采用误差修正模型，认为在长期中公共投资对私人投资存在"挤入效应"。③公共投资对私人投资存在"挤出效应"。如巴罗（Barro，1971、1976）指出，在劳动市场存在超额供给和商品市场存在超额需求情况下，公共投资增加会完全挤出私人投资。白兰杰与瓦尔德（Bairam & Ward，1993）对 OECD 国家数据研究发现公共投资对私人投资存在负面的"挤出效应"。卡利法·加利（Khalifa H. Ghali，1998）采用向量误差修正模型得出，公共投资无论在短期还是长期对于私人投资都存在负效应。④公共投资对私人投资既表现出"挤入效应"又表现出"挤出效应"，差别仅在于两种效应的净影响。如阿丰苏和奥宾（António Afonso、Miguel St. Aubyn，2008）利用 VAR 模型以及脉冲响应函数分析欧盟 14 国以及美国、加拿大、日本的公共投资对私人投资的影响，得出不同国家效应存在差异，正面的公共投资冲动在比利时、爱尔兰、加拿大、英国和荷兰会导致私人投资下降（Crowding-out），而在奥地利、德国、丹麦、芬兰、希腊、葡萄牙、西班牙和瑞典则主要引起私人投资的增加（Crowding-in）。从众多学者研究文献来看，认为公共投资挤入或对私人投资有正向影响的占主流，但在某些特定情况下，公共投资则与私人投资关系不明显，甚至有负向效果。

（三）我国公共投资对私人投资影响：实证分析

1. 变量选取和数据来源说明

根据国外学者的研究，影响发达国家私人投资的因素有很多，例如产出的增长、银行信贷、公共投资、外资流入、通货膨胀、利率、资本的相对价格，等等。但由于发展中国家的经济结构在金融市场的完善程度、外汇管制、政府在经济中所起的作用等诸多方面与发达国家不尽相同，使得发展中国家私人投资的影响因素也有所不同。结合我国的实际情况，本书认为影响发展中国家私人投资的因素主要有以下四点：

第一，经济增长。最具有影响的内生经济周期理论的乘数—加速原理认为，投资和国民经济是相互影响的。乘数原理说明投资变动对国民收入变动的影响，加速原理则说明国民收入的轻微变动会引起投资的成倍变动，国民收入提高，储蓄增加，对投资起推动作用。本书用 31 个省的 GDP 来衡量经济增长情况。

第二，公共投资。一方面，公共投资通过对公益性基础设施项目的投资为私人投资带来良好的外部环境，提高私人投资的边际产出效率；另一方面，公共投资支出会提高私人投资使用资本的机会成本。所以公共投资对私人投资的最终结果要看"挤入效应"和"挤出效应"的净影响。

第三，贷款利率。利率对于投资者行为的影响主要表现为对投资规模和投资结构上的影响。利率对于投资规模的影响是作为投资的机会成本对社会总投资的影响，在投资收益不变的条件下，因利率上升导致的投资成本增加必然使那些投资收益较低的投资者退出投资领域，从而使投资需求减少。相反，利率下跌则意味着投资成本下降，从而刺激投资，使社会总投资增加。利率的变动对于投资规模甚至整个经济活动的影响都应该是巨大的。

第四，政策因素。从实践来看，我国政府采用的是凯恩斯的相机抉择宏观经济管理政策，而全球经济一体化，风险的不确定性使政策也具有不确定性，不稳定的政治环境往往抑制私人投资，而宽松的财政或者货币政策从某种程度上又能刺激私人投资。

本书主要研究影响私人投资的因素。广义的私人投资指资产占有者个人将资本投放到生产和流通领域的行为和专指一个国家的私人资本投放到另一个国家，开设公司或企业，从事经营活动。由于数据限制，我们集中分析影响国内私人投资的因素，并不考虑私人资本在国外投放的情况。本书实证分析变量数据均来源于《中国统计年鉴》、《中经网统计数据库》。所有指标均采用 1997~2011 年的数据。

（1）私人投资。统计出 31 个省的私人投资的具体数额，为剔除价格变动的影响，以 1997 年为基期的商品零售价格指数将私人投资量调整成私人投资不变价，再利用各省年末总人口，计算出人均私人投资不变价，用 Ip 表示。

（2）公共投资。采用万道琴、杨飞虎（2011）的公共投资界定方法，将公共投资界定为政府用于公共部门的固定资产投资，利用 1997 年为基期的商品零售价格指数将其量调整成公共投资不变价，再利用各省年末总人口，计算出人均公共投资不变价，用 Ig 表示。

（3）各省省内 GDP。调整方法是利用 1997 年为基期的商品零售价格指数将名义 GDP 调整成 GDP 不变价，再利用各省年末总人口，计算出人均 GDP 不变价，用 Y 表示。

（4）利率。考虑到私人投资对于短期贷款利率的反应情况，决定选取 1 年期的金融机构贷款基准利率，对于国家一年期贷款利率一年中进行多次调整的情形，以时间长度加权平均处理，一年按 360 天计算，一个月按 30 天计算，例如

1997 年 10 月 23 日利率调整为 8.64%，在这之前执行 1996 年 8 月 23 日以后的名义利率 10.08%，则 1997 年实际贷款利率 =10.08%×（9×30 + 23)/360+8.64%×（360–293)/360=9.812%，没有公布利率的年份按照上一年末的名义贷款利率取值，调整后的利率用 R 表示。

2. 模型构建

现代投资理论将企业的固定资产投资决策分为两个过程：首先，企业决定理想的资本存量 K_t^*，并有：

$$K_t^* = \alpha Y_t^e \tag{7-5}$$

Y_t^e 是 t 年预期的产出水平。

其次，通过投资流量调整确定最优资本存量，这个过程不仅要考虑调整过程的时间滞后性，还要将资本折旧扣除：

$$K_t = I_t + (1 - \delta)K_{t-1} \tag{7-6}$$

δ 是资本折旧；K_t 是 t 时期的资本存量，私人净投资公式可以表示成：

$$I_t - I_{t-1} = \lambda(I_t^* - I_{t-1}) \tag{7-7}$$

I_t^* 是理想私人投资水平，λ 称作调整系数，$0<\lambda<1$。

如前文所述，影响私人投资的因素包括公共投资、GDP、贷款利率、政策等不确定因素，因此调整系数被表示成：

$$\lambda = \phi_0 + \left[1/(I_t^* - I_{t-1}) \right] \times (\phi_1 IG_t + \phi_2 Y_t + \phi_3 R_t + \phi_4 PD_t) \tag{7-8}$$

其中，IG_t 是 t 年公共投资，Y_t 是省内 GDP，R_t 是 t 年贷款利率，PD_t 是当年政策等不确定因素。将以上四式联立，并且为符合对模型正态分布的假定，减少数据中异方差等波动性干扰，最终采用公式（7-5）经过对数处理的回归模型作为本次研究的实证模型。

$$\log(Ip_{it}) = \alpha + \beta_0 \log(Ig_{it}) + \beta_1 \log(Ig_{it}) * \log(Ig_{it}) + \beta_2 \log(Y_{it}) + \beta_3 \log(R_t) +$$
$$\beta_4 PD_t + \mu \tag{7-9}$$

其中，Ip 是人均私人投资量，Ig 是人均公共投资量，Y 表示各省人均 GDP，R 是当年一年期进行加权调整后的名义贷款利率；i 代表第 i 个省份，t 代表时间并为取值 1997~2011 年；PD 是政策虚拟变量，表示政策效果对投资影响。由于 2004 年国务院出台《关于投资体制改革的决定》（国发［2004］20 号），数据显示在 2004 年开始公共投资较以前有较大幅度提升，故将其进行如下设置：

$$PD = \begin{cases} 0 & （2004 年以前） \\ 1 & （2004 年及 2004 年以后） \end{cases}$$

3. 全国层面公共投资与私人投资关系分析

（1）实证分析模型估算。根据式（7-5）所建模型，运用 Eviews 软件对模型变量从全国层面的视角进行回归分析，本书采用固定效应模型进行估计，结果如表 7-1 所示。

表 7-1　基于固定效应模型的我国公共投资与私人投资关系估计

Variable	Coefficient	Std. Error	t-Statistic	Prob.
C	−12.79964	0.852667	−15.01131	0.0000
LOG（IG?）	1.707724	0.167713	10.18239	0.0000
LOG（IG?）× LOG（IG?）	−0.093426	0.011450	−8.159775	0.0000
LOG（Y?）	1.399354	0.066073	21.17883	0.0000
LOG（R?）	0.370622	0.054709	6.774468	0.0000
PD?	−0.462529	0.035480	−13.03634	0.0000
Fixed Effects（Cross）				
BJ--C	−0.421730			
TJ--C	−0.420343			
HEB--C	0.134327			
SHX--C	−0.032980			
NMG--C	−0.097439			
LN--C	−0.104791			
JL--C	0.246234			
HLJ--C	0.011292			
SH--C	−0.846094			
JS--C	−1.462546			
ZJ--C	−0.308645			
AH--C	0.510527			
FJ--C	−0.418610			
JX--C	0.311954			
SHD--C	−0.022157			
HEN--C	0.334844			
HUB--C	0.011879			
HUN--C	0.079534			
GD--C	−0.573805			
GX--C	0.196257			
HN--C	0.000300			
CQ--C	0.261052			
SC--C	0.168056			
GZ--C	0.626268			
YN--C	0.053428			
XZ--C	0.236249			
SX--C	0.204523			
GS--C	0.323859			
QH--C	0.281551			

Variable	Coefficient	Std. Error	t-Statistic	Prob.
NX--C	0.448073			
XJ--C	0.268934			

其中：R-squared=0.966532，Adjusted R-squared=0.963802，Log likelihood=178.3225，F-statistic=353.9813，模型比较显著地通过检验。为检验模型中固定效应是否多余，本书进行了 Redundant Fixed Effects Tests，结果如表7-2所示。从表7-2可以看出，模型中固定效应多余的可能性为0，因此本书采用固定效应的面板数据模型是合适的。

表7-2　面板模型固定效应检验

Effects Test	Statistic	d.f.	Prob.
Cross-section F	21.893192	(30, 429)	0.0000
Cross-section Chi-square	431.804344	30	0.0000

根据表7-1，可构建全国层面公共投资与私人投资关系的模型，具体如下式：

$$\text{Log}(Ip) = -12.7996 + 1.7077\text{Log}(Ig) - 0.0934\text{Log}(Ig)*\text{Log}(Ig) + 1.3993\text{Log}(Y) + 0.3706\text{Log}(R) - 0.4625PD \tag{7-10}$$

由式（7-10）模型估计结果可以获得以下结论：

1）从全国层面看，GDP 对于私人投资的促进作用很大，对应的弹性为1.3993，即 GDP 每增长一个百分点，私人投资将增长 1.3993 个百分点，这符合内生经济周期理论中的加速原理——国内生产总值的增加通过加速效应会引起投资的更大增加。这也与经济发展规律基本吻合——经济发展是由总量增长和结构优化同时进行，转变经济发展方式，推动技术创新，增加资源、投入、人才、成果向企业集聚，将更加有利于私人企业投资。

2）人民币贷款基准利率对私人投资存在大于零的系数（0.370622），即利率和私人投资呈现正向变动关系，这和凯恩斯经济学理论认为，利率上涨，私人投资减少；利率降低，私人投资增加，反向变动的原理相悖。原因在于长期以来我国私人投资处于政府推动型，企业对利率变动并不敏感，我国利率形成机制的外生性特征极其明显，利率指标并非完全根据市场供求关系，而多是根据政府的经验数据产生，利率指标和实际经济运行的关联度很低。并且本书经过针对一年期的名义贷款利率进行加权调整，如果考虑通货膨胀的影响，一些地区的实际贷款利率为负值，加之多数情况下企业会将由于利率上升增加的成本转嫁给消费者，所以产生利率失真的情形。

3）公共投资一次项系数为正，二次项系数为负，这种关系用图形表示是一种典型的"倒U曲线"，说明随着公共投资的增加，私人投资开始不断增加，达到一定峰值以后，又逐渐减少，呈现先挤入后挤出效应。这是因为生产性公共投资的先期扩张会形成新的产能，理性的经济个体增加投资会提高边际效益，此时公共投资对私人投资的作用就表现为"挤入效应"，当公共投资进一步积累并超过最优规模时，私人资本积累率会逐渐低于私人部门的最优水平，即公共投资对私人投资产生"挤出效应"。

4）政策变量与私人投资是负向关系，这说明从政策层面而言对私人投资有抑制作用。这和 Byeongju Jeong 的研究认为，私人企业为了避免政策的不确定性对长期项目产生冲击，可能更加偏好短期投资的结论相一致。我国在经济全球化的浪潮中，会更多地受到外国政治、经济波动的影响，任何负面冲击都会打击私人投资的积极性。例如，2008 年雷曼公司破产，美国金融市场反复动荡，使得我国以美元计价的大宗商品成本大幅增加，对于我国很多私人企业来说必然会缩减投资，减少生产规模。

（2）协整分析和检验。为了进一步探究私人投资与公共投资等变量之间是否存在长期均衡的协整关系，以下对此进行进一步探讨。

1）面板单位根检验。为检验实证分析变量是否平稳是进行协整分析的前提，本书通过 LLC 检验、ADF-Fisher 检验 、PP-Fisher 检验这三种方法来检验相关变量面板单位根，具体检验结果如表 7-3 所示。

表 7-3　相关变量单位根检验结果

统计 Statistic	水平值				一阶差分			
	$\ln(Ip_{i,t})$	$\ln(Ig_{i,t})$	$\ln(Y_{i,t})$	$\ln(R_{i,t})$	$D\ln(Ip_{i,t})$	$D\ln(Ig_{i,t})$	$D\ln(Y_{i,t})$	$D\ln(R_{i,t})$
LLC	6.68	−2.57**	13.89	−16.02***	−9.56***	−14.88***	−4.42***	
ADF	11.66	22.07	8.64	287.25***	145.08***	232.02***	53.18	
PP	9.85	19.68	6.04	480.01***	150.23***	276.73***	52.29	

注：***、** 分别表示在 1% 和 5% 的显著性水平下通过检验。

从表 7-3 可知，通过对上述相关变量单位根检验的水平值可知，模型变量 $\ln(Y_{i,t})$、$\ln(Ip_{i,t})$、$\ln(Ig_{i,t})$ 检验接受了"存在单位根"的原假设，而对其一阶差分值进行检验时，检验结果表明变量 $\ln(Y_{i,t})$、$\ln(Ip_{i,t})$、$\ln(Ig_{i,t})$ 能完全拒绝"存在单位根"的原假设。由此可以认为，公共投资和私人投资变量是一阶单整序列，因此可以对这两个变量进行协整分析与检验。然而，变量 $\ln(Y_{i,t})$ 及 $\ln(R_{i,t})$ 由于不是一阶单整序列，因此不能与私人投资进行协整分析。

2）面板协整检验。在面板单位根检验的基础上，本书继续使用 Pedroni 检验来判断 $\ln(Ip_{i,t})$ 和 $\ln(Ig_{i,t})$ 之间是否存在协整关系，具体检验结果如表 7-4 所示。

由表 7-4 中 Pedroni 检验得到的统计量和伴随概率可知：$\ln(Ip_{i,t})$ 和 $\ln(Ig_{i,t})$

表 7-4　相关变量 Pedroni 检验结果

检验值	Statistic	检验值	Statistic
Panel rho-Statistic	−1.87001*	Group rho-Statistic	0.172372
Panel PP-Statistic	−2.250561**	Group PP-Statistic	−1.920602***
Panel ADF-Statistic	−1.677237*	Group ADF-Statistic	−1.708480*

注：***、** 分别表示在 1% 和 5% 的显著性水平下通过检验。

这两个变量之间存在协整关系，而且协整关系还比较显著。

为了探讨实证分析变量之间具体的协整关系数目，本书进一步进行 Fisher (Combined Johansen) 检验，具体检验结果如表 7-5 所示。

表 7-5　相关变量 Fisher 检验结果

	Fisher Stat.* (from trace test)	Prob.	Fisher Stat.* (from max-eigen test)	Prob.
None	136.3	0.0000	123.1	0.0000
At most 1	91.93	0.0081	91.93	0.0081

从表 7-5 可知，检验结果拒绝了变量 $\ln(Ip_{i,t})$ 和 $\ln(Ig_{i,t})$ 之间不存在协整关系"的假设，也拒绝了"$\ln(Ip_{i,t})$ 和 $\ln(Ig_{i,t})$ 之间存在一个以上协整关系"的假设，且说明 $\ln(Ip_{i,t})$ 和 $\ln(Ig_{i,t})$ 之间仅仅存在一个协整关系。

4. 区域层面公共投资与私人投资关系分析

为了更好地说明我国东部、西部、中部公共投资对于私人投资产生的影响，本书继续利用上文中的数据和公式（7-5）对各地区的公共投资与私人投资关系比较分析。对于东、中、西部地区的省（市、自治区）划分，本书参照国家统计局官方公布的划分方式进行。各区域包括的省份（直辖市也单列出来）情况具体如下：

东部 12 省市：北京、天津、河北、辽宁、上海、江苏、浙江、福建、山东、广东、广西、海南；

中部 9 省市：山西、内蒙古、吉林、黑龙江、安徽、江西、河南、湖北、湖南；

西部 10 省市：重庆、四川、贵州、云南、西藏、陕西、甘肃、青海、宁夏、新疆。

（1）东部地区公共投资与私人投资关系分析。

根据式（7-5）所建模型，运用 Eviews 软件对模型变量基于东部地区的视角进行回归分析，本书采用固定效应模型进行估计，结果如表 7-6 所示。

其中，R-squared=0.956996，Adjusted R-squared=0.952775，Log likelihood=

表 7-6 我国东部地区公共投资与私人投资关系估计

Variable	Coefficient	Std. Error	t-Statistic	Prob.
C	−12.53773	1.467144	−8.545670	0.0000
LOG (IG?)	2.418077	0.312178	7.745821	0.0000
LOG (IG?) *LOG (IG?)	−0.125639	0.020094	−6.252721	0.0000
LOG (Y?)	1.000901	0.098053	10.20779	0.0000
LOG (R?)	0.284032	0.088562	3.207142	0.0016
PD?	−0.517173	0.060130	−8.600867	0.0000
Fixed Effects (Cross)				
BJ——C	−0.014295			
TJ——C	−0.038099			
HEB——C	0.367943			
LN——C	0.231076			
SH——C	−0.311927			
JS——C	−0.718633			
ZJ——C	0.022059			
FJ——C	−0.137102			
SHD——C	0.335506			
GD——C	−0.200810			
GX——C	0.312540			
HN——C	0.151742			

65.69232，F-statistic=226.7084，模型比较显著地通过检验。为检验模型中固定效应是否多余，本书进行了 Redundant Fixed Effects Tests，结果如表 7-7 所示。从表 7-7 可以看出，模型中固定效应多余的可能性为 0，因此，我国东部地区采用固定效应的面板数据模型是合适的。

表 7-7 我国东部地区面板模型固定效应检验

Effects Test	Statistic	d.f.	Prob.
Cross-section F	16.328041	(11, 163)	0.0000
Cross-section Chi-square	133.710848	11	0.0000

根据表 7-6，可构建我国东部地区公共投资与私人投资关系的模型，具体如下：

$$\ln(Ip_{1,t}) = -12.54 + 2.42\ln(Ig_{1,t}) - 0.13\ln(Ig_{1,t})*\ln(Ig_{1,t}) + 1.00\ln(Y_{1,t}) +$$
$$0.28\ln(R) - 0.52PD \tag{7-11}$$

由式（7-11）模型估计结果可以获得以下结论：①从东部地区看，GDP 对于私人投资的促进作用比较均衡，对应的弹性为 1.00，即 GDP 每增长一个百分点，私人投资将增长约1.00个百分点。②人民币贷款基准利率对私人投资存在大于零的系数（0.284032），即利率和私人投资呈现正向变动关系，这和全国状况基本一致。③公共投资一次项系数为正，二次项系数为负，这种关系也是典型的"倒U曲线"，说明在我国东部地区公共投资对私人投资也呈现先挤入后挤出效应。④政策变量与私人投资是负向关系，这和全国层面基本一致。

（2）中部地区公共投资与私人投资关系分析。根据式（7-5）所建模型，运用Eviews软件对模型变量基于中部地区的视角进行回归分析，本文采用固定效应模型进行估计，结果如表7-8所示：

表7-8　我国中部地区公共投资与私人投资关系估计

Variable	Coefficient	Std. Error	t-Statistic	Prob.
C	−11.99303	1.482251	−8.091093	0.0000
LOG（IG?）	1.163210	0.307380	3.784270	0.0002
LOG（Y?）	1.532390	0.112548	13.61539	0.0000
LOG（IG?）*LOG（IG?）	−0.059103	0.020894	−2.828757	0.0055
LOG（R?）	0.464107	0.091883	5.051058	0.0000
PD?	−0.355024	0.063890	−5.556833	0.0000
Fixed Effects（Cross）				
SHX--C	−0.169390			
NMG--C	−0.286354			
JL--C	0.070623			
HLJ--C	−0.143827			
AH--C	0.365654			
JX--C	0.183733			
HEN--C	0.181358			
HUB--C	−0.127289			
HUN--C	−0.074509			

其中，R-squared=0.975335，Adjusted R-squared=0.972685，Log likelihood=73.96866，F-statistic=368.0622，模型比较显著地通过检验。为检验模型中固定效应是否多余，本书进行了Redundant Fixed Effects Tests，结果如表7-9所示。从表7-9可以看出，模型中固定效应多余的可能性为0，因此，我国中部地区采用固定效应的面板数据模型是合适的。

表7-9　我国中部地区面板模型固定效应检验

Effects Test	Statistic	d.f.	Prob.
Cross-section F	23.966769	(8, 121)	0.0000
Cross-section Chi-square	128.190994	8	0.0000

根据表7-8，可构建我国中部地区公共投资与私人投资关系的模型，具体如下：

$$\ln(Ip_{2,t}) = -11.99 + 1.16\ln(Ig_{2,t}) - 0.06\ln(Ig_{2,t})*\ln(Ig_{2,t}) + 1.53\ln(Y_{2,t}) +$$
$$0.46\ln(R) - 0.36PD \qquad (7-12)$$

由式（7-12）模型估计结果可以获得以下结论：①从中部地区来看，GDP对于私人投资的促进作用比东部地区效应强，对应的弹性为1.53，即GDP每增长一个百分点，私人投资将增长约1.53个百分点。②人民币贷款基准利率对私人投资存在大于零的系数（0.464107），即利率和私人投资呈现正向变动关系，这和全国状况基本一致。③公共投资一次项系数为正，二次项系数为负，这种关系也是典型的"倒U曲线"，说明在我国中部地区公共投资对私人投资也呈现先挤入后挤出效应。④政策变量与私人投资是负向关系，这和全国层面基本一致。

（3）西部地区公共投资与私人投资关系分析。根据式（7-5）所建模型，运用Eviews软件对模型变量基于西部地区的视角进行回归分析，本书采用固定效应模型进行估计，结果如表7-10所示。

表7-10 我国西部地区公共投资与私人投资关系估计

Variable	Coefficient	Std. Error	t-Statistic	Prob.
C	-11.40833	1.425449	-8.003320	0.0000
LOG（IG?）	0.590481	0.275067	2.146677	0.0336
LOG（IG?）*LOG（IG?）	-0.045525	0.019386	-2.348389	0.0203
LOG（Y?）	1.957432	0.113265	17.28194	0.0000
LOG（R?）	0.048637	0.082198	0.591709	0.5550
PD?	-0.320393	0.050371	-6.360614	0.0000
Fixed Effects（Cross）				
CQ--C	-0.189178			
SC--C	-0.273045			
GZ--C	0.456505			
YN--C	-0.285033			
XZ--C	0.240795			
SX--C	-0.146085			
GS--C	0.009187			
QH--C	0.107322			
NX--C	0.235275			
XJ--C	-0.155744			

其中，R-squared=0.9717655，Adjusted R-squared=0.968836，Log likelihood=94.47639，F-statistic=331.8726，模型比较显著地通过检验。为检验模型中固定

效应是否多余，本书进行了 Redundant Fixed Effects Tests，结果如表 7-11 所示。从表 7-11 可以看出，模型中固定效应多余的可能性为 0，因此，我国西部地区采用固定效应的面板数据模型是合适的。

表 7-11　我国西部地区面板模型固定效应检验

Effects Test	Statistic	d.f.	Prob.
Cross-section F	20.087730	(9，135)	0.0000
Cross-section Chi-square	127.470193	9	0.0000

根据表 7-10，可构建我国西部地区公共投资与私人投资关系的模型，具体如下：

$$\ln(Ip_{3,t}) = -11.41 + 0.59\ln(Ig_{3,t}) - 0.05\ln(Ig_{3,t})*\ln(Ig_{3,t}) + 1.96\ln(Y_{3,t}) +$$
$$0.05\ln(R) - 0.32PD \tag{7-13}$$

由公式（7-13）模型估计结果可以获得以下结论：①从西部地区来看，GDP 对于私人投资的促进作用比东部、中部地区效应强，对应的弹性为 1.96，即 GDP 每增长一个百分点，私人投资将增长约 1.96 个百分点。②人民币贷款基准利率对私人投资存在大于零的系数（0.048637），即利率和私人投资呈现正向变动关系，但相对于东部、中部地区而言，这种关系比较微弱。③公共投资一次项系数为正，二次项系数为负，这种关系也是典型的"倒 U 曲线"，说明在我国西部地区公共投资对私人投资也呈现先挤入后挤出效应。④政策变量与私人投资是负向关系，这和全国层面及东部、中部地区基本一致。

（4）对区域层面公共投资与私人投资关系实证分析结论。综合上述我国东部、中部、西部地区公共投资与私人投资实证分析，可获得以下结论：

首先，东部、中部、西部地区公共投资对于私人投资都表现出先"挤入"后"挤出"的效应，但公共投资的平均资本存量并未达到最优值。东部地区公共投资绝对数量最多，对私人投资产生的边际效应也最强，中部次之，西部最弱。原因在于东部地区现代化程度更高，经济基础较中西部地区更好，良好的基础设施建设对私人企业投资产生了良好的正外部性。

其次，地区 GDP 对私人投资的影响西部最为明显，弹性系数为 1.9574，东部和中部分别为 1.0009 和 1.5324。中西部地区的资源丰富，经济增长空间大，加之国家实行"西部大开发"、"中部崛起"等一系列扶持政策，从侧面反映出国家的改革红利在促进国内生产总值增加的同时更有利于西部地区的招商引资。

再次，贷款利率失真的情形在分地区分析时依然存在，西部地区私人投资对利率变动最不敏感，中部比东部影响略为显著。据"中德实证经济研究合作项目"调查，我国西部中小企业国有比重最高，政府对企业干预程度也最强，就使得西部私人投资对利率的敏感性小于中东部地区。

最后，政策因素对私人投资的影响以东部最为突出，只要这种不确定变动0.5172，私人投资就会下降一个百分点。东部地区市场开放，外商直接投资比重占全国的87.84%，资金流动性强的特点造成私人企业投资因不确定因素波动性更强。中西部地区虽然略低，但同样表现为负面影响，因为政策等不确定性因素造成的经济波动会削弱投资者信心，抑制企业投资积极性。

5. 省级层面公共投资与私人投资关系分析

以上部分基于全国层面和区域层面探讨了我国公共投资和私人投资的关系，以下从分省级层面继续进一步探讨各省域内公共投资对私人投资的影响。

由于贷款基准利率、政策因素对各省的影响几乎是相同的，但各省人均私人投资肯定受各省人均公共投资和人均GDP影响。因此，下面继续采用省级面板数据探讨各省公共投资、GDP对私人投资影响，假定不存在固定效应和随机效应，并且贷款基准利率、政策因素对各省私人投资影响恒定不变，只有公共投资、GDP对私人投资产生影响。以下通过Eviews软件，采用变系数面板数据模型进行估计，获得结果如表7-12所示。

表7-12　各省公共投资等因素对私人投资影响

Variable	Coefficient	Std. Error	t-Statistic	Prob.
C	−6.539695	0.310290	−21.076050	0.0000
LOG（R?）	0.255210	0.041362	6.170191	0.0000
PD?	−0.345314	0.028318	−12.194070	0.0000
BJ--LOG（IGBJ）	−0.093331	0.095181	−0.980562	0.3274
TJ--LOG（IGTJ）	0.085915	0.072649	1.182603	0.2377
HEB--LOG（IGHEB）	0.416979	0.087821	4.748057	0.0000
SHX--LOG（IGSHX）	0.608041	0.091254	6.663179	0.0000
NMG--LOG（IGNMG）	0.336556	0.055924	6.018080	0.0000
LN--LOG（IGLN）	0.568632	0.068751	8.270866	0.0000
JL--LOG（IGJL）	0.506519	0.060346	8.393641	0.0000
HLJ--LOG（IGHLJ）	0.334387	0.093063	3.593117	0.0004
SH--LOG（IGSH）	−0.356953	0.098014	−3.641870	0.0003
JS--LOG（IGJS）	0.397235	0.089884	4.419417	0.0000
ZJ--LOG（IGZJ）	0.254138	0.113274	2.243570	0.0254
AH--LOG（IGAH）	0.598044	0.065525	9.126955	0.0000
FJ--LOG（IGFJ）	0.332045	0.095187	3.488336	0.0005
JX--LOG（IGJX）	0.807962	0.072538	11.138490	0.0000
SHD--LOG（IGSHD）	0.398971	0.080177	4.976123	0.0000
HEN--LOG（IGHEN）	0.580430	0.082808	7.009305	0.0000

续表

Variable	Coefficient	Std. Error	t-Statistic	Prob.
HUB--LOG（IGHUB）	0.249767	0.118436	2.108880	0.0356
HUN--LOG（IGHUN）	0.356503	0.075721	4.708132	0.0000
GD--LOG（IGGD）	−0.240374	0.132443	−1.814928	0.0703
GX--LOG（IGGX）	0.540651	0.067282	8.035630	0.0000
HN--LOG（IGHN）	−0.033875	0.098298	−0.344619	0.7306
CQ--LOG（IGCQ）	0.360048	0.063449	5.674633	0.0000
SC--LOG（IGSC）	0.266192	0.081049	3.284330	0.0011
GZ--LOG（IGGZ）	0.428032	0.074825	5.720457	0.0000
YN--LOG（IGYN）	0.224980	0.071458	3.148419	0.0018
XZ--LOG（IGXZ）	−0.170682	0.064957	−2.627638	0.0089
SX--LOG（IGSX）	0.348220	0.074214	4.692130	0.0000
GS--LOG（IGGS）	0.297406	0.082167	3.619547	0.0003
QH--LOG（IGQH）	0.225776	0.120437	1.874644	0.0616
NX--LOG（IGNX）	0.593792	0.095656	6.207561	0.0000
XJ--LOG（IGXJ）	0.140215	0.099213	1.413269	0.1584
BJ--LOG（YBJ）	1.582098	0.084424	18.739870	0.0000
TJ--LOG（YTJ）	1.437992	0.072066	19.953900	0.0000
HEB--LOG（YHEB）	1.230056	0.082629	14.886560	0.0000
SHX--LOG（YSHX）	1.055669	0.088863	11.879680	0.0000
NMG--LOG（YNMG）	1.257174	0.065854	19.090240	0.0000
LN--LOG（YLN）	1.091451	0.068966	15.825990	0.0000
JL--LOG（YJL）	1.168116	0.064659	18.065820	0.0000
HLJ--LOG（YHLJ）	1.279015	0.087008	14.699960	0.0000
SH--LOG（YSH）	1.739196	0.082896	20.980500	0.0000
JS--LOG（YJS）	1.116345	0.073709	15.145330	0.0000
ZJ--LOG（YZJ）	1.317549	0.099558	13.234020	0.0000
AH--LOG（YAH）	1.123928	0.068666	16.368150	0.0000
FJ--LOG（YFJ）	1.241963	0.089100	13.939040	0.0000
JX--LOG（YJX）	0.935844	0.074123	12.625530	0.0000
SHD--LOG（YSHD）	1.230771	0.075720	16.254190	0.0000
HEN--LOG（YHEN）	1.123636	0.079424	14.147370	0.0000
HUB--LOG（YHUB）	1.345772	0.109391	12.302370	0.0000
HUN--LOG（YHUN）	1.263173	0.075173	16.803580	0.0000
GD--LOG（YGD）	1.662696	0.111559	14.904210	0.0000
GX--LOG（YGX）	1.129066	0.071555	15.778970	0.0000
HN--LOG（YHN）	1.568345	0.092512	16.952840	0.0000
CQ--LOG（YCQ）	1.280345	0.068856	18.594620	0.0000

续表

Variable	Coefficient	Std. Error	t-Statistic	Prob.
SC--LOG（YSC）	1.344390	0.081601	16.475170	0.0000
GZ--LOG（YGZ）	1.257627	0.080895	15.546400	0.0000
YN--LOG（YYN）	1.364837	0.074350	18.357000	0.0000
XZ--LOG（YXZ）	1.744907	0.075557	23.093980	0.0000
SX--LOG（YSX）	1.282456	0.078833	16.268090	0.0000
GS--LOG（YGS）	1.334816	0.083964	15.897430	0.0000
QH--LOG（YQH）	1.397976	0.117623	11.885190	0.0000
NX--LOG（YNX）	1.104679	0.095953	11.512670	0.0000
XJ--LOG（YXJ）	1.462485	0.092257	15.852370	0.0000

其中，R-squared=0.980981，Adjusted R-squared=0.977937，Log likelihood=309.7119，F-statistic=322.3604，模型比较显著地通过检验。

从表 7-12 还可以看出，在假定不存在固定效应和随机效应，并且贷款基准利率、政策因素对各省私人投资影响恒定不变时，各省公共投资及 GDP 因素对私人投资影响各不相同，一般而言，各省 GDP 比公共投资对私人投资的影响更显著。可见，经济增长是驱动私人投资增长的最重要动力和影响因素。

为了更清晰反映各省私人投资与公共投资及 GDP 关系，本案例通过表 7-13 来直观地反映各省人均私人投资与人均公共投资、人均 GDP 关系。具体如表 7-13 所示。

表 7-13　我国各省人均公共投资、人均 GDP 对人均私人投资的弹性

地区	人均公共投资对人均私人投资弹性	人均 GDP 对人均私人投资弹性
北京	-0.093331	1.582098***
天津	0.085915	1.437992***
河北	0.416979***	1.230056***
山西	0.608041***	1.055669**
内蒙古	0.336556***	1.257174***
辽宁	0.568632***	1.091451***
吉林	0.506519***	1.168116***
黑龙江	0.334387***	1.279015***
上海	-0.356953***	1.739196***
江苏	0.397235***	1.116345***
浙江	0.254138***	1.317549**
安徽	0.598044***	1.123928***
福建	0.332045***	1.241963***
江西	0.807962***	0.935844***

续表

地区	人均公共投资对人均私人投资弹性	人均 GDP 对人均私人投资弹性
山东	0.398971***	1.230771***
河南	0.580430***	1.123636***
湖北	0.249767**	1.345772***
湖南	0.356503***	1.263173***
广东	−0.240374*	1.662696***
广西	0.540651***	1.129066***
海南	−0.033875	1.568345***
重庆	0.360048***	1.280345***
四川	0.266192***	1.344390***
贵州	0.428032***	1.257627***
云南	0.224980***	1.364837***
西藏	−0.170682***	1.744907***
陕西	0.348220***	1.282456***
甘肃	0.297406***	1.334816***
青海	0.225776*	1.397976***
宁夏	0.593792***	1.104679***
新疆	0.140215	1.462485***

注：***、**、* 分别表示在 1%、5%、10%的显著性水平下通过检验。

从表 7-13 可以看出，北京、天津、海南和新疆等省市公共投资和私人投资关系不显著，其余省份公共投资与私人投资关系均在 10%的显著性水平上通过检验；其中，上海、广东和西藏地区公共投资与私人投资是显著负向关系，体现了公共投资对私人投资的挤出效应，但其余绝大多数省份体现了显著的公共投资对私人投资的挤入效应。另外，各省私人投资均与各省 GDP 体现了显著的正向关系，体现了经济增长对私人投资更强的引致力和驱动力。

（四）研究结论

本书通过实证分析探讨了公共投资、区域 GDP、利率、政策等因素和私人投资的关系，通过面板数据模型探讨各变量对于私人投资的实际影响。其中，从全国层面而言，公共投资对于私人投资具有显著的正向挤入效应，但存在"倒 U 型"曲线问题；在我国东部、中部及西部地区，公共投资对于私人投资也具有显著的正向挤入效应，但同样存在"倒 U 型"曲线问题，这意味着公共投资不可以无限增长，超过一定规模之外的公共投资反而抑制私人投资。就省级区域而言，绝大多数省份体现出公共投资对私人投资的挤入效应，仅有极少省份如上海、广东等地区公共投资对私人投资体现出挤出效应。但无论是从全国层面看，还是从区域层面、省级层面而言，产出 GDP 均对私人投资具有显著的正向引致力和驱动力。

三、实验操作步骤

步骤 1：首先打开 Eviews 软件，选择建立工作文件，如图 7-1 所示。

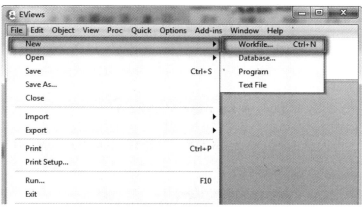

图 7-1　建立工作文件

步骤 2：在工作文件中选择时间序列类型，设置初始时间和结束时间，如图 7-2 所示。

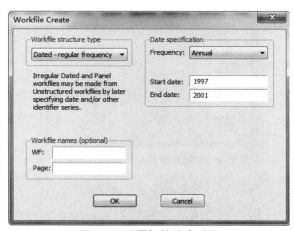

图 7-2　设置初始结束时间

步骤 3：在 Workfile 窗口中，单击 Object 按钮并选择 New Object，如图 7-3 所示。

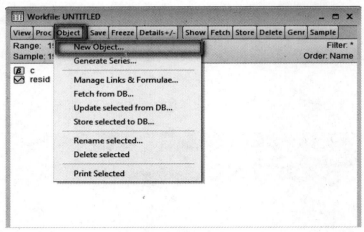

图 7-3　建立 New Object

步骤 4：在 Type of object 中选择 Pool，并在 Name for object 输入对象的名称，如图 7-4 所示。

图 7-4　选择对象类别及输入对象名称

步骤 5：在上一步对话框中点击确定后，在 Cross Section Identifiers 中输入截面成员识别名 BJ，TJ，HEB 分别代表北京市，天津市，哈尔滨市，如图 7-5 所示。

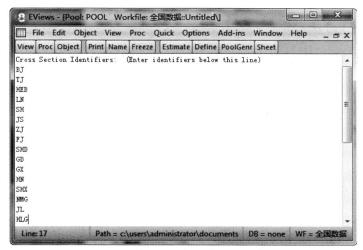

图 7-5　输入界面数据成员识别名称

步骤 6：在 Pool 窗口中点击 Sheet 按钮，输入观察变量的名称 IG？IP？Y？R？，如图 7-6 所示。

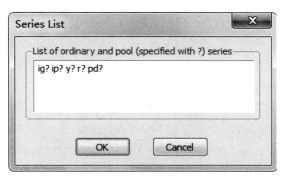

图 7-6　输入观察变量的名称

步骤 7：单击 Edit+/-转换为数据输入模式进行数据输入，输入后的部分数据如图 7-7 所示。

步骤 8：在上一步窗口中选择 Estimate 命令，打开如下对话框。在 Dependent variable 中输入被解释变量名称。在 Common coefficients 中解释变量名称。在 Cross-section 中选择 Fixed，估计模型固定效应，如图 7-8 所示。

步骤 9：单击确定按钮，输出固定效应模型估计结果，如图 7-9 所示。

步骤 10：单击 View 命令，选择 Fixed/Random Effects Testing 中的 Fixed/Random Effects—Likelihood Ratio 来进行面板模型固定效应检验结果，如图 7-10 所示。

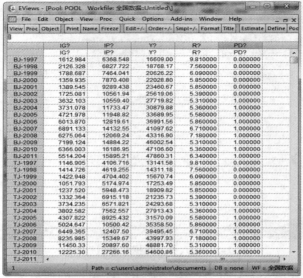

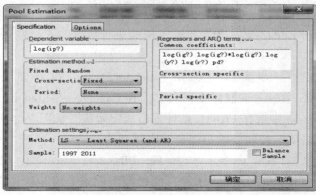

图 7-7　输入数据

图 7-8　固定效应模型估计

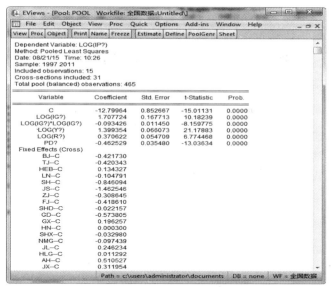

图 7-9 固定效应模型估计结果

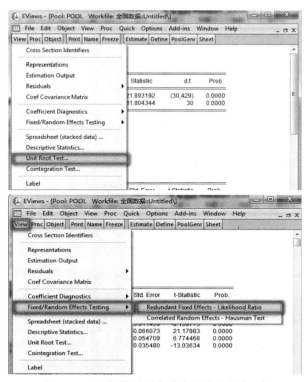

图 7-10 面板模型固定效应检验结果(一)

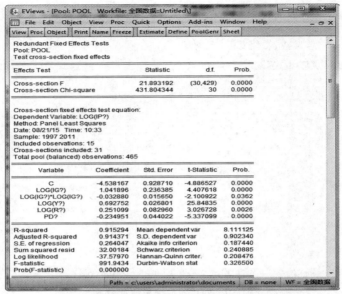

图 7-10 面板模型固定效应检验结果（二）

步骤 11：回到步骤 7 界面选择 View 命令中的 Unit Root Test，分别进行单根检验。

步骤 12：在 Unit Root Test 中的 Pool series 中输入 log（ip?）对 ip 的水平值及一阶差分进行单根检验，得到图 7-11。并依次对 log（ig?）、log（y?）、log（r?）水平值及一阶差分进行检验，其操作步骤如 log（ip?）。

（1）水平值进行单位根检验，如图 7-11 所示。

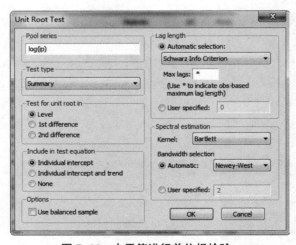

图 7-11 水平值进行单位根检验

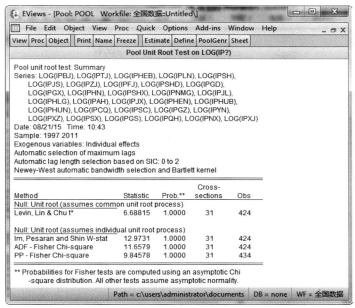

图 7–11　水平值进行单位根检验（续图）

（2）在 Test for unit root 中选择 1st difference 进行一阶差分单位根检验，如图 7–12 所示。

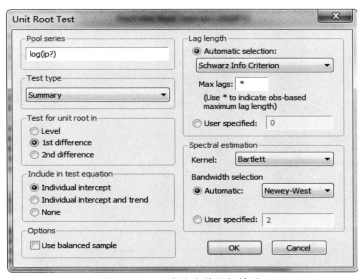

图 7–12　一阶差分单位根检验

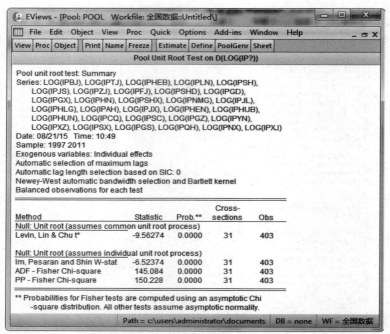

图 7-12 一阶差分单位根检验（续图）

步骤 13：选择 View 中的 Cointegration Test 进行面板数据的协整性分析。在 Variables 中输入 log（ip?）、log（ig?）。在 Test type 中依次选择 Pedroni（Engle-Granger based）和 Fisher（combined Johansen）进行检验。得到结果如图 7-13 所示。

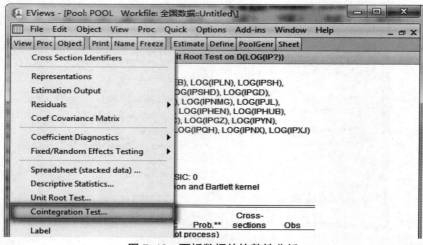

图 7-13 面板数据的协整性分析

（1）Pedroni（Engle–Granger based），如图 7–14 所示。

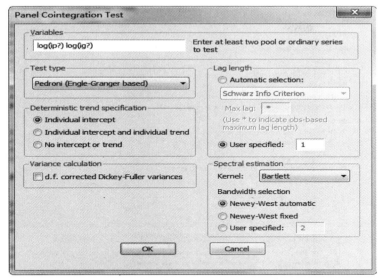

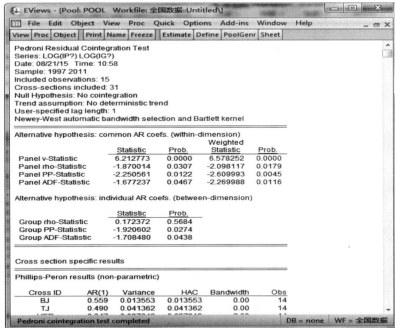

图 7–14 Pedroni（Engle–Granger based）

（2）Fisher（combined Johansen），如图 7–15 所示。

步骤 14：对步骤 7 中的全国数据分别换成东部、中部、西部，重复步骤 7~10。

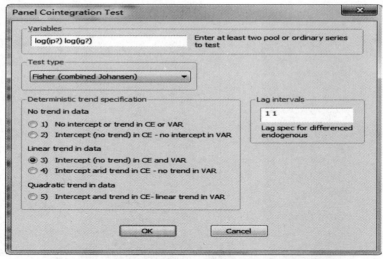

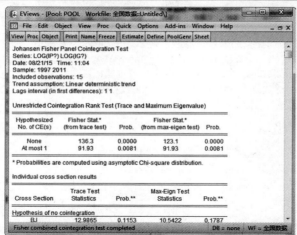

图 7-15   Pedroni（Engle-Granger based）

分别得到如下结果：

（1）东部地区公共投资与私人投资的关系，如图 7-16 所示。

（2）东部地区 Redundant Fixed Effects Tests 结果如图 7-17 所示。

（3）中部地区公共投资与私人投资的关系，如图 7-18 所示。

（4）中部地区 Redundant Fixed Effects Tests 结果如图 7-19 所示。

（5）西部地区公共投资与私人投资之间的关系，如图 7-20 所示。

（6）西部地区 Redundant Fixed Effects Tests 结果如图 7-21 所示。

步骤 15：返回到全国数据，单击 Estimate，并在 Dependent variable 中输入 log（ip?），在 Common coefficients 中输入 log（r?），pd?，在 Cross-section specific

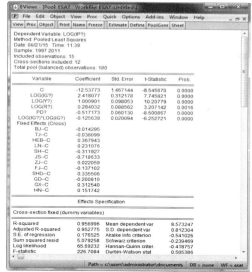

图 7-16　东部地区公共投资与私人投资的关系

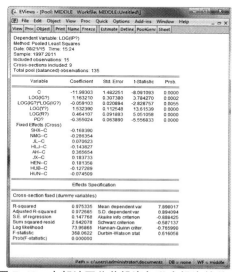

图 7-17　东部地区 Redundant Fixed Effects Tests 结果

图 7-18　中部地区公共投资与私人投资的关系

EViews - [Pool: MIDDLE Workfile: MIDDLE::Untitled\]

Redundant Fixed Effects Tests
Pool: MIDDLE
Test cross-section fixed effects

Effects Test	Statistic	d.f.	Prob.
Cross-section F	23.966769	(8,121)	0.0000
Cross-section Chi-square	128.190994	8	0.0000

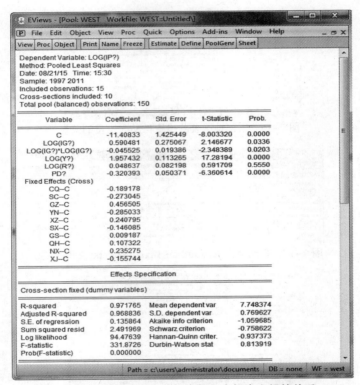

图 7–19　中部地区 **Redundant Fixed Effects Tests** 结果

EViews - [Pool: WEST Workfile: WEST::Untitled\]

Dependent Variable: LOG(IP?)
Method: Pooled Least Squares
Date: 08/21/15 Time: 15:30
Sample: 1997 2011
Included observations: 15
Cross-sections included: 10
Total pool (balanced) observations: 150

Variable	Coefficient	Std. Error	t-Statistic	Prob.
C	-11.40833	1.425449	-8.003320	0.0000
LOG(IG?)	0.590481	0.275067	2.146677	0.0336
LOG(IG?)*LOG(IG?)	-0.045525	0.019386	-2.348389	0.0203
LOG(Y?)	1.957432	0.113265	17.28194	0.0000
LOG(R?)	0.048637	0.082198	0.591709	0.5550
PD?	-0.320393	0.050371	-6.360614	0.0000
Fixed Effects (Cross)				
CQ--C	-0.189178			
SC--C	-0.273045			
GZ--C	0.456505			
YN--C	-0.285033			
XZ--C	0.240795			
SX--C	-0.146085			
GS--C	0.009187			
QH--C	0.107322			
NX--C	0.235275			
XJ--C	-0.155744			

Effects Specification

Cross-section fixed (dummy variables)

R-squared	0.971765	Mean dependent var	7.748374
Adjusted R-squared	0.968836	S.D. dependent var	0.769627
S.E. of regression	0.135864	Akaike info criterion	-1.059685
Sum squared resid	2.491969	Schwarz criterion	-0.758622
Log likelihood	94.47639	Hannan-Quinn criter.	-0.937373
F-statistic	331.8726	Durbin-Watson stat	0.813919
Prob(F-statistic)	0.000000		

Path = c:\users\administrator\documents　DB = none　WF = west

图 7–20　西部地区公共投资与私人投资之间的关系

EViews - [Pool: WEST Workfile: WEST::Untitled\]

Redundant Fixed Effects Tests
Pool: WEST
Test cross-section fixed effects

Effects Test	Statistic	d.f.	Prob.
Cross-section F	20.087730	(9,135)	0.0000
Cross-section Chi-square	127.470193	9	0.0000

图 7–21　西部地区 **Redundant Fixed Effects Tests** 结果

中输入 log（ig?），log（y?），得到结果如图 7-22 所示。

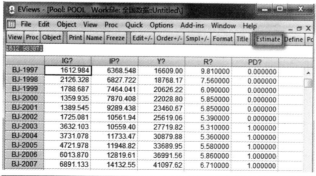

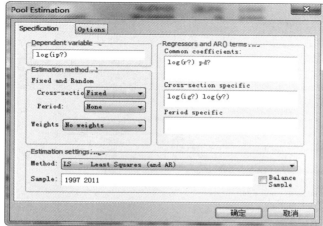

图 7-22　固定效应模型估计

步骤 16：在上一步的基础上单击 View，Fixed/Random Effects Testing 及 Fixed/Random Effects–Likelihood Ratio，得到最终结果。

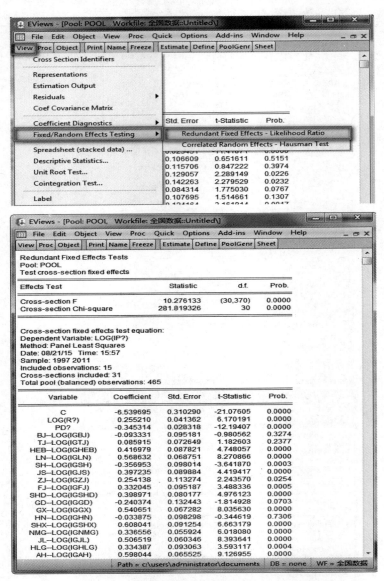

图 7–23　固定效应模型检验

四、案例讨论

1. 论述面板数据模型在经济学研究过程中的适用范围。
2. 面板数据模型分析过程中应注意哪些问题?
3. 面板数据分析基本步骤有哪些?
4. 面板数据模型有几种类型? 试说明其不同之处。
5. 如何判断采用固定效应分析还是采用随机效应分析?

面板单位根检验与趋同性分析

本案例主要对面板单位根检验与趋同性分析理论知识进行简介。与此同时，对我国地区房地产价格的涟漪效应进行实证分析。

一、面板单位根检验的理论简介

面板单位板检验及应用已经成为一个重要研究热点，备受学者关注。随着运用跨国数据研究分析购买力平价、经济增长收敛和国际研究开发的溢出效应等相关领域深入发展，面板数据分析已经从最初的数目众多的跨期、较少的时间数据结构（微观面板）转化为数目众多的跨期，而且也有相当长时间序列的数据结构（宏观面板）。较长时间序列的出现，为面板数据分析提供了两个重要的研究方向，即面板数据序列的稳定性及数据序列长期均衡性。

面板单位根检验方法种类很多，且不断发展。根据截面单元的回归系数是否相同，分为同质截面单元和异质截面单元检验方法。根据截面单元之间是否存在依赖（Cross Section Dependence），面板单位根检验可以分为两代，第一代检验方法假设面板中的各个截面单元相互独立；第二代方法假设各个截面单元之间存在截面依赖性。此外，面板单位根检验也可以分为不含结构断点的单位根检验和包含 1 个或多个结构断点的单位根检验。本章简单介绍常见的面板单位根检验方法，并以我国 35 个大中城市的房地产价格增长地区趋同性为例，说明面板单位根检验的应用和软件操作过程。

（一）截面独立的面板单位根检验

该类面板单位根检验理论首先是假定部门是独立的，也就是说各部门的残差是独立的，互相没有影响。我们首先综述微观面板（同质面板）单位根检验理论，然后介绍异质面板单位根检验。想进一步了解这类单位根检验的详细理论，请参考莱文和林（Levin & Lin，1992、1993），马德拉和吴（Maddala & Wu，1999），菲利普斯和莫恩（Phillips & Moon，1999），Bbreitung（2000），Im、Pesaran 和 Shin（IPS 检验）（2003），基奥（Chio，2001），哈德里（Hadri，2000）等文献。

首先，介绍面板数据的单位根检验的一个最基本的模型。考虑下列模型，有 N 个横截面单元和每个单元有 T 期的面板数据样本的随机过程 $y_{i,t}$。

$$y_{i,t} = \rho_i y_{i,t-1} + z'_{i,t}\gamma_i + u_{i,t}, \quad i = 1, \cdots, N, \quad t = 1, \cdots, T \tag{8-1}$$

其中，$z_{i,t}$ 为确定性成分，可以代表截面的固定效应（μ_i）和（或）时间趋势（t），或者两者都不包括，u_{it} 为静态误差过程。面板数据单位根检验就是零假设 H_0：$\rho_i = 1$，对所有的 i；备择假设 H_1：$\rho_i < 1$，对所有或部分的 i。公式（8-1）经常写成如下形式：

$$\Delta y_{i,t} = \phi_i y_{i,t-1} + z'_{i,t}\gamma_i + u_{i,t} \tag{8-2}$$

对于这个模型，面板单位根检验的零假设为 H_0：$\phi_i = 0$，对所有的 i；备择假设 H_1：$\phi_i < 0$。基于这个基本的检验模型，计量经济学家发展出多种估计方法，下面重点介绍 Levin-Lin-Chu 检验，Im-Pesaran-Shin 检验、Harris-Tsavalis 检验，Breitung 检验、Fisher-type 检验 和 Hadri LM 检验。

1. Levin-Lin- Chu（LLC）检验

LLC 检验方法假设 N/T→0，截面数 N 比时间数 T 相对小，T 增长 N 增长更快。该检验方法最适合于中等维度，即截面单元数 10~250，时间数 25~250 的面板单位根检验（Levin、Lin and Chu，2002）。LLC 检验假设所有的面板单位 i 的 $\rho_i = \rho$。为了消除回归残差可能序列相关问题，该检验在基本模型中增加因变量的滞后项，其中滞后项数可以根据某种信息标准选择：

$$\Delta y_{i,t} = \phi y_{i,t-1} + z'_{i,t}\gamma_i + \sum_{j=1}^{p} \theta_{ij}\Delta y_{i,t-j} + u_{i,t} \tag{8-3}$$

LLC 分三步构造面板单位根检验。首先对每个截面实行 ADF 回归；其次估计长期标准差对短期标准差的比率；最后计算面板单位根统计量。其检验经过调整的 t 统计量服从标准正态分布（见表 8-1）。

表 8-1　调整的 t 统计量服从标准正态分布

z_{it}	$t_{\hat{\rho}}$
0	$t_{\hat{\rho}} \Rightarrow N(0, 1)$
1	$t_{\hat{\rho}} \Rightarrow N(0, 1)$
μ_i	$\sqrt{1.25}\, t_{\hat{\rho}} + \sqrt{1.875N} \Rightarrow N(0, 1)$
（μ_i, t）	$\sqrt{448/277}\,(t_{\hat{\rho}} + \sqrt{3.75N}) \Rightarrow N(0, 1)$

2. Harris–Tsavalis（HT）检验

对于微观面板数据，截面宽、时间短，即时间相对固定，而截面数 N 增长快于时间 T，可以不断增大，直到无穷大。Harris & Tsavalis（1999）提出一种新方法用于这种情况的面板单位根检验。

$$\Delta y_{i,t} = \rho y_{i,t-1} + z'_{i,t}\gamma_i + u_{i,t} \tag{8-4}$$

该检验的零假设为 $H_0: \rho = 0$，$H_1: \rho < 0$。他们推导出在是否带有时间趋势和截面效用下的估计系数的 t 值。HT 检验和 LLC 检验一样为同质截面单元检验。

3. Im–Pesaran–Shin（IPS）检验

同质截面单元检验都是假设所有的横截面具有相同的自回归系数 ρ。IPS（2003）的检验模型允许不同横截面可以有不同的自回归系数，而且可以是非平衡面板。其估计模型为：

$$y_{i,t} = \rho_i y_{i,t-1} + \sum_{j=1}^{p_i} \theta_{ij}\Delta y_{i,t-j} + z'_{i,t}\gamma_i + \epsilon_{i,t} \tag{8-5}$$

其中，ρ_i 是第 i 个截面的回归系数，$\epsilon_{i,t}$ 假设为独立正态分布，但不同截面可以有不同的方差。

检验零假设：对所有 i，$\rho_i = 1$

备择假设：$\phi_i < 0$，$i = 1, 2, \cdots, N_1$，$\phi_i = 0$，$i = N_1+1, N_1+2, \cdots, N$

IPS 检验的基本统计量为：

$$\bar{t} = \frac{1}{N}\sum_{i=1}^{N} t_{\hat{\rho}_i} \tag{8-6}$$

其中，$t_{\hat{\rho}_i}$ 为第 i 个截面的检验 t 统计量。可见，IPS 检验的 $\bar{t}$ 统计量定义为每个截面的 ADF 统计量的均值。对于固定 N，当 $T \to \infty$ 时，

$$t_{\hat{\rho}_i} \Rightarrow \frac{\int_0^1 W_{iz}dW_{iz}}{\left[\int_0^1 W_{iz}^2\right]^{1/2}} = t_{iT} \tag{8-7}$$

IPS 假设 t_{iT} 为独立同分布的，具有有限均值和方差。IPS 检验的统计量具有有限分布，当 $T \to \infty$，$N \to \infty$：

$$t_{LPS} = \frac{\sqrt{N}(\bar{t} - E[t_{iT}|\rho_i=1])}{\sqrt{var[t_{iT}|\rho_i=1]}} \Rightarrow N(0,1) \tag{8-8}$$

当 N 为固定时，IPS 使用模拟方法计算出 t_i 统计量的平均值的临界值。

4. Hadri LM 检验

一般的面板单位根检验的零假设都是序列具有单位根，哈德里（2000）提出 LM 检验则相反，其零假设为序列为平稳的，备择假设为至少一个截面单元有单

位根。LM 检验适合时间 T 长，截面单元数 N 适中的面板数据。

哈德里（2000）考虑下列两个模型：

$$y_{it} = r_{it} + \beta_i t + \varepsilon_{it},$$

$$r_{it} = r_{i,t-1} + u_{it} \tag{8-9}$$

其中，r_{it} 为随机游走过程，ε_{it}，u_{it} 都为 i.i.d 的正态误差。哈德里的 LM 检验为

$$H_0:\ \lambda = \frac{\sigma_u^2}{\sigma_\varepsilon^2} = 0,\ H_1:\ \lambda > 0$$

哈德里提出了考虑各个截面单元的估计方差是否相同的两种 LM 统计量。

（二）截面依赖的面板单位根检验

现实中截面单元之间常常存在依赖性。虽然传统面板单位根检验方法中去除截面单元的均值可以部分解决截面依赖问题，但是，对于截面单元两两之间的误差协方差存在差异却不起作用。对于存在截面单元依赖的单位根检验方法被称为第二代检验方法，如 Chang（2002）、Phillips and Sul（2003）、Bai and Ng（2004）、Breitung and Das（2005）、Choi and Chue（2007）、Pesaran（2007）等。

1. 检验横截面单元依赖性

假设一个模型的任何两个截面单元的残差相关系数定义为：

$$\hat{\rho}_{ij} = \frac{\sum_{t=1}^{T} \hat{u}_{it}\hat{u}_{jt}}{(\sum_{t=1}^{T} \hat{u}_{it}^2)^{1/2} (\sum_{t=1}^{T} \hat{u}_{jt}^2)^{1/2}} \tag{8-10}$$

检验横截面单元相关性有几种统计量：

（1）Breusch-Pagan（1980）LM 检验，当 N 固定，$T \to \infty$：

$$LM = \sum_{i=1}^{N-1} \sum_{j=i+1}^{N} T_{ij} \hat{\rho}_{ij}^2 \tag{8-11}$$

其中，$T_{ij} = \min (T_i,\ T_j)$，$T_i$ 为截面单元 i 的时期数，如果为平衡面板 $T_{ij} = T$，那么 LM 服从 $\chi_{n(n-1)/2}^2$ 分布。当 N 较大时，采用下面的服从标准正态分布的 LM 统计量很合适：

$$SCLM = \sqrt{\frac{1}{n(n-1)}} \sum_{i=1}^{N-1} \sum_{j=i+1}^{N} \sqrt{T_{ij}}\ \hat{\rho}_{ij}^2 \tag{8-12}$$

（2）Pesaran（2004）CD 检验。

$$CD = \sqrt{\frac{2}{n(n-1)}} \sum_{i=1}^{N-1} \sum_{j=i+1}^{N} \sqrt{T_{ij}}\ \hat{\rho}_{ij} \tag{8-13}$$

统计量 CD 服从标准正态分布。CD 检验适合不同样本的情形，检验结论更为稳健，是检验横截面单元间相关性的主要方法。

2. Pesaran CIPS 检验

横截面依赖的面板单位根检验近年来发展迅速，出现许多方法模型。本章简单介绍经典的 Pesaran 的 CIPS 检验。Pesaran（2007）为了消除截面单元间的依赖性，在标准的 DF（或者 ADF）回归模型上增加滞后项和序列的一阶差分截面均值。该类估计模型又叫截面依赖的迪克—富勒检验模型（CADF）。一个简单 CADF 回归的模型：

$$\Delta y_{it} = a_i + b_i y_{i,t-1} + c_i \bar{y}_{t-1} + d_i \Delta \bar{y}_t + \varepsilon_{it} \tag{8-14}$$

其中，$\bar{y}_t$ 为 y_{it} 截面均值。检验零假设：$H_0 : b_i = 0$，对所有的 i。备择假设为 $H_1 : b_i < 0$，$i = 1, \cdots, N_1$；$b_i = 0$，$I = N_1, \cdots, N$。

如果存在误差间的序列相关，在模型（8-14）中增加因变量的滞后项，滞后项数由 AIC、BIC 等信息标准确定。

$$\Delta y_{it} = a_i + b_i y_{i,t-1} + c_i \bar{y}_{t-1} + \sum_{j=0}^{p} d_{j+1} \Delta \bar{y}_{t-j} + \sum_{k=1}^{p} e_k \Delta y_{i,t-k} + \varepsilon_{it} \tag{8-15}$$

通过对每个截面单元进行 CADF 回归，计算出滞后项的 t 统计值 $CADF_i$，Pesaran 定义 CIPS 统计量为各个截面单元 $CADF_i$ 的均值，即：

$$CIPS = \frac{1}{N} \sum_{i=1}^{N} CADF_i \tag{8-16}$$

Pesaran（2007）给出了不同时间和单元数下 CIPS 检验的 t-bar 统计量的确切临界值，同时给出了和 IPS 检验对应的服从标准正态分布的 Z [t-bar] 统计量。

二、实验名称：我国地区房地产价格的涟漪效应

基于面板数据单位根检验及趋同性技术的理论基础，下面探讨了我国地区房地产价格的涟漪效应，主要包含研究背景、相关文献综述、实证分析及简要结论。

（一）研究背景

地区经济的趋同问题一直是经济学家和政策制定者非常感兴趣的问题。一段时期以来，随着新古典经济增长理论和内生增长理论的提出和不断发展，趋同的经验文献的研究焦点集中在地区经济增长的趋同上。然而，最近，在趋同分析的文献中，由于面板数据单位根检验计量技术的发展，许多经济学家开始对一个国

家内（货币区）的价格趋同问题表现出浓厚的兴趣。价格趋同分析是出于对购买力平价（PPP）理论或一价法则的验证。分析一个货币区内的价格趋同对于政策尤其是央行货币政策的制定有很大的现实意义。开始经济学家使用不同国家总体数据，后来发展到使用同一个国家不同城市的价格数据，来验证长时期内地区间相对价格平稳（Stationary）特性。

中国地区房地产市场从改革开放以后处于不平衡的发展状态，由于房地产市场的市场化程度不同，内陆城市房地产市场落后于沿海开放城市，并且这种发展差距远超过经济发展的差距。但从 1998 年国务院 23 号文件出台以后，停止了住房实物分配，内陆城市的房地产开始升温，发展速度不断提高，同时房价也逐年增加。根据房地产发展的空间相关理论，地区间房地产价格有一种"涟漪效应"（或"邻居效应"），发达城市的房价高增长趋势会逐步向周边相邻城市扩散，带动周边城市房价的上涨。"涟漪效应"意味着在短期内地区之间的房地产价格差异的变化可能非常大，但是在长期内，地区间的房地产的相对价格将趋于稳定。本书分析从 1998 年以后，中国地区房地产的发展是否由于存在这种涟漪效应地区间的房地产价格增长趋同。

分析中国房地产价格增长的趋同，主要有以下目的：一是由于房地产市场价格对一个国家宏观经济有举足轻重的影响，也影响到几乎每个家庭的消费和投资决策行为，加上最近一段时期以来，国内外专家学者对我国房地产市场是否存在泡沫进行的激烈讨论，因此，我们想验证：在大致相同的宏观环境下，中国各个城市的房地产价格上涨是否带来相同的通货膨胀效应。二是我们分析房地产价格增长趋同并不是说各个城市的房地产绝对价格最终回归到同一水平，而是想了解，随着我国城市经济增长的趋同（徐现祥和李郁，2004），在一段较长时期里各城市的房地产市场价格的增长速度是否会趋向一个平稳的增长途径，也就是，房地产价格增长较快的城市经过一段时期会降低增长速度，而以前增长较慢的城市随着经济的发展价格增长会逐渐加快，并趋向一个稳态的增长率，而不会出现一些城市长期一直处于高速增长的波峰中，另一些却一直处于增长的低谷里。这是因为在房地产价格的最终决定因素中地理位置永远是最重要的，区位的差异决定了区位不同的城市房地产价格水平在一段时期里是不可能相同，但是，在同一个国家（货币区）内，由于面临大致相同的宏观政策环境，人口的迁移、房地产投资资本在城市间的自由流动（尤其是所谓的"炒房"行为），以及基于其他城市房价上涨比例的观察，开发商的模仿定价行为和购房者对未来房价变化的预期等，使得一段时期里不同城市的房地产价格大致会趋于以相同的速度增长。

（二）相关文献综述

1. 涟漪效应产生机理分析

在地区房地产价格决定的经验模型中，决定房价的主要因素有：收入、利率、建筑成本、抵押贷款的可获得性、税收结构、房屋供应以及人口结构等。在房价决定的理论文献中，有两大类模型：一类是建立在宏观经济学或金融经济学的框架中，用生命周期模型特别强调房地产的投资，很少注意房地产价格的空间维度；另一类是从城市经济学角度建立模型，以区位理论为核心，强调空间因素。房地产价格的空间相关是指不同地区的房价是在空间上相关联的，一个地区的房价变动会对相邻地区的房价产生影响。这种房地产价格的空间联系在空间计量经济学中称为"空间滞后"，如同时间序列中的"时间滞后"，例如，地区 i 的房地产价格不仅取决于本地区的收入、供求状况和人口结构，而且取决于其他相邻地区的收入、供求状况和人口结构。因此，一个国家的房地产市场与其说是一个单一的全国市场，不如说是由一连串相关联的市场组成的。

一个国家的某些特殊地区的房地产价格由于受到经济的冲击首先发生变化，然后这种变化的趋势经过一段时间逐渐扩散到其他地区，引起其他地区的房价发生相似的变化，这种情况往往被称为房价的"涟漪效应（Ripple Effect）"。地区间房价"涟漪效应"传导机制：①一些地区的房地产市场对于国家经济的冲击比其他地区反应更快。对国家宏观经济冲击反应速度产生差异的原因体现在，一方面由于各地区的房地产供给状况的不同，房地产需求的变化将导致一些地区的房价快速增加；另一方面是一些地区的居民比其他地区的居民对信息的反应更为迅速。地区间对宏观经济的冲击的不同反应速度可能导致房价在地区间的涟漪效应。②存在一些作为经济的"领头羊"的地区。由于地区间的产业关联以及国家的地区政策，在一些地区的收入和就业增加有可能一段时间后引起其他地区的收入和就业的增加，这种财富从主导地区逐步扩散到其他地区的效应，将引起房地产的需求变动在地区间产生联动效应，从而导致房价在地区间发生相似的变化。因此，主导地区的经济增长带动其他地区经济增长，也带动它们的房价增长。③迁移、投资和预期的作用。居民由于地区房价的差异，住在高价地区的居民如果不想在高价地区购房，可能搬到低房价的其他地区，从高房价地区迁出的居民有更高的购买力，有使迁入地区的房价上涨的压力。地区房价的差异也可能会促使一些居民在其他低房价的地区购买房地产，进行空间套利（Spatial Arbitrage），即所谓的房产投资或"炒房"，这直接增加了其他地区的房地产需求。④预期机制也会影响地区间的房价的波动。如果一个地区由于受到当地经济冲击，增加了房地产需求，提高了当地的房价，那么由于人们的期望，其他地区的房价预期也可能提高。如果南部相对于北部房价高，那么，人们会预期在未来一段时间里由于主导地区的收入和就业的扩散效应以及迁移到北部和在北部的投资会增加，从而致使北部房价的上涨。此外，地区间房地产开发商的定价的模仿行为也会促进地区房价变动趋势的扩散。因此，居民往往会把主导地区的房价变化看成是一个其他地区房价变化的先兆。

2. 房价"涟漪效应"的实证分析

地区间房价的这种"涟漪效应"意味着在短期内地区之间的房地产价格差异的变化可能非常大，但是在长期内，促使主导地区房价变化的因素将不断传到所有其他地区，致使地区间的房地产的相对价格将趋于稳定。在英国的房地产市场，有不少文献证实了这种"涟漪效应"的存在，发现伦敦和东南部地区的房地产价格首先上升，会逐渐带动其他地区的房地产价格的上升（Cook，2003；Meen，1999；Alexander & Barrow，1994）。米恩（Meen，1999）指出，涟漪效应意味着在英国房地产市场不同地区的房地产价格相对于总体价格的比例长期内是平稳的。涟漪效应意味着不同地区的长期相对价格是趋同的，这是一种均衡比例价格的趋同，而不是实际价格的相等的趋同。

在价格增长趋同的实证分析文献中，有两类方法：一类是类似经济增长趋同的横截面回归方法，来验证不同地区的增长是否趋向稳态的路径以及趋同的速度；另一类是使用单位根检验方法。传统的单位根检验方法是使用单变量的时间序列的扩展的迪基—富勒检验（ADF）。然而，当根接近 1 或数据的时间跨度不长时这种检验的势（Power）不高。因此，计量经济学家尝试用面板数据进行单位根检验，并发现面板数据的单位根检验比单变量的检验有更高的势（Levin and Lin，1993；Im et al.，1997；Maddala & Wu，1999）。如恩格尔和罗杰斯（Engel & Rogers，1996）首先使用美国和加拿大的城市价格指数数据来比较相对价格的波动，他们发现城市之间的距离可以解释相同商品在不同城市的价格差异。欧芹和魏（Parsley & Wei，1996）用美国 48 个城市 51 种商品价格指数的面板数据估计了价格趋同率。切凯蒂等（Cecchetti et al.，2002）使用美国 19 个城市 1918~1995 年的消费者价格指数研究不同城市价格指数的动态变化，发现不同城市之间的相对价格水平趋同的速度非常慢。伊萨卡（Esaka，2003）使用日本 7 个大城市 1960~1998 年的消费者价格指数分析城市之间的相对价格平稳性，发现不同城市的可进行贸易的商品更容易趋同。具体对于房地产价格增长趋同而言，米恩（Meen，1999）研究采用标准的扩展的迪基富勒的单位根检验来验证这种趋同性，尽管他们相信存在这种趋同，但得出的结果并不显著。而库克（Cook，2003）使用面板数据不对称（Asymmetric）的单位根检验方法，发现英国地区房地产价格趋同。

国内有不少文献研究中国城市房地产价格变化的问题,如郑思齐、刘洪玉 (2003) 分析了正确衡量房地产价格走势的方法,郑恒 (2004) 论述了房地产价格在炒作行为下出现的波动特性和运行规律。顾云昌 (2004) 认为,各地的社会、经济发展的差异和房地产政策措施的不同是我国地区房地产价格产生差异的主要原因。我们的不同之处是,使用房地产价格指数的面板数据,并采用较新的面板数据单位根检验分析方法来检验城市房地产价格的差异 (或趋同) 性。

(三) 实证分析

实证分析主要包括数据说明与描述分析以及价格增长趋同检验,下面予以详细介绍。

1. 数据说明与描述分析

本书的数据样本为中国 35 个大中城市的三种房地产市场价格指数面板数据集,每个城市有三种价格指数,即房屋销售价格指数、土地交易价格指数、房屋租赁价格指数,时间都是从 1998 年第 1 季度到 2014 年第 4 季度。2000 年第 3 季度以后的数据来源于"国研网",以前的数据来自《中国房地产统计年鉴》(1998~2000 年)。

我们选取从 1998 年第 1 季度到 2010 年第 4 季度中国 35 个大中城市的房地产价格指数数据,主要有两个原因,首先中国 35 个大中城市的房地产价格指数是国家发展计划委员会、国家统计局从 1998 年开始跟踪调查,并每季度定期公布的 35 个大中城市房地产市场价格数据;其次,更重要的是,从 1998 年以后,全国各省才先后停止实物福利分房,实行货币化分房,居民开始从房地产市场上购买住房,各个大中城市才开始形成了住房市场价格,而在 1998 年以前,中国除了几个商品房开发比较早的几个城市 (如北京市、上海市、深圳市、广州市、海南省等) 外,大多数城市房地产市场尤其是住房市场并不发达,也没有形成真正的住房市场价格。因此,我们选择的数据样本基本上能反映中国房地产市场的基本变化状况。

在正式检验之前,我们对 35 个大中城市的房地产价格指数进行初步分析,对不同城市的房地产价格走势作一个大致的判断。图 8-1 反映了全国 35 个大中城市的平均房地产价格增长率走势的基本态势。从图 8-1 中可以看出,大部分年份,三种指数都处于 100 之上,这说明,总体上,35 个城市的房屋销售价格、土地交易价格和房屋租赁价格相对上一年同季度都有所增加。但是,房屋销售价格和土地交易价格的季度增长率逐年上升,而房屋租赁价格的季度增长率却波动较大,如 1999 年第 2 季度 35 个大中城市平均租赁价格下降了 0.86%,而 2001 年第 1 季度上涨了 6.44%。这种波动性也反映了租赁价格更能体现市场变化的特点。

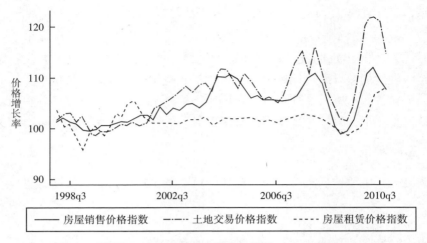

图 8-1　我国 35 个大中城市房屋价格指数（1998q1~2010q4）

　　同时，我们也可以看出，房屋价格与土地价格增长是一种互动关系。关于房价与地价关系进行的热烈讨论，究竟是地价拉动房价，还是房价拉动地价？似乎是一个鸡生蛋还是蛋生鸡的悖论。图 8-1 表示，就全国平均水平来说，在 2002 年以前，房屋销售价格增长快于土地交易价格，房价带动地价的上涨，而 2002 年以后，情况刚好相反，特别是，2003 年，全国土地实行招标拍卖挂牌制度以后，地价比房价增长更为迅速。如 2004 年第三季度，35 个大中城市房屋销售价格同比上涨 9.9%，有 8 个城市房价涨幅超过 10 个百分点，其中沈阳市上涨 19.2%，南京市上涨 17.7%，上海市上涨 14.9%，宁波市上涨 12.5%。同期 35 个大中城市土地交易价格第一季度同比上涨 11.6%，有 8 个城市的地价涨幅超过 10 个百分点，其中南昌市同比上涨 23.7%、上海市 14.9%。

　　从平均房地产价格增长来看，各城市不尽相同，存在较大差异。表 8-2 描述了各个城市的平均房地产价格增长情况，我们列出了从 1998~2010 年三种房地产价格季度同比平均增长的前 5 名和后 5 名的城市以及全国平均水平。从表 8-2 中可以知道，全国 35 个大中城市房屋交易价格平均每季度同比增长了 4.11%，土地交易价格季度同比增长了 4.96%，房屋租赁价格季度同比增长了 2.05%；就各个城市来说，差异比较大，房屋交易价格平均季度同比增长最大的是宁波（7.34%），增长最小的广州呈现负增长（-1.24%），土地交易价格平均增长最快的是杭州（24.84%），而广州增长最小，而房屋租赁价格增长率在各城市之间的差异同样明显，增长最快的是北京（10.2%），却有 5 个城市平均租赁价格为负增长。

　　城市房地产价格增长快慢的原因不同。城市房地产价格增长比较快的原因有

表 8-2　1998~2010 年 35 个大中城市房地产平均季度价格指数变动

名次	城市	房屋销售价格指数		城市	土地交易价格指数		城市	房屋租赁价格指数	
		绝对	相对		绝对	相对		绝对	相对
前 5 名	宁波	107.34	1.03	杭州	124.84	1.18	北京	110.20	1.08
	青岛	106.51	1.02	宁波	112.57	1.07	银川	106.27	1.04
	杭州	106.33	1.02	南昌	109.02	1.04	西宁	105.71	1.04
	海口	105.92	1.02	海口	108.36	1.03	太原	104.45	1.02
	银川	105.51	1.01	福州	107.81	1.03	南昌	103.43	1.01
后 5 名	哈尔滨	102.92	0.99	青岛	101.99	0.97	兰州	100.61	0.99
	长春	102.61	0.99	昆明	101.26	0.97	广州	100.21	0.98
	福州	102.53	0.98	武汉	100.98	0.96	深圳	99.52	0.98
	昆明	102.43	0.98	兰州	100.08	0.95	武汉	99.27	0.97
	广州	101.24	0.97	广州	100.04	0.95	海口	97.96	0.96
	平均	104.11	1.00	平均	104.96	1.00	平均	102.05	1.00

注：①绝对指数为上一年同期同类价格为 100 时本季度的价格指数。②相对指数为各城市的房地产价格
（绝对）指数与同期同类全国平均价格指数之比。

两类，一个原因是一些城市以前房地产价格水平较低以及居民购买力有限，现在随着经济发展和住房制度的改变，住房有效需求不断增强，从而推动了这些城市房地产价格的快速上涨，表现出较高的增长率；另一个原因是随着城市化水平的不断提高和经济增长逐年加快，以及独特的政治、经济、环境区位优势，造成某些城市逐年增长，当然，有一些城市房价居高不下并快速增长的原因之一是存在一定的投机因素。而房地产价格增长比较低的原因：一是 1998 年以前，一些城市的房地产市场已经很发达，尤其是，20 世纪 90 年代初的那场"房地产投资热"，如海口市，把这些城市的房价推到了非理性繁荣的高度，经过国家宏观调控后，房价的回调也是正常的；二是一些城市的经济环境一直表现不是很突出，房地产的有效需求不足，导致房价增长一直不是很快。因此，从总体上，各城市的房地产价格的绝对增长率表现出一定的差异，有快有慢。

但是从相对房地产价格增长率来看，大多数城市房地产价格的增长率差异不大。我们定义，相对价格指数（相对增长率）为各城市的房地产价格指数与同期同类全国平均价格指数之比。如果一个城市的相对价格指数越接近 1，则说明该城市房地产价格越趋向全国平均增长速度。表 8-2 列出了 35 个城市中的前 5 名和后 5 名的房地产相对价格指数，就房屋销售价格增长速度来说，除宁波市和青岛市等少数几个城市外，大部分城市的相对价格指数较为接近 1。同样，对于土地交易价格和房屋租赁价格的相对增长也是如此。这说明，在平均意义上，35 个城市中大部分城市的房地产价格增长速度基本上大体相当，相差不很悬殊。

2. 价格增长趋同检验

当然，以上只是从横断面来分析各城市房地产价格增长的趋势，下面我们将从时间序列角度，用纵列数据的单位根检验方法进一步分析各城市房地产价格增长的趋同或趋异问题。

价格增长趋同意味着不同地区的价格在一段较长时期内会趋向一个大致相同的增长速度。在数学上，一种商品的价格增长趋同意味着该商品的相对价格增长率的时间序列是平稳的。因此，为了检验价格增长趋同可以使用单位根检验来分析相对价格序列的平稳性。检验的原假设为存在单位根，如果拒绝原假设，则说明相对价格的时间序列是平稳的，从而在长期内相对价格是趋同的。相反，如果结果不能拒绝原假设，那么意味着相对价格服从一个随机游走的过程。

（1）检验设定与方法选择。为了分析房地产价格增长的趋同，我们首先定义相对价格指数（相对价格增长率），$q_{i,t} = \log(p_{i,t}/\overline{p_t})$，其中，$p_{i,t}$ 为第 t 期第 i 个城市的房地产价格指数，$\overline{p_t}$ 为第 t 期 35 个城市的同类价格指数的平均值，$q_{i,t}$ 为第 t 期第 i 个城市的房地产相对价格指数。

在本书中，我们分别采用第一代和第二代的几种面板单位根检验方法进行检验。由于时间跨期不是太长，所以没有使用包含结构变化的面板单位根检验。在检验模型中，加入每个城市与时间无关的标示城市特征的常数项，用于控制各个城市差异性，以及反映宏观政策影响的时间效应。滞后期的选择可以基于 Akaike 信息标准。考虑到中国房地产市场存在较大地区差异性，以及在 1998~2010 年我国房地产市场受到较多的宏观调控的影响，所以，我们的检验方程中都包括了与时间无关的标示城市特征的常数项，反映宏观政策影响的时间趋势项。此外，在截面独立单位根检验模型中，为了部分消除截面可能的依赖性，都消除截面均值。

（2）截面独立的面板单位根检验。我们先将 35 个城市的三种房地产价指数变成相对价格指数，然后运用计量软件包 stata13 分别进行 LLC 检验和 IPS 检验，并在每种方法中又分析了带常数项和时间趋势项的单位根检验。表 8-3 列出了中国 35 个大中城市房地产相对价格指数的 LLC 检验的单位根检验结果，β 值为所有城市的相对价格一阶自回归系数，在 Levin 等（2002）的论文中，t-star 统计量被转化为在非平稳的原假设下服从标准正态分布，P 值为单侧检验的。

IPS 检验模型也包括时间趋势和截面效应项。IPS 检验结果列在表 8-3 中。每个城市的一阶自回归系数在 IPS 检验中是不同的，有些文献中会列出所有横切面单元的平均值，考虑到我们的目的主要是检验房地产相对价格序列的单位根，所以我们在表中没有列出。W [t-bar] 统计量在非平稳的原假设下服从标准正态分布。

表 8-3　中国 35 个大中城市房地产相对价格指数的单位根检验结果（LLC 检验）

房地产价格指数	趋势项	平均滞后项	t-star**	P 值 ***
房屋销售相对价格增长指数	有趋势	3.11	−3.7901	0.0001
土地交易相对价格增长指数	有趋势	2.34	−6.2665	0.0000
房屋租赁相对价格增长指数	有趋势	2.71	−8.0727	0.0000

注：本书的所有计量结果都是在 stata13 中计算出来的。关于滞后期的选择问题，我们采用从 1 到 10
阶滞后项最小 AIC 值的方法，分别用每个城市的数据回归计算出每个城市的最好的滞后期，然后用每个城
市的滞后期进行单位根检验。

* 在 LLC 检验中，所有城市的一阶自回归系数 β_i 相等，即 $\beta=\rho-1$。** 经过因素转换后，t-star 统计量
在非平稳的原假设下服从标准正态分布。***LLC 检验的原假设是所有城市的相对价格指数都是非平稳的，
对立假设为所有城市的相对价格指数都是平稳的，p 值是能够单侧检验的，且未能拒绝原假设的最大显
著性水平。

从表 8-3 和表 8-4 中可看出，在 5% 的显著性水平下，我们能拒绝房屋销售
的相对价格指数、土地交易相对价格指数和房屋租赁相对价格指数存在单位根的
原假设，这说明全国 35 个大中城市的房屋销售（土地交易和房屋租赁）的价格
增长指数序列是平稳的，也就是，全国 35 个大中城市的房屋销售（土地交易和
房屋租赁）的价格增长率趋同。趋同的势态意味着，虽然各个城市的房屋销售
的绝对价格水平不同，但是由于各个城市的邻居效应，房产开发商定价的相互影
响、模仿以及房屋投资者对房价的变动预期，造成各城市的房屋销售价格的季度
增长率趋向一个共同的增长路径。

表 8-4　中国 35 个大中城市房地产相对价格指数的单位根检验结果（IPS 检验）

房地产价格指数	趋势项	平均滞后项 *	W [t-bar] 值 **	P 值
房屋销售相对价格指数	有趋势	2.34	−7.4743	0.000
土地交易相对价格指数	有趋势	2.09	−10.7023	0.000
房屋租赁相对价格指数	有趋势	1.86	−119343	0.000

注：IPS 检验允许不同城市可以有不同的一阶自回归系数。该检验的原假设为，所有城市的相对价格
都存在单位根；其对立检验为，H1：至少有一个（部分）城市的相对价格指数是平稳的。

* 35 个城市分别采用 AIC 标准从 1 阶到最大阶进行滞后项选择。** 经过因素变换，W [t-bar] 统计
量在非平稳的原假设下服从标准正态分布。

（3）截面依赖的面板单位根检验。传统的面板单位根检验方法，无论是同质
面板或者异质面板方法，对截面之间的依赖性问题考虑不足，从而影响其检验的
结论。从现实情况来看，我国 35 个大中城市的房地产价格显然存在较大地区之
间相互影响和依赖，所以，使用传统检验方法的结论可能不够稳健。

本实验使用 Pesaran（2007）的截面依赖的面板单位根检验方法。首先，使
用 Pesaran（2004）CD 检验截面依赖性。从表 8-5 可以看出，房屋销售的相对价

格指数和土地交易的相对价格指数都在 5% 的显著性水平可以拒绝零假设，说明 35 个大中城市的房屋销售和土地交易存在地区之间的相关性，这和本书检验假设是一致的。此外，房屋租赁的相对价格指数在 5% 的显著性水平下不能拒绝零假设，说明地区之间房屋租赁价格的区间依赖性较少。

表 8-5　房地产价格的截面依赖性检验结果

变量	CD-test*	P 值	corr	abs（corr）
lnrhspi	−3.10	0.002	−0.018	0.216
lnrltpi	3.80	0.000	0.022	0.258
lnrhrpi	1.64	0.101	0.009	0.227

注：在截面依赖的 CD 检验的零假设下，CD 服从 N（0，1）。

其次，使用 Pesaran CIPS 检验三种价格指数进行截面依赖的单位根检验。本实验使用 Stata 中的 pescadf 命令进行估计，而且在不影响结论情况下，对于检验中每个截面单元的滞后项选择采用平均滞后项，因为在 LLC 检验和 IPS 检验中，各个截面单元的滞后项平均不超过 4，所以，我们分别使用 0、1、2、3 种平均滞后项进行检验。CIPS 检验的结果列在表 8-6 中。从表 8-6 可知，考虑城市之间的截面依赖性，三种房屋的相对价格指数都在 5% 显著性水平下可以拒绝存在单位根的零假设，说明 35 个大中城市的房屋价格的相对增长在样本期间是平稳的，也就是地区之间的房屋价格增长表现出趋同性，或者有价格增长的"涟漪效应"。

表 8-6　35 个大中城市房屋相对价格增长的 CIPS 检验

变量	平均滞后项	Zt-bar	p-value
lnrhspi	0	−6.873	0.000
lnrhspi	1	−5.664	0.000
lnrhspi	2	−2.995	0.001
lnrhspi	3	−2.194	0.014
lnrltpi	0	−12.658	0.000
lnrltpi	1	−6.853	0.000
lnrltpi	2	−4.133	0.000
lnrltpi	3	−3.35	0.000
lnrhrpi	0	−16.242	0.000
lnrhrpi	1	−9.684	0.000
lnrhrpi	2	−6.147	0.000
lnrhrpi	3	−4.935	0.000

注：虽然房屋租赁的相对价格指数的地区依赖性较弱，作为参考，我们仍然对其进行了 CIPS 检验，而且，得出结论和 LLC 检验和 IPS 检验一致。

（四）简要结论

房地产价格的空间相关理论认为，地区房地产价格存在"涟漪效应（Ripple Effect）"，高价地区对其他地区的房价又有带动效应，促使较长时期内地区房价增长的趋同。本书运用面板数据单位根检验的新发展理论，对我国 35 个大中城市 1998~2010 年房地产季度相对价格指数进行单位根检验，试图分析我国城市房地产价格增长的趋同问题。在这期间，城市间的房屋销售相对价格指数、房屋租赁相对价格指数和土地交易相对价格指数是平稳的。这说明，在 1998~2010 年，由于城市的邻居效应、人口的迁移、房地产的投资（甚至投机）、开发商定价的模仿性和房地产投资者对价格变动的预期，使得不同城市尽管绝对房地产价格不同，但是房屋销售和房屋租赁市场价格的增长率有趋同的态势。由于房价（租金）增长趋同，所以政府在制定财政和货币政策时应该考虑到这种效应，因势利导，避免价格的大幅波动。同时，进一步提高土地市场化交易程度，降低土地交易价格中的人为干扰因素。

当然，由于数据的约束，本书使用的是房地产季度增长指数，没有分析城市间绝对房地产价格水平的差异性及其变化规律，这也是未来应进一步改进的地方。

三、实验操作步骤

本实验使用的软件主要有开源免费软件 R 语言以及商业软件 Stata。使用 R 进行数据整理和作图，Stata 进行面板单位根检验。实验使用的数据和代码可以从我们的网站上下载。[①] 在电脑的 C 盘建立一个文件夹，如 city35，将下载的数据和代码放入该文件夹中。

（1）读入和整理数据。

步骤 1：使用 R 语言数据整理与作图。

\# 1.1 加载所需宏包

\#\# 如果提示宏包缺失，使用安装命令，如 install.packages（"tidyr"）

---

① http：//econ.jxufe.cn/microweb/city35/.

```
library （tidyr）
library （dplyr）
library （foreign）
library （zoo）
library （VIM）
library （ggplot2）
library （tidyr）
library （readstata13） # 该宏包可将 R 数据转成 Stata13 可用数据集。
# 1.2 设定代码和数据目录并读入数据，注意修改文件目录
setwd （" C：\city35\"）
h35pi2 = read.csv （" h35data.csv"，header=TRUE，sep="，"，stringsAsFactors
= FALSE）
#1.3 检查面板数据
## 检查各个城市数据长度
h35pi2 %>% group_by （city） %>% summarise （n = n （）） %>% print （n=
36）
## 检查缺失值
sapply （h35pi2，function （x） sum （is.na （x）））
## 使用插值方法处理缺失值
h35pi3 = irmi （h35pi2）
# 1.4 计算各城市 3 种价格的相对价格指数
h35pi4 = h35pi3 %>%
    filter （cityid ！= 1） %>%
    group_by （year） %>%
    mutate （rhspi=round （hspi/mean （hspi），3），# 房屋销售相对价格增长率
        rltpi=round （ltpi/mean （ltpi），3），# 土地交易相对价格增长率
        rhrpi=round （hrpi/mean （hrpi），3），# 房屋租赁相对价格增长率
        lnrhspi=log （hspi/mean （hspi）），# 取对数
        lnrltpi=log （ltpi/mean （ltpi）），
        lnrhrpi=log （hrpi/mean （hrpi）））
# 1.5 导出数据为 CSV 和 Stata 格式
# write.csv （h35pi4，file=" h35pi4.csv"） # csv 格式
# write.dta （h35pi4," h35data12.dta"） # stata 12 格式
# save.dta13 （h35pi4，file=" h35data13.dta"） # stata 13 格式
```

（2）计算平均价格变动。

1.6 计算 35 个大中城市房地产平均季度价格指数变动

35 个城市平均指数

```
aver_city%>%
    summarise_each （funs（mean））
```

列出价格变化前 5 名和后 5 名城市

定义几个函数

```
ranking =function （rank_pi）{
    top5 = rank_pi %>%
      head （5）
  tail5 = rank_pi %>%
      tail （5）
    return （list （top5 = top5，tail5=tail5））
}
rank_hspi = aver_city %>%
    arrange （desc （avhspi）） %>%
    select （city，avhspi，avrhspi）
rank_ltpi = aver_city %>%
    arrange （desc （avltpi）） %>%
    select （city，avltpi，avrltpi）
rank_hrpi = aver_city %>%
    arrange （desc （avhrpi）） %>%
    select （city，avhrpi，avrhrpi）
```

住房销售价格平均增长前 5 名后 5 名城市

```
ranking （rank_hspi）
```

土地交易价格平均增长前 5 名后 5 名城市

```
ranking （rank_ltpi）
```

住房租赁价格平均增长前 5 名后 5 名城市

```
ranking （rank_hrpi）
```

步骤 2：使用 Stata 进行面板单位根检验。

本实验的估计主要采用命令行形式，其优点是估计结果可重复，只要将相应的命令代码复制到软件命令窗口，运行即可。也可以将整个代码放入一个文件中，一次性运行所有命令，直接得出估计结论。当然，命令形式的缺点是要熟悉主要的命令的含义，对于新手来说，这是个不小的挑战，但是，一旦熟悉后，使用命令形式可以大大提高效率，也会增加实证分析的乐趣。

本实验要用到的 Stata 命令估计不复杂，如果要使用窗口模式，其步骤为：①导入 Stata 格式的数据（如 h35city12.dta）；②选择菜单"Statistics"（见图 8-2），在下拉菜单中选"Longitudinal/panel data"，然后在次级菜单中选择"Unit-root test"进入下一个窗口；③在"xtunitroot"窗口中（见图 8-3），"Tests"下拉菜单中选估计方法，"Variable"下拉菜单中选要估计的变量。第一代单位根检验方法如 LLC 检验和 IPS 检验都可以通过窗口模式进行估计，第二代面板单位根检验方法如 CIPS 检验要通过命令形式进行。

下面 Stata 代码可以实现本实验中的所有单位根检验，如图 8-2 和图 8-3 所示。

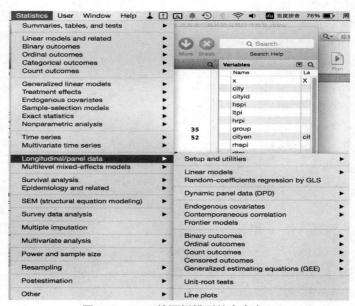

图 8-2　Stata 的面板模型的命令窗口

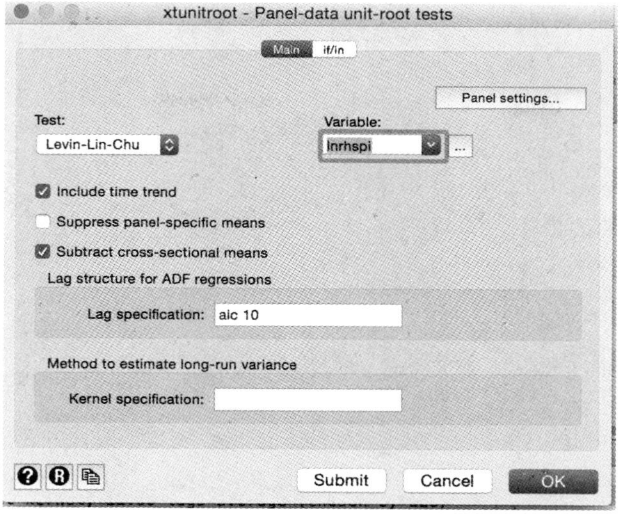

图 8-3　**Stata** 的面板单位根检验的选择窗口

\# 将下列命令复制到 Stata 命令窗口运行

// 设置文件路径，如需要请修改

local path " C：\city35\"

cd 'path'

// 打开数据文件，如果为 Stata 13，请删除" h35pi4-13.dta" 前的注释号

use " h35pi4-12.dta"，replace

//use " h35pi4-13.dta"，replace

//设置面板数据的时间和横截面

tsset cityid date，quarterly

//LLC 检验

//trend：加时间趋势和截面效应，

//demean 表示去除截面平均，消除截面间的相关性

//aic 10 表示系统自动根据 AIC 标准从 1 阶滞后到最大 10 阶滞后自动选择使得 AIC 最小滞后项

　xtunitroot llc lnrhspi，trend lags（aic 10）demean

　xtunitroot llc lnrltpi，trend lags（aic 10）demean

　xtunitroot llc lnrhrpi，trend lags（aic 10）demean

//HT 检验，适合 T 相对固定，N 较大的面板数据，仅作为参考

xtunitroot ht lnrhspi，trend demean

xtunitroot ht lnrltpi，trend demean

```
xtunitroot ht lnrhrpi, trend demean
//IPS 检验（异质面板）
xtunitroot ips lnrhspi, trend demean lags（aic 8）
xtunitroot ips lnrltpi, trend demean lags（aic 8）
xtunitroot ips lnrhrpi, trend demean lags（aic 8）
//截面依赖的面板单位根检验
// 截面单元的依赖性检验
ssc install xtcd
xtcd lnrhspi lnrltpi lnrhrpi
//pesaran（2007）CIPS test
ssc install multipurt
ssc install pescadf
multipurt lnrhspi lnrltpi lnrhrpi, lags（3）
```

四、案例讨论

1. 面板单位根检验按不同标准可分为哪几类？
2. 常见的截面单元依赖的单位根检验方法有哪些？
3. 试比较 LLC 方法与 IPS 方法。
4. 如何选取恰当的单位根检验方法？

动态面板数据模型

——广义矩估计 (GMM) 方法应用实验

本案例主要对动态面板数据模型中的广义估计 (GMM) 进行理论介绍，并运用其原理进行财政联邦还是委托代理：关于中国式分权性质经验判断的实证分析，具体理论介绍及实证过程如下文。

一、GMM 估计方法简介

广义矩方法 (GMM) 的一般表述是由汉森 (Hansen，1982) 提出的。它是基于模型实际参数满足的一些矩条件而形成的一种参数估计方法，是普通矩估计方法的一般化。只要模型设定正确，一般情况下都能找到该模型实际参数满足的若干矩条件而采用广义矩。GMM 法大大突破了原有矩法的局限性，在大样本性质下效果较好，而且在较高程度上具有极大似然估计的优良性。

GMM 估计的基本思想是，在随机抽样中样本统计量将依概率收敛于某个常数，这个常数又是分布中未知参数的一个函数。即在不知道分布的情况下，利用样本矩构造方程 (包含总体的未知参数)，利用这些方程求得总体的未知参数。

针对动态面板数据模型，引入因变量的滞后项会使得滞后项与不可观测的截面异质性效应产生相关并带来参数估计的非一致性问题。为了克服此问题，并同时解决因变量与自变量之间可能出现的联立内生性问题，阿雷拉诺和邦德 (Arellano & Bond，1991) 提出了使用广义矩估计法 (GMM) 来估计动态面板数据模型的方法，即 DIF-GMM 估计 (First-differenced GMM)，其步骤是先对原动态计量方程进行差分，然后用一组滞后变量作为差分方程中相应变量的工具变量。然而，DIF-GMM 估计量可能会导致一部分样本信息的损失，并且当因变量在时间上有持续性时，工具变量的有效性将减弱，从而影响估计结果的渐进有效性，即会出现有限样本偏误（Finite-sample Bias），由此我们需要另一种 GMM 估计量，即 SYS-GMM 估计量。SYS-GMM 估计量结合了差分方程和水平方程两种估计信息，并增加了一组滞后的差分变量作为水平方程相应变量的工具变量，所以相对来说，SYS-GMM 估计量具有更好的有限样本性质。此外，GMM 估计可进一步分为一步（Onestep）和两步（Twostep）估计。

传统的计量经济学估计方法，例如普通最小二乘法、工具变量法和极大似然法等都存在自身的局限性。即其参数估计量必须在满足某些假设时，比如模型的随机误差项服从正态分布或某一已知分布时，才是可靠的估计量。而 GMM 不需要知道随机误差项的准确分布信息，允许随机误差项存在异方差和序列相关，因而所得到的参数估计量比其他参数估计方法更有效。因此，GMM 方法在模型参数估计中得到广泛应用。

二、 实验名称：财政联邦还是委托代理：关于中国式分权性质的经验判断

下面主要基于 GMM 估计方法对财政联邦还是委托代理：关于中国式分权性质的经验判断问题进行实证分析的过程，主要包含文献回顾与问题提出，分权性质的判断，计量模型设定、估计方法与数据说明，动态估计过程与结果解析及结论。

（一）文献回顾与问题提出

在社会各界对改革开放 30 余年的历程进行经验总结的时候，进一步识别我国经济发展奇迹背后的理论逻辑，并努力概括我国经济高速增长的模式化经验，是每个经济学者面临的责任。对于正处于经济转型与体制转轨双重进程中的大国经济体而言，我国中央政府一直在探索进行何种机制设计以使地方政府获得激励相容的经济发展推动力。已经取得广泛共识的一个观点是，我国经济转型的成功在很大程度上要归功于在经济领域的分权式改革（王永钦等，2007），其理由是从 20 世纪 70 年代末的放权让利开始，我国的经济放权改革带来了经济体制中激励结构的改变，从而有助于效率的提高和经济的增长（史宇鹏、周黎安，2007）。但是在这个共识之外，在从分权尤其是财政分权角度对中国经济奇迹进行逻辑解析的相关文献中，却同时存在着两种相互对立的分析框架，而这两种框架也分别对应着对中国式分权性质的不同判断。

1. 重视分权一端的财政联邦主义框架

以巴里·R.温格斯坦（Barry R. Weingast）、钱颖一等学者为代表的第二代财政联邦主义理论认为，中国的分权改革使不同级别的政府之间形成了一个类似于西方联邦主义（Federalism）的 M 型政治市场结构，正是这个结构确保了市场化进程的持续进行与不可逆转趋势，他们由此提出了"市场维护型财政联邦主义（Market-Preserving Federalism）"和"中国式财政联邦主义（Fiscal Decentralization, Chinese Style）"的概念。其理论强调中央政府只需将政府之间的经济利益进行分权化和独立化分配就足以产生促使地方展开经济竞争的内在激励，而在此过程中，中央政府的具体经济与政治职能则被弱化，比如钟和莱姆（Chung 和 Lam，2004）通过对国家民政部官员的访谈就发现，中央部门在某些层面上进行决策时很难抵御来自地方的政治压力。正因为如此，有些学者为第二代财政联邦主义贴上了"地方政权公司主义"和"地方政府企业家精神"的标签（Oi，1995；Walder，1995；Peng Yusheng，2001）。

在财政联邦主义文献中，中央政府将各级地方政府视为相对独立的利益中心，赋予其充分的经济发展自主权，并以此为基础引入了类似于古典市场经济的竞争机制。该类研究敏锐地捕捉到了随着改革进程的时序发展，中国地方政府获得了越来越多的自由裁量权和剩余控制权这一现象，并认为地方政府逐渐积累了为获取政治经济利益与中央部门讨价还价的非合作力量，当中央与地方出现冲突时，两者就会在利益上展开讨价还价（Lampton，1992；Shirk，1993）。总之，在财政联邦主义的前提假设中，中国的分权性质倾向于"上有政策、下有对策"所描述的非合作关系。

2. 重视集权一端的委托代理框架

与第二代财政联邦主义文献弱化中央政府的职能不同，已经有越来越多的研究力图证明经济上的财政分权必须和政治上的集权相结合才能发挥分权体制所带来的收益并限制地方保护主义（Cai & Treisman，2004；Li & Zhou，2005；Susan，2006；Singh & Nirvikar，2007；杨其静、聂辉华，2008）。傅勇和张晏（2007）指出，经济分权同垂直的政治管理体制紧密结合正是中国式分权的核心内涵。实际上，在我国动态的经济转型和体制转轨进程中，确实可以观察到我国中央政府始终保持了政治上的集中制，尤其是重要官员人事任命上的集中制（Huang，2002；Mei，2007；Tsui & Wang，2008），以及对各地方政府的经济决策进行战略利益协调，甚至是在某些层面进行直接干预的权力。例如，许多中央颁布的重要经济政策法规只赋予了地方政府有限的政策制定权，中央政府可以介入大额度的地方投资决策以对宏观经济走势进行规制，一些重大经济项目的审批仍然需要得到中央的认可才能执行（He，2006）。再如，经济特区作为我国渐进改革开放的起点（徐现祥、陈小飞，2008）以及一个重要的区域经济政策创新，其制度实验的成功及推广离不开中央权威的统筹、设计与实施，中央政府对经济特区也自始至终拥有对其进行监督、协调甚至撤销的权力（Cai & Treisman，2006）。

若将与中国经济分权过程相伴随的政治集权纳入理论视野，则这些文献对我国中央政府与地方政府间分权性质的认识就发生了变化。也就是说，这些学者认为，我国中央政府通过官员任免机制、锦标赛式的政治治理模式，以及在某些经济领域的直接干预，较为充分地实现了其对地方政府的激励与约束，从而成功地驱使地方政府按照其目标函数行动。此时，我国中央政府与地方政府之间的分权性质是更接近于集权一端的委托代理关系。在此，需要特别解释的是，本案例并不否认标准的委托代理理论关系中由于存在着的信息不对称以及较大的监督成本问题，委托人和代理人之间仍然会存在某种程度上的讨价还价关系，而本案例中依然作此划分主要是为了强调在这种标准的委托代理框架中，中央政府始终拥有相当的政治权威和在某些经济领域进行垂直干预的权力，以实现其对地方政府的政治与经济约束，并驱使地方政府按照中央的目标函数行动。

那么，在我国实际的经济与政治生活中，中央政府与地方政府间的分权关系在计量分析上表现为何种性质？是偏向于分权一端还是偏向于集权一端？对于这个问题的回答对于我们认识"中国奇迹"背后的理论逻辑并进一步总结普遍化的转型经验具有重要意义。然而，目前只有 Li（2008）的论文中部分篇幅对中国式分权的基本性质进行了侧面的经验实证分析，在此文章之外还我们没有见到对我国分权的基本性质加以科学判断的文献。Li（2008）通过计量分析后认为，中央政府授权将经济发展速度较快的"县"升级为"县级市"是对地方政府经济发展良好成绩的一种激励手段，从而确认了我国中央政府与地方政府之间的关系在本质上从属于委托代理框架。但是，从计量分析的可靠性上来讲，我们认为虽然该文所选择的样本即县级市数据集较为细致，但是以此进行计量分析可能存在两个问题：其一是政府组织链条间隔问题，即在拥有"县级市"授予权的中央政府与县级样本点之间还存在着两级地方行政链条间隔，即省级政府和地级市政府，从而用"县级市"样本数据来验证我国分权性质就可能得出不准确的结论；其二是样本数据选择偏差问题。由于"县级市"在我国县级行政单位中的数量比例较小，且一个县能否获得升级可能更多地会受到政治因素、地理因素或其他特异因素的影响，这就可能导致计量分析产生样本选择偏误以及遗漏变量问题。

与 Li（2008）不同，本案例将使用省级政府动态面板数据集，通过提出一个可检验的命题，并采用系统 GMM 估计方法，更为准确地对我国中央政府与地方政府之间的分权性质做一个基本判断。计量结果显示，改革开放之后，我国中央政府与地方政府间的分权性质更接近于分权一端，即归属于财政联邦主义理论框架。在这种框架中，地方政府的行为特征是倾向于通过经济增长竞争来尽量增加预算外收入，以提升与中央政府讨价还价的力量，并实施地方保护政策追求地方财政利益最大化。同时，为了尽量较少地受到中央转移支付体制的限制，在财政收支安排上地方政府会倾向于减少财政收支差额比例。

（二）分权性质的判断：一个可检验的命题

下面将提出一个计量上可检验的命题，从而为下节从实证上判断我国分权的基本性质奠定基础。概括而言，我们认为当中央政府与地方政府在某一方面存在利益分歧时，则在两种截然不同的分权理论框架下地方政府的行为特征也会相应地表现出差异，从而从反面映射出我国中央政府与地方政府间的分权实质。这个起点来自于在我国现实经济世界中确实能够观察到的种类繁多而严重的地方政府保护主义。当然，我们并不否认中央政府与地方政府之间存在相当多的利益一致性，但是在经济收益外溢效应、生产要素跨行政区流动等因素作用下，中央政府与地方政府的利益目标函数并不总是完全一致。事实上，在一个大国经济体中，只要存在一个中央政府和多个地方政府，那么各个地方政府最优化经济决策的加总并不一定总是中央政府的最优化决策，这其实也正是中央政府之所以存在并被赋予宏观调控职能的原因。美国著名经济学家曼瑟尔·奥尔森（Mancur Olson）的名著《集体行动的逻辑》全面阐释了以上逻辑。

将以上逻辑思路应用到我国可知，由于改革开放过程本质上就是逐步市场化的过程，也是一体化的市场化体系逐步建立与完善的过程，故我们选择与全国市场一体化程度相关指标作为中央政府与地方政府之间各种具体化分歧的综合反映。具体来讲，对于推行分权化改革的转轨中国，建立并维持国内一体化的竞争市场以及区域经济专业化对于国家的长远发展无疑非常重要，故本案例假设我国中央政府的经济目标函数是努力促进全国市场的经济一体化及区域经济专业化。然而对于分权体制下经济利益独立化的地方政府而言，由于全国范围内区域专业化分工所带来的经济收益具有较强的外溢性，或者说专业化分工收益难以在各地区之间进行有效而合理的分割，所以其经济目标函数往往就倾向于地区经济利益最大化（Nee，1992；Chen，1995）。

在市场一体化及区域经济专业化符合国家长远利益却不一定符合地方局部利益的前提下（Bai et al.，2008），分权体制就会激励地方政府为了吸引有限的人力资本和物质资本等经济发展资源，从而采取种种显性或隐性的政策障碍来制造地区间的各种流通贸易壁垒，并最终形成一定程度的市场割据和省区经济结构同质化，这也是所谓的"诸侯经济"现象。现实的情况是，按照边界效应方法的计算，1997年中国地方保护程度甚至相当于欧洲统一大市场内部独立国家之间的情况（黄赜琳、王敬云，2006）。虽然国内外学者对于我国省份之间地方保护主义的演变趋势持不同看法，但是对于其严重性意见却统一（Naughton，1999；Young，2000；Poncet，2003；Li et al.，2005；Fan & Wei，2006）。既然中央政府与地方政府在全国市场一体化建设方面存在非一致化倾向，我们就可以用对全国市场一体化目标的执行态度的不同来刻画中央政府与地方政府可能存在的利益分歧。在计量模型中，下面将因变量设定为市场分割程度指数（Market Fragmentation Index，MFI）来具体度量这种利益分歧。市场分割程度指数越大就越接近地方利益，反之，其指数越小则越接近中央利益。

对我国地方政府实际上拥有大量预算外收入这种经济现象应采取一种创新性的理解，虽然我国税收立法权高度集中于中央政府，除了少数不重要的税收（如筵席税）之外，地方政府不具有主体税基与税项制定权。然而这并不表明各省财政收入只与国家税收政策与经济规模相关，因为在我国地方政府的财政总收入中，除正式的财政收入外还存在着大量非正式的财政关系和预算外收入（Extra-Budgetary Revenue，EBR），尤其是1994年分税制改革以后，中央依然将较多的财政责任留给地方，这就造成我国地方政府收入中的预算外收入与制度外收入占地区GDP的比例越来越大（李俊霖，2007）。具体来讲，在我们所归纳的两种分权性质框架下，对于预算外收入的存在可以有以下两种截然相反的理解方式：

第一种理解是将预算外收入看作是中央利益与地方利益在执行市场一体化方面存在利益冲突的一种外在表现，这种理解对应于重视分权一端的财政联邦主义框架。由于对预算外收入进行规范的监管需要投入比预算管理更多的成本，故其使用与管理状况很难或较少地受到中央政府的规制与约束。这样，预算外收入往往成为地方政府的"小金库"（Park et al.，1996），各地方政府通过预算外收入的大量使用来规避中央政府在各方面的监管，并尽量弱化对中央政府的依赖。在这种框架内，地方政府倾向于使用其掌握的预算外收入资源进行有利于其局部经济利益的市场保护行为，这时中央政府则很难实现有利于长远经济发展的区域专业化以及市场一体化目标。进一步地，从地方财政收支安排这个角度来讲，我们可以预测地方政府为了维持其利益相对独立性，同时为了减少受制于中央政府的转移支付体制，各地方政府可能就"量入为出"以保持较小的预算收支差额比例。

第二种理解对应于重视集权一端的委托代理框架，即预算外收入的存在在一定意义上体现了中央政府对地方政府经济发展成绩的一种激励。首先，我们知道在其他条件不变时，预算外收入的规模与地方经济总量呈正向相关关系，即使在中央政府的正常监管之下，地方经济越发达就意味着地方政府获得额外财政资源的可能性就越大，其渠道也越多。例如，发达地区可以越来越多地从出售当地土地使用权来获取高额的预算外收入，而欠发达地区由于土地需求较少和价格水平较低而只能较少地获得该项财政资源。其次，在我国历次财政体制改革中或多或少总有一些原属地方财政预算外的收入逐步被纳入地方一般预算收入，其中典型文件就是 2002 年国务院发布的《预算外资金收入收缴管理制度改革方案》。这表明对于地方政府存在大量预算外收入的状况，中央政府可以从一定的途径获得相关信息，而且也具备实际权威对诸多种类的预算外收入进行整顿和行政再分配。结合以上两点，即在我国中央政府具有实际的政治权威对预算外收入进行行政治理的前提下，依然广泛且大量存在的预算外收入现象就暗示人们，中央政府可能正是通过默许预算外收入的存在来激励地方政府发展经济，经济发展绩效较好的地方政府就能够在中央政府的默许下通过各种渠道获取较多的预算外收入。当然，在这种标准的委托代理框架理解下，地方政府始终充当着中央政府的政治代理人角色，中央政府也始终能够通过官员任免制度、锦标赛式的政治治理模式以及在某些经济领域的直接干预，来实现其对地方政府的有效约束。这时，我们认为地方预算外收入的增加只是中央政府驱使地方政府按照中央的长远目标函数行动的必然代价，当然，中央政府的目标函数中包括全国市场一体化进程的建设和推进。同样地，从地方财政收支安排这个角度我们也可以预测，由于委托代理关系下所内生的信息不对称、监管成本巨大等问题，中央政府不得不面临另外一个代价，即各地方政府会在"父爱主义"的庇护下不断增加各项财政支出，从而倾向于保持较多的财政赤字，甚至形成"风险大锅饭"（刘尚希，2004）。

至此，根据以上对预算外收入的创新性理解，我们就可以较为具体地提出本案例用以检验我国分权基本性质的命题。在计量模型的设定中，我们可以把因变量设定为市场分割程度指数（MFI），而核心自变量设定为两个，一个是各省预算外收入占地区 GDP 的比例（pEBR）；另一个是地方财政预算收支差额占地区 GDP 的比例（pGAP）。在控制各省份的其他一些与市场分割程度相关的经济特征变量后，本案例可检验的计量命题设定如下：

其一，若我国中央政府与地方政府间的分权性质更接近于分权一端，即归属于财政联邦主义理论框架，则地方政府会倾向于通过经济增长竞争来尽量增加预算外收入以提升与中央政府讨价还价的力量，并实施地方保护政策追求地方财政利益的最大化；同时，为了尽量较少地受到中央转移支付体制的限制，在财政收支安排上地方政府会倾向于减少地方财政预算收支差额比例。这种分权性质在计量特征上的体现是，核心自变量 pEBR 与因变量 MFI 之间呈现出正相关关系，且核心自变量 pGAP 与因变量 MFI 之间呈现出负相关关系。

其二，若我国中央政府与地方政府间的分权性质更接近于集权一端，即归属于标准的委托代理框架，则一方面，地方政府的预算外收入虽然会在一定程度上得到中央政府的默认和许可，但是，预算外收入的存在只是作为激励地方政府执行中央意愿的一种手段，地方政府能够获得并保留的预算外收入比例越高，也就越愿意按照中央政府的意愿推进市场一体化进程。然而，另一方面，不可避免地，地方政府会在中央政府"父爱主义"的庇护下增加额外财政开支。这种分权性质在计量特征上的体现是，核心自变量 pEBR 与因变量 MFI 之间呈现出负相关关系，且核心自变量 pGAP 与因变量 MFI 之间呈现出正相关关系。

（三）计量模型设定、估计方法与数据说明

1. 计量模型的设定

由于我们所选择的因变量即市场分割程度指数（MFI）的时序调整是一个动态过程，其变动受到自身历史发展状态的影响，故市场分割程度指数的滞后值，将与自变量一同出现在计量方程的右侧。基于此，并依据前文所提出的检验我国分权基本性质的命题，本案例计量模型设定如下：

$$MFI_{it} = \sum_{j=1}^{n} \alpha_j MFI_{it-j} + \beta_1 pEBR_{it} + \beta_2 pGAP_{it} + \beta_3 Province_i + \beta_4 Year_t + \beta_m M_{it} + \varepsilon_{it}$$

$$(9-1)$$

其中，因变量 MFI 为市场分割程度的衡量指数，MFI_{it-j} 为因变量滞后项，n 为最大滞后阶数；核心自变量 pEBR 为预算外收入占地区 GDP 的比例，在回归中由于数据可得性问题，本案例使用各省财政总收入与地方财政一般预算收入之差作为各省预算外收入的代理变量；核心自变量 pGAP 为地方财政预算收支差额占地区 GDP 的比例；Province 为省份特异效应，Year 为年份特异效应；M 为其余一些反映各省区社会经济特征的控制变量集合；β 为回归系数，ε 为误差项。

接下来我们对计量模型中的因变量、核心自变量以及控制变量集分别进行详细说明：

（1）因变量。如同朱恒鹏（2004）观点一样，我们用各省区的一般物价水平相对于全国物价水平的波动程度来间接刻画各省区不同市场分割程度。因为地方保护并非总是采取对跨地区经济活动征收关税或者发放许可证等显性形式，而是往往利用表面上为其他所制定的行政性法规，所以往往难以直接度量各省区实行地方保护主义的程度。但是，无论何种形式在何种行业的地方保护政策，都将会内化到该地区商品消费市场上的价格指数中去。故本案例以各省区的居民消费价格指数（CPI）为对象构造了两种形式的地区间价格变动差异来反映市场分割程度。详细来讲，若用 P_t 表示第 t 期全国居民消费物价指数，p_{it} 表示第 t 期 i 省区的居民消费物价指数，以 1985 年为基期，可以构造反映各地区市场分割程度差

异的两种指数：

$$\text{MFI}_{it}^1 = |p_{it} - P_t|, \quad \text{MFI}_{it}^2 = \left| \frac{(p_{it} - 100) - (P_t - 100)}{P_t - 100} \right| = \left| \frac{p_{it} - P_t}{P_t - 100} \right| \qquad (9\text{--}2)$$

由上述指数公式可知，MFI^1反映了各省区物价水平与全国平均物价水平之间的绝对差异，而MFI^2反映了各省区物价水平相对于全国物价水平的相对变化幅度。显然，若一个省区的MFI^1和MFI^2指数数值越大，意味着该省区的市场分割程度越高。

（2）核心自变量。本案例关注的核心自变量分别是预算外收入比例（pEBR）与地方财政预算收支差额比例（pGAP）。在此需要强调的是，由于自20世纪90年代中后期，各省预算外收支的统计口径多次调整，这就造成了预算外收入数据之间的不可比性，而且就数据可得性来讲，虽然全国范围的历年预算外收入数据较完备，但是分省数据却极不完整，只有极少数省份（河北省、辽宁省等）有预算外收入统计。因此，考虑到数据收集的可能性以及数据逻辑的相对一致性，本案例将各省财政总收入与地方财政一般预算收入之差作为各省预算外收入的代理变量。值得特别指出的是，计量模型中的两个核心自变量，即预算外资金数量比例和财政收支差额比例，是表征地方政府经济行为的两个直观变量；而表征"目标函数存在分歧"的市场分割程度指数是作为现实经济世界中地方政府经济行为的一种客观结果，故其作为了因变量。鉴于地方政府在我国经济发展中的重要作用，我们认为两个核心自变量所代表的地方政府经济行为正是各省份市场分割现象产生的一种直接途径。

那么，根据本案例第二部分所提出的可检验命题可知，当核心自变量 pEBR 与因变量 MFI 之间呈现出正相关关系，且核心自变量 pGAP 与因变量 MFI 之间呈现负相关关系，即当两个核心自变量的估计系数 $\beta_1 > 0$ 且 $\beta_2 < 0$ 时，我国中央政府与地方政府间的分权性质是更接近于分权一端的财政联邦主义框架；当核心自变量 pEBR 与因变量 MFI 之间呈现出负相关关系，且核心自变量 pGAP 与因变量 MFI 之间呈现正相关关系，即两个核心自变量的估计系数 $\beta_1 < 0$ 且 $\beta_2 > 0$，我国中央政府与地方政府间的分权性质是更接近于集权一端的委托代理框架。我们将在本案例第四部分报告实证结果。

（3）控制变量集 M。本案例所选取的控制变量包括以下内容：

各省人均 GDP 对数值及其平方值。这两个变量代表着各省的经济发展水平和发展阶段，同时也代表着各省级政府执行有效区域保护政策的经济实力。在此，之所以加入各省人均 GDP 的对数平方值，是由于我们设想随着由人均 GDP 所代表的各省经济发展阶段的不同，经济发展水平与市场分割程度之间的相关关系并不总是单调的，而是可能出现非线性关系。一般来说，在经济发展的初级阶段，由于市场范围、经济规模较小，执行地方保护政策的地方政府不会受到来自市场开放力量的挑战，地方保护政策可以较长时期地存在，然而随着人均 GDP 水平逐步上升，即经济发展阶段的提升，市场经济活动和交易范围都要求开放地区市场，这时，市场扩张的自发力量就会形成对地方保护政策的较大挑战，从而使得市场分割程度会被削弱。这样，加入各省人均 GDP 的对数平方值来控制我国各省区不同经济发展阶段可能存在的非线性效应就有其必要性。

各省第一产业产值占地区 GDP 比重及其一期滞后值。由于经济发展水平本质上可以表达为实现工业化与城镇化的水平，所以，第一产业比重越高代表该省区经济状况相对越不发达；反之，第一产业比重越低，则该省区经济水平就越高。故与加入各省人均 GDP 水平一样，加入该变量是为了控制由于各省的经济发展水平不同而引起的市场分割程度差异。因为地区产业结构进行调整是一个渐进过程，在回归中我们还加入了该控制变量的一期滞后值。

各省常住人口对数值。各省区的人口规模对市场分割程度存在影响：一方面，人口规模越大，生产活动越容易多样化，这时本地区行政边界内部的生产活动就越能够较为充分地满足居民生活需要，由此带来的是对外经济依赖程度的降低，地方政府也就越容易进行地方保护；另一方面，较大的人口规模会产生一些特定的公共消费需求，然而这些公共消费需求往往会由于行政边界效应或者交易成本较大而只能由该地区内部的生产活动才能满足（Kalemli-Ozcan et al.，2003）。从以上两个方面综合分析可以预测，该变量与因变量之间可能会呈现出正相关关系。

国有经济单位在岗职工人数占该省总人口的比重。一方面，该变量可用来控制国有经济成分对地方政府实行地方保护政策的影响；另一方面，随着我国市场经济体制改革的逐步深化，国有经济单位职工的比重在各个省份都在减小，而这种变化也在一定程度上体现了我国诸多体制改革政策的制度效应。需要指出的是，国有成分比例可以从产出比重、销售比重和就业人数比重等多个方面进行度量，本案例采用国有经济单位职工占总人口的比重主要是为了突出国有职工这个利益群体在地方政策制定中可能表现出来的重要影响力量。一般来讲，由于国有企业在产权配置上所面临的特殊状况，地方政府往往直接介入其经营以维持并提升其经济效率与竞争力。这就预示着，国有经济单位在岗职工人数占的比重越大，地方政府执行地方保护政策的动机也就越强烈。

各省区对外开放程度变量，包括实际利用外商直接投资额对数值与进出口总额对数值。从理论上讲，这两个控制变量会对因变量产生两种方向相反的效应：从一个层面来讲，对外开放程度变量与因变量之间呈现出负相关关系。这是由于一个省区执行地方保护政策的有效程度，会受到相关市场竞争程度的限制，市场竞争压力越大，则市场价格就越接近于一般均衡价格水平。由于外资企业与进出口企业往往具备先进的技术、管理知识以及财务资源，故可以对被地方政府所保护的地方企业带来更大的竞争压力，而此时该省区地方政府进行地方保护政策的难度也就越大；然而，从另一个层面来讲，对外开放程度与因变量之间也可能呈现出正相关关系。这是由于外资企业与进出口企业往往享有某些特殊的优惠政策，地方政府大力吸引外资并推动进出口也可以看作是对中央调控政策约束的一种退出机制，即地方经济对外资的依赖程度越高，也就相当于对中央政策的依赖性越弱，其本身执行地方保护政策时受到的来自中央部门的约束也就越小。综合以上两个层面，对外开放程度变量与市场分割程度指数之间的相关关系取决于以上两种机制力量各自的大小。

交通网络发达程度。众所周知，执行一定强度的地方保护政策需要地方政府投入大量显性和隐性的行政成本，若交通网络越发达，则地方政府实施保护性分割政策的成本就越大。本案例中将各省区公路里程对数值作为交通网络发达程度的代理变量，可以推知，该控制变量与因变量之间可能呈现负相关关系。

官僚一体化指数（Bureaucratic Integration Index）。如果地方政府的重要官员拥有在中央部门的工作经历，则很可能就倾向于执行中央政府的意愿而减少地方市场分割程度（Bai et al., 2008），故本案例中使用官僚一体化指数这个虚拟变量来控制官员工作经历对因变量即地方市场分割程度的影响。省级政府的重要官员分别是党委书记和省长（或市长、主席），故我们所构造的指数变量是这两个重要领导指数赋值的算术平均值。同黄（Huang, 1996）、拜等（Bai et al., 2008）一样，该指数的赋值规则如下：如果地方领导同时也是中央政治局委员，则官僚一体化指数赋值为4；若地方领导在地方任职前曾经在中央部门任职，则此变量赋值为3；如果地方领导曾经在其他省区任职，则此指数赋值为2；如果地方领导只在本地任职，则此指数赋值为1。可以预测，若某一省区该指数分值越高，则该省区就越倾向于服从中央政策从而削弱市场分割程度，故该变量与因变量之间会呈现出负相关关系。

1994年分税制改革虚拟变量。为了提高中央财政收入占全国财政收入的比重并实现政府间财政分配关系的规范化，1994年我国开始了以分税制为主体的财政体制改革，其主要内容就是以税种划分中央与地方政府的收入。值得指出的是，分税制改革后中央与地方分割的是税项，而不是"分灶吃饭"体制下的税收收入，与此同时，在政府支出方面维持原有的划分格局。这样，分税制改革被认为是中央财政的"重新集权"，这就必然对省级政府的经济行为产生显著影响，进而打破中央与地方之间的原有均衡关系。由此，我们构建控制1994年分税制改革效应的虚拟变量，将1994年之前赋值为0，1994年之后赋值为1。可以预期，1994 年分税制改革后，由于财政体制更加透明化，进而地方政府的财政能力受到较多的制约，该虚拟变量与因变量之间会呈现出负相关关系。

省份异质性虚拟变量（Province）和年份虚拟变量（Year）。首先，考虑到我国疆域广大，不同省份间的社会经济发展水平存在结构性差异，这使得在全国范围内考察地区市场分割程度时可能会出现样本对象范围选择的偏差。为此在尽量节约样本自由度的前提下，我们按照惯例分别对隶属于东、中、西部的省份构造了虚拟变量；其次，为了控制市场分割程度会随着经济规模、市场分工范围扩大而可能出现的自然下降趋势，并同时控制没有被包含在回归模型中的且与时间因素有关的非观测效应，本案例中还在回归中加入了依据时间跨度而生成的时间序列虚拟变量。

2. 估计方法

由于本案例计量模型的自变量中包括因变量的滞后项，故此计量模型属于动态面板数据模型。在这样的动态面板数据模型中，引入因变量的滞后项会使得滞后项与不可观测的截面异质性效应产生相关并带来参数估计的非一致性问题（Arellano & Bond，1991）。为了克服此问题，并同时解决因变量与自变量之间可能出现的联立内生性问题，阿雷拉诺和邦德（Arellano & Bond，1991）提出了广义矩估计法（GMM）来估计动态面板数据模型，即 DIF-GMM 估计（First-differenced GMM），其基本思路是先对原动态计量方程进行差分，然后用一组滞后变量作为差分方程中相应变量的工具变量。然而，阿雷拉诺和邦德（1995）、布伦德尔和邦德（1998）以及邦德等（2001）进一步研究认为，DIF-GMM 估计量会导致一部分样本信息的损失，并且当因变量在时间上有持续性时，工具变量的有效性将减弱，从而影响估计结果的渐进有效性，即会出现有限样本偏误（Finite-sample Bias），由此他们发展了另一种 GMM 估计量，即 SYS-GMM 估计量。SYS-GMM 估计量结合了差分方程和水平方程两种估计信息，并增加了一组滞后的差分变量作为水平方程相应变量的工具变量，所以相对来说，SYS-GMM 估计量具有更好的有限样本性质。

在后文的估计过程中，我们利用面板数据的 IPS 单位根检验（Im，Pesaran and Shin，2003）考察了各主要经济变量的时序特性，检验结果表明，我们无法拒绝大部分控制变量为 I（1）序列的假设。在这种情况下，为了避免 DIF-GMM 存在的弱工具变量问题，我们运用 SYS-GMM 法回归动态面板数据模型。此外，GMM 估计可进一步分为一步（Onestep）和两步（Twostep）估计，虽然两步 GMM 法相比于一步 GMM 更加渐进有效，但由于本案例动态面板数据的样本容量相对较少，为避免小样本偏差，我们采取了 Onestep-SYS-GMM 回归。因为广义矩估计（GMM）的一致性估计要求变量不存在二阶序列相关，故本案例在回归结果解释部分报告了 Arellano-Bond 残差序列一阶和二阶相关性检验。同时，我们也报告了判定所有工具变量整体有效性的 Hansen 检验结果以及判定 GMM 类和 IV 类工具变量子集有效性的 Difference-in-Hansen 检验结果。

3. 数据说明

本案例应用我国 1985~2007 年的分省面板数据进行实证分析。将 1985 年作为起始年份主要是因为自 1985 年中国共产党第十二届三中全会开始我国逐渐取消了计划经济价格体制，并开始实行市场经济取向的价格体制改革，自此以后市场经济主体分散的理性决策在价格形成中的作用逐渐扩大，这就意味着 1985 年之后，我们选用反映物价水平的居民消费物价指数（CPI）来构造市场分割程度指数才真正具有合理性。本案例所需数据均取自《中国统计年鉴》、《新中国五十五年统计资料汇编》以及各省级统计年鉴（其中河北省为《河北经济统计年鉴》），其中，统计数据集中按当年价发布的相关数据已用 1985 年不变价进行折算。考虑到经济状况的特殊性，本案例的面板数据集中没有包括港澳台地区，并删除了西藏自治区和海南经济特区。由于行政区划的调整，1997 年重庆市从四川省分离成立直辖市，为保证逻辑一致性，我们将四川省与重庆市的数据合并，其中，我们用两个地区相关指数的算术平均值作为加总指数的代理变量。由于重庆市 1997 年之前相关变量的个别数据缺失从而导致了四川省和重庆市的数据序列无法顺利合并，此时我们用 1997 年之前《四川省统计年鉴》的相应数据加以填补。这样，本案例的面板数据模型中共有 28 个截面。关于数据问题值得说明的还有：①本案例中官僚一体化指数的数据来自《中华人民共和国职官志》（2003）以及 China Vitae、人民网、新华网等公布的省部级干部资料；②本案例中所有比重类变量数据都用百分数表示。

（四）动态估计过程与结果解析

在具体估计本案例所构建的动态面板计量模型时，我们首先利用面板数据的 IPS 单位根检验（Im、Pesaran and Shin，2003）考察了各主要经济变量的时序特性。表 9-1 的检验结果表明，我们无法拒绝除去外商直接投资额对数值之外的经济变量均为 I（1）序列的原假设。因此，为了避免 DIF-GMM 可能存在的弱工具变量问题，我们运用 SYS-GMM 回归动态面板数据模型。然后，通过比较 Arellano-Bond 二阶残差自相关检验的不同结果，我们最终确定将因变量即市场分割程度指数滞后两期。

采用 GMM 法进行动态面板估计的重要前提是判断各经济变量的性质，即某一变量是归类为外生变量还是内生变量或前定变量。一方面，经济系统中变量之间总会存在千丝万缕的联系；另一方面，标准的计量统计又要求自变量和因变量

表 9-1　主要经济变量的 IPS 单位根检验结果

经济变量	t 统计量（P 值）	经济变量	t 统计量（P 值）
预算外收入比例代理变量	−0.733（1.000）	第一产业产值占地区生产总值比重	−1.540（0.280）
地方财政预算收支差额比例	−1.258（0.828）	第一产业产值比重一期滞后	−1.440（0.484）
外商直接投资额对数值	−1.831（0.015）	各省人口对数值	−0.338（1.000）
进出口总额对数值	−1.327（0.718）	国有单位在岗职工占总人口的比重	−0.628（1.000）
人均 GDP 对数值	−1.553（0.257）	公路里程对数值	−1.156（0.934）
人均 GDP 对数值平方	−1.271（0.811）	官僚一体化指数	−1.573（0.225）

注：统计时 Im-Pesaran-Shin 单位根检验的扩展滞后期均设定为 3。

之间尽量具有外生性。为了平衡这两方面的矛盾，我们考虑不同的假定情况。具体而言，我们分别构建两个模型：在模型 A 中，我们假设除自变量滞后值之外的其他因变量均为外生变量；在模型 B 中，由于各省人口变量更多地取决于我国历史状况、计划生育政策以及文化习惯，而官僚一体化指数变量更多地取决于政治因素，故在模型 B 中我们将各省人口对数值、官僚一体化指数以及计量模型中出现的虚拟变量之外的经济变量均设定为内生变量。

表 9-2 给出了两个模型、两种市场分割程度指数共四种 GMM 回归的检验结果。从模型有效性来讲，回归结果中的 Arellano-Bond AR(1) 和 AR(2) 自相关检验表明，模型 A 中当市场分割程度指数为 MFI^2 时，模型残差序列存在显著的一阶自相关和二阶自相关，这就违背了进行 GMM 估计的前提要求，同时也意味着我们并不能将所有解释变量都视为严格的外生变量。除此之外，其余各模型残差序列均存在显著的一阶自相关但不存在二阶自相关，这意味着计量模型 B 中我们对经济变量性质的判断总体上符合了动态面板数据估计要求。进一步，由判定所有工具变量整体有效性的 Hansen 检验以及判定 GMM 类和 IV 类工具变量子集有效性的 Difference-in-Hansen 检验结果可知，我们不能拒绝工具变量集具备有效性的原假设。

从表 9-2 中可以看出，第一个核心自变量即预算外收入比例代理变量（pEBR）的系数始终大于零，且第二个核心自变量即地方财政预算收支差额比例（pGAP）的系数始终小于零。从显著性上看，模型 B 中以市场分割程度指数 MFI^1 为因变量时，两个核心自变量均在 10% 的水平下通过显著性检验；而以市场分割程度指数 MFI^2 为因变量时，核心自变量 pEBR 显著，而核心自变量 pGAP 不显著。然而，在模型 A 中两个核心自变量的系数虽然符号与模型 B 一致，但是均不显著。由此说明，模型 B 的估计效果在总体上要优于模型 A，这个比较再次证明了合理判定经济变量外生或内生性质的必要性。总之，根据本案例在第二部分提出的可检验命题可知，自改革开放以后，我国中央政府与地方政府间的分权性

表 9–2　关于中国式分权性质判断的系统 GMM 估计结果

自变量＼因变量	模型 A		模型 B	
	MFI[1]	MFI[2]	MFI[1]	MFI[2]
★预算外收入比例代理变量（pEBR）	0.06（0.03）	0.05（0.03）	0.05*（0.02）	0.05*（0.02）
★地方财政预算收支差额比例（pGAP）	−0.10（0.06）	−0.05（0.05）	−0.12*（0.06）	−0.07（0.04）
L1.市场分割程度指数	1.26***（0.06）	1.00***（0.05）	1.27***（0.06）	0.96***（0.05）
L2.市场分割程度指数	−0.28***（0.06）	−0.05（0.06）	−0.28***（0.06）	−0.05（0.06）
人均 GDP 对数值	5.38（9.50）	7.03（9.05）	6.01（8.75）	8.31（8.83）
人均 GDP 对数值平方	−0.32（1.03）	−0.15（1.10）	−0.43（0.94）	−0.48（1.10）
第一产业产值占 GDP 比重	−0.25*（0.10）	−0.32**（0.10）	−0.25*（0.10）	−0.30**（0.10）
L1.第一产业产值占 GDP 比重	0.26*（0.10）	0.33**（0.11）	0.26*（0.11）	0.31*（0.12）
常住人口对数值	2.99*（1.09）	3.62**（0.99）	3.12**（1.07）	3.10**（0.92）
国有职工人数占总人口比重	0.20（0.10）	0.13*（0.05）	0.19（0.10）	0.13*（0.06）
外商直接投资额对数值	1.03*（0.40）	0.23（0.39）	0.85*（0.32）	0.15（0.31）
进出口总额对数值	−1.70*（0.76）	−2.26**（0.73）	−1.39*（0.61）	−1.37*（0.63）
公路里程对数值	−0.44（1.09）	−0.80（1.04）	−0.76（1.03）	−1.04（0.94）
官僚一体化指数	0.13（0.34）	0.18（0.43）	0.22（0.30）	0.34（0.37）
1994 年分税制改革虚拟变量	−0.99（0.95）	−2.21*（0.85）	−1.00（0.90）	−2.21**（0.79）
东部省份虚拟变量	0.04（0.91）	0.39（0.73）	−0.03（0.87）	0.07（0.73）
西部省份虚拟变量	0.66（0.58）	0.62（0.49）	0.63（0.56）	0.62（0.50）
时间虚拟变量	−0.14（0.15）	−0.08（0.11）	−0.14（0.15）	−0.07（0.11）
Arellano–Bond AR（1）检验	−4.08***	−2.83***	−4.05***	−2.81***
Arellano–Bond AR（2）检验	0.47	−2.50***	0.50	−1.03
Hansen 过度识别检验	2.73	10.17	12.58	8.72
Diff–in–Hansen GMM 工具变量有效性	0.00	−0.44	−0.00	0.00
Diff–in–Hansen IV 工具变量有效性	−5.23	−0.61	4.09	−1.63
有效样本数	588	560	588	560

　　注：①为了突出所关心的两个核心自变量，我们将其放在了表 9–2 中的前两行，并用★加以标识；②表中 L1 和 L2 前缀分别表示该变量的一阶和二阶滞后值；③表格括号中报告的是经过异方差稳健校正计算得到的标准误；④***、**、* 分别表示 1%、5%、10%的显著性水平；⑤为了节约篇幅，表中没有报告常数项；⑥由于本案例动态面板数据的样本容量相对较少，为避免小样本偏差，我们采用了 Onestep-SYS-GMM 回归。此外，本案例曾尝试利用 GMM 法中 collapse 选项来减少 GMM 类工具变量数量以克服工具变量较多带来的自由度损失问题，以及利用经 Windmeijer（2005）有限样本校正的 Twostep-SYS-GMM 进行回归，但得到的结果与表中结果没有本质差异，故未作报告。

质更接近于分权一端，即归属于财政联邦主义理论框架。在这种框架中，地方政府的行为特征是倾向于通过经济增长竞争来增加预算外收入以提升与中央政府在政策上讨价还价的力量，并实施地方保护来追求地方财政利益最大化，同时，为了尽量较少地受到中央转移支付体制的限制，在财政收支安排上地方政府会倾向于减少地方财政预算收支差额比例。

从以上计量结果可以判断出，虽然我国中央政府始终保持了政治集中制，尤其是重要官员人事任命上的中央控制权力，以及对各地方政府经济决策进行协调，甚至是在某些层面进行直接干预的权力，但是我国中央政府的这种政治集权体制却没有能够较为充分地实现对地方政府的规制与约束以驱使地方政府按照其目标函数行动，中国式分权处于绝对集权与绝对分权两个极端中更接近于分权的一端。其可能的原因如下：我国是人口、疆域以及经济规模等多重意义上的大国，各个行政辖区的自然、历史、地理以及政策环境存在诸多差异，而分权体制下地方政府经济利益的相对独立化强化并放大了多层级政府组织之间天然面临着的信息不完全、不对称以及巨大的监督成本问题，从而使得政治约束的效用被大大削弱。这样，基于 GDP 相对绩效考核的政治与人事集权虽然实现了将地方政府的注意力集中到经济增长速度而不是攫取租金上的目标（傅勇、张晏，2007），但是这种政治集权却不能进一步约束地方政府既注重短期经济增长也注重长远的经济与社会发展。事实上，我国一直以来都面临的城乡与地区间收入差距的持续扩大、社会保障等公共事业的公平缺失以及区域市场分割等问题恰恰可以看作是伴随中国式分权的负面激励与成本（王永钦等，2007），同时也是地方政府忽视长期经济与社会发展的表现。

此外，值得说明的是，虽然各变量的显著性水平各不相同，但是，除官僚一体化指数变量之外其余的控制变量，如各省人口规模、国有职工人数比重、公路里程、分税制改革虚拟变量以及时间虚拟变量等，其估计系数符号均与我们前文预期一致。而官僚一体化指数变量的系数符号之所以与预期不一致，除了数据本身因素可能导致的不确定性之外，一个可能的解释是，与一般官员相比，为了传达其政治任职或经历的强势信号，官僚一体化指数较高的政府官员就越有激励更加迅速地促进所在地区的经济增长。由于我国仍然处于资本驱动型的经济增长阶段（安立仁，2003），尤其是 1994 年分税制改革以来，中国经济中资本产出比例在不断上升（赵志耘、吕冰洋，2005；张烨卿，2006），这种现状就意味着，地方政府对于资本的竞争非常强烈。在这种现状下，对于官僚一体化指数较高的政府官员来讲，采取一定程度的地方保护主义策略往往能够在吸引资本流入方面显得更具优势。在我们已经判断出我国的分权性质归属于财政联邦主义框架之后，对官僚一体化指数变量系数符号的解释或许可以告诉我们，中央政府一直较为重视的干部交流制度并没有从根本上解决由于体制分权化所带来的地方政府行为扭曲。

（五）结论

根据是否将政治集权纳入分析，本案例将从财政分权角度对中国经济迅速发展进行逻辑解析的相关文献归纳为两种相互对立的框架，即重视分权一端的财政联邦主义框架和重视集权一端的委托代理框架。这两种框架的划分也分别对应着对中国式分权性质的不同判断。为了从经验上判断我国的分权性质到底属于何种框架，本案例提出了一个可检验的命题，命题所遵循的逻辑思路是，当中央政府与地方政府的目标函数中存在某一方面的分歧时，则在两种截然不同的分权理论框架下地方政府的行为特征也会相应地表现出差异化，从而从反面映射出我国中央政府与地方政府间的分权实质。依据所提出的命题和地方政府的行为特征，本案例指出，当第一个核心自变量即预算外收入比例（pEBR）与因变量即市场分割程度指数（MFI）之间呈现出正相关关系，且第二个核心自变量即地方财政预算收支差额比例（pGAP）与因变量 MFI 之间呈现出负相关关系时，我国中央政府与地方政府间的分权性质更接近于分权一端，即归属于财政联邦主义理论下的讨价还价框架；而当第一个核心自变量 pEBR 与因变量 MFI 之间呈现出负相关关系，且第二个核心自变量 pGAP 与因变量 MFI 之间呈现出正相关关系时，我国中央政府与地方政府间的分权性质更接近于集权一端，即归属于标准的委托代理框架。

在采用 Onestep-SYS-GMM 法对我国分省动态面板数据模型进行回归之后，本案例得出了与 Li Lixing（2008）论文相反的结论，我们认为在改革开放之后，我国中央政府与地方政府间的分权性质更接近于分权一端，即归属于财政联邦主义理论框架。在这种框架中，地方政府的行为特征是倾向于通过经济增长竞争来尽量增加预算外收入以提升与中央政府讨价还价的力量，并实施地方保护政策追求地方财政利益最大化，同时，为了尽量较少地受到中央转移支付体制的限制，在财政收支安排上地方政府会倾向于减少财政收支差额比例。出现这种计量结果的原因可能是分权体制下地方政府经济利益的相对独立化强化并放大了多层级政府组织之间天然面临着的信息不完全、不对称以及巨大的监督成本问题，从而使得政治约束的效用被大大削弱。

对于我国分权性质的这种判断，值得说明的是，一方面，正如财政联邦主义文献所证明的，中央政府向地方政府的分权确实可以形成地方政府之间展开经济增长竞争的激励，并产生一些"趋好的竞争"结果（张军，2007），比如分权竞争促进了不可逆转的市场机制的发展，促进了乡镇企业的发展，促进了城市化和基础设施的建设，导致了改革实验的发生和模仿等，这些可以看作是分权体制下地方政府所获得的正面激励（分权的收益）。然而，另一方面，过度的分权也可能使得各省之间的经济增长竞争陷入"race to the bottom"的低水平均衡，比如地区市场分割的"诸侯经济"现象严重，地区经济结构同质化，以及有关国计民生的科教文卫等公共服务支出得不到保证等（分权的成本），这些都对我国整体经济效率的改善和市场经济的长期均衡发展造成了不利影响（王永钦等，2007）。所以，对于我国的中央政府而言，相对于已经实现的"做对激励"（Get the Incentive Right）而言，现阶段中央政府更应该做的是"做对协调"（Get the Coordination Right），并逐步打破财政分权体制下的各省份既得利益，真正发挥中央政府对经济发展全局的调控与平衡职能。

三、实验操作步骤

（一）Stata 软件简介

Stata 是一个用于分析和管理数据的功能强大又小巧玲珑的实用统计分析软件，由美国计算机资源中心（Computer Resource Center）研制。从 1985 年到现在，已连续推出 1.1，1.2，1.3，1.4，1.5，2.0，2.1，3.0，3.1，4.0，5.0，6.0，7.0.，8.0，9.0，……，13.1 等多个版本，通过不断更新和扩充，内容日趋完善。它同时具有数据管理软件、统计分析软件、绘图软件、矩阵计算软件和程序语言的特点，又在许多方面别具一格。Stata 融汇了上述程序的优点，克服了各自的缺点，使其功能更加强大，操作更加灵活、简单，易学易用，越来越受到人们的重视和欢迎。

Stata 的统计功能很强，除了传统的统计分析方法外，还收集了近 20 年发展起来的新方法，如 Cox 比例风险回归，指数与 Weibull 回归，多类结果与有序结果的 logistic 回归，Poisson 回归，负二项回归及广义负二项回归，随机效应模型等。具体来说，Stata 具有如下统计分析能力：

其一，数值变量资料的一般分析：参数估计、t 检验、单因素和多因素的方差分析、协方差分析、交互效应模型、平衡和非平衡设计、嵌套设计、随机效应、多个均数的两两比较、缺项数据的处理、方差齐性检验、正态性检验、变量变换等。

其二，分类资料的一般分析：参数估计、列联表分析（列联系数，确切概率）、流行病学表格分析等。

其三，等级资料的一般分析：秩变换、秩和检验、秩相关等。

其四，相关与回归分析：简单相关、偏相关、典型相关，以及多达数十种的回归分析方法，如多元线性回归，逐步回归，加权回归，稳健回归，二阶段回归，百分位数（中位数）回归，残差分析，曲线拟合，随机效应的线性回归模型等。

其五，Stata 的作图模块，主要提供如下八种基本图形的制作：直方图（histogram），条形图（bar），百分条图（oneway），百分圆图（pie），散点图（twoway），散点图矩阵（matrix），星形图（star），分位数图。这些图形的巧妙应用，可以满足绝大多数用户的统计作图要求。在有些非绘图命令中，也提供了专门绘制某种图形的功能，如在生存分析中，提供了绘制生存曲线图，回归分析中提供了残差图等。

其六，Stata 的矩阵运算功能。矩阵代数是多元统计分析的重要工具，Stata 提供了多元统计分析中所需的矩阵基本运算，如矩阵的加、积、逆、Cholesky 分解、Kronecker 内积等；还提供了一些高级运算，如特征根、特征向量、奇异值分解等；在执行完某些统计分析命令后，还提供了一些系统矩阵，如估计系数向量、估计系数的协方差矩阵等。

其七，Stata 的程序设计功能。Stata 是一个统计分析软件，但它也具有很强的程序语言功能，这给用户提供了一个广阔的开发应用的天地，用户可以充分发挥自己的聪明才智，熟练应用各种技巧，真正做到随心所欲。事实上，Stata 的 ado 文件（高级统计部分）都是用 Stata 自己的语言编写的。

总之，Stata 其统计分析能力远远超过了 SPSS，在许多方面也超过了 SAS。由于 Stata 在分析时是将数据全部读入内存，在计算全部完成后才和磁盘交换数据，因此计算速度极快（一般来说，SAS 的运算速度要比 SPSS 至少快一个数量级，而 Stata 的某些模块和执行同样功能的 SAS 模块比，其速度又比 SAS 快将近一个数量级）Stata 也是采用命令行方式来操作，但使用上远比 SAS 简单。其生存数据分析、纵向数据（重复测量数据）分析等模块的功能甚至超过了 SAS。用 Stata 绘制的统计图形相当精美，很有特色。

Stata13.1 的操作界面如图 9-1 所示。

（二）GMM 估计的完成

需要提前说明的是，下文中提到的每一个 stata 命令使用方法，最好的途径是查看 help 命令文件，操作是在命令输入窗口键入 "help 命令名"。对于广义矩估计，stata 软件提供的命令是 xtabond2，该命令适用于截面较多而时间跨度较少（small T，large N）的面板数据集。本文所使用的命令格式如下：

xtabond2 cpi1 L.cpi1 L2.cpi1 peb pgap lie lfdi lagdp lagdp2 lpop pigdpgdp L. pigdpgdp soupop lhwlength bii dum1994 dumeast dumwest t，gmm（L.cpi1 L2.cpi1）

图 9–1 Stata 13.1 的操作界面

iv（peb pgap lagdp lagdp2 pigdpgdp L.pigdpgdp soupop lie lfdi lhwlength lpop bii dum1994 dumeast dumwest t）small robust

其中，变量前缀 L1.以及 L2.分别表示滞后一期和滞后两期；xtabond2 命令选择中的 gmm（　），括号中是一些怀疑具有内生性的变量，而选项 iv（　），括号中是计量方程中出现了被认为是具备严格外生性的变量；small 选项是让回归结果报告 t 统计量和 F 统计量，而不是 z 统计量；选项 robust 使得回归结果报告的是对异方差和自相关保持稳健的标准误。

在命令窗口输入 xtabond2 上述命令后，输出结果如图 9–2 所示。其中，表格下方给出的是检验 GMM 估计是否有效的常规检验，比如 GMM 估计允许模型残差序列存在一阶自相关，但是不能存在二阶自相关；Hansen 检验用来判断所有工具变量整体有效性等，如图 9–2 所示。

```
Dynamic panel-data estimation, one-step system GMM
---------------------------------------------------------------------------
Group variable: code                        Number of obs      =        588
Time variable : year                        Number of groups   =         28
Number of instruments = 248                 Obs per group: min =         21
F(18, 27)       =      21141.78                            avg =      21.00
Prob > F        =         0.000                            max =         21
```

cpi1	Coef.	Robust Std. Err.	t	P>|t|	[95% Conf. Interval]
cpi1					
L1.	1.264523	.0607935	20.80	0.000	1.139785 1.389261
L2.	-.2752851	.0607601	-4.53	0.000	-.3999544 -.1506158
peb	.0595187	.0320148	1.86	0.074	-.0061701 .1252076
pgap	-.0984745	.0569028	-1.73	0.095	-.2152294 .0182804
lie	-1.696036	.7632971	-2.22	0.035	-3.262192 -.1298794
lfdi	1.034438	.4001048	2.59	0.015	.2134902 1.855385
lagdp	5.380701	9.504294	0.57	0.576	-14.1205 24.8819

图 9–2 GMM 估计的完成

lagdp2	-.3185664	1.031442	-0.31	0.760	-2.434911	1.797778
lpop	2.985583	1.089347	2.74	0.011	.750427	5.220739
pigdpgdp						
--.	-.2449373	.0953358	-2.57	0.016	-.4405503	-.0493244
L1.	.2571327	.1039756	2.47	0.020	.0437923	.4704731
soupop	.198051	.0991101	2.00	0.056	-.005306	.4014081
lhwlength	-.4369299	1.088821	-0.40	0.691	-2.671007	1.797147
bii	.1279175	.3393463	0.38	0.709	-.5683634	.8241985
dum1994	-.9868973	.9501378	-1.04	0.308	-2.936419	.9626224
dumeast	.0430044	.9074655	0.05	0.963	-1.818961	1.90497
dumwest	.6625705	.5753748	1.15	0.260	-.5180011	1.843142
t	-.1373044	.1537027	-0.89	0.380	-.4526764	.1780675
_cons	-19.01774	18.59894	-1.02	0.316	-57.17962	19.14414

```
Instruments for first differences equation
  Standard
    D.(peb pgap lagdp lagdp2 pigdpgdp L.pigdpgdp soupop lie lfdi lhwlength
    lpop bii dum1994 dumeast dumwest t)
  GMM-type (missing=0, separate instruments for each period unless collapsed)
    L(1/.).(L.cpi1 L2.cpi1)
Instruments for levels equation
  Standard
    _cons
    peb pgap lagdp lagdp2 pigdpgdp L.pigdpgdp soupop lie lfdi lhwlength lpop
    bii dum1994 dumeast dumwest t
  GMM-type (missing=0, separate instruments for each period unless collapsed)
    D.(L.cpi1 L2.cpi1)
```

```
Arellano-Bond test for AR(1) in first differences: z =  -4.08  Pr > z =  0.000
Arellano-Bond test for AR(2) in first differences: z =   0.47  Pr > z =  0.635
```

```
Sargan test of overid. restrictions: chi2(229)  = 312.72  Prob > chi2 =  0.000
  (Not robust, but not weakened by many instruments.)
Hansen test of overid. restrictions: chi2(229)  =   2.73  Prob > chi2 =  1.000
  (Robust, but can be weakened by many instruments.)

Difference-in-Hansen tests of exogeneity of instrument subsets:
  GMM instruments for levels
    Hansen test excluding group:      chi2(203)  =   2.73  Prob > chi2 =  1.000
    Difference (null H = exogenous): chi2(26)   =   0.00  Prob > chi2 =  1.000
  iv(peb pgap lagdp lagdp2 pigdpgdp L.pigdpgdp soupop lie lfdi lhwlength lpop bii dum1994 dumea
> dumwest t)
    Hansen test excluding group:      chi2(213)  =   7.95  Prob > chi2 =  1.000
    Difference (null H = exogenous): chi2(16)   =  -5.23  Prob > chi2 =  1.000
```

图 9-2　GMM 估计的完成（续图）

四、案例讨论

1. 广义矩估计与矩估计的本质区别是什么？

2. 广义矩估计的适用范围是什么？

3. SYS-GMM 估计量相比 DIF-GMM 估计量存在哪些优势？

実験案例十

面板门槛模型实验

本案例主要介绍了面板门槛模型理论及应用。由于面板门槛模型在环境问题研究中应用比较广泛，因此本案例基于面板门槛模型，针对环境治理、城市化与经济增长——基于面板门槛模型的实证分析及环境规制与经济增长的多重均衡——理论与中国经验两个案例，通过不同的工具软件进行实证分析。

一、面板门槛模型简介

面板门槛模型（Panel Threshold Regression Model，PTR 模型）的运行机理主要分为参数估计与门槛检验两个部分，下面分别从模型形式、参数估计、门槛检验三个方面进行介绍。

（一）模型形式

汉森（Hansen，1999）提出了 PTR 模型，其一般函数（两阶段）形式如下：

$$y_{it} = \delta_1' x_{it} I(q_{it} \le \lambda) + \delta_2' x_{it} I(q_{it} > \lambda) + \varepsilon_{it} \tag{10-1}$$

q_{it} 表示门槛变量；λ 为门槛值；参数 $\delta_{it} = (\beta_{1j} \beta_{2j} \beta_{3j} \cdots \beta_{nj})'$　$j = 1, 2, 3, \cdots,$ n；自变量 $x_{it} = (x_{1t}, x_{2t}, x_{3t}, \cdots, x_{nt})'$　$t = 1, 2, 3, \cdots,$ n；ε_{it} 为残差项；式（10-1）可另写成如下形式：

$$y_{it} = \begin{cases} \delta_1' x_{it} + \varepsilon_{it}, & q_{it} \le \lambda \\ \delta_2' x_{it} + \varepsilon_{it}, & q_{it} > \lambda \end{cases} \tag{10-2}$$

另外，当含有两个门槛值或三个门槛值时，其函数形式分别如下：

$$y_{it} = \delta_1' x_{it} II(q_{it} \le \lambda_1) + \delta_2' x_{it} II(\lambda_1 < q_{it} \le \lambda_2) + \delta_3' x_{it}(q_{it} > \lambda_2) + \varepsilon_{it} \tag{10-3}$$

$$y_{it} = \delta_1' x_{it} III(q_{it} \le \lambda_1) + \delta_2' x_{it} III(\lambda_1 < q_{it} \le \lambda_2) + \delta_3' x_{it} III(\lambda_2 < q_{it} \le \lambda_3) + \\ \delta_4' x_{it} III(q_{it} > \lambda_3) + \varepsilon_{it} \tag{10-4}$$

含有 N 个门槛值的 PTR 模型依照上述形式以此类推。

(二) 参数估计

汉森 (1999) 为了简化估计过程，选择了固定效应面板分析模型，并通过去均值法除去个体固定效应得到回归模型，其一般形式如下：

$$y_{it} = \delta' x_{it}(\lambda) + \varepsilon_{it} \tag{10-5}$$

对 $\delta'(\lambda)$ 的估计，可给定 λ 值，通过最小二乘法 (LS) 方法得到估计量 $\hat{\delta}'(\lambda)(\hat{\delta}'(\lambda) = (x_{it}(\lambda)'x_{it}(\lambda))^{-1}x_{it}(\lambda)y_{it})$。对应的回归残差项 $\hat{\varepsilon}'_{it}(\lambda) = y_{it} - \hat{\delta}'(\lambda) \cdot x_{it}(\lambda)$，残差平方和 $S_1(\lambda) = \sum_{i=1}^{N} \sum_{t=1}^{T} \hat{\varepsilon}_{it}^2(\lambda)$，残差方差 $\hat{\sigma}^2 = \dfrac{S_1(\lambda)}{n(T-1)}$。由此可知，若能确定阈值 λ，即可得 $\delta'(\lambda)$。

汉森 (1999) 提出，确定阈值 λ，可先给出 λ 的一个可行区间 R，将该区间所有可能的阈值代入式 (10-5) 中进行估计，最优的阈值估计值 $\hat{\lambda}$ 即为在所有 λ 下，使 $S_1(\lambda)$ 的值最小，即 $\hat{\lambda} = \text{ArgMins}S_1(\lambda)$。操作步骤：首先从小到大排列阈值变量的值，从而形成阈值区间；其次，为确保所有阈值均有足量的观测值用于估计，去除阈值区间中前后 5% 的值，剩余区间为阈值的可行区间 R；最后把 R 中所有可能的阈值代入式 (10-5) 中进行估计。

(三) 门槛检验

在使用面板门槛模型进行回归前，需要对模型的门槛效果存在性以及模型的具体形式进行检验。模型的检验包括两个方面：一是门槛效应显著性检验；二是门槛估计值 $\hat{\lambda}$ 显著性检验。为简化过程，本案例以单门槛面板模型为例，存在一个门槛以上的模型的检验与之类似。

1. 门槛效应检验

有零假设 $H_0 : \delta_1 = \delta_2$ (不存在门槛效应)，备择假设 $H_1 : \delta_1 \neq \delta_2$ (存在门槛临界值)。汉森 (1999) 提出利用 F 检验来检验此零假设，并提出检验统计量构造方法：$F_1(\lambda) = \dfrac{[S_0 - S_1(\hat{\lambda})]/1}{S_1(\hat{\lambda})/[n(T-1)]} = \dfrac{S_0 - S_1(\hat{\lambda})}{\hat{\sigma}^2}$。其中 S_0 为不存在门槛效应时模型的残差平方和。在不存在门槛效用时，方程 (10-3) 表示如下：

$$y_{it} = \delta'_1 x_{it}(\lambda) + \varepsilon_{it} \tag{10-6}$$

对式 (10-6) 直接进行 LS 估计，可得回归系数 δ'_1、残差 $\hat{\varepsilon}$ 以及残差平方和 $S_0 =$

$SSE_0 = \hat{\varepsilon} \cdot \hat{\varepsilon}'$。由于在 H_0 条件下门槛变量无法识别将导致 $F_1(\lambda)$ 不满足标准分布。为此汉森（1996）提出用 bootstrap 法来获取 $F_1(\lambda)$ 的近似分布，进而得到 $F_1(\lambda)$ 的 p 值 p'。其步骤：首先将原始数据按个体汇总计算回归残差，得到 $\hat{\varepsilon}_i = (\hat{\varepsilon}_{i1}, \hat{\varepsilon}_{i2}, \cdots, \hat{\varepsilon}_{iT})'$；其次以样本 $\{\hat{\varepsilon}_1, \hat{\varepsilon}_2, \cdots, \hat{\varepsilon}_n\}$ 作为 bootstrap 的经验分布，从中抽出样本，利用这些残差来构建 H_0 下的 bootstrap 样本。再根据 bootstrap 样本估计方程，得到 $F_1(\lambda)$；然后不断重复这一过程，计算模拟 $F_1(\lambda)$ 统计量超过实际 $F_1(\lambda)$ 统计量的次数所占百分比 p'。当样本容量以及重复次数足够大，p' 将无限接近于真实 p 值。若 p' 小于事先确定的显著性水平，则拒绝 H_0，从而接受存在门槛效应的备择假设。

2. 门槛值显著性检验

其零假设为 $H_0: \hat{\lambda} = \lambda_0$，备择假设 $H_0: \hat{\lambda} \neq \lambda_0$，利用似然比（LR）方法构建检验统计量 $LR_1(\lambda) = \dfrac{S_1(\lambda) - S_1(\hat{\lambda})}{\hat{\sigma}^2}$。汉森（1999）证明了在满足 H_0 的情况下，随着 $n \to \infty$，则 $LR_1(\lambda) \to \xi$。此处 ξ 的密度函数：$P(\xi \leq x) = (1 - e^{(-\frac{x}{2})})^2$，$(x \geq 0)$。其反函数形式：$C(\alpha) = -2\log(1 - \sqrt{1 - \alpha})$，可由该式计算临界值 $C(\alpha)$。在事先确定的显著性水平下，若 $LR_1(\lambda_0)$ 大于临界值 $C(\alpha)$，则拒绝 H_0，认为所估计门槛值不显著。

至此，完成了面板门槛模型的整个估计与检验过程。

二、实验案例一：环境治理、城市化与经济增长
——基于面板门槛模型的实证分析

环境问题一直是当今学术界问题研究的重点，本案例基于面板门槛模型对环境治理、城市化与经济增长进行实证分析。主要包括引言与文献回顾、模型与数据、实证分析、结论及实验操作步骤。

（一）引言与文献回顾

对于环境治理投入与经济增长之间的关系，现有研究主要存在三种不同的观点：第一种观点认为，环境治理投入的增加促进了经济增长（Mazzanti & Zoboli，2009；朱承亮，2012；封福育，2014）。博赫林格等（Bohringer，2012）考虑产

出、环境治理投入与能源消费，建立了关于德国制造业部门的面板数据模型，发现环境治理投入对经济增长存在着正向影响。邓国营（2012）利用住房市场微观交易数据，在特征价格均衡框架下采用 CIC 估计方法得出：环境治理本身带来了巨大的市场经济价值。第二种观点认为，环境治理投入对经济增长产生了阻碍作用（Jorgenson，1990；Ederington & Minier，2003）。黄菁和陈霜华（2011）通过建立一个人力资本内生增长模型，将环境及环境污染治理投入纳入其中，通过实证检验发现，不断增加的环境污染治理投资份额一定程度上对经济增长造成了负面影响。第三种观点认为，环境治理投入与经济增长之间并不是纯粹的线性关系（熊艳，2011；原毅军和刘柳，2013）。蔡（Chua，1999）建立了包含环境创新的内生增长模型，通过实证分析发现，发达国家的环境治理投入削弱了国家的竞争力，在短期存在不利影响，但随着环境治理投入的增加以及环境治理技术的创新，资本将更多地涌向高环境质量国家，从而会长期促进本国经济增长。戴桂林等（2010）构建环境治理投入与经济增长关系的模型（EYC），分析发现我国已经处于环境治理投资促进经济增长的第二阶段，并提供了相关省（市、自治区）2007 年环境治理投入—产出弹性。

在环境治理过程中城市化对环境状况存在着不可忽视的影响。在环境状况与城市化如何发展的问题上同样存在几种不同观点，李姝（2011）、杜雯翠等（2014）通过分析城市化对环境污染的影响发现，随着城市化进程的加快，中国面临的环境压力越来越大。宋言奇和傅崇兰（2005）则认为，城市在污染集中处理问题上的优势是极为明显的，城市化本身不是环境恶化的原因，城市化如何进行才是关键。Martínez 和 Maruotti（2011）研究发现城市化与环境污染之间存在倒 U 型关系，随着城市化水平的提高，环境问题将得到改善。黄菁（2010）认为，目前的环境治理投入远不足遏制城市化带来的环境污染问题，为实现城市可持续发展，环境治理势在必行。

上述研究表明，环境治理投入与经济增长之间存在密切的联系，但环境治理投入与经济增长的具体关系却较为模糊，在城市化背景下该问题的研究几乎空白，不能为环保投资的决策提供有力的建议。鉴于此，本书放松参数同质性假设，运用面板门槛模型，结合 31 个省（市、自治区）2003~2012 年数据，研究环境治理投入与经济增长之间的关系，并引入城市化因素探究其对两者关系的影响。

（二）模型与数据

下面主要针对实证模型的设定与数据处理予以详细介绍。

1. 模型设定

依据经济增长理论与经典文献研究，资本积累与人口增长作为长期经济增长的主要推动力毋庸置疑。同时，城市化水平的提高对中国经济增长贡献在理论与实证方面被多方证实（周一星，1982；王小鲁，1999；陆铭，2012）。鉴于此，本书在验证环境治理投入对经济增长的影响时将以上三者纳入计量回归模型中，线性模型如下：

$$\ln Y_{it} = \beta_0 \ln K_{it} + \beta_1 \ln L_{it} + \beta_2 \ln E_{it} + \beta_4 \ln csh_{it} \tag{10-7}$$

其中，$\ln Y_{it}$ 为 i 地区第 t 年的地区生产总值对数值，$\ln K_{it}$ 为 i 地区第 t 年的物质资本存量对数值，$\ln L_{it}$ 为 i 地区第 t 年的劳动人数对数值，$\ln E_{it}$ 为 i 地区第 t 年的环境治理投入存量对数值，$\ln csh_{it}$ 为 i 地区第 t 年的城市化水平对数值。

方程（10-7）属于传统线性经济增长模型，虽然可以在一定程度上解释环境治理投入对经济增长的影响，但忽略了两者之间可能存在的非线性关系。而门槛模型正是解决此类问题的简洁方法，因此，本案例此处引进汉森（1999）提出的 PTR（Panel Threshold Regression）模型，其一般函数形式如下：

$$y_{it} = \delta_1' x_{it} I(q_{it} \leqslant \lambda) + \delta_2' x_{it} I(q_{it} > \lambda) + \varepsilon_{it} \tag{10-8}$$

q_{it} 表示门槛变量；λ 为门槛值；本案例中参数 $\delta_{it} = (\beta_{0j}\beta_{1j}\beta_{2j}\beta_{3j})'$ j = 1，2，自变量 $x_{it} = (k_{it} l_{it} e_{it} csh_{it})'$；式（10-8）可另写成如下形式：

$$y_{it} = \begin{cases} \delta_1' x_{it} + \varepsilon_{it}, & q_{it} \leqslant \lambda \\ \delta_2' x_{it} + \varepsilon_{it}, & q_{it} > \lambda \end{cases} \tag{10-9}$$

汉森（1999）提供了含有 N 个阶段的函数形式，在此本案例只给出含有两个门槛值或三个门槛值时，它们的函数形式：

$$y_{it} = \delta_1' x_{it} II(q_{it} \leqslant \lambda_1) + \delta_2' x_{it} II(\lambda_1 < q_{it} \leqslant \lambda_2) + \delta_3' x_{it}(q_{it} > \lambda_2) + \varepsilon_{it} \tag{10-10}$$

$$y_{it} = \delta_1' x_{it} III(q_{it} \leqslant \lambda_1) + \delta_2' x_{it} III(\lambda_1 < q_{it} \leqslant \lambda_2) + \delta_3' x_{it} III(\lambda_2 < q_{it} \leqslant \lambda_3) +$$
$$\delta_4' x_{it} III(q_{it} > \lambda_3) + \varepsilon_{it} \tag{10-11}$$

根据 PTR 模型，方程（10-7）被设定为如下非线性模型形式，即为本案例所要估计的计量模型：

$$\ln Y_{it} = \beta_0 \ln K_{it} + \beta_1 \ln L_{it} + \beta_2 \ln E_{it}(E_{it} \leqslant \lambda) + \beta_2 \ln E_{it}(E_{it} > \lambda) + \beta_4 \ln csh_{it} \tag{10-12}$$

2. 数据来源与统计特征

表 10-1　变量基本统计特征

变量	单位	均值	标准差	最小值	最大值	观测值
Y_{it}	亿元	5470.81	4446.27	189.09	20563.41	310
K_{it}	亿元	25914.15	21125.83	1339.6	115920.58	310
L_{it}	万人	845.03	301.06	6.84	1787.66	310
E_{it}	亿元	648.74	580.01	3.00	2880.82	310
csh_{it}	百分比	48.25	15.21	20.22	90.74	310

本书采用 31 个省（市、自治区），时间跨度 10 年（2003~2012 年）的面板数据。原始数据来源于历年的《中国统计年鉴》和 EPS 数据平台。对数据的处理说明如下：地区生产总值（GDP）用各地区历年 GDP 指数进行平减，换算成以2003 年为基年的不变价 GDP；就业人数（L）为各地区历年年末就业人员数；物质资本存量（K）依据张军等（2004）的方法首先计算出各地区 2003 年的物质资本存量，再将各地区的当年固定资本形成额换算成以 2003 年为基年的不变价固定资本形成额，最后根据永续盘存法并取折旧率为 9.6%计算得出；环境治理投入（E）为各地区历年环境污染治理完成投资额，根据资本存量的计算方法得到的环境治理投入的存量数据；城市化水平（csh）用各地区年末城镇人口数/总人口数表示。

（三）实证分析

表 10-2　门槛效应检验

门槛变量	门槛模型	F 值	P 值	结论
环境治理投入	单一门槛	74.57	0.00	存在单一门槛
	双重门槛	35.12	1.00	
城市化	单一门槛	77.75	0.00	存在单一门槛
	双重门槛	41.36	1.00	

注：P 值采用 Bootstrap 方法重复 300 次。原假设为无门槛效应，对应的备择假设分别为具有单一门槛效应和具有双重门槛效应。

依次选取环境治理投入和城市化作为门槛变量进行门槛效果检验，所得 F 统计量和 P 值如表 10-2 所示。从表 10-2 中可以得到重复 300 次 bootstrap 方法的两个门槛变量单一门槛检验的 P 值均为 0.00，因此拒绝不存在单一门槛效果的原假设。接着进行双重门槛检验，环境治理投入和城市化两个门槛变量的双重门槛检验的 P 值都为 1.00。因此拒绝无门槛效应和存在双重门槛效应的假设，认为以上两个门槛变量都存在单一门槛效应。

接着对门槛值进行估计，在确定及估计出真实的门槛值之后，根据式（10-9）对门槛值进行假设检验，此处选择 95%置信区间。门槛值的估计结果和 95%的置信区间值如表 10-3 所示。环境治理投入作为门槛变量的阈值为 5.17，经过指数运算还原为 176.4 亿元；城市化水平作为门槛变量的阈值为-0.81，经过指数运算还原为 44.5%。

环境治理投入对经济增长究竟有何影响？本案例中的实证结果与戴桂林等（2010）得出的结论：环境治理投入对经济增长的影响分为前期阻碍、后期促进

表 10-3 门槛值的估计值与置信区间

门槛变量	门槛模型	门槛估计值	95%置信区间
环境治理投入	单一门槛	5.17	[5.14，5.22]
城市化	单一门槛	-0.81	[-0.86，-0.80]

两个阶段，而且我国总体已经处于环境治理投资促进经济增长的第二阶段，基本一致。同时，面板门槛模型的参数估计结果显示：环境治理投入的效率也因城市化水平的不同而存在差异。

表 10-4 面板门槛模型回归结果

门槛变量	$q_{it} = lnE_{it}$		$q_{it} = lncsh_{it}$	
解释变量	$lnE_{it} \leq 5.17$	$lnE_{it} > 5.17$	$lncsh_{it} \leq -0.81$	$lncsh_{it} > -0.81$
lnK_{it}	0.283*** (9.30)	0.147*** (6.47)	0.197*** (9.12)	0.126*** (6.14)
lnL_{it}	0.235*** (6.80)	0.113*** (3.84)	0.213*** (6.72)	0.147*** (4.67)
lnE_{it}	-0.062*** (-2.76)	0.051* (1.89)	-0.023 (-1.39)	0.067*** (2.85)
$lncsh_{it}$	0.690*** (6.31)	0.475*** (5.60)	0.344*** (4.23)	0.312*** (2.71)

注：括号内数字为 t 检验统计量，***、**、* 分别表示 1%、5%、10%的显著性水平。

从表 10-4 参数回归结果可以看出，资本存量、就业人员和城市化的参数估计值在 1%显著性水平下通过统计检验，表明无论处于环境治理投入和城市化水平哪一阶段，资本、劳动与城市化都对经济增长有着正向作用。但环境治理投入的参数估计值却有正负之分，表明环境治理投入与经济增长之间存在非线性关系。

当环境治理投入存量小于 176.4 亿元时，环境治理投入对经济增长贡献度为-0.062，且在 1%显著性水平下通过检验，表明环境治理投入对于经济增长存在阻碍作用。原因：①环境治理投入额较少时未能形成规模效应，同时因技术水平受限导致环境治理投资本身效率低下；②环境治理投资初期，政府主导的治理结构，因缺乏市场机制、信息不对称及投资结构不合理等原因，部分环境治理投入未能产生应有的效用；③环境治理投入作为社会生产要素的一部分，其本身需要占用一部分社会资源，但因其本身经济效率较低，其挤出效应挤占了高效率生产活动所需资源，从而导致产出相应下降。但考虑到环境的不可逆性以及环境投资产生的社会效用，特别是其对于居民生活健康、社会稳定发展的作用，并不能因此而减少投入。对此，黄菁和陈霜华（2011）解释认为，这是为了减少环境污染而在短期内做出的权衡取舍。

当环境治理投入存量超过 176.4 亿元，环境治理投资对于经济增长的弹性系数变为 0.051，且通过 10%显著性水平检验，表明环境治理投入促进了经济增长。这是由于进入后期阶段：①随着投资规模扩大，环境治理投入逐渐显现出的规模效应，使得每单位环境治理的成本相应降低，环境治理投入的正外部性不断显现：企业面对越来越多的环境治理投入，在利润最大化的目标下，相应大幅提高清洁要素的生产技术，环境治理投入的产出效用明显提高；②政府引入市场机制，如设立碳排放交易所，使排放污染的企业从被动接受污染治理到主动治理，投资从政府主导逐渐变为政府、民间双轮驱动，投资结构的优化促进了投资效率提高；③经济发展本身以及前期环境治理投入的累计，提高了环境承载力（戴桂林等，2010），同时由于前期的外在环境强制约束，迫使环境治理投入技术不断革新。资源利用率、再生能源的循环利用率进步提高，清洁生产要素投入增加，这些在客观上都促进了环境治理投入效率的提高，从而促进了经济增长。

同时本案例中发现，把城市化水平作为门槛变量时，在城市化水平小于44.5%，环境治理投资对于经济增长的弹性系数为–0.023，但此时参数估计值并不显著，说明当城市化水平低于 44.5%时，环境治理投入对经济增长的阻碍作用并不明显，这进一步说明了城市化对于环境治理效率提高的重要性。关于环境治理投入对经济增长产生的部分阻碍作用，本案例中认为：①当城市化刚刚启动时，城市规模相对较小，工业生产、人口并不集中，各个地区仍处于城市化发展的探索阶段，不可避免地产生一系列的社会与环境问题，分散而无序的工农废料排放和居民垃圾难以被统一处理。环境治理投入首先需要为前期的城市化产生的污染问题买单。②在城市化发展初期，经济结构逐步由农业社会转化为工业社会，工业化程度的加深导致了严重的环境污染问题，相应的污染治理需求的资源增大，但此时由于技术受限，环境治理投入所带来的经济效益仍然落后于发展程度较高的传统产业所带来的经济效益，因此环境治理投入带来的挤出效应被扩大。

当城市化水平超过 44.5%，环境治理投资对于经济增长的弹性系数增加为0.067，通过 1%显著性水平，这表明随着高质量城市化水平的不断提高，环境治理投入显著地促进了经济增长，这是因为：①便捷、快速的知识信息沟通和频繁的经济活动提高了技术和资本的正外部性，从而提高了环境治理的效率和资本利用率和环境治理技术的外溢性。这样就使得一个企业的环境治理技术更容易被其他企业学习与接收，促进了先进环境治理技术在地区内和地区之间的传播与提高，城市就成为知识外溢和技术创新的"天然实验室"（Lucas，1988）。②随着城市数量的增加和规模的扩大，环境治理投资的交易费用大大降低，规模效应促进了环境治理投资效率的提高和技术的创新，使得环境治理投资对经济增长的促进作用随着城市化的进展不断提高。③城市中较好的教育资源与更多的受教育机会，促进了人力资本的形成与积累和环境技术的创新，使环境治理投入对经济增长的效应不仅仅停留在投资带来的效益上，更增加了技术变革，改善了环境，为环境治理投入对经济增长的贡献提供了持续动力（Bertinelli & Duncan，2004）。正是由于城市在人力资本积累、环境治理技术创新、信息知识外溢和环保投入设施共享等方面具有的优势，使得环境治理投资效率随着城市化水平的提高而不断增强。

由表 10-5 可知，在环境治理投入作为门槛变量时，除海南省外，东部和中部各省市已全部进入环境治理投入对经济增长弹性系数为 0.067 的第二阶段，环境治理投入增加对于促进经济增长效果显著，其中山东省、江苏省、浙江省、广东省四省环境治理投入位居前列（见图 10-1）。西部各省（市、自治区）相比东部和中部地区各省来说，进入第二阶段的时间相对较晚（云南省 2005，甘肃省、宁夏回族自治区 2008，贵州省 2011）。①但截至 2012 年西藏自治区和青海省仍处于环境治理投入阻碍经济增长的第一阶段，说明上述各省（市、自治区）仍需加大环境治理投入，尽快跨越门槛值进入环境治理投入促进经济增长第二阶段。

表 10-5　2012 年各省份依据门槛值的区间划分

门槛值区间	省份
$\ln E_{it} \leq 5.17$	海南、西藏、青海
$\ln E_{it} > 5.17$	北京、天津、河北、山西、内蒙古、辽宁、吉林、黑龙江、上海、江苏、浙江、安徽、福建、江西、山东、河南、湖北、湖南、广东、广西、重庆、四川、贵州、云南、陕西、甘肃、宁夏、新疆
$\ln csh_{it} \leq -0.81$	河南、广西、四川、贵州、云南、西藏、甘肃
$\ln csh_{it} > -0.81$	北京、天津、河北、山西、内蒙古、辽宁、吉林、黑龙江、上海、江苏、浙江、安徽、福建、江西、山东、湖北、湖南、广东、海南、重庆、陕西、青海、宁夏、新疆

通过图 10-2 可以看出，截止到 2012 年，东部各省市都已进入城市化发展第二阶段，环境治理投入对经济增长效果显著；其中污染重省，河北省于 2010 年②进入环境治理投入促进经济增长的第二阶段；城市化水平较高的省市分别为上海市、北京市、天津市、广东省、辽宁省、浙江省、江苏省、福建省。此外除河南省外中部各省都已进入第二阶段（山西省、湖北省 2008，安徽省、江西省、湖南省 2011）③。西部省（市、自治区）中，除广西壮族自治区、四川省、贵州省、云南省、西藏自治区、甘肃省外，其他省（市、自治区）都已进入第二阶段，由此，上述省份在治理环境污染、发展经济的同时，应加速其城市化进程，尽快

①②③ 分年份数据详情因篇幅原因，此处不予以详细列出。

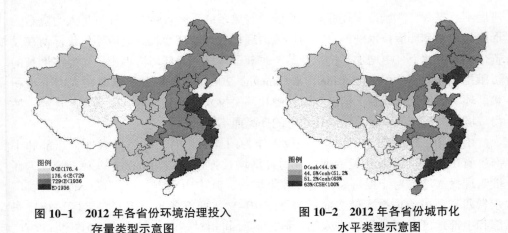

图 10-1　2012 年各省份环境治理投入
存量类型示意图

图 10-2　2012 年各省份城市化
水平类型示意图

注：案例中未包括中国港澳台地区数据，因此图中未予以显示；图中白色部分表示未跨越门槛值（处于第一阶段）省份。

进入城市化第二阶段，从而充分发挥环境治理投资对于经济增长的促进作用。

（四）结论

通过建立环境治理投入与经济增长的面板门槛模型，并利用 2003~2012 年 31 个省（市、自治区）相关数据进行实证检验，本书验证了环境治理投入与经济增长两者之间存在着非线性关系。环境治理投入对于经济增长分为前期阻碍、后期促进两个阶段：第一，当环境治理投入存量小于 176.4 亿元时，环境治理投入对于经济增长的弹性系数为–0.0620；当环境治理投入存量超过 176.4 亿元时，环境治理投入对于经济增长的弹性系数变为 0.051。第二，将城市化因素作为门槛变量时，城市化水平的发展显著提高了环境治理投入对经济增长的影响力度，当城市化水平小于 44.5% 时，环境治理投入对于经济增长的弹性系数为–0.023；当城市化水平超过 44.5% 时，环境治理投入对于经济增长的弹性系数增加到 0.067。

综合以上分析，本案例中认为，各省（市、自治区）应因地制宜，继续增加环保治理投入，发挥环境治理投入的投入—产出效应，在治理环境污染、改善环境水平的同时促进经济增长；大力加强环保知识教育，利用城市化带来的知识和技术的外溢作用，产生的人力资本的聚集和提升作用，引导环境污染治理技术的发展与推广。伴随着城市化水平不断提高带来的技术创新与扩散、人力资本的提升及独创精神的发展（程开明，2007），我国东部地区，特别是华北地区的环境治理投入将产生良好的经济与环境效益。同时，在发展城市化的过程中，也要权衡城市化带来的环境治理效率的提高与城市化自身发展过程中伴随的相关环境问题，以新型城市化助力环境治理投入取得经济与社会效益的双赢。

（五）实验操作步骤

1. MATLAB 操作步骤

步骤 1：首先打开 MATLAB 软件，熟悉其工作界面，如图 10-3 所示。

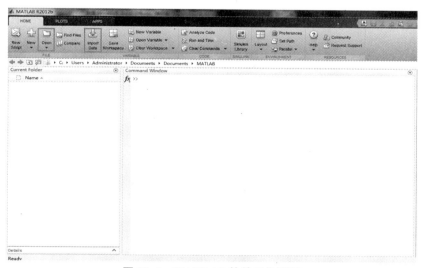

图 10-3 MATLAB 软件工作界面

步骤 2：单击 IMPORT Data，选择事先处理好的 Excel 样本形式导入，如图 10-4 所示。

（注：第二列为门槛变量值。）

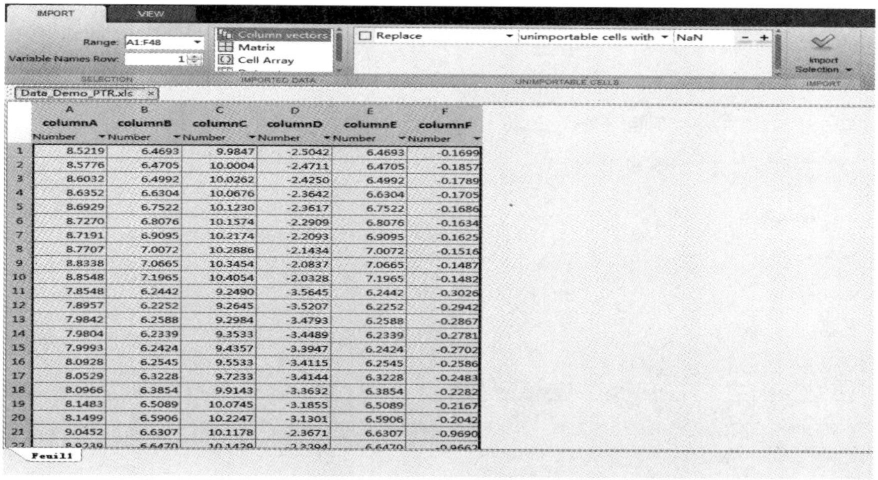

图 10-4 导入 Excel 样本形式

步骤 3：单击 Open，选择 PTR 运行程序所在的文件夹，双击打开运行程序。界面显示如图 10-5 所示。

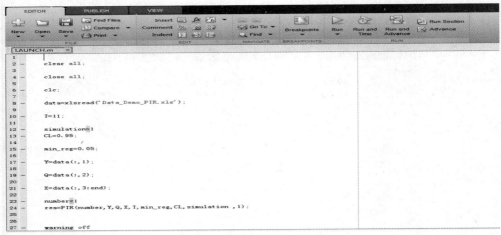

图 10-5　打开 PTR 运行程序

步骤 4：依据样本数据对程序进行相应修改，如图 10-6 所示。

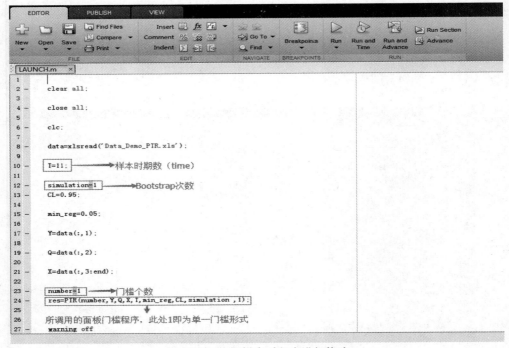

图 10-6　依据样本对程序进行修改

步骤 5：修改完成后，单击 Run 运行程序，显示如图 10-7 所示。

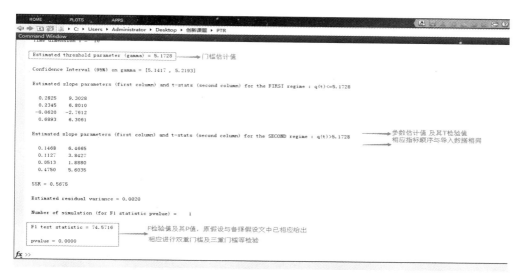

图 10-7　修改后程序运行结果

步骤 6：返回步骤 3，对门槛个数进行修改，以检验双重门槛效应，如图 10-8 所示。

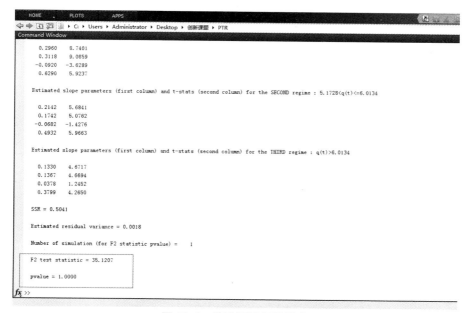

图 10-8　检验双重门槛效应

235

此处 F 检验显示不存在双重门槛效应，门槛效应检验终止。

（注：在实际情况中，根据 F 检验值情况，判断是否还需进行三重门槛效应检验）。

2. OpenGeoDa 操作步骤

步骤 1：下载并安装 OpenGeoda，熟悉操作界面，如图 10-9 所示。

图 10-9　OpenGeoda 操作界面

步骤 2：单击 File→Open Shape File，打开 31 个省（市、自治区）地图示意图，如图 10-10 所示。

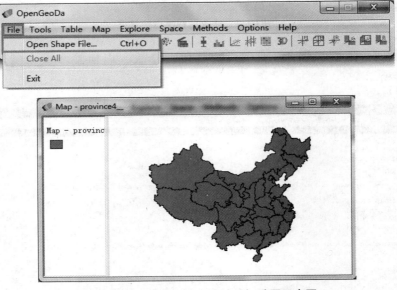

图 10-10　31 个省（市、自治区）地图示意图

步骤 3：单击 Table，输入分省数据，如图 10-11 所示。

步骤 4：单击 Map→Quantile，对数据进行分类，如图 10-12 所示。

步骤 5：选择进行分类的数据，本案例中以环境治理投入 E 为例，如图 10-13 所示。

步骤 6：选择分类个数，本书中分为 4 类，如图 10-14 所示。

Table

	OTAL_COLL	URBAN_TO_T	VOCATION	DZM	NAME	E	CSH	POLYID
30	58.000000	77.540000	4.000000	110000	北京	1334.739514	0.8622523	1
22	21.000000	71.990000	3.000000	120000	天津	728.241538	0.8152866	2
28	51.000000	26.080000	11.000000	130000	河北	1841.970646	0.4680296	3
3	24.000000	34.910000	3.000000	140000	山西	939.779355	0.5126004	4
26	18.000000	42.680000	4.000000	150000	内蒙古	1144.865690	0.5775100	5
21	64.000000	54.240000	9.000000	210000	辽宁	1709.463195	0.6564138	6
20	34.000000	49.680000	4.000000	220000	吉林	475.535973	0.5370909	7
1	35.000000	51.540000	5.000000	230000	黑龙江	791.211032	0.5691184	8
29	37.000000	88.310000	6.000000	310000	上海	987.572777	0.8932773	9
8	69.000000	41.490000	17.000000	320000	江苏	2790.727182	0.6300505	10
11	35.000000	48.670000	8.000000	330000	浙江	1935.848208	0.6319153	11
9	42.000000	27.810000	13.000000	340000	安徽	909.415995	0.4649299	12
16	28.000000	41.570000	8.000000	350000	福建	777.201330	0.5960512	13
12	32.000000	27.670000	4.000000	360000	江西	693.687774	0.4751332	14
6	47.000000	38.000000	4.000000	370000	山东	2880.818279	0.5243160	15
7	52.000000	23.200000	13.000000	410000	河南	827.783689	0.4243036	16
10	54.000000	40.220000	14.000000	420000	湖北	842.935338	0.5350407	17
13	52.000000	29.750000	13.000000	430000	湖南	592.335793	0.4664859	18
18	52.000000	55.000000	16.000000	440000	广东	2428.617532	0.6739664	19
17	30.000000	28.150000	5.000000	450000	广西	714.220924	0.4352841	20

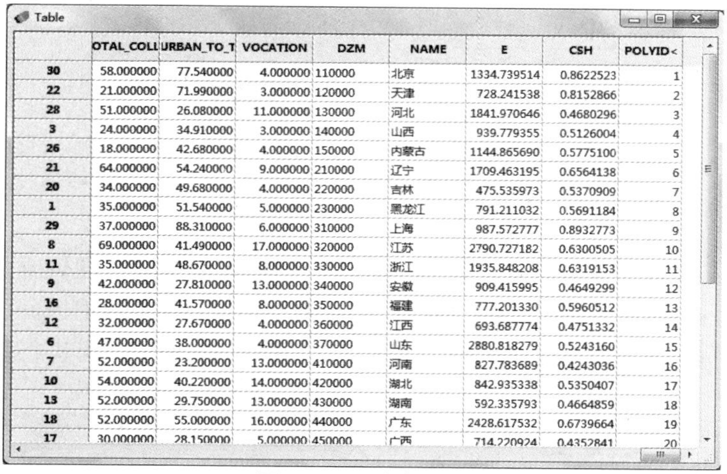

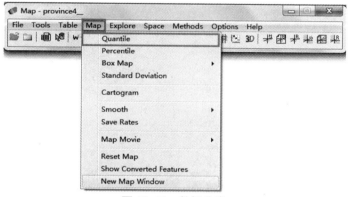

图 10-11　分省数据

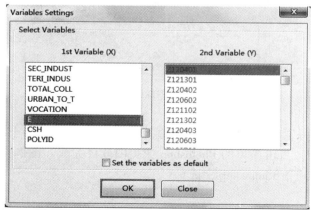

图 10-12　数据分类

图 10-13　数据分类（以环境治理投入 E 为例）

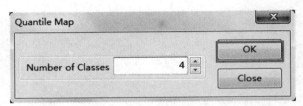

图 10-14　选择分类个数

步骤 7：软件生成分为 4 类的全国环境治理投入类型图，图例颜色由深到浅代表数值由小到大。以最浅颜色为例，[26.04：431.8] 代表数值区间，"(7)"表示位于此区间的省份个数，如图 10-15 所示。同时，双击图例可进行颜色调整。

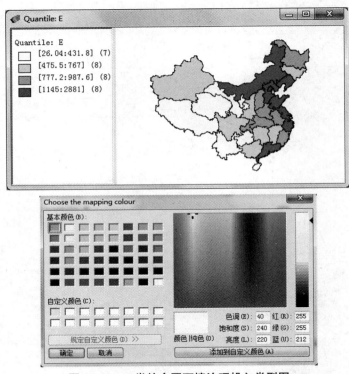

图 10-15　4 类的全国环境治理投入类型图

步骤 8：可将生成类型图保存，或直接复制。本案例中最终生成的类型图最后经过黑白处理，可由简单的 Photoshop 或美图软件完成。图例按照个人喜好进行截图，放置，可由 Photoshop 完成。

三、实验案例二：环境规制与经济增长的多重均衡：理论与中国经验

与本案例中实验案例一类似，实验案例二基于面板门槛模型从理论与中国经验出发对环境规制与经济增长的多重均衡问题进行实证研究。主要包括研究背景、文献回顾、数理分析、实证分析及相关结论。

（一）研究背景

2015 年是新《环境保护法》实施的元年，更是中国经济进入平稳发展的新常态的全面深化改革之年，社会对环境问题的关注格外高涨。但与社会大众和其他学科学者对环境治理问题的担忧不同，主流经济学家对环境治理和中国经济权衡问题依然秉承经济学人一贯的理性特点。有人认为，面对年平均增长率 20% 的环境治理投入[①]与 2015 年 7% 左右的经济增长水平，继续加大环境治理投入，会给增长率出现下降趋势的中国经济雪上加霜，进而增加劳动力市场就业压力；也有人认为，应借助中国经济转型的这次机会，加大环境治理投入，在治理环境污染的同时为中国经济高质量发展蓄力。那么，环境治理投入对中国经济究竟是起促进还是起阻碍作用？这将是本案例着力解决的问题。

改革开放以来，我国经济增长一直呈迅猛增长的势头，GDP 由 1978 年的 3605.6 亿元上升至 2013 年的 568845.0 亿元，扣除物价因素增长了近 26 倍。然而，经济高速增长的背后也有隐忧。我国当前正处在以重化工业快速发展为特征的工业化中后期，不少地方政府为了片面追求 GDP，发展了不少高能耗和高污染企业。从而导致了我国环境质量的急剧恶化。其中，一些重点流域、海域水污染严重，部分区域和城市大气灰霾现象突出，农村环境污染加剧，重金属、化学品、持久性有机污染物以及土壤、地下水等污染不断凸显。2012 年，我国工业固体废物产生量为 32.9 亿吨，工业废水排放总量为 221.6 亿吨，而二氧化硫排放总量高达 2117.6 万吨，居世界第一位 。美国学者发布的世界环境绩效指数 EPI（Environmental Performance Index，EPI）显示，2008 年我国的 EPI 指数为 65.1，在 149 个国家（地区）中位居第 105 位，2010 年我国的 EPI 指数进一步下降为

---

① 根据 EPS 中国环境数据库（CED）数据计算得出。

49.0，在 164 个国家（地区）中位居第 121 位（张成等，2010）。这表明和别的国家、地区相比，我国环境状况呈现出进一步恶化的趋势。

以上种种情况，迫使我们不得不回头重新审视经济增长过程中所带来的各种环境问题。我国政府也开始对以往的"高消耗、高能耗、高污染、低效率"的经济增长方式进行反思与调整，各界逐渐开始重视生态环境与经济增长的协调关系，力图通过环境规制实现环境保护与经济增长的双赢。

（二）文献回顾

随着各国环境问题的凸显，研究环境与经济增长之间的关系问题越来越受到学者们的关注，国内外研究者进行了大量的理论分析和实证研究。其主要观点如下：

第一种观点是"成本假说"。传统经济理论认为，环境规制与经济增长两者之间存在一种权衡与替代关系。如果政府加强环境规制水平必然导致企业各种生产成本的增加，而过高的生产成本将影响企业最终产出水平，从而影响该国的总产出。即在环境与产出之间，只能二者取其一。乔根森与威尔科克（Jorgenson & Wilcoxen，1990）利用美国 1973~1985 年的时间序列数据实证分析了环境规制对经济增长的影响。他们发现，环境规制对经济增长具有显著的负面影响，环境规制使美国的经济增长率下降了约 0.19 个百分点。格雷（Gray，1987、2003）对美国制造业进行考察时也发现，环境规制确实导致制造业增长率下降。此外，麦圭尔（McGuire，1992）、鲍莫尔（Baumol，1988）和埃德林顿（Ederington，2003）等的研究结果都证实环境规制将增加企业成本，降低企业竞争力。黄菁等（2009、2010、2011）的研究也表明，随着环境规制的加强，环境保护投资增加将对经济增长产生负面影响。

第二种观点是"波特假说"。波特（Porter，1991、1995）认为，合理的环境规制不仅不会增加企业成本，反而能够激发企业的创新行为，进而降低成本，提高企业的竞争力。换而言之，环境与产出可以兼得。伯曼（Berman，2001）考察环境规制对美国炼油业影响时发现，受环境规制影响，企业的全要素增长率显著提升，"波特假说"成立。马赞蒂（Mazzanti，2009）利用意大利 29 部门 1991~2001 年数据考察环境规制的影响。他们发现，对于绝大多数行业而言，环境规制对产出有显著正面促进作用。梅国平（2012）等通过构建汉密尔顿动态优化模型，并进行数理分析发现，在内生环境政策的激励下，环境规制可以达成环境保护与经济发展"双赢"。布伦纳（Brunner，2003）、庞瑞芝（2011）和查建平（2014）等也得到相似的结论，他们的研究结果也支持"波特假说"。

第三种观点认为环境规制对经济增长影响具有不确定性。康拉德等（Conrad

et al., 1995）考察了环境规制对德国各产业影响时发现，环境规制政策对各产业产出具有不确定性，部分产业支持"波特假说"，部分产业则遵循"成本假说"。宋马林等（2013）将环境效率影响因素分解为技术因素和环境规制因素两类，而后从区域差异的视角来分析影响环境规制对经济增长影响。他们的研究结果显示，环境规制效应具有显著的区域特征，在不同区域效应并不相同。原毅军等（2013）将环境规制分为费用型和投资型两类，他们发现费用型环境规制对经济增长无显著影响，而投资型环境规制显著促进经济增长。

此外，也有学者综合上述研究我们发现，国内外已有文献对环境规制和经济增长两者之间关系已进行了大量富有成效的研究。但是上述研究存在以下不足：现有的文献关于环境规制对经济增长的影响，大多以静态分析为主，关于环境规制对经济增长的动态影响缺乏深入分析。此外，在实证研究方面，大多数研究是在线性模型的分析框架下进行，忽视了环境规制强度变化对经济结构的影响。

为了解决上述不足，本案例通过构建一个包含环保部门和实际生产部门的两部门经济增长模型，进而将其纳入到拉姆齐—卡斯—库普曼斯（Ramsey-Cass-Koopmans）模型的理论框架中，建立和完善了一个环境规制与经济增长之间关系的理论模型。而后，我们探讨了环境规制强度的动态变化如何影响环境保护部门和实际生产部门在经济体中的相对比重，揭示了环境规制对经济增长影响的传导机制。最后，本案例利用我国的省级面板数据，通过建立、估计和检验非线性的面板门槛回归模型实证分析了环境规制与经济增长之间关系。

（三）数理分析

1. 基本假定

假定经济体中各个家庭具有同质性特征，其代表性家庭的效用水平取决于物质消费，其效用函数的消费替代弹性为常数，即常相对风险规避（Constant Relative Risk Aversion，CRRA）效用函数，其即期效用函数 $u(t)$ 具有如下形式：

$$u(t) = \frac{c^{1-\sigma}(t)}{1-\sigma} \tag{10-13}$$

其中，σ 为消费替代弹性的倒数，且该效用函数为单调递增的凹函数，满足 $u'_c(\cdot) > 0$，$u''_c(\cdot) < 0$；c 为消费者的消费支出；t 为各个时期。

于是，代表性家庭的长期消费最优化行为可以用下式刻画：

$$\max \int_0^\infty \frac{c^{1-\sigma}(t)}{1-\sigma} e^{-\rho t} dt \tag{10-14}$$

其中，ρ 为贴现率。

对于企业部门，这里借鉴 Odedokun（1996）、邵全权（2013）的思想，将从事经济活动的部门划分为环境保护部门和实际生产部门。无论是环境保护部门还是实际生产部门的产出均依赖资本的投入，而且环境保护部门对实际生产部门具有溢出效应（外部性）。由此，实际生产部门的产出将是生产性资本投入 k_p 和环境保护部门产出 YE 的生产函数，而环境保护部门的产出 YE 则是环境保护部门资本投入 k_e 的生产函数，具体而言：

环境保护部门的生产函数如下：

$$0 < \beta < 1 \quad y_e = f(k_e) = (k - k_p)^{\beta} \tag{10-15}$$

其中，$y_e = Y_E/L$，且

实际生产部门的生产函数为：

$$y = f(k_p, y_e) = k_p^{\alpha} y_e^{1-\alpha} \tag{10-16}$$

其中，$y = Y/L$，且 $0 < \alpha < 1$。

进一步，假定在该经济体中，仅生产一种产品 y，该产品可用于消费，也可用于资本积累。假定生产性资本占整个资本的比例为 θ，即：

$$k_p = \theta k \tag{10-17}$$

$$k_e = (1 - \theta)k \tag{10-18}$$

其中，$0 < \theta < 1$。

此时实际生产部门的生产函数可以改写为：

$$y = f(k_p) = \phi k^{\alpha + \beta(1-\alpha)} \tag{10-19}$$

其中，常数 $\phi = \theta^{\alpha}(1-\theta)^{\beta(1-\alpha)}$。同时生产函数 $f(k_p)$ 的一阶导数和二阶导数均存在且满足 $f'(k_p) > 0$，$f''(k_p) < 0$。

2. 资本积累的动态特征及多重均衡的存在性

每一期的生产性资本投入量为实际生产部门的产出减去家庭的消费、环境保护部门的溢出效应以及自身的折旧。由此相应的资本积累方程如下：

$$\dot{k}(t) = \phi k^{\alpha + \beta(1-\alpha)} - c(t) - (1-\theta)k(t) - \delta k(t) \tag{10-20}$$

其中，δ 为资本折旧率，$0 < \delta \leq 1$。

假定代表性家庭将通过选择其消费和资本积累量，从而实现约束条件下的效用极大化，即：

$$\text{Max} \int_0^{\infty} u(c(t)) e^{-\rho t} dt \tag{10-21}$$

$$\text{s.t.} \ \dot{k}(t) = \phi k^{\alpha + \beta(1-\alpha)} - c(t) - (1-\theta)k(t) - \delta k(t) \tag{10-22}$$

由此，我们构建代表性家庭最优化问题的现值 Hamilton 函数如下：

$$H = u(c(t)) + \mu(\phi k^{\alpha + \beta(1-\alpha)} - c(t) - (1-\theta)k(t) - \delta k(t)) \tag{10-23}$$

其中，λ 为共态变量，代表资本 k 的影子价格。

那么效用最大化的一阶条件为（10-24）：

$$u'(c) = c^{-\sigma} = \mu \tag{10-24}$$

对应的欧拉方程为：

$$\rho\mu - \dot{\mu} = \mu\{\phi[\alpha + \beta(1-\alpha)]k(t)^{\alpha+\beta(1-\alpha)-1} - (1-\theta) - \delta\} \tag{10-25}$$

横截性条件为：

$$\lim e^{-\rho t}\mu k(t) = 0 \tag{10-26}$$

式（10-26）表明在长期中考虑贴现因素后，资本价值最终为零。

通过对以上各式进行联立求解，可以得到关于 k 和 c 的微分方程，从而推导出代表性家庭的消费路径和企业资本存量积累路径。

$$\frac{\dot{c}(t)}{c(t)} = \frac{1}{\sigma}\{\phi[\alpha + \beta(1-\alpha)]k^{\alpha+\beta(1-\alpha)-1} - \rho - (1-\theta) - \delta\} \tag{10-27}$$

$$\frac{\dot{k}(t)}{k(t)} = \phi k^{\alpha+\beta(1-\alpha)-1} - \frac{c(t)}{k(t)} - (1-\theta) - \delta \tag{10-28}$$

式（10-26）、式（10-27）与式（10-28）共同决定了最优消费路径和最优资本积累路径。

当 $\dot{c}(t) = \dot{k}(t) = 0$，该经济系统进入稳态，此时：

$$k^* = \left(\frac{1-\theta+\rho+\delta}{\phi(\alpha+\beta(1-\alpha))}\right)^{\frac{1}{(\alpha+\beta(1-\alpha))}} \tag{10-29}$$

$$c^* = \left(\frac{1-\theta+\rho+\delta}{(\alpha+\beta(1-\alpha))} - (1-\theta) - \delta\right)k^* \tag{10-30}$$

式（10-29）与式（10-30）刻画了该经济体的长期行为。

上述分析同时表明，当均衡点 c^* 和 k^* 不发生变化时，代表性家庭和企业的人均消费、人均资本存量和人均产量的稳态值均不会发生改变。但是如果参数 θ 改变，即经济体中实际生产部门和环境保护部门的相对比例结构发生改变，则可能出现经济增长均衡点的转换。换而言之，如果政府的环境规制强度发生改变，引发企业部门对环境保护方面投资变动，造成环境保护部门在整个经济体中所占比重发生改变，将导致环境投资对生产性投资的溢出效应发生变化。即环境规制对经济增长的作用机制具有差异，可能引起经济增长出现多重均衡现象。

进一步，我们对式（10-29）中 k^* 关于 θ 求导得到：

$$\frac{dk^*}{d\theta} = \frac{\Psi\left[\frac{(1-\theta)+\rho+\delta}{\phi\theta^\alpha(\alpha+\beta-\alpha\beta)}\right]^{\frac{1}{\alpha+\beta-\alpha\beta}}}{\theta(1-\theta)(1-\theta+\rho+\delta)[\alpha(\beta-1)-\beta]} \quad (10\text{-}31)$$

其中，$\Psi = \alpha(1-\theta+\rho+\delta)(1-\theta+\beta\theta)+\theta[1-\theta-\beta(1-\theta+\rho+\delta)]$。

式（10-31）进一步证实，k^* 并非 θ 的单调函数，两者之间是非线性的关系。这也意味着，我国在经济发展过程中，各地区的初始资源禀赋和经济社会发展水平具有显著差异。从而导致环境规制与经济增长可能处于不同的均衡状态，即环境规制与经济增长之间不存在唯一的均衡关系，可能在不同时期、不同地区存在各不相同的均衡。例如，曾慧（2012）研究发现：由于我国各地区 FDI 存量水平、人力资本投资不同，导致我国经济增长具有显著的区域性差异。

之所以出现这种情况，其主要原因在于，经济增长是一个动态的、非线性的发展过程，而在这一进程中，对应不同发展时期、不同的发展地区，各变量之间的联系较为稳定，从而形成了经济增长中的多重均衡。

（四）实证分析

实证分析主要过程有数据来源与变量定义、计量经济模型、模型估计结果分析。

1. 数据来源与变量定义

本案例所有原始数据均来源于各个年度的《中国统计年鉴》和中经网统计数据库，应用数据为省级数据，研究范围为我国大陆地区的全部 31 个省、直辖市和自治区，样本区间为 2007~2012 年。

其中，Y 代表总产出，实证分析中为各个省、自治区和直辖市的 GDP（单位亿元）。

KP 代表生产性资本存量（单位亿元），其估计方法是根据张军（2004）应用的"永续盘存法"来推算历年的实际资本存量，计算方法为：

$$KP_{i,t} = IP_{i,t} + (1-\delta_{i,t})KP_{i,t-1} \quad (10\text{-}32)$$

其中，$KP_{i,t}$ 代表 i 地区第 t 年的生产性资本存量，$IP_{i,t}$ 代表 i 地区第 t 年的全社会固定资产投资总额，$\delta_{i,t}$ 代表 i 地区第 t 年的固定资产折旧率，本案例设定折旧率为每年度的 10%。

KE 代表环保部门资本存量（单位亿元），其估计方法和生产性资本存量 KP 相似：

$$KE_{i,t} = IE_{i,t} + (1-\delta_{i,t})KE_{i,t-1} \quad (10\text{-}33)$$

其中，$KE_{i,t}$ 代表 i 地区第 t 年的环境保护方面资本存量，$IE_{i,t}$ 代表 i 地区第 t 年的环境保护方面资产投资总额，实证分析用各个省、自治区和直辖市地方财政决算支出中环境保护支出作为替代变量，其初始值设定为生产性资本存量的 1%（2006 年末值）。

L 代表劳动力投入（单位为万人），是根据各个省、自治区和直辖市年末社会从业人员总数计算得到。

在实证研究中，对于环境规制强度的度量很难量化。当前国内外学者主要应用以下几种方法进行测度：一是从环境政策角度来考察环境规制强度的高低；二是应用环保和治污投资占工业增加值或总投资的比重来度量；三是应用治理污染设施运行费用来衡量；四是应用污染物的排放水平来度量。上述各种方法均存在一定的缺陷，基于指标的相对完善性和数据可得性的考虑，本案例选取了第二种测度方法，应用各省份环保方面投资支出占总投资的比重分别作为度量环境规制强度指标。

案例中所有数据均经过价格调整（基期为 2007 年），且在实证分析中均转化为对数序列。

表 10-6 给出了各个变量的描述性统计特征。

表 10-6 各个变量的描述性统计特征

统计量	LNY	LNL	LNKP	LNKE
平均值	9.03	7.48	8.53	5.42
中位数	9.19	7.63	8.69	5.54
极大值	10.79	8.80	10.19	6.82
极小值	5.84	5.03	5.60	2.76
标准差	1.02	0.91	0.95	0.75
偏态系数	−0.96	−0.80	−0.95	−0.99
峰态系数	3.90	3.01	3.71	4.14
雅克—贝拉统计量	34.65	20.06	31.82	40.24
观测值个数	186	186	186	186

2. 计量经济模型

这一部分我们将通过实证来验证这些因素对消费的影响。为此建立如下模型：

$$LNY_{i,t} = \alpha + \mu_i + \beta_1 LNKP_{i,t} + \beta_2 LNKE_{i,t} + \beta_3 LNL_{i,t} + \varepsilon_{i,t} \qquad (10\text{-}34)$$

其中，i 代表不同省、直辖市和自治区；t 代表时间；α 为常数项；μ_i 代表个体效应；β_1、β_2 和 β_3 等为待估参数；$\varepsilon_{i,t}$ 为随机扰动项。

然而在上述的线性模型框架内，模型参数具有稳定性，即暗含假定环境规制对经济增长的影响是恒定不变的，稳态增长路径是唯一的。这与现实不符。我们认为随着环境规制的严厉程度不同，社会在环境保护方面投入的资金也不一样，根据我们前文的理论推导可知，经济增长的平衡增长路径也将改变，即模型的参数不具有稳定性。因此，本案例将上述回归模型拓展为非线性的面板门槛回归模型，这样可以更好地刻画环境规制严厉程度对经济增长的影响。为此，我们将上述模型变为如下形式：

$$LNY_{i,t} = \alpha + \mu_i + \beta_1 LNL_{i,t} + \beta_2 LNKP_{i,t} + \beta_{31} LNKE_{i,t}(q_{i,t} \leqslant \gamma) +$$
$$\beta_{32} LNKE_{i,t}(q_{i,t} \geqslant \gamma) + \varepsilon_{i,t} \tag{10-35}$$

其中，$q_{i,t}$ 为门限变量，γ 为临界值。在实证分析中，我们选定的门限变量 $q_{i,t}$ 为环境规制强度，即环保投资在总投资中所占比重。这也意味着随着环境规制强度的变化，环保投资对总产出的溢出效应将发生转变，从而导致经济增长的平衡增长路径也将改变。模型就是实证分析中估计和检验的模型。

在实证分析中本书借鉴汉森（1999、2000）提出的面板门限回归模型的思想，通过建立面板门限回归模型，来分析环境保护部门投资和经济增长之间的关系。

实证分析中，本书使用的软件为 STATA12.0。根据表 10-7 给出的检验结果，在 10% 的显著性水平下，我们判断模型中存在一个门限（详细的检验结果见表 10-7）。

表 10-7　模型的门限效应检验

H0	H1	LM 检验统计量	结论（拒绝还是接受 H1）
无门限效应	一个门限	7.30** （0.03）	拒绝
一个门限	两个门限	3.59 （0.17）	接受
两个门限	三个门限	4.02* （0.08）	拒绝

注：①括号内为 bootstrap 仿真得到的 p 值。②***，** 和 * 分别代表 1%，5% 和 10% 的显著性水平。

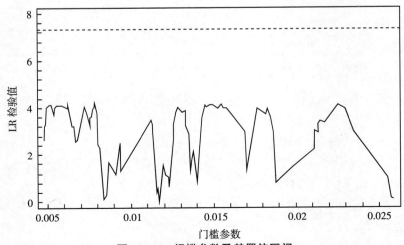

图 10-16　门槛参数及其置信区间

在实证分析中，本案例得到 $\hat{\gamma} = 0.0042$，且其对应的 95% 的置信区间为 (0.0040，0.0260)。

3. 模型估计结果分析

通过上述检测结果表明，描述我国环境规制和经济增长之间关系的非线性回归模型具有显著门槛效应，其门限值为 0.42%。于是，我们将模型（10-35）改写成如下回归模型：

$$LNY_{i,t} = \alpha + \mu_i + \beta_1 LNL_{i,t} + \beta_2 LNKP_{i,t} + \beta_{31} LNKE_{i,t}(q_{i,t} \leqslant 0.0042) +$$
$$\beta_{32} LNKE_{i,t}(q_{i,t} > 0.0042) + \varepsilon_{i,t} \tag{10-36}$$

最后对模型（10-36）进行估计，为了便于比较分析，同时也给出了线性模型的估计结果，并将估计结果列入表 10-8 和表 10-9。

表 10-8　线性回归模型估计结果

	变量	系数	标准差	T 统计量
固定效应	Cons	1.63**	0.66	2.47
	LNL	0.36***	0.10	3.67
	LNKP	0.38***	0.04	9.47
	LNKE	0.25***	0.04	6.02
	$\overline{R}^2$	0.91		
随机效应	Cons	1.22***	0.33	3.69
	LNL	0.41***	0.05	8.07
	LNKP	0.37***	0.04	9.56
	LNKE	0.25***	0.04	5.58
	$\overline{R}^2$	0.90		

注：*、**、*** 分别代表 10%、5% 和 1% 的显著性水平。

表 10-9　门槛面板回归模型估计结果

变量	系数	标准差	T 统计量
Cons	2.08***	0.67	3.10
LNL	0.31***	0.10	3.16
LNKP	0.35***	0.04	8.53
LNKE（$q_{i,t} \leqslant 0.42\%$）	0.27***	0.04	6.49
LNKE（$q_{i,t} > 0.42\%$）	0.29***	0.04	6.58

注：*、**、*** 分别代表 10%、5% 和 1% 的显著性水平。

在表 10-8 中首先给出了线性模型的估计结果，根据豪斯曼检验结果显示，使用固定效应模型更为合理。从固定效应模型的估计结果来看：①劳动投入对产出有显著正面影响。估计得到的劳动产出弹性为 0.36，表明劳动投入每增加 1 个百分点，总产出将增加 0.36 个百分点。②生产性投资对产出有显著正面影响。估计得到的生产性资本产出弹性为 0.38，表明实际生产部门的资本存量每增加 1 个百分点，总产出将增加 0.38 个百分点。③环保部门投资对产出也有显著正面影响。估计得到的环保部门资本产出弹性为 0.25，表明环境保护部门的资本存量每增加 1 个百分点，总产出将增加 0.25 个百分点。

然而，面板门槛回归模型得到的结论和线性模型并不完全一致。表 10-9 给出的估计结果显示：①劳动投入对产出有显著正面影响，估计得到的劳动产出弹性为 0.31；生产性投资对产出也有显著正面影响，估计得到的生产性资本产出弹性为 0.35。这一结果和线性回归模型结果较为接近。②环保部门投资对产出有显著正面影响。无论是在低机制条件下还是在高机制条件下，估计得到的环保部门资本产出弹性均为正数。这表明，"波特假说"在我国得到了经验支持，环境规制促进了我国经济增长。③环境规制对经济增长影响存在多重均衡。即在不同的环境规制强度下，环境规制对经济增长影响的作用机制有所差异。表 10-9 给出结果显示，在低机制条件下，环保部门资本产出弹性为 0.27，表明环保部门的资本存量每增加 1 个百分点，总产出将增加 0.27 个百分点；而在高机制条件下，环保部门资本产出弹性为 0.29，表明环保部门的资本存量每增加 1 个百分点，总产出将增加 0.29 个百分点。

这一研究结果与沈能、刘凤朝（2012）的研究结果相近，他们也发现，环境规制与经济增长之间关系是非线性的，两者之间存在显著门槛效应。巴雷特（Barrett，2006）认为，经济增长过程中的门槛效应是出现多重均衡现象原因之一。当一国（或者地区）经济处于起飞阶段时，在保护环境和发展经济之间，绝大多数民众和政府均倾向于发展经济、提高居民收入。此时，高质量的环境是奢侈品，环境规制对企业的创新激励较小，从而导致环保投资的产出弹性较小。反之，当一国（或者地区）经济水平发展到一定程度以后，具有较高收入水平的民众开始追求高质量的生活品质，同时民众和政府对环境保护也更为重视，各级政府也将对企业实施更为严格的环境规制政策。此时环境规制对企业的创新激励也较大，从而导致环保投资的产出弹性较高。因此，不同的环境规制水平将使得处于不同状态水平的经济体处于不同的均衡水平。

（五）结论

本案例通过构建一个包含环保部门和实际生产部门的两部门经济增长模型，进而将其纳入到拉姆齐—卡斯—库普曼斯模型的理论框架中，而后通过动态最优化原理推导出环境规制与经济增长之间的关系存在着多重均衡的现象。

进一步本案例在柯布—道格拉斯生产函数的理论框架下，利用我国 31 个省、直辖市和自治区 2007~2012 年的相关数据，建立面板门槛回归模型，实证研究了环境规制与经济增长之间关系。实证分析结果表明：在我国现阶段的条件下，"波特假说"在我国得到了经验支持，适当的环境规制可以促进我国经济增长，从而达到经济增长与环境改善的双赢。此外，研究结果还表明，环境规制对经济增长影响存在多重均衡。即在不同的环境规制强度下，环境规制对经济增长影响的作用机制有所差异。

上述研究结果给我们带来如下政策启示：

首先，我国政府应该制定相应政策刺激和鼓励企业对环境保护和治理污染方面加大投入和进行技术创新。利用当前环境规制能促进技术创新的形势，实现经济增长与环境保护的双赢。

其次，政府不能一味地提高环境规制强度，应当根据各个地区、不同经济发展水平和不同行业的现实特点，有的放矢地制定差异化的环境规制政策，注意激发各个企业的创新补偿效应。

最后，政府应当注重优化环境规制的形式。各个地区环境规制政策对企业的影响，不仅取决于环境规制强度，同时也和环境规制的具体形式密切相关。这要求各级政府在制定政策时应注意因地制宜，综合利用污染排放权交易、庇古税、环保补贴和行政监管等各种环境规制措施。从而为我国实现经济增长和环境保护的双赢提供政策支持。

（六）实验操作步骤

步骤1：首先打开STATA软件，熟悉其工作界面，如图10-17所示。

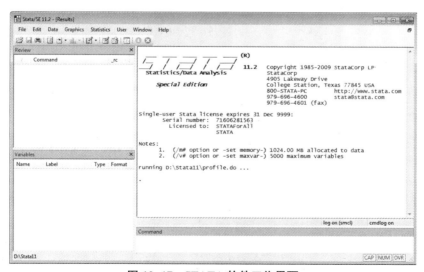

图10-17 STATA软件工作界面

步骤 2：点击 window–Data Editor，输入数据（数据由 Excel 复制而来）。上图为具体数据，下图为 stata 窗口显示的变量名称，如图 10-18 所示。

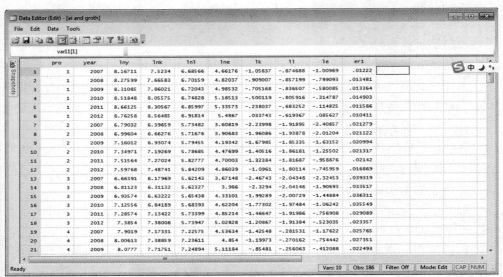

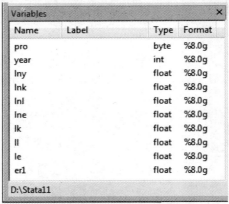

图 10-18　具体数据及变量名称

步骤 3：定义面板数据。在命令窗口输入 "tset pro year"，如图 10-19 所示。

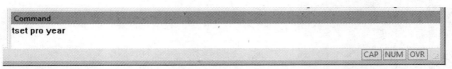

图 10-19　定义面板数据（一）

回车后，将显示：

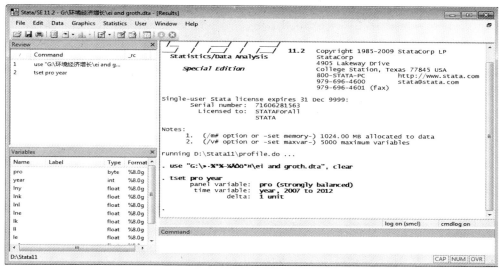

"panel variable：pro"表示研究的横截面单元为省，"time variable：year, 2007 to 2012"表示时间频率为年，考察期限为2007~2012年.

图 10-20　定义面板数据（二）

步骤4：输入面板门限命令"xtthres lny lnk lnl，thres（er1）dthres（lne）bs1（30）bs2（30）bs3（20）"，如图10-21所示。

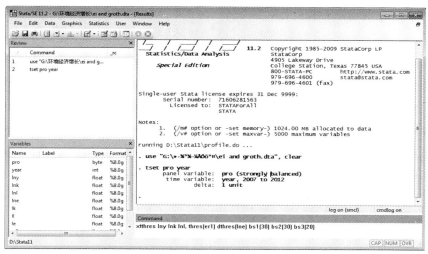

其中"xtthres"代表面板门槛回归；"lny"代表因变量；"lnk"和"lnl"代表无门限效应的自变量；"thres（er1）"代表门槛变量为er1；"dthres（lne）"代表有门限效应的自变量为lne。

图 10-21　面板门槛命令及结果（一）

步骤 5：回车后，将得到最终结果。

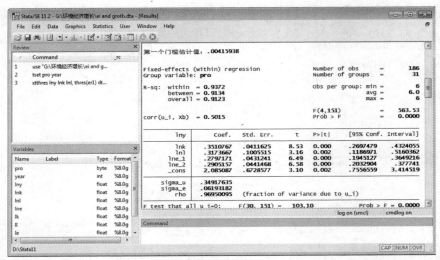

图 10-22　面板门槛命令及结果（二）

步骤 6：输入绘图命令。"xttr_graph，m（3）white xtitle（"门槛参数"）yt（"LR 检验值"）"，如图 10-23 所示。

图 10-23　输入绘图命令

最终得到图 10-24。

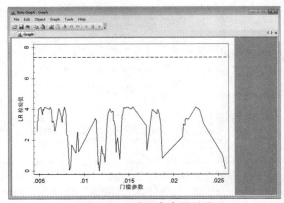

图 10-24　绘图命令及结果

四、案例讨论

1. 面板数据门槛效应模型估计应注意哪些部分？

2. 面板门槛模型进行回归前应进行哪些检验？

3. 如何根据面板门槛值确定模型函数形式？

4. 门槛值 γ 如何确定？

5. 面板门槛回归模型中门槛效应的检验与一般传统的假设检验是否相同？为什么？

6. 如果模型出现多个门槛值时，该如何处理？

実验案例十一

空间面板模型实验

本实验案例主要基于空间计量模型的简介，并在此基础通过案例上对中国各省区资本流动能力再检验及其影响因素问题进行实证分析。

一、空间计量模型的基本应用

空间计量模型的基本应用主要从空间计量模型简介，空间计量模型分析思路及空间权重来为实证分析奠定理论基础。

（一）空间计量模型简介

"地理学第一定律"指出，地理空间观测值都具有一定程度的空间依赖性或空间自相关性特征，亦即一个空间截面上的某种经济地理现象或某一属性值与相邻空间截面上同一现象或属性值是相关的，而且较近观测值之间的相关性大于较远的观测值。在此思想基础上发展起来的空间计量经济学修正了传统计量理论中样本观测值相互独立的假定，通过将定量化描述的空间结构加入计量模型而使其更贴近客观经济事实。

作为目前理论计量经济学领域讨论的热点之一，空间计量经济学研究截面或面板数据回归模型中如何处理空间依赖性（Spatial Dependence）和空间异质性（Spatial Heterogeneity）问题。具体来讲，空间依赖性可以用空间自回归模型（Spatial Autoregssive Model）和空间误差模型（Spatial Error Model）来刻画，而对于空间异质性，只要将空间截面的特性考虑进去，大多可以用经典的计量经济学方法进行估计。当空间异质性与空间相关性同时存在时，空间变系数的地理权重回归模型（Geographical Weighted Regression）就成为一种较好的选择。当然，在建立空间计量模型进行分析之前，一般需要先采用 Moran's I 指数等指标进行空间相关性的预检验。

空间计量经济学不仅解决了标准计量方法在处理空间数据时的偏误问题，更为重要的是为测量这种空间联系及其性质提供了全新的手段。然而进行空间计量分析时，为了将空间交互作用纳入到回归模型中，首要也是最为核心的步骤，是要建立一个能够有效表达空间交互作用的权重矩阵。权重矩阵表征了空间截面单元某些地理或经济属性值之间的相互依赖程度，是连接理论分析上的空间计量经济模型与真实世界中空间效应的纽带。能否构建并选择恰当的空间权重矩阵直接关系到模型的最终估计结果和解释力。当然，不同的空间权重矩阵，反映的是研究对象背后不同的经济学原理与视角，同时也对应着研究者对于空间效应的不同认识。

（二）空间计量模型分析思路

根据空间计量经济学方法原理，空间计量分析的思路如下：首先采用空间统计分析 Moran 指数法检验因变量是否存在空间自相关性；如果存在空间自相关性，则以空间计量经济学理论方法为基础，建立空间计量经济模型，进行空间计量估计和检验。

1. 空间自相关性

检验空间相关性存在与否，实际应用研究中常常使用空间自相关指数 Moran's I，其计算公式如下：

$$\text{Moran's I} = \frac{\sum_{i=1}^{n}\sum_{j=1}^{n} W_{ij}(Y_i - \bar{Y})(Y_j - \bar{Y})}{S^2 \sum_{i=1}^{n}\sum_{j=1}^{n} W_{ij}} \tag{11-1}$$

其中，$S^2 = \frac{1}{n}\sum_{i=1}^{n}(Y_i - \bar{Y})$；$\bar{Y} = \frac{1}{n}\sum_{i=1}^{n} Y_i$，$Y_i$ 表示第 i 地区的观测值；n 为地区总数；W_{ij} 为二进制的邻接空间权值矩阵，表示其中的任一元素，采用边界或距离标准，其目的是定义空间对象的相互邻接关系，便于把地理信息系统（GIS）数据库中的有关属性放到所研究的地理空间上来对比。一般邻接标准的 W_{ij} 为：

$$W_{ij} = \begin{cases} 1 & \text{当区域 i 和区域 j 相邻} \\ 0 & \text{当区域 i 和区域 j 不相邻} \end{cases} \tag{11-2}$$

习惯上，令 W 的所有对角线元素 $W_{ii} = 0$。Mroan's I 指数可看作各地区观测值的乘积和，其取值范围在-1 到 1 之间，若各地区间经济行为为空间正相关，其数值应当较大；负相关则较小。具体到空间依赖性问题上，当目标区域数据在空间区位上相似的同时也有相似的属性值时，空间模式整体上就显示出正的空间自相关性；而当在空间上邻接的目标区域数据不同寻常地具有不相似的属性值时，就呈现为负的空间自相关性；零空间自相关性出现在当属性值的分布与区位数据的分布相互独立时。

根据 Mroan's I 指数的计算结果，可采用正态分布假设进行检验 n 个区域是否存在空间自相关关系，其标准化形式为：

$$Z(d) = \frac{Moran's\ I - E(I)}{\sqrt{VAR(I)}} \tag{11-3}$$

根据空间数据的分布可以计算正态分布 Moran's I 指数的期望值及方差：

$$E_n(I) = -\frac{1}{n-1}$$

$$VAR_n(I) = \frac{n^2 w_1 + n w_2 + 3 w_0^2}{w_0^2 (n^2 - 1)} - E_n^2(I) \tag{11-4}$$

其中，$w_0 = \sum_{i=1}^{n} \sum_{j=1}^{n} w_{ij}$，$w_1 = \frac{1}{2} \sum_{i=1}^{n} \sum_{j=1}^{n} (w_{ij} + w_{ji})^2$，$w_2 = \sum_{i=1}^{n} (w_{i\cdot} + w_{\cdot j})^2$，$w_{i\cdot}$ 和 $w_{\cdot j}$ 分别为空间权值矩阵中行 i 和 j 列之和。

式（11-3）、式（11-4）可以用于检验 n 个区域是否存在空间自相关关系。如果 Mroan's I 指数的正态统计量的 Z 值大于正态分布函数在 0.05 水平下的临界值 1.96，表明在空间分布上具有明显的正向相关关系，正的空间相关代表相邻地区的类似特征值出现集群趋势。

2. 空间计量模型及估计技术

空间计量经济学模型有多种类型，本案例所要用到的空间计量模型主要是纳入了空间效应（空间相关和空间差异），适用于截面数据的空间常系数回归模型，包括空间滞后模型（Spatial Lag Model，SLM）与空间误差模型（Spatial Error Model，SEM）两种。

（1）空间滞后模型（SLM）。空间滞后模型主要探讨各变量在一个地区是否有扩散现象（溢出效应），其表达式为：

$$Y = \rho W y + X \beta + \varepsilon \tag{11-5}$$

其中，Y 为因变量；X 为 n×k 的外生解释变量矩阵；ρ 为空间相关系数；反映了样本观测值中的空间依赖作用，即相邻区域的观测值 Wy 对本地区观察值 y 的影响方向和程度；W 为 n×n 阶的空间权值矩阵，一般用邻接矩阵（Contiguity Matrix）；Wy 为空间滞后因变量，ε 为随机误差项向量。参数 β 反映了自变量 X 对因变量 Y 的影响。

（2）空间误差模型（SEM）。空间误差模型的数学表达式为：

$$Y = X\beta + \varepsilon \tag{11-6}$$

$$\varepsilon = \lambda W\varepsilon + \mu \tag{11-7}$$

其中，ε 为随机误差项向量，λ 为 $n \times k$ 的截面因变量向量的空间误差系数，μ 为正态分布的随机误差向量。参数 λ 衡量了样本观察值中的空间依赖作用，即相邻地区的观察值 Y 对本地区观察值 Y 的影响方向和程度，参数 β 反映了自变量 X 对因变量 Y 的影响。SEM 的空间依赖作用存在于扰动误差项之中，度量了邻接地区关于因变量的误差冲击对本地区观察值的影响程度。

3. 空间自相关检验及 SLM、SEM 的选择

判断空间相关性是否存在，以及 SLM 和 SEM 哪个模型更恰当，一般可通过包括 Moran's I 检验、两个拉格朗日乘数（Lagrange Multiplier）形式 LMERR、LMLAG 和稳健（Robust）的 R–LMERR、R–LMLAG 等来实现。

由于事先无法根据先验经验推断在 SLM 和 SEM 模型中是否存在空间依赖性，有必要构建一种判别准则，以决定哪种空间模型更符合客观实际。判别准则如下：如果在空间依赖性的检验中发现，LMLAG 较之 LMERR 在统计上更加显著，且 R–LMLAG 显著而 R–LMERR 不显著，则可以断定适合的模型是空间滞后模型；相反，如果 LMERR 比 LMLAG 在统计上更加显著，且 R–LMERR 显著而 R–LMLAG 不显著，则可以断定空间误差模型是恰当的模型。除了拟合优度 R^2 检验以外，常用的检验准则还有自然对数似然函数值（Log Likelihood，LogL）、似然比率（Likelihood Ratio，LR）、赤池信息准则（Akaike Information Criterion，AIC）、施瓦茨准则（Schwartz Criterion，SC）。对数似然值越大，AIC 和 SC 值越小，模型拟合效果越好。这几个指标也用来比较 OLS 估计的经典线性回归模型和 SLM、SEM，似然值的自然对数最大的模型最好。

（三）空间权重[①]

根据空间效应发生的起点及理论基础的不同，归纳了现有空间计量研究文献中出现的邻接矩阵、反距离矩阵、经济特征矩阵以及嵌套矩阵等主要空间权重矩阵形式，并进一步总结出这些截面空间权重矩阵的共同点、优缺点、逐步演变的脉络及使用时需要注意的问题。

空间计量实证文献中经常出现的权重矩阵一般包括邻接权重矩阵、反距离权重矩阵、经济权重矩阵以及嵌套矩阵等。在具体介绍这些权重矩阵形式之前，我们先说明它们的基础形式，即一个对角线元素为 0 的空间截面对称矩阵，如式（11-8）所示。本案例首先对该基础形式进行一般化的说明，然后再分别介

[①] 本节内容发表于《经济数学》杂志 2013 年第 3 期，题目为：空间计量模型中权重矩阵的类型与选择。

绍由此衍生的具体矩阵形式。

$$
W_{ij} = \begin{bmatrix} 0 & w_{12} & \cdots & w_{1n} \\ w_{21} & 0 & \cdots & w_{2n} \\ \vdots & \vdots & \cdots & \vdots \\ w_{n1} & w_{n2} & \cdots & 0 \end{bmatrix} \tag{11-8}
$$

对于式（11-8）中所示的空间截面权重矩阵基础形式，有四点需要说明：①矩阵元素均被设定为已知常数，即矩阵元素均假定为是外生的。这就排除了空间权重矩阵参数化的可能，也意味着权重矩阵仅是关于空间截面 i 与 j 之间空间交互结构信息的量化形式。②矩阵对角线元素都是 0。这意味着任意一个空间截面都不能与自身发生空间联系。③矩阵特征根是已知的。这使得空间回归模型的对数似然方程可以被精确计算出来。④矩阵元素均要做行和单位化处理，即按照公式 $W'_{ij} = W_{ij} / \sum_j W_{ij}$ 将权重矩阵 W 每行之和为设置为 1。这样做的好处是，一方面，行和单位化后空间权重矩阵就变为了零量纲，这时权重矩阵就只反映空间相关结构；另一方面，在空间自回归模型中，权重矩阵行和单位化之后便可将空间效应项解释为其空间相邻单元的加权平均值。需要注意的是，行和单位化虽然并不会改变空间单元之间关联效应的相对大小，但是却会在一定程度上改变其总体值。

以截面权重矩阵基础形式为样板，现有空间计量实证研究文献衍生出了多种具体化的空间权重矩阵。

1. 空间邻接权重矩阵述评

国外文献中最早的空间计量模型是从邻接矩阵（Contiguity Based Spatial Weights Matrix）开始的，邻接矩阵在国内应用也最为广泛。邻接权重矩阵分为一阶邻接和高阶邻接两类。其中，一阶邻接矩阵（First Order Contiguity Matrix）也叫二进制邻接矩阵（Binary Contiguity Matrix），它假定空间截面之间只要拥有非零长度的共同边界时，空间交互作用就会发生，赋值规则为相邻空间截面 i 和 j 有共同的边界用 1 表示，否则以 0 表示。进一步，设置一阶邻接矩阵时可以采用 Rook 邻接或者 Queen 邻接两种规则。Rook 邻接规则仅把有共同边界的空间样本定义为邻接单元，形式如下：

$$
W_{ij} = \begin{cases} 1, & \text{当空间单元 i 和 j 拥有共同边界} \\ 0, & \text{当空间单元 i 和 j 无共同边界或 i = j} \end{cases} \tag{11-9}
$$

其中，i、j 为空间截面编号，i、j ∈ [1, n]，n 为空间截面个数。与此不同，Queen 邻接规则会将与某一空间样本拥有共有边界以及共同顶点的空间样本均定义为其邻接单元。由此可见，基于 Queen 邻接规则的空间样本常常与其周围空间单元具有更加紧密的关联效应。

作为一阶邻接矩阵的扩展，当研究者认为空间效应不仅发生在拥有共同边界或共同顶点的空间截面之间，而是在某既定空间截面周围的一定距离范围 D 之内空间效应都存在，超过了给定的阈值距离则区域间的空间作用则可以忽略，则有：

$$W_{ij}(D) = \begin{cases} 1, & \text{当空间单元 i 和 j 的距离在 } d_{ij} \leqslant D \\ 0, & \text{当空间单元 i 和 j 的距离在 } d_{ij} > D \end{cases} \tag{11-10}$$

值得注意的是，空间截面之间的距离有不同的计算方法，可以采用空间截面的经纬度数据[①] 计算其地表距离，也可以计算空间截面之间的公路、铁路等不同交通方式的距离。本案例将在空间距离权重矩阵中对距离的计算进行更详细的说明。

邻接权重矩阵在模型构建中简单且易于处理，但是其缺陷也较明显。首先，它只是对空间截面之间交互程度的一个很有限的表达方式。这是因为它的前提假定是空间截面之间的空间交互作用仅仅取决于相邻与否，即所有与某既定空间截面相邻的单元均具有相同的空间影响强度，所有其他不相邻的空间单元的空间影响均为 0，这显然是不符合客观事实的。其次，这种邻接矩阵对于许多拓扑转换并不敏感，即一个相同的矩阵可能蕴含着许多不同的空间截面分布方式。最后，这种离散的权重设置很可能带来空间模型回归系数的大幅波动。

2. 反距离权重矩阵述评

空间反距离权重矩阵（Inverse-distance Based Spatial Weights Matrix）假定空间效应强度决定于距离，空间单元之间距离越近则空间效应越强。空间反距离权重矩阵一般化的表达形式为：

$$W_{ij} = \begin{cases} d_{ij}^{-a} \cdot \beta_{ij}^{b}, & \text{当 } i \neq j \\ 0, & \text{当 } i = j \end{cases} \tag{11-11}$$

其中，a 和 b 分别为外生的距离摩擦系数和边界共享效应系数；d_{ij} 代表空间截面 i 和 j 之间的距离；β_{ij} 为两者共享边界的长度占样本 i 总边界长度的比例。该变量出现的原因在于研究者认为，若空间截面公共边界的长度不同其空间作用的强度可能也不一样，从而需要将共有边界的长度纳入权重计算过程中

---

① 如空间地理科学网站 http://www.geobytes.com 中的 "City Distance Tool" 栏目，它提供了依据某城市的经度和纬度位置而计算出的城市间距离。

以使权重指标更加准确。当然对于多数研究而言，将边界共享效应系数 b 设定为 0 较为多见。

正如前文所言，在式（11-11）这种权重设置中，矩阵元素取决于空间截面之间距离的定义，可以依据经纬度数据计算其地表距离，或计算空间截面之间的公路、铁路等不同交通方式的距离。对于中国空间区域经济研究而言，较多文献是通过纬度（Latitude）和经度（Longitude）位置计算省会城市地表距离来构建权重。同时，也有文献采用中国省会城市间的铁路距离来构建反距离权重矩阵。在假定空间效应仅发生在拥有共同边界的空间截面之间的前提下，依据式（11-4），令 a = 1 且 b = 0，形成了如下反距离权重矩阵：

$$W_{ij} = \begin{cases} 1/d_{ij}, & \text{当空间单元 i 和 j 拥有共同边界} \\ 0, & \text{当空间单元 i 和 j 无共同边界或 i = j} \end{cases} \quad (11-12)$$

他们认为，相比于以经纬度数据来计算的地表距离，计算省会城市之间的交通距离更能反映客观的社会与经济事实。与此同时，也可以采用距离倒数的二次项，即在式（11-11）中令 a = 2 且 b = 0 来设置权重，形式如下：

$$W_{ij} = \begin{cases} 1/d_{ij}^2, & \text{当 i} \neq \text{j} \\ 0, & \text{当 i = j} \end{cases} \quad (11-13)$$

值得注意的是，与式（11-12）不同，式（11-13）所示的反距离权重矩阵并没有假定空间效应只在相互邻接的空间截面之间存在，而是认为当空间单元 i≠j 时就存在空间效应。还有一点，即采用空间单元距离的平方项抑或是水平值来构造反距离权重矩阵两者相比，区别在于前者情形下空间效应随着距离的增加衰减的速度更快。

除了考虑到空间效应随着反距离而衰减的情况，研究者们还构建了一种指数衰减矩阵，其目的是为了更细致地考察空间效应随地理距离衰减的速度及效应边界的存在范围。做法分为两步：

第一步，建立以指数衰减函数为元素的空间权重矩阵，形式如下：

$$W_{ij}(D) = \begin{cases} \exp(-d_{ij}/\omega), & \text{当 } d_{ij} \geq D \\ 0, & \text{当 } d_{ij} < D \end{cases} \quad (11-14)$$

其中，D 为阈值距离，该参数的作用是通过屏蔽距离 D 之内的空间单元来集中考察在距离 D 之外是否存在空间效应。也就是说，这样就可以判断当参与空间回归的空间单元之间的距离逐步扩大时空间效应强度是否依次降低；ω 为外生参数。ω 取决于所有空间截面之间的平均距离，而上述采用指数衰减矩阵的其他文献则采用空间单元之间的最短距离 d_{min} 代替 ω，其目的是为了消除距离度量单位对结果的影响，同时也在一定程度上避免权重数值太小而导致的误差。

第二步，计算出所有空间单元之间地理距离的极值范围 $[D_{min}, D_{max}]$，将式（11-15）的各个空间权重矩阵分别代入空间计量模型进行回归：

$$W_{ij}(D) = D_{min}, D_{min} + \tau, D_{min} + 2\tau, D_{min} + 3\tau, \cdots, D_{max} \qquad (11-15)$$

其中，τ 为递进带宽距离（Bandwidth Distance），研究者依据自己对空间效应强度随距离变化的敏感度对其进行主观赋值。逐步回归之后，即可通过观察不同带宽距离下的空间效应系数变化来判断其衰减程度与作用边界。

3. 经济权重矩阵述评

尽管地理上的邻接或反距离矩阵是考察空间相关性的起点，但是地理因素并不是产生空间效应的唯一因素。在空间计量模型设置过程中，还可以从经济属性角度设置空间权重矩阵。比如在区域经济学研究中，区域单元的经济发展水平、居民的文化素质、社会环境甚至风俗习惯等诸多因素都会使得空间单元之间产生交互影响。具有相似文化背景的空间单元之间更能够实现隐性知识的传播与交流，而经济水平相似的空间单元则能够更好地吸收与利用经济资源从而趋近规模收益递增状态。

需要指出，国内学者使用经济权重矩阵（Economic Based Weights Matrix）的频率远大于国外学者，通常做法是基于空间单元的某项产生空间效应的经济指标的绝对差异来构建，取值为该经济指标之差绝对值的倒数，形式如下：

$$W_{ij} = \begin{cases} 1/\left| \overline{X}_i - \overline{X}_j \right|, & \text{当 } i \neq j \\ 0, & \text{当 } i = j \end{cases} \qquad (11-16)$$

其中，X 是研究者所选择的形成空间矩阵元素的经济变量，常用的包括人力资本量、外商投资额、人均或总量 GDP 等，而研究者之所以选取经济变量 X 的原因在于认为该变量是形成空间效应的主导因素。经济权重矩阵与地理权重矩阵的一个重要区别在于，经济发展相对速度的不均衡会使得不同空间单元经济属性是动态变化的，而这个特征对于空间单元的地理属性而言并不存在。这就对空间效应的研究带来了干扰，学者们往往以损失一部分时间信息为代价，采用空间样本时间段内的经济变量算术均值来构建截面权重矩阵。在本案例已经有学者尝试在空间面板计量模型中引入具有时变特征的权重矩阵形式。

从式（11-16）可以看出，空间单元之间的经济变量值越接近，即差异程度越小，其空间效应强度就越大。这意味着该形式的经济权重矩阵直接继承了构建反距离权重的思维（即距离越近，空间效应越强）。显然，经济联系的复杂性使得这种思维并不准确。实际上，空间单元之间经济变量差异较大时所展示出的空间关联是否比差异较小时展现出的空间效应弱这个问题的答案，并不是显而易见的。详细来讲，同样是在存在较强的空间关联的情况下，经济禀赋不同的两个空间单元之间可能是通过横向产业间分工而产生空间关联，这时两者的经济属性很可能会趋同；也有可能是通过纵向产业内分工而产生空间联系，这时两者的经济属性很可能会越来越不同。如果以上怀疑成立，研究者就必须更加谨慎地使用经济权重矩阵。

另外，也有学者采取了不同于式（11-9）形式的经济权重矩阵形式，他们根据不同空间单元经济变量 X 的相对差异而不是绝对差异来构造经济权重矩阵，形式如下：

$$W_{ij} = \begin{cases} X_i / \sum_{k \in J_i} X_k, & i\,和\,j\,拥有共同边界 \\ 0, & i\,和\,j\,无共同边界或\,i = j \end{cases} \tag{11-17}$$

其中，X_i 是所选择的空间单元 i 的经济变量，J_i 是所有与 i 具有共同边界的空间截面集合。容易发现，式（11-17）这种经济权重的形式可以自然地成为一个行和单位化的矩阵。

4. 嵌套权重矩阵述评

当研究者认为，空间效应中同时蕴含着距离因素与经济因素时，就用到了嵌套矩阵（Nested Weights Matrix）。嵌套矩阵将反距离权重矩阵和经济特征权重矩阵有机地结合起来使用，其目的在于尽量准确地刻画空间效应的综合性及复杂性。

国内学者用到的一种嵌套权重矩阵形式为 $W = W_d \cdot diag(\overline{X}_1/\overline{X}, \overline{X}_2/\overline{X}, \cdots, \overline{X}_n/\overline{X})$，其中，$W_d$ 可以为前文所述的各种形式的反距离权重矩阵；$diag(\cdots)$ 为对角矩阵，其对角元素中 $\overline{X}_i = \sum_{t_0}^{t_1} X_{it}/(t_1 - t_0 + 1)$，为时间段 t_0 到 t_1 内空间截面 i 的经济变量 X 的均值，而 $\overline{X} = \sum_{i=1}^{n} \sum_{t_0}^{t_1} X_{it}/n(t_1 - t_0 + 1)$，为考察期内所有空间截面经济变量 X 的均值。出现该种嵌套矩阵的缘由：当前绝大多数研究者均将空间权重矩阵中各数值元素所表征的空间单元之间的双向交互作用设置为等同的，即将空间权重矩阵设置为对称矩阵并满足 $W_{ij} = W_{ji}$。然而，更接近现实的情形是经济发展水平较高的空间单元会对经济发展水平较低的空间单元产生更强的空间影响与辐射作用。由此，这种嵌套矩阵的出现正是为了在空间权重矩阵中刻画这种情况，其刻画途径是将嵌套权重矩阵设置为一个反距离权重矩阵与一个对角矩阵的乘积，这样，当一个空间截面经济变量 X 的均值占比较大，即 $\overline{X}_i/\overline{X} > \overline{X}_j/\overline{X}$ 时，其对其他空间截面的影响也大，即有 $W_{ij} > W_{ji}$。

此外，还存在另一种形式的嵌套权重矩阵，即 $W(\varphi) = (1-\varphi)W^G + \varphi W^E$，其中，$W^G$ 与 W^E 分别为前文所述的某种反距离权重矩阵与经济特征权重矩阵，且

$\varphi \in [0, 1]$。当 φ 越接近 0，表示空间权重越偏向于与地理距离因素有关；而 φ 越接近 1，则表示空间权重越偏向于与经济属性有关。在无法判断空间效应是基于距离属性抑或是经济属性发生作用时，这种形式的嵌套矩阵可以通过设置不同的 φ 来考察空间效应的性质。举例来讲，可以在对空间计量模型估计时分别令 $\varphi = 0$、0.1、0.2……0.9、1，然后通过观察并对比空间效应项系数的变化特征来判断何种空间效应居于主导地位。

5. 空间权重矩阵选择小结

构建空间计量模型时，首要也是最为核心的步骤是要建立一个表达空间交互结构的权重矩阵，能否构建并选择恰当的空间权重矩阵直接关系到模型的最终估计结果和解释力。本案例归纳了现有空间计量研究文献中出现的邻接矩阵、反距离矩阵、经济特征矩阵以及嵌套矩阵等主要的空间权重矩阵形式，并阐明了各种权重矩阵的优缺点以及演变脉络。然后，本案例陈述了空间权重矩阵两种必要的转换，即通过权重矩阵转换实现对不同地理区域之间空间效应的考察，以及从空间截面权重到空间面板权重的转换。

需要强调的是，上述所归纳的矩阵形式均是研究者根据自身对于空间效应的主观认识以及各自的研究目标而外生地设置的。实际上，最理想的空间权重矩阵构建方法是通过残差估计或半参数估计等方法来实现，而不是由研究者主观地外生给定，但实际研究中往往由于空间分布不确定性（Spatial Uncertainty）与空间非平稳性（Spatial Nonstationarity）等原因使得估计空间权重非常困难。

既然大多数研究者不得不使用现有的多种类型的外生空间权重矩阵，那么，如何选择合适的权重矩阵形式就成为备受关注的前沿问题，甚至已经成为空间计量经济学研究面临的一个重要的方法论问题。幸运的是，对于如何合理选择空间权重矩阵的研究正在逐步涌现。比如依据最小化 AIC 信息准则的方法寻找使得各种空间计量回归模型拟合优度（Goodness-of-fit）最好的权重矩阵，以及利用自相关与偏相关函数分布图来选择不同的空间邻接矩阵。与此同时，空间滤波实验法（Spatial Filtering）、搜寻演算法（Search Algorithms）以及熵计量技术（Entropy Econometrics Techniques）的应用已经被证明有益于空间权重矩阵的选择。

虽然，以上这些权重矩阵选择方法所获得的空间效应系数可能仅仅是最优值，而不是真实值，即采用这些方法未必能够找到真实世界中的空间依赖和社会交互关系，但是我们相信在这些文献探索的基础上，空间权重矩阵的选择必将越来越客观，并逐步接近其真实状态。只是在现阶段的大多数时候，根据权重矩阵是否易于构建并主观地选择权重矩阵已经成为通行的做法。

二、 实验名称：中国各省区资本流动能力再检验及其影响因素①

基于上述对空间计量模型的简介，下面对中国各省区资本流动能力再检验及其影响因素问题进行实证研究，主要包含我国地区资本流动能力的间接测度：空间 FH 系数，我国地区资本流动能力的直接测度与空间分布特征，我国地区资本流动性的影响因素及相关结论。

（一）引言

无论是国家之间还是国家内部，追逐利润的物质资本在辖区间能够相对自由地流动是经济一体化的显著特征，也是影响经济均衡增长的重要因素。流动着的物质资本如同血液一样在区域间沿着合理的渠道不断地流动，通过流动实现自身收益最大化与资源要素的空间配置效率。事实上，依托于不同资本流动能力而形成的差异化要素集合束将对地区产业结构、收入结构甚至消费结构产生累积性影响。然而，对于我国而言，一体化市场的缺失恰恰是长期存在的问题，地区之间相互分割甚至已然成为类似于囚徒困境的状态。这不仅体现在产品市场中存在各类"以邻为壑"的地方保护主义行为（如地方政府采购方面），以及劳动力市场中流动人口在获取均等社会服务的行政限制，而且，也是更重要的方面，我国国内生产要素尤其是物质资本在自由流动性问题上也面临着较大约束，这从各地区之间广泛存在的运输壁垒、产业同构以及相应的产能过剩现象可窥一斑。鉴于此，公正、客观地刻画出我国地区间的资本流动能力，将对我国继续深化市场一体化改革、提高稀缺资本配置效率并进一步释放经济增长红利具有积极的政策借鉴意义。

当然，理论上很难直接衡量资本流动能力，这就需要采取间接方法加以刻画。这方面最具开创性的文献是费尔德斯坦与堀冈（Feldstein and Horioka, 1980）对 1960~1974 年 OECD 成员国之间资本流动性的研究。该文认为，如果一个国家或地区的资本流动能力很强，则其储蓄就会在世界范围内寻找投资回报率尽可能高的机会，从而使得封闭经济条件下本地投资与储蓄之间的紧密相关性被

---

① 本实验案例发表于《经济评论》2014 年第 4 期，题目为：中国各省区资本流动能力再检验：基于广义空间计量模型的分析。

打破。然而，该文采用截面数据分析指出，OECD 国家没有显示出符合直觉的资本流动能力，投资率—储蓄率回归系数较高且不显著异于 1。也就是说至少在数据统计意义上，OECD 国家之间的资本市场并没有表现出一体化特征，这个结论也被称为"FH 之谜"。之后众多研究者同样针对 OECD 国家的分析得出了与费尔德斯坦与堀冈（1980）一样的结论（Coakley 等，1998），金姆等（Kim et al.，2005）、阿维克（Avik，2006）、穆罕默德·M.A. 与穆罕默德·R.I.（Mohammad M.A. & Mohammad R.I.，2010）则分别采用面板数据证实了亚洲及欧盟国家的投资—储蓄相关关系总是呈现阶段性变化的特征。

虽然研究者大多承认国家间投资率与储蓄率之间存在较高的正相关关系（Coakley et al.，2004），但是其解释却并不总是与 FH 经典论文一致（Obstfeld 和 Taylor，2005）。伴随着对 FH 分析框架的争议，该资本流动性检验方法被扩展地应用于一国范围之内，如巴尤米和迈克尔（Bayoumi & Mickael，1997）、利维尔与麦特里克（Helliwell & McKitrick，1999）、Iwamoto 和 Wincoop（2000）等计算了英国、加拿大、日本等发达国家内部的投资—储蓄相关性，结论表明，不同国家的资本流动性程度存在差异，同一国家在不同时间段的投资—储蓄相关系数同样也在变动。

对我国而言，差异化的地理特征、分权化的经济体制与条块结合的行政治理结构为学者们提供了将 FH 资本流动性检验应用于国家内部的背景优势。Boyreau-Debray 和 Wei（2004）指出，中国投资—储蓄相关系数为 0.5；赵岩、赵留彦（2005）分析表明，在改革之初各省投资与储蓄变量的变化趋势并不一致，到了 20 世纪 80 年代末期两者才明显呈现出共同的变化趋势，之后这种共同趋势又趋于变弱；徐东林、陈永伟（2009）及岩等（Yan et al.，2011）均认为，我国在计划经济时期流动性较高，而改革开放之后流动性下降了；Yoshihiro and Shigeyuki（2009）采用面板数据分析证实了 1996 年后我国资本流动性逐渐增强；吴强（2009）基于光滑转换面板模型展示了我国投资—储蓄转换率随 GDP 增量的变化存在非线性变化。当然，有不少学者也针对我国资本流动总体上较弱的状况给出了不同的解释角度，如储蓄主体和投资主体的重叠（于春海，2007）、经济结构变动和地区间市场分割（李治国，2008）以及地方政府行政权和金融权的联姻（Li，2010）。

在 FH 框架之外，张晓莉、刘启仁（2012）以及莱等（2013）基于 Campbell-Mankiw 永久收入模型，从私人消费和净产出关系角度来测度资本流动程度，结果同样表明我国多数省份资本流动程度较低且地区差距较大。此外，还有学者基于市场交易中资金与货物流向相反的逻辑近似地对资本流动的方向与绝对规模进行了核算（郭金龙、王宏伟，2003；李小平、陈勇，2007；胡凯，2011；

任晓红等，2011）。

　　然而，在 FH 框架下的计量分析忽视了一类重要的内生性问题，即投资率或储蓄率变量的空间相关性。当前，在研究地区经济问题时考虑到空间依赖性或空间异质性，从而构建空间计量模型已经成为计量经济学领域的热点之一（Revelli，2005）。空间计量理论改变了经典计量经济学中样本数据具备独立性与匀质性的假定，并以表达空间交互结构的权重矩阵为纽带，将样本单元之间的空间效应纳入计量模型之中。在现有关于我国地区资本流动的文献中，虽然进行了各种形式的 FH 检验（Apergis & Tsoumas，2009），但是我们仅发现 Yoshihiro 和 Chen（2010）在 FH 框架下采用了空间误差模型（Spatial Error Model，SEM）。遗憾的是，该文采用的是截面数据结构，相对于面板数据结构而言就不利于控制时间固定效应以及随时间变动的空间效应；该文的空间计量分析直接采用了空间误差模型，从而也就忽略了因变量存在空间滞后效应，或者因变量与误差项两类空间滞后效应同时存在的情形。另外，该文仅仅根据计量结果就判断出我国改革开放后到 20 世纪 80 年代末地区资本流动能力较强的结论。显然，这是忽视具体国情的主观判断，同时也不符合以市场化利益为驱动力的资本流动现象的本质含义。

　　综上，本案例关注的问题是，在因变量与误差项两类空间滞后效应同时存在的 FH 框架下，我国的储蓄—投资相关程度如何？我国经济转型与体制转轨双重进程使得改革开放后的地区资本流动性是否呈现出始终如一的特征？考虑到 FH 检验终究属于对我国地区资本流动性的间接刻画，故我们也有必要采取更加直接的方式来展示我国地区资本流动性的空间分布特征，并进一步分析影响地区资本流动性的因素，以及一些关键因素发挥作用的制度条件。本案例与现有文献的不同之处在于，在 FH 框架下重点采用了广义空间计量模型进行分析，且按照重大体制改革节点将样本数据分为了两个阶段，并将估计结果与经典文献进行了对比与解释；在分析地区资本流动性的影响因素时，分别从地理特征与经济特征角度构建了四类空间权重矩阵，以较为全面地刻画并甄别空间效应产生的现实基础。

（二）我国地区资本流动能力的间接测度：空间 FH 系数

　　下面主要介绍投资率与储蓄率变量的空间相关性检验及空间相关性的 FH 模型相关内容。

1. 投资率与储蓄率变量的空间相关性检验

　　本案例选取我国 1979~2010 年的各省区数据，但不包含数据不完整的海南省、西藏自治区、港澳台地区。因为重庆市在 1997 年成为直辖市，故将重庆市和四川省数据进行了合并。按照赵岩和赵留彦（2005）、李治国（2008）、徐东林和陈永伟（2009）等文献的通行做法，各省区总储蓄定义为地区 GDP 减去最终消费，其中最终消费包括居民消费和政府消费；总投资以各省区资本形成总额表示，其中资本形成总额包括私人和公共部门的固定资本形成总额和存货增加；然后，将各省区总储蓄和总投资除以 GDP，即是总储蓄率和投资率。各省区 GDP 及固定资产形成额数据均已按照 GDP 平减指数及固定资产投资价格指数进行了换算，以控制价格变动的影响。所有公开数据来源于各省区统计年鉴以及《新中国六十年统计资料汇编》。

为了证实采用空间 FH 模型的合理性，我们首先采用全局 Moran's I 统计量进行检验，其定义为：

$$I = \frac{n}{\sum\limits_{i=1}^{n}\sum\limits_{j=1}^{n}W_{ij}} \cdot \frac{\sum\limits_{i=1}^{n}\sum\limits_{j=1}^{n}W_{ij}(x_i - \bar{x})(x_j - \bar{x})}{\sum\limits_{i=1}^{n}(x_i - \bar{x})^2} \tag{11-18}$$

其中，$\bar{x} = \sum\limits_{i=1}^{n}x_i/n$，$x_i$ 表示第 i 个空间单元的观测值，n 为空间单元数，W_{ij} 为空间权重矩阵。

Moran's I 指数取值范围为 [−1，1]，绝对值越大，表示空间相关程度越大，大于 0 表示空间变量正相关，小于 0 表示负相关，不异于 0 则表示空间变量呈现出随机分布特征。为了保证统计准确性，需要采用标准化统计量 Z（I）的 p 检验值来确定全局 Moran's I 指数的显著性水平（魏浩，2010）。Z(I) 的计算公式：

$$Z(I) = \frac{I - E(I)}{\sqrt{\text{var}(I)}} \tag{11-19}$$

本案例分别计算了 1979~2010 年样本省区投资率与储蓄率的 Moran's I 指数，结果如表 11-1 与图 11-1 所示。在计算过程中，采用了基于 Rook 方式的简单一阶邻接规则来定义空间权重矩阵。从表 11-1 可知，对于各省区总投资率的 Moran's I 而言，所考察时间段内绝大部分年份均至少在 10% 水平上显著，其均值为 0.26；而对于总储蓄率而言，所有年份均至少在 5% 水平上显著，均值为 0.44。可见，空间相关性是 FH 检验中一个不可忽视的内生性问题，否则将会使得传统 FH 相关系数出现偏误。

表 11-1　各省区投资率与储蓄率变量的 Moran's I 统计量

年份	总投资率	总储蓄率	年份	总投资率	总储蓄率
1979	0.27（0.01）	0.35（0.00）	1982	0.34（0.00）	0.35（0.00）
1980	0.22（0.03）	0.37（0.00）	1983	0.39（0.00）	0.38（0.00）
1981	0.34（0.00）	0.35（0.00）	1984	0.31（0.00）	0.40（0.00）

续表

年份	总投资率	总储蓄率	年份	总投资率	总储蓄率
1985	0.31 (0.00)	0.45 (0.00)	1998	0.35 (0.00)	0.49 (0.00)
1986	0.29 (0.01)	0.44 (0.00)	1999	0.22 (0.04)	0.56 (0.00)
1987	0.15 (0.13)	0.46 (0.00)	2000	0.21 (0.04)	0.59 (0.00)
1988	0.31 (0.01)	0.44 (0.00)	2001	0.20 (0.05)	0.55 (0.00)
1989	0.33 (0.00)	0.51 (0.00)	2002	0.24 (0.02)	0.52 (0.00)
1990	0.41 (0.00)	0.47 (0.00)	2003	0.21 (0.04)	0.51 (0.00)
1991	0.42 (0.00)	0.44 (0.00)	2004	0.18 (0.07)	0.49 (0.00)
1992	0.23 (0.03)	0.54 (0.00)	2005	0.15 (0.13)	0.45 (0.00)
1993	0.16 (0.11)	0.48 (0.00)	2006	0.17 (0.09)	0.41 (0.00)
1994	0.19 (0.06)	0.48 (0.00)	2007	0.22 (0.03)	0.46 (0.00)
1995	0.32 (0.00)	0.47 (0.00)	2008	0.31 (0.01)	0.38 (0.00)
1996	0.31 (0.00)	0.50 (0.00)	2009	0.19 (0.06)	0.33 (0.00)
1997	0.37 (0.00)	0.44 (0.00)	2010	0.15 (0.14)	0.25 (0.02)

注：①采用行和标准化为 1 的一阶邻接矩阵；②采用双尾（Two-tail）检验；③括号中为针对 Z（I）值的概率值 p。

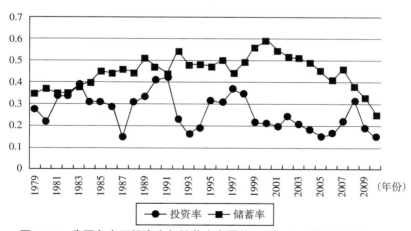

图 11-1　我国各省区投资率与储蓄率变量的 Moran's I 指数折线图

2. 考虑空间相关性的 FH 模型

基于面板数据结构的传统 FH 回归模型如下：

$$\frac{I_{it}}{Y_{it}} = \alpha + \beta \cdot \frac{S_{it}}{Y_{it}} + \varepsilon_{it} \tag{11-20}$$

其中，i、t 表示截面与时间；I 为投资额，S 为储蓄额，Y 为产出水平，一般用 GDP 规模表示；α 为常数项，ε 为随机误差项。前文已经发现将式（11-20）转化为空间效应模型是必要的。为了增强与国内外文献回归结果的可比性，本案例所设定的 FH 空间模型仅控制了截面与时间固定效应，未加入其他控制变量。目前我们并不能确认空间效应模型应该采用空间滞后模型（Spatial Autoregressive Model，SAR）[①]还是空间误差模型（Spatial Error Model，SEM），故我们首先基于初始 FH 回归方程分别构建两种形式的空间模型，然后再根据各自的空间效应系数进行下一步选择。基于 FH 方程的空间滞后模型（SAR）形式如下：

$$\frac{I_{it}}{Y_{it}} = \alpha + \rho \cdot \sum_{j=1}^{N} \left(W_{ij} \cdot \frac{I_{it}}{Y_{it}} \right) + \beta \cdot \frac{S_{it}}{Y_{it}} + u_i + v_t + \varepsilon_{it} \tag{11-21}$$

其中，u_i 为截面固定效应项，v_t 为时间固定效应项，W_{ij} 为空间权重矩阵，本案例采用一阶邻接权重矩阵与逆距离权重矩阵，且均已行和标准化处理。基于"地理学第一定律"，国外文献中最早的空间计量模型也是从邻接权重矩阵开始的。在一阶邻接权重矩阵（First Order Contiguity Matrix）设置规则下，我国各省区之间只要拥有非零长度的共同边界，其空间交互作用就会发生，即赋值规则为当相邻空间截面 i 和 j 有共同的边界用 1 表示，否则以 0 表示。因为邻接权重假定了空间截面之间的空间交互作用取决于相邻与否，即所有与某既定空间截面相邻的单元均具有相同的空间影响强度，所有其他不相邻的空间单元的空间影响均为 0，这显然是不符合客观事实的。因此，作为邻接权重的扩展，依据距离信息来构建权重矩阵就成为可行的选择。对于逆距离权重矩阵而言，其假定空间效应强度决定于距离，空间单元之间距离越近则空间效应越强。

在逆距离权重设置中，令 d_{ij} 代表样本省区省会城市之间的铁路距离[②]，赋值规则为 i ≠ j 时 $w_{ij} = 1/d_{ij}^2$；i = j 时 $w_{ij} = 0$（Ertur et al.，2006；Paas & Schlitte，2007）；ρ 是因变量空间滞后项 $\sum_{j=1}^{N} \left(W_{ij} \cdot \frac{I_{it}}{Y_{it}} \right)$ 的系数，用于度量空间单元之间的互相影响程度，其取值范围为（$1/r_{min}$，$1/r_{max}$），其中 r_{min} 与 r_{max} 分别为行和标准化之后权重矩阵 W 的最小纯实数特征根（LeSage & Pace，2009）。从经济学意义上讲，SAR 模型意味着空间单元的某一经济属性受到其他空间单元相同属性值的影响。进一步，基于 FH 方程的空间误差模型（SEM）则假定空间单元 i 的误差项受到其他单元 j 的误差项，即不可观测因素的空间影响，模型的基本形式为：

$$\frac{I_{it}}{Y_{it}} = \alpha + \beta \cdot \frac{S_{it}}{Y_{it}} + u_i + v_t + \phi_{it}, \text{ 且 } \phi_{it} = \lambda \cdot \sum_{j=1}^{N} (W_{ij} \cdot \phi_{it}) + \varepsilon_{it} \tag{11-22}$$

其中，ϕ_{it} 为特异误差项，表征了可能产生空间效应的不可观测因素；ε_{it} 仍然是

---

① 可以把空间德宾模型（SDM）视为空间滞后模型的扩展形式。
② 样本省会城市间的铁路距离来自于中国铁路客户服务中心官方网站。

随机误差项；λ是空间误差滞后项系数，代表回归残差之间空间相关强度。λ显著不为0表明，影响因变量的其他潜在变量会对地区投资率产生间接的空间溢出效应。

根据上述所设定的空间滞后模型式（11-21）与空间误差模型式（11-22），采用极大似然估计法（Maximum Likelihood Estimation，MLE）（Elhorst，2003；Lee，2004）对我国1979~2010年各省区投资率与储蓄率数据的回归结果如表11-2所示。从表11-2可知，一阶邻接与逆距离两种权重矩阵情形下，空间滞后模型中的空间相关系数ρ在1%显著性水平上异于0，空间误差模型中的空间相关系数λ亦是如此。这说明Yoshihiro和Chen（2010）直接采用基于FH方程的空间误差模型来测度地区资本流动性有些片面，也意味着传统空间计量模型无法捕捉我国省区投资率变量的全部空间相关关系。参考李和余（Lee and Yu，2010）中基于固定效应的更一般化的空间效应模型，即广义空间计量模型（Spatial Autocorrelation Model，SAC），这里将FH广义空间计量模型设置为如下形式：

$$\frac{I_{it}}{Y_{it}} = \alpha + \rho \cdot \sum_{j=1}^{N}\left(W1_{ij}\cdot\frac{I_{it}}{Y_{it}}\right) + \beta \cdot \frac{S_{it}}{Y_{it}} + u_i + v_t + \phi_{it}, \ 且 \ \phi_{it} = \lambda \cdot \sum_{j=1}^{N}$$
$$(W2_{ij}\cdot\phi_{it}) + \varepsilon_{it} \tag{11-23}$$

式（11-23）中，$W1_{ij}$、$W2_{ij}$分别为内生性的因变量空间滞后项与空间误差滞后项中的权重矩阵。由于我们没有充分的信息用于判断$W1_{ij}$与$W2_{ij}$是否一致，故我们采取尽量简化的处理方法令二者一致，这意味着虽然因变量空间滞后项与空间误差滞后项代表着不同形式的空间效应，但是其发生逻辑是一致的。另外，王美今等（2010）、杨海生等（2010）也构建了与本案例类似的广义空间计量模型形式。依据式（11-23）得出的回归结论如表11-2中后两列所示。

表11-2　两种权重情形下不同空间计量模型回归结果

	空间滞后模型（SAR）		空间误差模型（SEM）		广义空间计量模型（SAC）	
	一阶邻接权重	逆距离权重	一阶邻接权重	逆距离权重	一阶邻接权重	逆距离权重
ρ	0.28*** (0.04)	0.29*** (0.05)	—	—	−0.58*** (0.09)	−0.46*** (0.09)
λ	—	—	0.30*** (0.04)	0.30*** (0.05)	0.70*** (0.05)	0.64*** (0.06)
储蓄率	0.19*** (0.03)	0.19*** (0.03)	0.21*** (0.03)	0.20*** (0.03)	0.18*** (0.03)	0.19*** (0.03)
Within-R²	0.45	0.44	0.37	0.37	0.21	0.28
样本数	896	896	896	896	896	896

注：①回归采用截面与时间双固定效应模型，拟合优度采用组内统计值（Within-R2）；②表格括号中报告的是异方差稳健标准误（Robust Stand Error）；③***表示1%的显著性水平，**表示5%的显著性水平，*表示10%的显著性水平，以上均为双尾检验。

从表 11-2 的 SAC 模型回归结果中可知，邻接权重与逆距离权重矩阵情形下的空间相关系数 ρ 与 λ 均通过了 1% 的显著性检验。对于 FH 系数测算中的关键变量，即储蓄率系数在本案例三个空间计量模型中均未超过 0.21，数值较小且比较显著。这与 Boyreau-Debray 和 Wei（2004）与 Li（2010）所测算出的我国各省投资—储蓄相关系数存在较大差异。其中，Boyreau-Debray 和 Wei（2004）对 1978~2001 年各省数据回归得出的 FH 系数为 0.53，Li（2010）采用面板协整模型对 1978~2006 年各省数据回归得出的 FH 系数为 0.58，他们根据各自数据分析结果指出我国省份之间资本流动的障碍大约相当于 OECD 国家之间的情况。显然，本案例 FH 估计系数与上述经典文献存在显著差异，一方面说明将空间效应融入到传统 FH 回归方程的必要性，另一方面又不得不令我们对估计结果更加谨慎地进行解读。

实际上，样本年份的较长跨度可能导致重大体制变革前后不同的数据特征被极大似然估计（MLE）等均值化回归方法所掩盖。从 1993 年起，我国在宏观层面实施多项体制改革，尤其是财政体制方面的分税制改革与转移支付体系开始实施。这些重大体制改革必然会打破原有的地方利益均衡态势，并对省区间的资本流动趋势产生结构性影响，故我们有必要以 1993 年为分界线分别考察 1979~1992 年与 1994~2010 年两个时间段的空间 FH 系数[①]。继续采用广义空间计量模型的回归结果如表 11-3 所示。

表 11-3　分阶段广义空间计量模型（SAC）回归结果

	1979~1992 年		1994~2010 年	
	邻接权重	逆距离权重	邻接权重	逆距离权重
ρ	0.78*** (0.05)	0.81*** (0.05)	0.69*** (0.06)	0.58*** (0.10)
λ	−0.78*** (0.11)	−0.65*** (0.09)	−0.63*** (0.12)	−0.38*** (0.15)
储蓄率	0.10** (0.04)	−0.05 (0.05)	0.64*** (0.07)	0.74*** (0.08)
Within-R²	0.21	0.14	0.50	0.49
样本数	420	420	476	476

注：①回归采用截面与时间双固定效应模型，拟合优度采用组内统计值（Within-R2）；②表格括号中报告的是异方差稳健标准误（Robust Stand Error）；③*** 表示 1% 的显著性水平，** 表示 5% 的显著性水平，* 表示 10% 的显著性水平，以上均为双尾检验。

从表 11-3 可知，在两种权重矩阵设置下，广义空间模型中的 FH 估计值，即储蓄率变量系数在 1979~1992 年显著为负或不显著，这与赵岩、赵留岩（2005）

---

① 体制冲击使得 1993 年的地方统计数据失真严重，故将该年舍去。

以及 Yoshihiro 和 Chen（2010）对改革开放之后到 20 世纪 80 年代末各省区储蓄率和投资率相关性的计算较为一致。这种情形可能来自于我国在改革开放初期市场经济体制的不完备特征。在这个阶段，我国整体经济运行的计划体制色彩较浓重，资本运转主要依靠统收统支的财政体制，驱动资本自由流动的自由价格机制与金融资源分配体制还没有真正建立起来，中央政府仍然在宏观与微观层面掌握着经济资源的流向，从而也就充当着国民财富行政分配者的角色。这样，在数据统计意义上也就不存在地方投资率与储蓄率之间的相关关系。

1994~2010 年，两种权重矩阵下 FH 系数显著地达到了 0.64 以上，高于 Boyreau–Debray 和 Wei（2004）针对 1990~2001 年份省数据估计而得到的 FH 系数值 0.60。这意味着这个阶段我国省份之间的投资率在较大程度上还依赖于自身的储蓄率。原因在于，以分税制为代表的新财政体制在很大程度上保留了地方原有支出责任，这就使得我国地方政府面临着比财政承包体制下更紧缩的预算约束。地方政府一方面需要积极采取超常规的优惠政策吸引各类资本流入本辖区，另一方面又具备采取各种显性或隐性的地方保护与分割政策以阻止本辖区资本流出的内在激励（Jin et al.，2005）。这就削弱了各地方政府建立一体化生产要素市场的积极性。最终，这种情形反映在数据统计特征上就是我国地区资本流动性较弱。

（三）我国地区资本流动能力的直接测度与空间分布特征

本案例借鉴李小平、陈勇（2007）以及任晓红等（2011）的思路，采用我国各省区物质资本存量占全国比重的变动率百分数来测度资本流动水平。考虑到前文中采用空间 FH 框架对 1979~1992 年地区资本流动性的判断，本部分的样本时间段仅选取 1994~2010 年。部分物质资本存量数据来自单豪杰（2008）的估算，且本据扩展到了 2010 年。同时，计算过程中已将各省区物质资本存量数据依据各地固定投资价格指数转换成了可比值。

无论是采用传统的一阶邻接矩阵还是逆距离权重矩阵，对直接测度的资本流动水平进行全局 Moran's I 指数计算均显示其在考察时段的绝大多数年份具有显著的空间关联性。图 11-2 展示了采用逆距离权重矩阵时我国各省区资本流动水平的全局 Moran's I 指数变动趋势[①]。从图 11-2 可知，地区资本流动水平首先呈现出正相关，然后随年份顺序其正相关性逐步减弱并转变为负相关，最终全局 Moran's I 指数绝对值变得非常小且不显著。后面将在第四部分分析地区资本流

---

① 直接测度的地区资本流动性与前文空间 FH 模型中估算的间接地区资本流动性存在取值范围的不同，它们之间不可比。

动能力背后的影响因素。

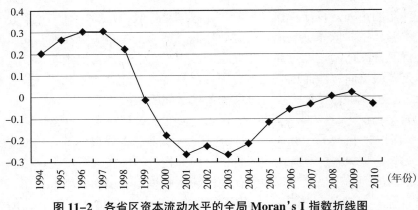

图 11-2　各省区资本流动水平的全局 Moran's I 指数折线图

全局 Moran's I 指数并不能揭示除了我国地区资本流动确实存在空间效应之外的更多信息，甚至全局指标在某些情形下会掩盖局部空间状态的不稳定性，因此，有必要使用空间关联局部 Moran's I 指数，即每一个空间单元与其他单元之间针对目标变量的相关程度来分析空间关联的局部特性（Anselin，1995；潘文卿，2012）。局部 Moran's I 指数被定义为：

$$I_i = \frac{(x_i - \bar{x})}{S^2} \cdot \sum_{j=1}^{n} W_{ij}(x_j - \bar{x}), \text{ 其中，} S^2 = \sum_{j=1, j \neq i}^{n} (x_j - \bar{x})^2 / (n-1) \tag{11-24}$$

W_{ij} 为权重矩阵，我们仍然采用逆距离权重矩阵。$I_i > 0$ 表示该空间单元与其他单元属性值相似，$I_i < 0$ 表示属性值不相似。局部 Moran's I 指数与样本象限分布相互配合使用能够更清晰地刻画局部空间相关的格局与特征（Anselin，1996）。

这里选取 1996 年、2001 年与 2008 年三个时点来观察资本流动水平的空间分布。从统计结果表 11-4 中可知，在第一象限中，三个时点上北京市、天津市、河北省与浙江省四个东部省市均稳定属于高—高集聚类型，尤其是北京的局部 Moran's I 指数最高。这表明这些省市依赖于自身的政治、经济或地缘优势成功地承当了地区发展中的正向增长极角色，并对周边地区经济产生了溢出效应与辐射效应；在第三象限中，三个时点上包含的省区数量相比于其他象限都是最多的，而稳定居于该象限的是贵州省、甘肃省、青海省、宁夏回族自治区与新疆维吾尔自治区等西部省区和一个中部省份湖南省。这说明虽然中央采取了各种优惠政策支援西部地区经济起飞，但是这些主要的西部省区仍然没有吸引到充足的资本流入。

表 11-4　对应于局部 Moran's I 指数的样本省区象限分布情况

年份	第一象限：高—高	第二象限：低—高	第三象限：低—低	第四象限：高—低
1996	北京市、天津市、河北省、辽宁省、浙江省、山东省、河南省	山西省、内蒙古自治区、吉林省、上海市、安徽省、湖北省、陕西省	江西省、湖南省、广西壮族自治区、贵州省、甘肃省、青海省、宁夏回族自治区、新疆维吾尔自治区	黑龙江省、江苏省、四川省（含重庆市）、云南省
2001	北京市、天津市、河北省、内蒙古自治区、辽宁省、浙江省	山西省、吉林省、山东省	安徽省、江西省、湖北省、湖南省、广西壮族自治区、四川省（含重庆市）、贵州省、云南省、陕西省、甘肃省、青海省、宁夏回族自治区、新疆维吾尔自治区	黑龙江省、上海市、江苏省、河南省、广东省
2008	北京市、天津市、河北省、浙江省、山东省	山西省、内蒙古自治区、辽宁省、吉林省、河南省	湖南省、四川省（含重庆市）、贵州省、云南省、陕西省、甘肃省、青海省、宁夏回族自治区、新疆维吾尔自治区	黑龙江省、上海市、安徽省、江西省、湖北省、广西壮族自治区

注：未通过显著性检验的省区未列出。

（四）我国地区资本流动性的影响因素

1. 空间模型设置及控制变量选取

为了使得回归分析更加客观全面，本部分仍然采用广义空间面板计量模型，且包含静态与动态两种形式（郭杰、李涛，2009；钟水映、李魁，2010；汪冲，2011）。之所以引入动态模型，一方面是因为考虑到地区资本流动过程是连续的宏观经济活动，会受到自身历史状态的影响，从而仅仅依赖静态空间模型也就无法揭示地区资本流动的时空联合特点；另一方面是因为地区资本流动的影响因素除了包括本案例所列出的控制变量之外，还可能受到不可观测变量的影响。综上，引入因变量滞后一期的广义空间计量模型形式如下：

$$CM_{it} = \tau \cdot CM_{i,t-1} + \rho \cdot \sum_{j=1}^{N}(W_{ij} \cdot CM_{it}) + \beta \cdot X_{it} + \theta \cdot \sum_{j=1}^{N}(W_{ij} \cdot X_{it}) + u_i + v_t + \phi_{it},$$

$$\phi_{it} = \lambda \cdot \sum_{j=1}^{N}(W_{ij} \cdot \phi_{it}) + \varepsilon_{it} \tag{11-25}$$

其中，CM（Capital Mobility）是因变量，即采用各省区资本存量变动率表示的直接资本流动[①]；τ、ρ、β、θ 及 λ 分别为待估参数，$\tau = 0$ 时式（11-7）为静态形式，否则为动态形式；W 为权重矩阵。正如前文所述，由于没有充分的信息判

[①] 资本流动水平数据中存在负值，故没有对其取对数。

断因变量空间滞后项与误差空间滞后项中的空间结构关系，即权重矩阵是否一致，故我们采取尽量简化的原则令二者相同；X_{it} 为控制变量集；u_i 与 v_i 分别为截面固定效应与时间固定效应；ε 为独立同分布扰动项。

控制变量集 X_{it} 中包括如下影响地区资本流动性的因素：

（1）经济发展程度变量，包括省区 GDP 对数值（lnGDP）[①]、第一产业产值占 GDP 的比重（Primary Industry Product/GDP，PIP/GDP）与城镇居民人均可支配收入对数值（Per Capital Annual Disposable Income of Urban Households，lnPCIUH）三个变量。其中，GDP 与收入变量用以表征地区发展阶段，且当年 GDP 已经按照平减指数折算为以 1994 年为基期的实际值并取对数；第一产业比重变量用百分数表示，表征地区经济结构。

（2）资源禀赋变量（Energy Production），用能源生产总量对数值（lnEP）表示，单位为万吨标准煤。作为发展中国家，合理地依赖资源密集型产业是我国实现经济快速增长的优势之一。一个地区的资源丰裕程度如何，会直接影响该地区的资本活跃程度。

（3）人口规模（Population），采用省区年末常住人口对数值表示（lnPOP）。一方面，人口规模大在一定程度上意味着地区市场容量较大，仅仅在辖区内就可以产生各类生产与生活需求，从而可以吸引资本流入；另一方面，在我国教育水平整体受限的前提下，较大的人口规模也可能给地方经济带来各种社会负担，从而对资本流动产生拖累效应。

（4）劳动力成本，采用省区在岗职工平均工资（Average Wage of Workers，AWW）表示，且将该变量用省区 CPI 指数调整为实际值后取对数（lnAWW）。为了控制劳动力成本与因变量之间可能出现的非线性关系，还加入了该变量的平方项。

（5）政府职能实施变量，采用地方财政一般预算支出（General Budgetary Financial Expenditures）占 GDP 的比例表示（GBFE/GDP）。该变量在宏观上用来表达地方政府的规模大小及其对辖区经济发展的干预程度。

（6）金融深化变量，采用各项存贷款总额（Deposits and Loans）与 GDP 之比表示（DL/GDP）。无论是在成熟的市场经济国家还是像我国，国内资本流动最终实现都离不开金融系统的发展与支撑。

（7）经济开放程度，采用实际利用外商直接投资对数值（lnFDI）来衡量，且将该变量以万美元计算的初始值依照当年人民币兑换美元年平均价进行了换算。

[①] 将变量进行对数化处理的目的是尽可能减弱异方差问题。

（8）交通便利程度。作为主体交通方式①，公路运输在我国各地区均承担了大部分的货运周转任务。这里采用人均公路里程变量对数值（lnHIGHWAY）作为交通便利程度的代理变量。

（9）截面固定效应变量（Province）与时间虚拟变量（Year）。首先，考虑到我国疆域版图广大，不同省区之间存在各种差异，因此，需要控制每个样本省区不可观测的异质性效应；其次，为了控制与时间因素有关的非观测效应，也需要加入依时间跨度而生成的年份虚拟变量。

相关变量的统计性描述如表 11-5 所示。

表 11-5　关键变量的统计性描述

变量名	单位	均值	标准差	最小值	最大值
资本流动水平（CM）	百分数	0.06	0.32	-3.84	2.20
GDP 对数值（lnGDP）	亿元	8.17	1.08	4.91	10.74
第一产业产值比重（PIP/GDP）	百分数	15.77	7.85	0.66	35.70
城镇居民人均可支配收入对数（lnPCIUH）	元	8.95	0.54	7.82	10.37
能源生产总量对数（lnEP）	万吨标准煤	8.04	1.28	3.00	11.06
人口规模对数（lnPOP）	万人	8.16	0.76	6.16	9.34
在岗职工实际平均工资对数（lnAWW）	元	8.62	0.23	8.06	9.34
地方财政预算支出比例（GBFE/GDP）	百分数	14.57	6.71	4.92	55.05
存贷总额与 GDP 之比（DL/GDP）	—	2.24	0.77	1.04	6.39
实际利用 FDI 对数（lnFDI）	万元	11.46	1.69	6.30	14.86
人均公路里程对数（lnHIGHWAY）	公里/万人	2.71	0.68	0.98	4.70

2. 空间权重

地区资本流动的空间效应不仅可以基于地理特征产生，而且在市场交易范围不断扩大、交易成本不断降低以及各类生产要素不断流动的前提下，空间效应更有可能蕴含于经济属性之间。因而，我们也需要从经济特征角度构建权重矩阵，以更为全面地刻画地区资本流动的空间结构关系。考虑到人力资本与物质资本的空间效应一直是空间经济学理论研究的核心要素（Berliant et al.，2006），本案例构造了人均物质资本存量矩阵与人均人力资本存量矩阵。与李婧等（2010）、陈继勇等（2010）以及张征宇和朱平芳（2010）一致，经济权重矩阵的构建方法如下：基于空间单元之间可能产生空间效应的上述经济指标 V 的绝对差异，将权重矩阵元素赋值为该经济指标之差绝对值的倒数，即：

---

① 根据近年《中国公路运输行业投资分析及前景预测报告》，我国公路运输在客运量、货运量、客运周转量等方面遥遥领先于其他交通运输方式的总和。

$$W_{ij} = \begin{cases} 1/\left| \overline{V}_i - \overline{V}_j \right|, & \text{当 } i \neq j \\ 0, & \text{当 } i = j \end{cases} \tag{11-26}$$

其中，V 包括我国各省区人均物质资本存量与人均人力资本存量。经济权重矩阵与地理权重矩阵的一个重要区别在于，经济变量值是随时间发生变动的。因而，为了构造稳定的权重矩阵，通常是以损失一部分时间信息为代价，采用样本时间段内经济指标的算术平均值来形成矩阵元素。

综上，本案例计算了 1994~2010 年样本省区人均物质资本存量与人均人力资本存量的算术均值并按照式（11-8）来形成权重矩阵。物质资本存量数据计算仍然与单豪杰（2008）的做法一致，且进行了人均化处理；人力资本存量数据是依据《中国统计年鉴》中全国人口变动情况抽样调查样本数据并采用教育年限法来计算。该方法的统计对象为各省区 6 岁以上人口，各学历阶段的教育年限赋值如下：不识字或识字很少计为 0 年，小学计为 6 年[①]，初中计为 9 年，高中或中专计为 12 年，大学及大专以上计为 15 年。将各学历阶段受教育年限与其对应人数权重相乘后加总即可得到各省区人均教育年限数据（李婧等，2010；冯晓等，2012）。

3. 基本回归结果

为了空间效应系数的稳健性，我们分别对广义空间模型式（11-25）的动态与静态形式进行极大似然估计。在一阶邻接权重 Wa、逆距离权重 Wb、人均物质资本权重 Wc 以及人均人力资本权重 Wd 四种权重情形下的估计结果如表 11-6 所示。从表 11-6 可知，与静态模型相比，加入因变量滞后期的动态模型回归系数值发生了较大变化，空间效应项与控制变量的显著性也有较大变动，而因变量滞后项自身也通过了 1% 的显著性水平检验。这说明静态模型由于忽略了不可观测因素而使得回归结果产生了较大的偏差。此外，动态模型中四种权重矩阵情形下的组内 R^2 也均高于静态模型，故我们依据空间计量模型动态形式的估计结果进行解读。

对于空间效应而言，第一，在邻接与逆距离权重下空间误差项系数均显著为负值。这意味着在地理特征上考察空间效应时，不可观测因素对地区资本流动产生了间接的抑制作用。我们可以把这种不可观测因素理解为我国在全国层面上资本驱动型的经济增长方式（Prasad，2009）造成的资本稀缺性。在资本总量相对稳定的前提下，地区之间的这种资本竞争关系使得地理上的资本空间分布表现为"此消彼长"的替代关系。同时，因变量空间滞后项系数 ρ 在邻接权重下不显著，

---

① 按照通常的做法，从小学一年级到小学毕业均计为 6 年，其余类推。

在逆距离权重下则显著为正。这说明各地区之间直接的资本集聚效应不是狭隘地发生于具有共同边界的省区之间，而是依据距离在全国范围内发生。第二，在物质资本权重矩阵情形下两个空间效应项至少在10%显著性水平上为正，而采用人力资本权重时空间效应均不显著。该结论意味着在考虑经济特征引起的空间效应时，是物质资本而非人力资本发挥了主导作用。这也再次印证了我国现阶段经济增长的资本驱动特征。

对于控制变量而言，第一，人口规模变量系数在四种权重情形下均显著为负，说明在我国教育水平整体受限的前提下，较大的人口规模可能通过各种社会负担对经济产生拖累效应。第二，在岗职工平均工资变量对因变量的影响呈现出显著的倒 U 型关系。这说明工资水平逐步上升到一定阈值之前，更多地代表着劳动生产率的提升，从而有利于资本流动。第三，人均公路里程变量系数在四种权重情形下均显著为负。由于人口密度的原因，该变量数值较大的省区为内蒙古自治区、新疆维吾尔自治区、青海省等人口稀少的西部民族自治区，而人均公路里程较少的省区却是那些经济发达的省区。这说明该变量数值越大其对应省区的经济基础以及自然地理条件越差，也就显然不利于资本流动。第四，资源禀赋、政府职能、金融深化以及经济开放程度等在其他文献中对经济运行会产生重要作用的变量在本案例回归中并不显著，这引起了我们的注意。下面将针对这些不显著变量进行扩展分析。

作为稳健性检验，在回归过程中逐个加入控制变量且对模型中所有控制变量均取滞后一期以尽可能地校正内生性问题，得到的估计结果性质不变。此外，对于逆距离权重的矩阵元素赋值，我们采用省区经纬度数据计算的最短球面距离[①]来代替省会城市之间的铁路距离，回归结果也是一致的。

表 11-6　广义空间计量模型估计结果

变量	动态广义空间模型				静态广义空间模型			
	Wa	Wb	Wc	Wd	Wa	Wb	Wc	Wd
空间滞后项系数 ρ	0.15 (0.12)	0.43*** (0.11)	0.42*** (0.10)	−0.17 (0.11)	0.29*** (0.11)	0.56*** (0.08)	0.40*** (0.10)	−0.12 (0.11)
空间误差项系数 λ	−0.32** (0.14)	−0.73*** (0.13)	0.19* (0.12)	−0.12 (0.11)	−0.48*** (0.14)	−0.87*** (0.09)	0.16 (0.11)	−0.20* (0.11)
L1.CM	0.78*** (0.12)	0.69*** (0.12)	0.86*** (0.11)	0.80*** (0.121)	—	—	—	—
lnGDP	0.30 (0.23)	0.25 (0.20)	0.20 (0.22)	0.23 (0.23)	0.57*** (0.21)	0.55*** (0.17)	0.46** (0.21)	0.43* (0.22)

---

① 根据我国省区经纬度位置计算得来的球面最短距离数据来自于 Yu（2009）的整理。

变量	动态广义空间模型				静态广义空间模型			
	Wa	Wb	Wc	Wd	Wa	Wb	Wc	Wd
PIP/GDP	0.01 (0.01)	0.01 (0.01)	0.01 (0.01)	0.01 (0.01)	−0.00 (0.01)	−0.00 (0.01)	0.00 (0.01)	0.00 (0.01)
lnPCIUH	−0.40 (0.26)	−0.26 (0.24)	−0.21 (0.26)	−0.31 (0.27)	−0.29 (0.23)	−0.17 (0.21)	−0.11 (0.25)	−0.12 (0.25)
lnEP	0.06 (0.05)	0.07 (0.05)	0.05 (0.05)	0.05 (0.05)	−0.05 (0.05)	−0.05 (0.04)	−0.02 (0.05)	−0.02 (0.05)
lnPOP	−1.20*** (0.36)	−1.11*** (0.33)	−0.73** (0.35)	−1.11*** (0.36)	−1.72*** (0.32)	−1.54*** (0.29)	−1.39*** (0.32)	−1.60*** (0.33)
lnAWW	25.08** (10.27)	24.29*** (8.98)	26.55*** (9.53)	30.55*** (10.26)	23.79*** (6.62)	21.67*** (5.63)	28.82*** (7.00)	29.86*** (7.20)
(lnAWW)^2	−1.46** (0.58)	−1.43*** (0.51)	−1.50*** (0.54)	−1.74*** (0.59)	−1.39*** (0.38)	−1.26*** (0.32)	−1.64*** (0.40)	−1.70*** (0.41)
GBFE/GDP	0.01 (0.01)	0.01 (0.01)	0.01 (0.01)	0.01 (0.01)	0.01 (0.01)	0.01 (0.01)	0.01 (0.01)	0.01 (0.01)
DL/GDP	0.02 (0.06)	0.03 (0.06)	−0.03 (0.06)	−0.02 (0.06)	−0.13** (0.06)	−0.10* (0.05)	−0.18*** (0.06)	−0.18*** (0.06)
lnFDI	0.05 (0.03)	0.04 (0.03)	0.03 (0.03)	0.04 (0.03)	0.06** (0.03)	0.04 (0.03)	0.06** (0.03)	0.073** (0.03)
lnHIGHWAY	−0.20** (0.08)	−0.16** (0.08)	−0.21*** (0.08)	−0.20** (0.09)	−0.27*** (0.08)	−0.19*** (0.07)	−0.30*** (0.08)	−0.27*** (0.08)
Within−R^2	0.24	0.22	0.26	0.29	0.15	0.04	0.06	0.15
样本数	448	448	448	448	476	476	476	476

注：①为了突出本案例所关心的空间效应系数，我们将其放在了表 11−6 中的前两行；②模型同时控制了截面固定效应与时间固定效应，故拟合优度为组内统计值（Within−R^2）；③表格括号中报告的是经过异方差稳健校正计算得到的标准误（Robust Stand Error）；④*** 表示 1% 的显著性水平，** 表示 5% 的显著性水平，* 表示 10% 的显著性水平，以上均为双尾检验。

4. 地区资本流动影响变量的制度条件

在表 11−6 中，以下在其他文献中对经济运行会产生重要作用的变量，即资源禀赋（lnEP）、政府职能实施（GBFE/GDP）、金融深化（DL/GDP）以及经济开放程度（lnFDI）均不显著，该情形出现的原因很可能是忽略了这些变量对资本流动产生影响的条件。正如前文所言，我国现阶段正处于经济转轨与体制转型的双重进程之中，体制变革与新政策实施较为频繁，故我们将控制变量是否发生显著作用的条件重点放在考察制度因素方面。鉴于制度变量是宏观层面上的潜在变量，我们选取或构建了两个代理变量：

（1）中国市场化指数（Marketization Index，MI）。其中，该指数 1997~2009 年的数据来自于樊纲、王小鲁、朱恒鹏等（2011）计算的各地区市场化进程总得分，1994~1996 年该变量数据我们用 1997 年数据替代，2010 年则用 2009 年数据替代。

（2）政策优惠指数（Policy Index，PI）。参照刘生龙、胡鞍钢（2011）的做法，在补充了中部崛起战略实施之后构建了 1994~2010 年 28 个样本省区的政策优惠指数。步骤如下：首先，依据实施一项优惠政策的起始时间计算出单项政策优惠指数值，比如对于 1979 年广东省成为经济特区这一项政策而言，2009 年其政策优惠指数为 30（即 2009–1979=30），2010 年其政策优惠指数为 31。各省份各年度的政策优惠指数以此类推。其次，将各单项政策优惠指数加总为该省区的总政策优惠指数。该变量反映了一个地区能否为资本流动提供具有竞争力的制度软环境。

接下来，本案例分别构建了两个制度代理变量与资源禀赋变量、政府职能实施变量、金融深化变量以及经济开放程度变量四个重要控制变量的交互项，以考察这些变量对地区资本流动性的影响是否因制度环境而异。需要说明的是，由于控制变量与交叉项的相关性较大，我们对各制度代理变量与控制变量进行中心化处理之后才形成了交互项。采用与式（11-7）同样的动态广义空间模型设置与回归方法，分别将两个制度代理变量及其与重要控制变量的交互项加入回归方程得到了两组估计结果，如表 11-7 所示。

表 11-7　加入制度变量交互项的估计结果

变量		权重矩阵			
		Wa	Wb	Wc	Wd
制度变量 1	MI*lnEP	−0.001 (0.010)	−0.001 (0.010)	0.009 (0.009)	0.008 (0.010)
	MI*（GBFE/GDP）	0.002 (0.003)	0.003 (0.002)	−0.001 (0.002)	0.002 (0.002)
	MI*（DL/GDP）	−0.037*** (0.014)	−0.031** (0.013)	−0.023* (0.013)	−0.031** (0.014)
	MI*lnFDI	0.007 (0.006)	0.008 (0.006)	−0.001 (0.007)	0.007 (0.007)
制度变量 2	PI*lnEP	0.003** (0.001)	0.002* (0.001)	0.005*** (0.001)	0.003** (0.001)
	PI*（GBFE/GDP）	0.001*** (0.000)	0.001*** (0.000)	0.001*** (0.000)	0.001** (0.000)
	PI*（DL/GDP）	−0.005*** (0.002)	−0.004*** (0.002)	−0.003* (0.002)	−0.005*** (0.002)
	PI*lnFDI	0.000 (0.001)	0.001 (0.001)	0.000 (0.001)	0.001 (0.001)
样本数		448	448	448	448

注：由于交互项数值较大从而使得回归系数值较小，故这里保留小数点后三位数。为节约篇幅，表格中只报告了交互项系数。

表 11-7 显示，第一，采用中国市场化指数来代理制度环境时，除金融深化指标交互项之外，其他控制变量交互项均不显著。这说明市场化程度与地方能源生产、地方政府预算支出与吸引外商投资之间不存在相互影响。而金融深化指标交互项显著为负意味着，市场化程度越高，金融深化越不利于地方资本流动，该结论在以政策优惠指数表征制度环境时也成立。可见，政府行政权与金融权的这种联姻最终造成市场化推动的资本流动受到阻碍。这与 Boyreau-Debray 和 Wei (2005) 所指出的"国家主导的金融体系陷阱"现象逻辑一致。第二，在以政策优惠指数表征制度环境时，仅有外商投资交互项不显著，这说明外商投资在我国总是享有很多优惠待遇的前提下，其投资量多少取决于除制度环境之外的其他因素。与此同时，能源生产变量交互项与政府预算支出交互项系数显著为正，意味着政策优惠幅度越大，地区资源禀赋与政府职能实施越能促进资本流动。

(五) 结论

本案例基于 FH 框架以及同时考虑因变量与误差项两类空间滞后效应的广义空间计量模型，对我国省级面板数据进行分阶段回归显示，1979~1992 年 FH 系数显著为负或不显著，这种不同寻常的相关性充分反映了我国在改革开放初期市场经济体制的不完备特征以及中央政府在资源分配中的威权地位；而针对 1994~2010 年的分析结果显示，FH 系数显著地达到了 0.64 以上。这意味着这个阶段我国地区资本流动能力非常弱，也就是地区间的物质资本流动能力被较为严重地限制。虽然从全局来看，一体化的国内市场有利于发挥经济增长的分工效率与规模效应，但是，采取分割市场的干预政策在我国各省区之间的博弈中却可能是一个占优策略均衡。

本案例也采用物质资本存量变动率指标，更加直接地展示了我国地区资本流动性的空间效应特征。结果显示，在地理特征上考察空间效应时，不可观测因素对地区资本流动产生了间接的抑制作用。与此同时，在考虑经济特征引起的空间效应时，是物质资本而非人力资本发挥了主导作用。进一步，我们通过选取或构造制度潜在变量分析了资源禀赋、政府职能、金融深化以及经济开放程度等变量对资本流动性产生作用的条件。分析结果显示，我国政府原有的对金融体系的干预力量在制度环境改善时并没有削弱，政府行政权与金融干预权的这种联姻最终造成市场化推动的资本流动受到阻碍，而地区资源禀赋与政府职能实施变量在政策优惠幅度越大的环境中越能促进资本流动。

从政策意义上讲，以上结论意味着为了使市场力量在物质资本配置中起到决定性作用，防止政府这只"有形的脚"踩住市场这只"无形的手"，我国就需要进一步推进金融市场化改革，努力保持资本流动所依赖的金融渠道畅通，割裂政府行政权与金融干预权之间的裙带关系。针对我国银行间组织兼容性差以及民间金融资本进入门槛高的问题，则需要进一步取消银行间业务壁垒，减少金融业务交易成本，并充分调动社会资本尤其是民间金融资本的进入，从而实现依托于金融体系的资本配置效率的大幅提升。与此同时，鉴于本案例结论指出，地区资源禀赋与政府职能实施变量只有在政策优惠幅度越大的情形中才越能促进资本流动，故我国政府应该逐步减少各类不必要的行政审批权，限制自身对市场行为的微观干预权力，在真正意义上划分政府与市场的界限。众所周知，2013 年国务院已经分批取消和下放了 416 项行政审批等事项，这正是在行政管理体制改革方面迈出的实质性步伐。

最终，为了从根源上提升我国的地区资本流动能力，并打破各地区选择分割策略的占优均衡，中央政府需要采取更加符合市场与人民意愿的多元化政绩考核方式，来改变地方单维度倚重 GDP 实现经济发展或获得政治晋升的偏好，诱导其更加注重长远的教育投资以使人力资本而非仅仅是物质资本的空间扩散效应得以发挥。我们已经看到，2013 年底，中央组织部发布了《关于改进地方党政领导班子和领导干部政绩考核工作的通知》，明确规定"不能仅仅把地区生产总值及增长率作为考核评价政绩的主要指标，不能搞地区生产总值及增长率排名"。只有这样，我们才能尽可能地打破"以邻为壑"的行政辖区利益观，逐步减少各类不利于生产要素尤其是物质资本流动的地方分割与保护主义政策，从而为实现国内经济一体化创造有益的制度环境。

三、实 验 操 作 步 骤

（一）Moran's I 统计量的完成

Stata13.1 的操作界面如图 11–3 所示。

需要提前说明的是，每一个下文中提到的 stata 命令使用方法，最好的途径是查看是 help 文件，操作是在命令输入窗口键入"help 命令名"。

Moran's I 统计量只是针对截面数据，需要把面板数据转化为每年的截面数据。在 stata 界面下使用"open"按钮找到某年各截面数据，或者直接使用命令 use，具体如下：

use " F：\2000.dta"

然后导入空间权重矩阵，使用 spatwmat，**standardize** 选项代表对矩阵进行标

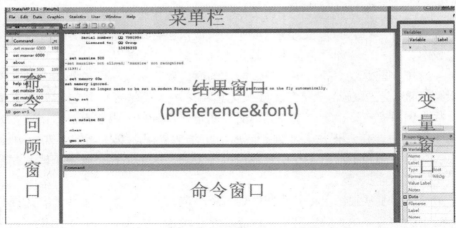

图 11-3 Stata 13.1 的操作界面

准化，即每行之和固定为 1 的处理，具体如下：

spatwmat using F：\linjie，name（linjie）standardize

当然，使用 spmat 命令也可以达到同样的处理。在 stata 中常常可以见到多个命令都可以实现某一操作，这时我们可以根据自己的熟悉情况选择合适的命令。

spmat dta linjie var*，norm（row）

这时，权重矩阵已经存储在 stata 软件的记忆模块里。前提工作准备完毕，就正式进行 Moran's I 统计了，其中，全局 Moran's I 指数命令是 spatgsa，局部 Moran's I 指数命令是 spatlsa。以 2010 年各省数据为例，输入以下命令，其中 twotail 代表双尾检验。

spatgsa depositratechange，weights（linjie）moran twotail

软件报告结果形式如图 11-4 所示。

Measures of global spatial autocorrelation

Weights matrix

Name: **linjie**
Type: **Imported (binary)**
Row-standardized: **Yes**

Moran's I

Variables	I	E(I)	sd(I)	z	p-value*
depositratechange	0.028	-0.037	0.115	0.561	0.575

*2-tail test

图 11-4 软件报告结果

对于局部 Moran's I 指数，可以键入以下命令行：（下文黑色图，是有意设置，还是软件设置？）

spatlsa depositratechange，weights（linjie）moran twotail graph（moran）symbol（id）id（code）

仍然以 2010 年数据为例，软件报告结果如图 11–5 所示，其中，图形中数字代表相应省份所处的象限。

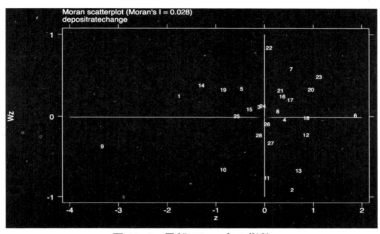

图 11–5　局部 Moran's I 指数

（二）广义空间计量模型的完成

本章中使用了 Lee 和 Yu（2010）中基于固定效应的更一般化的空间效应模型，即广义空间计量模型，其最大特征是不预先判断空间效应是发生于因变量之上还是误差项之上，并将二者统一于一个计量模型中。Stata 中对应的命令是 xsmle，对于该命令更为具体的说明可以参见它的帮助文件（键入 help xsmle 可弹出）。

本书中，我们将 FH 方程扩展为空间计量模型，所使用到的命令组形式如下：

clear all

use linjie //在 stata 根目录下可以直接 use，否则请写出权重的完整位置路径

spmat dta linjie var*，norm（row）replace //对权重矩阵进行标准化，并存入记忆模块

use FH1994–2010 //在 stata 根目录下可以直接 use，否则请写出数据的完整位置路径

xsmle zongtouzilv zongchuxulv，wmat（linjie）emat（linjie）model（sac）fe type（both）noeffects　//采用了截面与时间双固定

　　est store linjie　//将回归结果存储起来以备检验。

　　经 xsmle 回归后，软件报告的回归结果格式如图 11-6 所示。

```
SAC with spatial and time fixed-effects          Number of obs =        476

Group variable: code                          Number of groups =         28
Time variable: year                               Panel length =         17

R-sq:     within  = 0.5033
          between = 0.0041
          overall = 0.1564

Mean of fixed-effects = -0.1365

Log-likelihood =    676.6769
```

zongtouzilv	Coef.	Std. Err.	z	P>|z|	[95% Conf. Interval]	
Main						
zongchuxulv	.6424121	.0723487	8.88	0.000	.5006113	.7842129
Spatial						
rho	.6941875	.0604305	11.49	0.000	.5757459	.8126291
lambda	-.6299988	.1202191	-5.24	0.000	-.8656239	-.3943737
Variance						
sigma2_e	.0028501	.0002451	11.63	0.000	.0023698	.0033304

图 11-6　软件报告的回归结果格式

四、案例讨论

1. 空间计量模型包括哪几种类型？
2. 简述空间计量分析思路。
3. 如何判断空间相关性是否存在，以及 SLM 和 SEM 哪个模型更恰当？
4. 如何建立一个表达空间交互结构的权重矩阵？

第三篇

其他专题

第一篇及第二篇分别从经典的时间序列模型及面板数据模型的理论基础及实证分析过程予以详细介绍，除此之外，经济学研究方法还有二元选择模型、排序选择模型（ODM）、归并模型实验和核密度估计方法等。下文予以详细介绍。

二元选择模型实验

本章主要对二元选择模型进行简介，在此基础上针对大股东掏空与 CEO 薪酬契约问题进行实证分析。

一、二元选择模型简介[①]

在经典线性回归中，一个隐含的假定是被解释变量 Y 是定量，而解释变量 X 是定量、定性或二者兼有。但有些情况下，被解释变量 Y 也可能是定性变量，这种变量描述的是特征、选择或者种类等不可定量化的东西，如考不考研究生、参不参加工作、加不加入工会、更换不更换 CEO、乘公交或地铁还是自己开车去上班等。此时，因变量 Y 是定性变量，我们可以采用虚拟变量指代它们，这种因变量为虚拟变量的模型也被称为定性选择模型（Qualitative Choice Model）或定性响应模型（Qualitative Response Model）。

如果个体只有两种选择，我们可用 0 和 1 表示它们，如参加工作为 1，不参加工作为 0，这种模型也被称为二元选择模型（Binary Choice Model）。如果个体的选择大于 2 种，如去上班的方式包括步行、公交以及自己开车，那么上述模型被称为多元选择模型（Multinomial Choice Model）。本案例主要介绍二元选择模型，多元选择模型请参见下一章的案例。

下面以是否攻读研究生为例来说明二元选择模型。假定学生是否攻读研究生受到本科平均成绩（GPA）、家庭年均收入（INCOME）等因素的影响，那么我们要研究的问题为本科平均成绩以及家庭年均收入等因素是否影响学生攻读研究生，依照经典线性回归的总体回归函数，我们可将该问题表示为 E（Y|X）=

[①] 潘省初. 计量经济学：中级教程 [M]. 北京：清华大学出版社，2009.

$G(X\beta) = G(\beta_0 + \beta_1 GPA_i + \beta_2 INCOME_i)$，其中 $Y = 1$ 表示该生攻读研究生，$Y = 0$ 表示该生不攻读研究生。

假设给定 X 下，事件（学生 i 攻读研究生）将发生的条件概率为 $Pr(Y_i = 1|X_i) = P_i$，那么根据条件期望定义：

$$E(Y|X) = \sum_{i=1}^{n} y_i p(Y = y_i|X) = 1 \times p(Y_i = 1|X) + 0 \times p(Y_i = 0|X) = p(Y_i = 1|X) = p_i$$

$$(12-1)$$

也就是说，我们所要关心的条件期望函数 $E(Y|X)$ 实际上可解释为 Y 的条件概率。因此，二元选择模型所要关心的就是解释变量 X 如何影响响应概率 $p(Y_i = 1|X)$：

$$p(Y_i = 1|X) = E(Y|X) = G(X\beta) = G(\beta_0 + \beta_1 GPA_i + \beta_2 INCOME_i) \qquad (12-2)$$

根据函数 $G(\cdot)$ 的形式不同，我们有三种不同的模型：线性概率模型（LPM）、对数单位模型（Logit Model）以及概率单位模型（Probit Model）。

（一）线性概率模型（LPM）

此模型将函数 $G(\cdot)$ 设定为线性函数，那么方程（12-2）可表示为：

$$p(Y_i = 1|X) = E(Y|X) = \beta_0 + \beta_1 GPA_i + \beta_2 INCOME_i \qquad (12-3)$$

鉴于该模型中响应概率 $p(Y_i = 1|X)$ 是回归系数 β_j 的线性函数，因此该模型被称为线性概率模型（Linear Probability Model，LPM）。我们一般使用经典线性回归模型中的普通最小二乘法（OLS）对方程（12-3）进行估计。鉴于该方法非常简便，因此在 20 世纪六七十年代曾得到广泛运用。但是 LPM 也存在如下几个问题：

1. 随机干扰项 μ_i 的非正态性

为了看清此点，我们将方程（12-3）改写如下：

$$\mu_i = Y_i - E(Y|X) = Y_i - \beta_0 - \beta_1 GPA_i - \beta_2 INCOME_i \qquad (12-4)$$

当 $Y_i = 1$ 时，$\mu_i = 1 - \beta_0 - \beta_1 GPA_i - \beta_2 INCOME_i$；当 $Y_i = 0$ 时，$\mu_i = -\beta_0 - \beta_1 GPA_i - \beta_2 INCOME_i$，因此，$\mu_i$ 服从二项分布而不是正态分布。

2. 干扰项异方差性

根据定义，$Var(\mu_i|X) = E[\mu_i^2 - E(\mu_i|X)|X] = E[\mu_i^2|X] (\because E(\mu_i|X) = 0)$，利用 μ_i 的概率分布，我们可得：

$$\begin{aligned}
E[\mu_i^2|X] &= (-\beta_0 - \beta_1 GPA_i - \beta_2 INCOME_i)^2 \times (1 - P_i) + \\
&\quad (1 - \beta_0 - \beta_1 GPA_i - \beta_2 INCOME_i)^2 \times P_i \\
&= (\beta_0 + \beta_1 GPA_i + \beta_2 INCOME_i)(1 - \beta_0 - \beta_1 GPA_i - \beta_2 INCOME_i) \\
&= P_i(1 - P_i)
\end{aligned} \qquad (12-5)$$

3. 0≤E(Y|X)≤1 不被满足

线性概率 E(Y|X) 度量了给定 X 下事件 Y 发生的条件概率，那么它取值位于 0 与 1 之间。使用 OLS 估计方程时，无法保证 E(Y|X) 的估计量 $\hat{Y}_i$ 一定满足这一条件，参见图 12-1，这是 LPM 模型的真正问题所在。

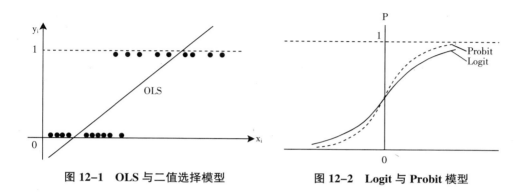

图 12-1　OLS 与二值选择模型　　　　图 12-2　Logit 与 Probit 模型

（二）对数单位模型（Logit Model）与概率单位模型（Probit Model）

鉴于模型 LPM 无法保证概率预测位于 [0，1] 之中，因此有必要选择 G（·）的其他函数形式，使其严格介于 0~1 之间。在实践中应用最广的是以下两种函数：

1. G 是标准正态累积分布函数（cdf）

$$p(Y_i = 1|X) = E(Y|X) = \Phi(x'\beta) = \int_{-\infty}^{x'\beta} \phi(t)dt \tag{12-6}$$

2. G 是逻辑分布（Logistic Distribution）的累积分布函数（cdf）

$$p(Y_i = 1|X) = E(Y|X) = \Lambda(x'\beta) = \frac{\exp(x'\beta)}{1 - \exp(x'\beta)} \tag{12-7}$$

式（12-6）和式（12-7）也分别被称为"Logit"模型和"Probit"模型。式（12-6）和式（12-7）的 G 函数都是增函数，它们均在 z = 0 时增加最快，当 z→-∞ 时，G(z)→0，而在 z→+∞ 时，G(z)→1。图 12-2 提供了两个函数形状。

由于逻辑分布的累积分布函数有解析表达式（标准正态分析没有），因此，计算 Logit 通常比 Probit 方便，下文也主要以 Logit 模型为例进行阐述。

如果攻读研究生的概率 P_i 由式（12-7）给出，那么不攻读研究生的概率为 $1 - P_i$：

$$1 - P_i = \frac{1}{1 + e^{x'\beta}} \tag{12-8}$$

因此，可得到机会比率（Odds Ratio）：攻读与不攻读研究生的概率之比 $\frac{P_i}{1 - P_i} = e^{x'\beta}$，对两边进行对数处理可得：

$$L_i = Ln\left(\frac{P_i}{1 - P_i}\right) = \ln(e^{x'\beta}) = x'\beta = \beta_0 + \beta_1 GPA_i + \beta_2 INCOME_i \tag{12-9}$$

即机会比率的对数 L_i 关于参数 β_j 是线性的。参数 β_j 反映了解释变量 x_j 增加一单位所引起的"对数几率比"（Log-odds Ratio）的边际变化。

边际效应（marginal effects）：对于大多数研究而言，我们关注的是解释变量 x_j 对响应变量的影响。由于 G 的非线性，因此，参数 β_j 并非边际效应。

$$\frac{\partial p(Y_i = 1 | X)}{\partial x_k} = \frac{\partial G(x'\beta)}{\partial x_k} = g(x'\beta)\beta \tag{12-10}$$

对于 Logit 模型而言，$g(x'\beta) = \frac{\exp(x'\beta)}{[1 + \exp(x'\beta)]^2}$。与 LPM 相比，边际效应的值多出一个乘积项 $g(x'\beta)$，它与全部解释变量有关，因而会随着 x 的值变化而变化。

二、实验名称：大股东掏空与 CEO 薪酬契约

下面在二元选择模型理论的基础上针对大股东掏空与 CEO 薪酬契约问题进行实证分析，主要包含引言、模型设定与变量选取、变量与数据、实证结果及总结。

（一）引言

所有权与经营权两权分离，引发现代公司的委托代理问题。詹森和梅克林（Jensen & Meckling，1976）以及詹森和墨菲（Jensen & Murphy，1990）的理论与实证研究表明，建立 CEO 报酬与公司价值相挂钩的业绩型薪酬有助于规范高管寻租、缓解过度投资、优化公司治理、降低代理成本并提高公司价值。西方国家已较早建立起业绩型薪酬，大量文献也表明上市公司 CEO 薪酬与公司业绩存在显著的正相关关系（Core et al.，1999；Jackson et al.，2008）。

目前，有关我国上市公司 CEO 薪酬业绩敏感性的研究，国内已有的成果主要集中在分析股权结构、公司治理、政府干预和产品市场竞争四方面因素对高管

薪酬业绩敏感性的影响，如李增泉（2000）发现高管薪酬与企业业绩无关；弗思等（Firth et al.，2007）认为股权分置改革和股权激励强化了 CEO 与股东之间利益共享和风险共担的互利机制，从而导致 CEO 薪酬业绩敏感性不断增强，其中，董事会独立性和 CEO 两职分离均有助于提高 CEO 薪酬业绩敏感性；刘凤委等（2007）发现，政府对企业干预越多，会计业绩的度量评价作用就越小，而且公司外部竞争程度越低，会计业绩与经营者奖惩之间的关联度就越弱，表明制度环境影响 CEO 薪酬结构；方军雄（2009）发现 2001~2007 年高管薪酬业绩敏感性呈上升趋势，表明我国上市公司已建立起业绩型薪酬；辛清泉和谭伟强（2009）发现，市场化改革提高了国企经理人薪酬的业绩敏感性，但保护性行业经理人薪酬契约的市场化演进速度显著慢于竞争性行业，而且市场力量对央企经理人薪酬契约的影响显著小于地方国企。

徐莉萍等（2006）发现，我国上市公司大股东合计持股比例的均值和中位数分别高达 54% 和 56%，其中外部大股东的持股比例仅为 8.61%，表明我国上市公司股权高度集中且股权制衡机制较弱。姜国华和岳衡（2005）、张等（Cheung et al.，2006）以及姜等（Jiang et al.，2010）发现，大股东经常通过关联交易和资金占用等方式转移上市公司资源并侵占中小股东利益。鉴于国内已有文献较少从大股东掏空的角度研究 CEO 薪酬契约，因此本书以 2005~2011 年非金融类上市公司为样本，采用其他应收款衡量大股东掏空，研究大股东掏空对 CEO 薪酬业绩敏感性、在职消费和 CEO 变更业绩敏感性的影响。

本书的贡献和创新主要体现在以下两方面：一是首次构建一个包含两类代理成本的委托代理模型，深入考察大股东与管理层之间的博弈对公司治理和公司财务行为的影响，在此基础上提出大股东掏空影响 CEO 薪酬契约的理论命题；二是系统考察大股东掏空对 CEO 薪酬业绩敏感性、CEO 变更业绩敏感性以及 CEO 在职消费三方面的影响，发现大股东掏空不仅直接侵害中小股东利益，而且破坏公司治理并增加代理成本，为研究大股东掏空的经济后果提供了较全面的经验证据。

（二）模型设定与变量选取

本书在霍姆斯特姆（Holmstrom，1979）的基础上，通过构建一个扩展的委托代理模型考察大股东掏空对 CEO 薪酬契约的影响。模型的基本假设如下：

（1）代理人（CEO）付出努力 a，a 影响公司的当期业绩 q，但无法观测得到。$q = a + \varepsilon_q$，其中 ε_q 是外生冲击并服从 $N(0, \sigma_q^2)$，因此 q 是服从均值为 a 且方差为 σ_q^2 的正态分布。

（2）CEO 拥有常系数绝对风险厌恶（Constant Absolute Risk Aversion，CARA）

效用函数，$U(w) = -exp(-\rho w)$，绝对风险厌恶系数 $\rho = -U''(w)/U'(w)$。w 为大股东向 CEO 提供的激励契约：$w = t + fq$，其中，t 为固定工资（与业绩无关），f 为业绩的薪酬提成比例，经理人付出努力的成本函数为 $C(a) = ca^2/2$。

（3）上市公司存在两类委托人：持股比例为 m 的大股东和无实际控制权的小股东。鉴于掌握公司实际控制权的大股东直接决定高管的聘任、薪酬和升迁，因此本书将 CEO 薪酬契约的委托人设定为大股东，并假设大股东呈风险中性。大股东可通过掏空上市公司获取收益 tun，但可能面临法律制裁或其他成本。根据拉波尔塔等（La Porta et al., 2002），本书将掏空的成本函数设定为 $\varphi(tun, k, f) = k(tun + f)^2/2$，其中 k 为投资者受法律保护程度，f 为 CEO 薪酬契约中利润分成的比例。

如果 CEO 薪酬业绩敏感性 f 增加，那么 CEO 薪酬水平与公司业绩的相关性上升，表明公司业绩对 CEO 薪酬的影响程度较大，此时 CEO 将更加关注公司绩效，同时，更有动力避免业绩下滑（张敏等，2012）。鉴于大股东掏空可能损害公司业绩（Cheung et al., 2006；Jiang et al., 2010），因此薪酬业绩敏感性较高的 CEO 更有动力抵制大股东的掏空行为，表明大股东掏空成本与 CEO 薪酬业绩敏感性呈正相关关系。

大股东掏空对上市公司不仅造成直接损失 tun，而且可能增加业绩的噪音成分，此时业绩可表述为 $q = a + \varepsilon_q - tun + \varepsilon_{tun}$，其中 $\varepsilon_{tun} \sim N(0, \sigma_{tun}^2)$。另外，如果大股东采用关联交易等方式掏空上市公司，那么公司会计核算的准确性必然下降，而且会计信息的可靠性也相应减弱，导致委托人和代理人之间信息不对称增加。叶康涛（2011）发现，大股东掏空带来的损失远远大于掏空数额本身，如大股东掏空加剧上市公司的融资约束，导致上市公司被迫放弃净现值大于零的项目，一旦未来投资收益的损失规模难以估计，那么业绩指标的可信度必然下降。佟岩和王化成（2007）发现，大股东追求私利的关联交易导致公司的盈余质量显著降低。

给定掏空水平和 CEO 薪酬契约，如果委托人属于风险中性，那么其期望效用等于期望收入：

$$EV = E_{\varepsilon_q \varepsilon_{tun}}[tun + mq - \varphi(k, tun, f) - w]$$

$$= E_{\varepsilon_q \varepsilon_{tun}}[tun + m(a + \varepsilon_q - tun + \varepsilon_{tun}) - k(tun + f)^2/2 -$$

$$(t + f(a + \varepsilon_q - tun + \varepsilon_{tun}))]$$

$$= tun + (m - f)(a - tun) - t - k(tun + f)^2/2 \qquad (12-11)$$

假设 CEO 拥有负指数效用函数，CEO 实际收入的确定性等价值（Certainty Equivalence，CE）为：

$$CE = E_{\varepsilon_q \varepsilon_{tun}}[t + fq - C(a)] = E_{\varepsilon_q \varepsilon_{tun}}[t + f(a + \varepsilon_q - tun + \varepsilon_{tun}) - ca^2/2]$$

$$= t + f(a - tun) - ca^2/2 - \rho f^2(\sigma_q^2 + \sigma_{tun}^2)/2 \qquad (12-12)$$

进一步假设经理人市场属于完全竞争市场，CEO 的保留工资为 0，而且委托人具有绝对议价权。此时，大股东的优化问题可以表述如下：

$$
\begin{cases}
\max_{|t,f|} EV = \max_{|t,f|} \{ tun + (m - f)(a - tun) - t - k(tun + f)^2/2 \} \\
s.t \quad (IR) \; CE = t + f(a - tun) - ca^2/2 - \rho f^2(\sigma_q^2 + \sigma_{tun}^2)/2 \geq \bar{U} = 0 \\
\quad (IC) \; a \in \arg\max_{|\hat{a}|} CE = \arg\max_{|\hat{a}|} \{ t + f(\hat{a} - tun) - c\hat{a}^2/2 - \rho f^2(\sigma_q^2 + \sigma_{tun}^2)/2 \}
\end{cases}
$$
$$(12-13)$$

其中，(IR) 为参与约束条件，即 CEO 获得的确定性等价收入大于其保留工资；(IC) 为激励相容条件，保证 CEO 愿意努力工作，即 CEO 付出最优努力时所获得的确定性等价收入达到最高。

利用 IC 的一阶导数进行替换求解，可得 CEO 的最优努力水平和最优激励契约：

$$a^* = f^*/c = \frac{m - ck \times tun}{c^2 \rho(\sigma_q^2 + \sigma_{tun}^2) + c^2 k + c}, \quad f^* = \frac{m - ck \times tun}{c\rho(\sigma_q^2 + \sigma_{tun}^2) + ck + 1} \qquad (12-14)$$

由此推导出以下两个命题：

命题 1：$\partial f^*/\partial tun < 0$，表明大股东掏空导致 CEO 薪酬业绩敏感性下降。

命题 2：$\partial f^*/\partial \sigma_{tun}^2 < 0$，表明 CEO 薪酬业绩敏感性与业绩噪音水平呈负相关关系。换言之，大股东掏空可以引起企业业绩的度量精确性下降，从而导致 CEO 薪酬业绩敏感性减小。综合以上两个命题，提出假设一：

假设一：大股东掏空导致 CEO 薪酬业绩敏感性下降。

根据科尔等（Core et al., 1999）和方军雄（2009），本书设置以下面板数据计量模型检验假设一：

$$LNPAY_{it} = \alpha_0 + \alpha_1 PERF_{it-1} + \alpha_2 TUN_{it} + \alpha_3 PERF_{it-1} \times TUN_{it} + X_{it}\lambda + Z_{it}\delta + W_{it}\gamma +$$
$$K_{it}\theta + \varepsilon_{it} \qquad (12-15)$$

其中，$LNPAY_{it}$ 为年度 t 公司 iCEO 薪酬的自然对数（通过 CEO 现金薪酬 LNCPAY、股权薪酬 LNSPAY 或总薪酬 LNTPAY 三个指标衡量）；$PERF_{it-1}$ 为年度 t-1 公司 i 的业绩（通过总资产收益率 ROA 或股票收益率 RET 衡量）；TUN_{it} 为年度 t 公司 i 大股东掏空水平（通过其他应收款与总资产之比 ORECTA 衡量）；X_{it} 包括规模、负债、成长能力和经营风险等公司层面控制变量；Z_{it} 包括产权结构、股权结构、董事会规模、独立董事比例以及董事长两职兼任状况等公司治理变量；W_{it} 包括 CEO 性别、年龄和在位时间等 CEO 个人特征变量；K_{it} 包括市场化指数以及地区、行业和年度虚拟变量。如果我国上市公司已建立起业绩型薪酬，那么 α_1 的系数估计值将显著为正。如果大股东掏空导致 CEO 薪酬业绩敏感性下降，那么 α_3 的系数估计值将显著为负。

鉴于薪酬业绩敏感性减弱后，CEO 薪酬可能呈现出显著的黏性特征，而且与公司业绩之间的相关性降低，导致 CEO 不愿为优化股东利益付出最大努力，因此，大股东可能通过提供政治晋升或在职消费等激励措施提高 CEO 的工作积极性。另外，大股东也可能以增加在职消费的形式拉拢 CEO，为掏空企业创造便利条件。陈等（2010）发现，在职消费已成为我国上市公司高管重要的隐性收入渠道。张敏等（2012）进一步发现，商业银行的大股东为获取关联贷款，故意降低高管的薪酬业绩敏感性，然后以在职消费的形式补偿高管。

根据以上分析，提出假设二：

假设二：大股东掏空导致在职消费上升。

根据陈冬华等（2005）和陈等（2010），本书设置以下面板数据模型检验假设二：

$$PERK_{it} = \beta_0 + \beta_1 LNTPAY_{it} + \beta_2 LNCPAY_{it} + \beta_3 LNSPAY_{it} + \beta_4 TUN_{it} + \beta_5 RPAY_{it} +$$
$$\beta_6 FCF_{it} + X_{it}\lambda + Z_{it}\delta + K_{it}\theta + \varepsilon_{it} \tag{12-16}$$

其中，$PERK_{it}$ 为年度 t 公司 iCEO 的在职消费水平（通过人均在职消费 LNPERK 或管理费用率 MCOST 衡量）；$RPAY_{it}$ 为员工平均薪酬与高管平均薪酬之比；FCF_{it} 为每股自由现金流。假设二要求 β_4 的系数估计值显著大于 0。

詹森和华纳（Jensen & Warner，1988）认为，公司治理较好的企业对经理人的监督与激励机制也较完善，可以通过识别并替换业绩不佳的高管提升企业业绩、减少代理成本并增加股东财富，因此高管变更有助于约束经理人，也是衡量公司治理的重要指标。威斯巴赫（Weisbach，1988）、朱红军（2004）等均发现，高管变更与企业业绩负相关，表明经营业绩下滑是导致高管变更的重要原因。

叶康涛（2011）认为，业绩指标作为高管变更的主要依据，应准确反映公司基本面信息和经理人行为，但大股东掏空可能模糊会计主体边界，降低会计核算准确性和可靠性，进而加剧委托人和代理人之间的信息不对称。王化成和张伟华（2010）发现，其他应收款和其他应付款两类关联交易制约了会计信息的缔约功能，导致高管变更与企业业绩之间的相关性下降。张等（Cheung et al.，2006）和姜等（Jiang et al.，2010）发现，大股东掏空降低公司业绩。建立在公司业绩基础上的高管变更对经理人不公平，容易引发高管与大股东之间的冲突，给定大股东追逐私利，降低高管变更和业绩之间的敏感性成为解决高管与大股东冲突的重要手段。根据上述分析，本书提出第三个假设并构建相应的面板数据 Logit 模型：

假设三：大股东掏空导致 CEO 强制变更与业绩之间的敏感性下降。

$$Logit(TOVER_{it}) = \eta_0 + \eta_1 PERF_{it-1} + \eta_2 TUN_{it} + \eta_3 PERF_{it-1} \times TUN_{it} + X_{it}\lambda +$$
$$Z_{it}\delta + W_{it}\gamma + K_{it}\theta + \varepsilon_{it} \tag{12-17}$$

其中，$TOVER_{it}$ 为年度 t 公司 iCEO 出现强制性变更的虚拟变量。如果经营业绩下降，CEO 离职概率上升，那么 η_1 的系数估计值将显著小于 0。另外，假设三要求 η_3 的系数估计值显著大于 0。

（三）变量与数据

实证分析变量主要包含 CEO 薪酬、公司业绩、掏空、在职消费、CEO 变更、相对薪酬、每股自由现金流、公司层面控制变量 X_{it}、公司治理变量 Z_{it}、高管个人特征 W_{it}、地区、行业和年度控制变量 K_{it}。下面对数据来源予以详细介绍。

1. CEO 薪酬

根据林大庞和苏冬蔚（2011），本书通过以下公式计算 CEO 总薪酬：

$$TPAY_{it} = CPAY_{it} + SPAY_{it} = CPAY_{it} + 0.01 \times PRICE_{it} \times (CSHARE_{it} + OPTION_{it})$$

$$(12-18)$$

其中，$TPAY_{it}$、$CPAY_{it}$ 和 $SPAY_{it}$ 分别表示年度 t 公司 iCEO 的总薪酬、现金薪酬和股权薪酬；$PRICE_{it}$ 为 t 年末公司 i 的股价；$CSHARE_{it}$ 为 CEO 当年持有的股票数；$OPTION_{it}$ 为 CEO 持有的期权数，包括 CEO 当年获得的股票期权和往年获得但尚未执行的期权。

2. 公司业绩

根据科尔等（Core et al.，1999）、弗思等（2007）、辛清泉和谭伟强（2009），本书分别采用会计指标和市场指标衡量公司业绩，会计指标为总资产收益率（ROA），市场指标为考虑分红的股票收益率（RET），此外，使用营业利润率（OI）和净资产收益率（ROE）进行稳健性分析。

3. 掏空

根据姜国华和岳衡（2005）、姜等（Jiang et al.，2010）以及王与肖（Wang & Xiao，2011），本书使用公司其他应收款余额与总资产之比衡量大股东掏空（ORECTA）。鉴于大股东掏空和 CEO 薪酬业绩敏感性可能同时受到某些变量的影响，如公司治理不完善导致掏空增加而 CEO 薪酬业绩敏感性下降，此时掏空和 CEO 薪酬业绩敏感性之间呈现伪负相关，另外，公司正常交易也可能引起其他应收款上升，因此，本书根据王与肖（2011），使用全样本估计以下回归方程：

$$ORECTA_{it} = \theta_0 + \theta_1 SIZE_{it} + \theta_2 LEV_{it} + \theta_3 ROA_{it} + \theta_4 TOP1_{it} + \theta_5 TOP2{-}5_{it} + \theta_6 DUAL_{it} + \theta_7 BOARD_{it} + \theta_8 IND_{it} + \theta_9 MKT_{it} + \sum Industries \& Years\ dummy + \varepsilon_{it}$$

$$(12-19)$$

然后通过回归残差 TUNRES（即异常应收款）衡量大股东掏空。

4. 在职消费

根据陈冬华等（2005）、陈等（Chen et al.，2010）和张敏等（2012），本书

使用上市公司现金流量表中"支付的其他与经营活动有关的现金总额"衡量在职消费水平，然后将该科目总额与高管人数相除，计算出人均在职消费金额并取自然对数（LNPERK）。

姜付秀等（2009）认为，销售管理费用包括管理者薪金、差旅费、租金、保险费用、办公设施、广告和营销费用等，这些项目很大程度上反映了高管可自由支配的费用，可用于衡量代理成本，特别是管理层可能利用广告和销售费用掩饰在职消费支出，因此本案例使用管理费用率（MCOST）衡量在职消费。

5. CEO 变更

按离职原因，CEO 离职可分为自愿性（正常性或常规）变更与强制性（非常规或被迫）变更。沿袭这一思路，本案例将报表中明确说明 CEO 离任是因为退休、任期届满、控制权变动、健康原因、完善公司治理结构以及涉案或结束代理确认为公司发生常规性 CEO 变更，将其他情况归为强制性变更。如果当年出现 CEO 强制性变更，则令 TOVER 取值为 1，否则取值为 0。

6. 相对薪酬

陈冬华等（2005）认为，由于存在薪酬管制，在职消费成为国企高管的替代性选择。本案例采用员工平均薪酬与高管平均薪酬之比衡量相对薪酬（RPAY），其中，员工平均薪酬通过现金流量表中"支付给职工以及为职工支付的现金流量"与企业员工人数之比衡量，高管平均薪酬为高管薪酬总额与领薪高管人数之比。RPAY 取值越大，表明企业薪酬管制越严重。

7. 每股自由现金流

自由现金流假说认为，自由现金流较高且成长性较低的公司，容易出现过度投资和成本浪费，导致管理者追逐在职消费，因此本案例在控制变量中加入公司每股自由现金流（FCF）。

8. 公司层面控制变量 X_{it}

（1）公司规模（SIZE）：公司期末总资产的自然对数。

（2）财务杠杆（LEV）：期末总负债与期末总资产之比。

（3）成长能力（BM）：资产账面值与市值之比。

（4）经营风险（STDROA）：年度 t–2 至 t 期间 ROA 的标准差。

9. 公司治理变量 Z_{it}

（1）第一大股东持股比例（TOP1）。

（2）股权制衡度（TOP2–5）：第二至第五大股东持股比例之和。

（3）产权性质（STATE）：若公司为国有控股，那么 STATE 取值为 1，否则取值为 0。

（4）董事会结构：包括董事会人数（BOARD），独立董事占董事会人数的比率（IND）和总经理是否兼任董事长（DUAL）。

10. 高管个人特征 W_{it}

（1）CEO 性别（GENDER）：若 CEO 为男性，则 GENDER 取值为 1，否则取值为 0。

（2）CEO 年龄（AGE）和在位时间（TENURE）。

11. 地区、行业和年度控制变量 K_{it}

本案例按研究惯例设置年度虚拟变量以及东部、中部和西部三个地区虚拟变量，并根据中国证监会制定的上市公司行业分类标准，以综合类 M 为基准设置 20 个行业虚拟变量，其中制造业按二级分类构建虚拟变量，另外，从樊纲等（2011）取得 2005~2009 年上市公司所在地的市场化指数（MKT），然后使用 2008 年和 2009 年度 MKT 的平均值作为 2010 年的估计值，再使用 2009 和 2010 年度的平均值估计 2011 年度的 MKT。

12. 数据

本案例选取 2005~2011 年 A 股非金融类上市公司为样本。从深圳国泰安公司开发的《中国股票市场研究数据库》（CSMAR）提取 CEO 薪酬、CEO 变更和公司财务数据，从北京大学中国经济研究中心和色诺芬公司开发的《CCER 中国上市公司治理结构数据库》提取公司治理数据，从樊纲等（2011）编制的《中国市场化指数：各地区市场化相对进程 2011 年报告》提取地区市场化数据，并根据万德资讯（Wind）提供的上市公司年报，对样本期内所有 CEO 的现金薪酬、持股数量和股票期权持有量进行核实和补遗。此外，对各主要变量的最大和最小 1% 极端值进行缩尾处理（Winsorize）。表 12-1 提供了变量含义与基本统计量。

表 12-1　变量含义和基本统计量（2005~2011）

变量	含义	样本数	均值	标准差	中位数	最小值	最大值
LNTPAY	Ln（1+CEO 总薪酬）	11512	12.67	2.167	12.77	0	16.78
LNCPAY	Ln（1+CEO 现金薪酬）	11583	12.32	2.006	12.62	0	14.65
LNSPAY	Ln（1+CEO 股权薪酬）	11741	3.583	5.558	0	0	16.71
LNPERK	Ln（1+CEO 在职消费）	11595	16.64	1.267	16.53	13.80	20.04
MCOST	管理费用/期末总资产	11715	0.050	0.036	0.042	0.004	0.218
TOVER	CEO 是否发生强制性变更	11863	0.141	0.348	0	0	1
ROA	总资产收益率	11862	0.040	0.078	0.040	−0.322	0.265
RET	考虑分红的股票收益率	10723	−0.075	0.823	0.114	−3.363	0.810
FCF	每股自由现金流	11350	0.229	1.432	0.278	−7.360	3.820
ORECTA	其他应收款/期末总资产	11860	0.034	0.072	0.011	0	0.513
SIZE	Ln（期末总资产）	11860	21.48	1.310	21.36	10.84	28.27
LEV	期末总负债/期末总资产	11861	0.515	0.327	0.497	0.045	2.555

变量	含义	样本数	均值	标准差	中位数	最小值	最大值
BM	资产账面值与市值之比	11722	0.696	0.271	0.705	0.100	1.261
STDROA	t−2 至 t 年间 ROA 的标准差	11827	4.483	7.681	2.099	0.102	55.92
TOP1	第一大股东持股比例	11863	0.368	0.155	0.347	0.089	0.758
TOP2−5	第二至第五大股东持股比例	11863	0.166	0.120	0.142	0.008	0.485
STATE	是否国有控股	11863	0.527	0.499	1	0	1
BOARD	董事会总人数	11863	9.152	1.869	9	5	15
IND	独立董事人数/董事会人数	11863	0.362	0.050	0.333	0.250	0.556
DUAL	董事长和 CEO 两职兼任状况	11863	0.181	0.385	0	0	1
MKT	市场化指数	11863	8.520	2.006	8.770	0.290	11.80
GENDER	CEO 性别，男性为 1	11800	0.945	0.227	1	0	1
AGE	CEO 年龄	11795	46.81	6.384	46	24	75
TENURE	CEO 在位时间	11831	2.567	1.231	2	1	14

（四）实证结果

实证结果主要包含大股东掏空与 CEO 薪酬业绩敏感性，大股东掏空与 CEO 在职消费，大股东掏空与 CEO 强制性变更。

1. 大股东掏空与 CEO 薪酬业绩敏感性

表 12-2 提供了 2005~2011 年面板数据回归模型（12-15）的估计结果，被解释变量为 CEO 总薪酬 LNTPAY，其中，栏（i）至（iv）使用总资产收益率 ROA 衡量公司业绩，栏（v）至（viii）使用股票收益率 RET 衡量公司业绩；栏（i）、（iii）、（v）和（vii）仅加入公司绩效水平项，而栏（ii）、（iv）、（vi）和（viii）则加入大股东掏空 TUNRES 以及 TUNRES 与公司业绩的关联项。考虑到公司与 CEO 之间存在异质性，本案例分别使用 OLS 和固定效应（FE）估计模型。

由表 12-2 的结果可见，采用总资产收益率 ROA 衡量公司业绩时，ROA_{it-1} 的系数估计值均在 1% 水平上显著为正，表明我国上市公司已建立起业绩型薪酬，这与方军雄（2009）以及辛清泉和谭伟强（2009）的结论一致。将大股东掏空 TUNRES 以及 TUNRES 与公司业绩的关联项加入回归方程时，$TUNRES \times ROA_{it-1}$ 的系数估计值分别在 1% 和 10% 水平上显著为负，表明大股东掏空越严重，CEO 薪酬与公司业绩之间的敏感性越小；大股东掏空每增加 1 个百分点，CEO 薪酬业绩敏感性就下降 0.5%（见栏（ii））。使用股票收益率 RET 衡量公司业绩时，$TUNRES \times RET_{it-1}$ 的系数估计值分别在 5% 和 1% 水平上显著为负，表明假设一无法被拒绝，大股东掏空导致 CEO 薪酬业绩敏感性下降。

关于公司层面控制变量对 CEO 薪酬的影响，本案例发现 SIZE 的系数估计值显著为正而 LEV 和 BM 的系数估计值则显著为负，表明规模较大、财务风险高和成长性较好的公司提供更高的 CEO 薪酬，与王和肖（Wang & Xiao，2011）的结论相一致；采用 OLS 进行估计时，STDROA 的系数估计值显著为负，表明经营风险较高的公司提供较低的 CEO 薪酬。

关于股权结构和公司治理等因素对 CEO 薪酬的影响，本案例发现，STATE 的系数估计值有四次在 1% 水平上显著为负，表明国有控股公司的 CEO 薪酬较低，与 Firth 等（2007）的结论一致，原因可能在于国企高管任命体制和薪酬管制（陈冬华等，2005）；BOARD 和 DUAL 的系数估计值显著为正，表明两职分离和小规模董事会有助于降低 CEO 薪酬，这与麦克（Yermack，1996）的结论一致；使用 OLS 进行估计时，TOP2-5 的系数估计值均在 1% 水平上显著为正，而使用固定效应进行估计时，TOP2-5 的系数估计值 2 次在 10% 水平上显著为负，表明大股东持股对 CEO 薪酬的影响不确定；AGE 和 TENURE 的系数估计值显著为正，表明年龄更大和任期更长的 CEO 更容易获得高薪，这与人力资本理论一致；此外，MKT 的系数估计值在 5% 水平上显著为正，表明公司所在地市场化程度越高，CEO 薪酬越高，这与辛清泉和谭伟强（2009）的研究结果一致。

表 12-2　大股东掏空与 CEO 薪酬业绩敏感性

变量	PERF = ROA				PERF = RET			
	（i）OLS	（ii）OLS	（iii）FE	（iv）FE	（v）OLS	（vi）OLS	（vii）FE	（viii）FE
$PERF_{it-1}$	0.067*** (0.005)	0.067*** (0.005)	0.032*** (0.005)	0.032*** (0.005)	0.074 (0.053)	0.045 (0.050)	0.020 (0.047)	0.001 (0.041)
TUNRES		−0.533 (0.497)		0.243 (0.532)		−0.994* (0.588)		0.315 (0.704)
$TUNRES × PERF_{it-1}$		−0.005*** (0.001)		−0.002* (0.001)		−0.180** (0.090)		−0.186* (0.098)
SIZE	0.338*** (0.036)	0.302*** (0.053)	0.624*** (0.098)	0.635*** (0.105)	0.381*** (0.038)	0.314*** (0.060)	0.574*** (0.110)	0.569*** (0.122)
LEV	−0.602*** (0.159)	−0.715*** (0.175)	−0.140 (0.204)	−0.116 (0.219)	−0.407** (0.183)	−0.594*** (0.204)	−0.089 (0.248)	−0.042 (0.266)
BM	−0.658*** (0.142)	−0.644*** (0.143)	−0.462*** (0.170)	−0.452*** (0.169)	−0.892*** (0.154)	−0.888*** (0.154)	−0.337* (0.191)	−0.312 (0.191)
STDROA	−0.018*** (0.006)	−0.018*** (0.006)	−0.001 (0.007)	−0.002 (0.007)	−0.025*** (0.007)	−0.024*** (0.007)	−0.002 (0.008)	−0.002 (0.008)
TOP2-5	1.717*** (0.266)	1.585*** (0.293)	−0.970* (0.571)	−0.924 (0.575)	1.549*** (0.311)	1.318*** (0.344)	−1.191* (0.659)	−1.082 (0.659)
STATE	−0.436*** (0.059)	−0.438*** (0.058)	0.132 (0.148)	0.137 (0.149)	−0.353*** (0.062)	−0.357*** (0.062)	0.165 (0.174)	0.166 (0.174)

续表

变量	PERF = ROA				PERF = RET			
	(i) OLS	(ii) OLS	(iii) FE	(iv) FE	(v) OLS	(vi) OLS	(vii) FE	(viii) FE
BOARD	0.025*	0.031*	0.099***	0.097***	0.008	0.019	0.070***	0.067**
	(0.015)	(0.016)	(0.026)	(0.027)	(0.017)	(0.018)	(0.025)	(0.026)
DUAL	0.472***	0.453***	−0.032	−0.023	0.120	0.087	−0.212	−0.199
	(0.087)	(0.091)	(0.128)	(0.130)	(0.113)	(0.116)	(0.147)	(0.150)
AGE	0	0	0.015**	0.015**	0.003	0.003	0.017**	0.017**
	(0.004)	(0.004)	(0.007)	(0.007)	(0.005)	(0.005)	(0.008)	(0.008)
TENURE	0.203***	0.202***	0.175***	0.175***	0.201***	0.200***	0.167***	0.166***
	(0.019)	(0.019)	(0.018)	(0.018)	(0.021)	(0.021)	(0.020)	(0.020)
MKT	0.117***	0.120***	0.183**	0.178**	0.121***	0.127***	0.295**	0.284*
	(0.022)	(0.023)	(0.083)	(0.085)	(0.025)	(0.026)	(0.147)	(0.148)
N	11401	11400	11401	11400	8412	8412	8412	8412
Adj–R^2	0.207	0.208	0.084	0.085	0.151	0.153	0.062	0.066
F	48.78	46.82	13.30	12.93	24.21	23.14	9.777	9.831

注：括号内数值为异方差稳健标准误，***、** 和 * 分别表示双尾 t 检验在 1%、5% 和 10% 的水平上统计显著；ROA 的样本区间为 2005~2011 年，而 RET 的样本区间为 2006~2011 年；限于篇幅，表中省略了地区、行业、时间和部分不显著的变量。

2. 大股东掏空与 CEO 在职消费

表 12-3 提供了 2005~2011 年面板数据回归模型（12-16）的估计结果，其中，栏（i）至（iv）使用人均在职消费 LNPERK 作为因变量，栏（v）至（viii）使用管理费用率 MCOST 衡量在职消费，栏（i）、（iii）、（v）和（vii）包含 CEO 总薪酬 LNTPAY，而栏（ii）、（iv）、（vi）和 viii 则使用 CEO 现金薪酬 LNCPAY 和股权薪酬 LNSPAY。

由表 12-3 的结果可见，采用 LNPERK 衡量在职消费时并使用 OLS 估计方程时，TUNRES 的系数估计值均在 1% 水平上显著为正，表明大股东掏空越严重，CEO 在职消费水平就越高；大股东掏空每上升 1 个百分点，人均在职消费就增加约 1.3%。使用管理费用率 MCOST 衡量在职消费时，TUNRES 的系数估计值也均在 1% 水平上显著为正，大股东掏空每上升 1 个百分点，管理费用率就增加 0.046 至 0.064 个百分点，表明假设二无法被拒绝，大股东掏空导致在职消费上升。

关于 CEO 薪酬对在职消费的影响，采用 MCOST 衡量在职消费时，LNTPAY 和 LNCPAY 的系数估计值均在 5% 水平上显著为正，表明 CEO 总薪酬或现金薪酬越高，在职消费越多，原因可能在于薪酬与在职消费反映了高管在组织中的相对地位，因此在职消费与高管薪酬呈正相关关系（Chen et al.，2010）。

关于公司层面控制变量对在职消费的影响，本案例发现以下四方面结果：首先，采用 LNPERK 衡量在职消费时，SIZE 的系数估计值在 1% 水平上显著为正，表明规模较大的公司具有更多的人均在职消费，这与陈等（2010）以及张敏等（2012）的结论一致，但是，采用 MCOST 衡量在职消费时，SIZE 的系数估计值却显著为负，表明规模较大的公司具有较低的管理费用率，这与姜付秀等（2009）结论相一致。产生上述结果的原因可能在于人均在职消费为绝对量，而管理费用率则考虑到企业规模的影响，规模大的公司有实力给高管提供更多的人均在职消费，但在职消费占公司规模的比重却可能下降。

其次，使用 LNPERK 衡量在职消费时，STATE 的系数估计值显著为负，表明非国有企业高管享有更多的人均在职消费，而使用 MCOST 衡量在职消费时，STATE 的系数估计值则显著为正，表明国有上市公司具有较高的管理费用率。杨友林（2011）认为，人均在职消费水平没有考虑到公司规模的影响，很难在上市公司之间进行比较，而管理费用率属于相对量指标，更能准确反映在职消费。实际上，对人均在职消费进行均值和中位数分析后，本案例发现国有上市公司享有更多的在职消费。

再次，LEV 的系数估计值均在 1% 水平上显著为正，表明财务杠杆越大，高管人均在职消费和管理费用率均越高，原因可能在于国有银行具有预算软约束，无法充分发挥债务的外部治理效应（陈冬华等，2005）。

最后，使用固定效应进行估计时，TOP1 的系数估计值在 5% 水平上显著为正，表明第一大股东持股比例上升，高管人均在职消费增加；使用 OLS 进行估计时，TOP2-5 的系数估计值在 1% 水平上显著为正，表明第二大股东至第五大股东持股比例与管理费用率呈正相关关系。换言之，大股东持股有助于高管获取较高的薪酬和在职消费。

表 12-3　大股东掏空与 CEO 在职消费

变量	因变量 = LNPERK				因变量 = MCOST			
	(i) OLS	(ii) OLS	(iii) FE	(iv) FE	(v) OLS	(vi) OLS	(vii) FE	(viii) FE
LNTPAY	0.003 (0.007)		0.002 (0.005)		0.001*** (0.000)		0.000** (0.000)	
LNCPAY		0.013* (0.007)		0.004 (0.005)		0.001*** (0.000)		0.000** (0.000)
LNSPAY		−0.008*** (0.003)		−0.004 (0.003)		0 (0.000)		0.000* (0.000)
TUNRES	1.305*** (0.307)	1.290*** (0.307)	0.360 (0.247)	0.360 (0.247)	0.046*** (0.011)	0.046*** (0.011)	0.064*** (0.012)	0.064*** (0.012)
RPAY	0.013 (0.010)	0.014 (0.010)	0.013 (0.009)	0.013 (0.009)	0 (0.000)	0 (0.000)	0.001* (0.000)	0.001* (0.000)

变量	因变量 = LNPERK				因变量 = MCOST			
	(i) OLS	(ii) OLS	(iii) FE	(iv) FE	(v) OLS	(vi) OLS	(vii) FE	(viii) FE
SIZE	0.828*** (0.031)	0.826*** (0.031)	0.523*** (0.038)	0.524*** (0.038)	−0.004*** (0.001)	−0.004*** (0.001)	−0.009*** (0.001)	−0.009*** (0.001)
LEV	0.616*** (0.089)	0.592*** (0.089)	0.202** (0.085)	0.200** (0.084)	0.034*** (0.003)	0.034*** (0.003)	0.040*** (0.004)	0.040*** (0.004)
BM	−0.283*** (0.083)	−0.278*** (0.082)	−0.059 (0.066)	−0.062 (0.066)	−0.032*** (0.003)	−0.031*** (0.003)	−0.013*** (0.002)	−0.013*** (0.002)
FCF	−0.002 (0.006)	−0.002 (0.006)	−0.013*** (0.005)	−0.014*** (0.005)	0.001*** (0.000)	0.001*** (0.000)	−0.000*** (0.000)	−0.000*** (0.000)
TOP1	−0.041 (0.119)	−0.061 (0.119)	0.426** (0.185)	0.420** (0.185)	0.001 (0.004)	0.001 (0.004)	−0.005 (0.006)	−0.005 (0.006)
TOP2−5	−0.182 (0.172)	−0.146 (0.172)	−0.044 (0.183)	−0.041 (0.183)	0.019*** (0.005)	0.019*** (0.005)	0.008 (0.007)	0.008 (0.007)
STATE	−0.145*** (0.038)	−0.161*** (0.039)	−0.153** (0.059)	−0.153*** (0.059)	0.007*** (0.001)	0.007*** (0.001)	0.003 (0.002)	0.003 (0.002)
BOARD	−0.025** (0.011)	−0.026** (0.011)	−0.007 (0.010)	−0.007 (0.010)	0 (0.000)	0 (0.000)	0 (0.000)	0 (0.000)
IND	−0.547 (0.344)	−0.547 (0.342)	−0.110 (0.269)	−0.114 (0.268)	−0.020 (0.012)	−0.020 (0.012)	−0.031** (0.012)	−0.031** (0.012)
DUAL	−0.011 (0.037)	0.010 (0.038)	−0.021 (0.034)	−0.014 (0.035)	0.004** (0.001)	0.004*** (0.001)	0.002 (0.001)	0.002 (0.001)
N	10826	10826	10826	10826	10924	10924	10924	10924
Adj−R^2	0.513	0.514	0.259	0.259	0.309	0.311	0.217	0.217
F	75.91	74.03	31.87	31.04	43.58	42.64	21.89	21.48

注：括号内数值为异方差稳健标准误，***、** 和 * 分别表示双尾 t 检验在 1%、5% 和 10% 的水平上统计显著；限于篇幅，表中省略了地区、行业、时间和部分不显著的变量。

3. 大股东掏空与 CEO 强制性变更

表 12−4 提供了面板数据 Logit 模型（12−17）的估计结果，其中，栏（i）和（ii）使用总资产收益率 ROA 衡量公司业绩，栏（iii）和（v）使用股票收益率 RET 衡量公司业绩；栏（i）和（iii）使用混合 Logit 估计法，栏（i）和（iv）使用面板数据随机效应 Logit 估计法。

由表 12−4 的结果可见，采用总资产收益率衡量公司业绩时，$ROA_{it−1}$ 的系数估计值均在 1% 水平上显著为负，表明公司业绩下滑将导致 CEO 强制变更的概率上升，该结果体现了"经营绩效影响高管变迁"的公司治理原则。无论使用总资产收益率，还是考虑分红的股票收益率衡量公司业绩，$TUNRES × PERF_{it−1}$ 的系数估计值均显著为正，表明大股东掏空行为越严重，CEO 变更与公司业绩之间的敏感性就越低，因此假设三无法被拒绝。

此外，TUNRES 的系数估计值均在 1% 水平上显著为正，表明大股东掏空增加 CEO 离职的概率，原因可能在于大股东掏空损害公司业绩（Cheung et al.，2006；Jiang et al.，2010），而 CEO 强制变更与公司业绩呈显著的负相关关系，导致掏空与 CEO 变更呈正相关关系。

关于股权结构和公司治理等因素对 CEO 强制变更的影响，本案例发现 TOP1 的系数估计值均显著为正，原因可能在于持股比例大的控股股东所受股权制衡程度低，容易进行掏空（Cheung et al.，2006），进而导致公司业绩下滑和 CEO 出现强制变更。BOARD 和 DUAL 的系数估计值在 5% 水平上显著为负，而 IND 的系数估计值显著为正，表明小规模董事会、董事会独立性以及 CEO 与董事长两职分离均有助于强化高管监督，这与 Yermack（1996）和 Weisbach（1988）的研究结论一致。LEV 的系数估计值在 1% 水平上显著为负，表明财务风险高的公司具有较高的 CEO 离职率，这与朱红军（2004）的结论相一致。

关于个人特征对 CEO 变更的影响，本案例发现 TENURE 的系数估计值均在 1% 水平上显著为负，表明任职期限越长，CEO 发生强制变更的可能性就越低，原因可能在于任职时间较长的 CEO 更有机会在公司内部构筑利益团体，从而降低被替换的概率（Morck et al.，1988）。此外，MKT 的系数估计值均显著为负，表明上市公司所在地市场化程度越高，CEO 发生强制性变更的概率就越小。

表 12–4　大股东掏空与 CEO 强制变更

| 变量 | PERF = ROA | | | | PERF = RET | | | |
| | (i) Logit | | (ii) Xtlogit | | (iii) Logit | | (iv) Xtlogit | |
	系数	标准误	系数	标准误	系数	标准误	系数	标准误
$PERF_{it-1}$	-0.009^{***}	0.001	-0.009^{***}	0.001	0.009	0.069	0.009	0.007
TUNRES	0.116^{***}	0.037	0.116^{***}	0.028	0.151^{***}	0.049	0.151^{***}	0.049
$TUNRES \times PERF_{it-1}$	0.001^{***}	0.000	0.001^{*}	0.001	0.015^{*}	0.008	0.015^{**}	0.007
LEV	0.055^{***}	0.010	0.055^{***}	0.011	0.067^{***}	0.014	0.067^{***}	0.013
TOP1	0.041^{*}	0.021	0.042^{*}	0.022	0.057^{**}	0.026	0.057^{**}	0.027
TOP2–5	0.035	0.027	0.036	0.030	0.043	0.036	0.043	0.037
BOARD	-0.002	0.002	-0.002	0.018	-0.004^{**}	0.002	-0.004^{*}	0.002
IND	0.116^{*}	0.061	1.168^{*}	0.650	0.044	0.073	0.044	0.077
DUAL	-0.016^{*}	0.008	-0.156^{*}	0.090	0.001	0.010	0.001	0.011
TENURE	-0.129^{***}	0.005	-1.301^{***}	0.039	-0.142^{***}	0.005	-0.142^{***}	0.004
MKT	-0.005^{***}	0.001	-0.049^{*}	0.027	-0.005^{*}	0.003	-0.005^{*}	0.003
N	11677		11677		8645		8645	

续表

变量	PERF = ROA				PERF = RET			
	(ⅰ) Logit		(ⅱ) Xtlogit		(ⅲ) Logit		(ⅳ) Xtlogit	
	系数	标准误	系数	标准误	系数	标准误	系数	标准误
Pseudo R²	0.208				0.222			
LogL	−3769.8		−3769.6		−2857.3		−2857.3	

注：括号内数值为异方差稳健标准误，***、** 和 * 分别表示双尾 t 检验在 1%、5% 和 10% 的水平上统计显著；限于篇幅，表中省略了地区、行业、时间和部分不显著的变量。

（五）总结

建立 CEO 报酬与公司业绩相挂钩的业绩型薪酬是解决委托代理问题的重要途径。如果 CEO 薪酬以及 CEO 任免与公司业绩之间的敏感性均较强，那么 CEO 将更有动力改善管理方式、增加运营效率并提高公司业绩。

本案例以 2005~2011 年 A 股非金融类上市公司为样本，研究大股东掏空对 CEO 薪酬契约的影响发现，我国上市公司已建立起业绩型薪酬，但大股东掏空导致 CEO 薪酬以及 CEO 强制性变更与公司业绩之间的敏感性均减弱，同时，CEO 在职消费显著上升，表明大股东掏空侵占上市公司资源、破坏公司治理并增加代理成本。

本案例的实证结论具有以下两方面的政策含义。第一，上市公司应注重优化股权结构、资本结构和公司治理，并不断完善控股股东与大股东持股的制衡机制，尽量减少大股东掏空，才能设计更加合理有效的 CEO 薪酬契约，强化高管与股东之间利益共享和风险共担的互利机制，激励管理层的工作热情与创新精神，降低代理成本，提高公司价值。第二，监管当局应加大监管力度，不断完善法律法规体系并提高司法效率，强化与规范上市公司信息披露制度，为维护投资者权益和优化 CEO 薪酬契约营造良好的制度环境。

三、实验操作步骤

本实验以大股东掏空与 CEO 薪酬契约为例，详细阐述如何使用 Stata 软件进行二元选择模型分析。

步骤 1：首先打开 Stata 软件。

Stata 软件包括图 12-3 中的几个窗口：

（1）菜单栏。包括"File Edit Data Graphic Statistics User Window Help"。

（2）命令回顾窗口。记录 Stata 本次启动以来执行过的命令。

（3）变量窗口。记录目前 Stata 内存中的所有变量。

（4）结果窗口。此窗口显示执行 Stata 命令后的输出结果。

（5）命令窗口。在此窗口输入想要执行的 Stata 命令。

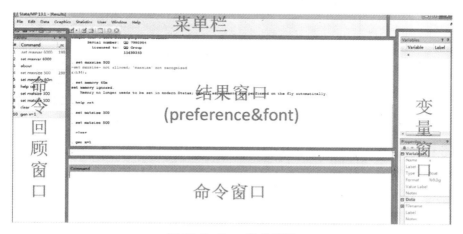

图 12-3 Stata 软件窗口

步骤 2：设置工作路径并导入数据。

（1）使用命令导入数据，如图 12-4 所示。本案例数据为 Stata 数据格式（后缀为 dta），那么可以通过在命令窗口输入命令"**use D：\Stata12\ado\personal\ec\cg\ paycg0511.dta，clear**"导入数据，加粗部分为数据文件所在目录；导入数据时，请务必加上 clear 选项，否则将出现报错。

图 12-4 导入数据命令

我们也可以先设置默认工作路径，再调取数据：

cd "D：\Stata12\ado\personal\ec\cg"   /* 设置默认工作路径 */

use paycg0511，clear   /* 调取数据 */

（2）使用菜单导入数据。通过点击菜单栏中的"open"键，选择需要调取的数据，如图 12-5 所示。

图 12-5　菜单导入数据

技巧：命令输入方式。

Stata 软件有两种输入命令方式：

第一种，在"命令窗口（command）"输入命令，如图 12-6 所示。该方法较为简便，但一旦关闭软件，以前使用的命令无法保存，同时，命令字符较多时，该方法不支持断行，因此该方法灵活性较差。

图 12-6　"命令窗口（command）"输入命令

第二种，在 do 文档里面输入命令并执行。

首先，点击工具栏上的"New Do-file Editor"按键打开一个新的 do 文档。

其次，在该文档中输入命令。

最后，选中命令，点击"Executive Selection（do）"按键执行命令。

在 do 文档输入的命令可以保存，方便下次调取，因此，具有很高的灵活性。

新建 do 文档（点击"New Do-file Editor"按键），如图 12-7 所示。

图 12-7　新建 do 文档

在 do 文档中输入命令（命令后附加的"/* */"为注释语句，执行命令时会自动跳过），如图 12-8 所示。

图 12-8　在 do 文档中输入命令

选项命令并执行（点击 Executive Selection（do）按键），如图 12-9 所示。

图 12-9　执行 do 文档

保存 do 文档（点击 Save 按键），如图 12-10 所示。

图 12-10　保存 do 文档

执行上述命令后，软件界面如图 12-11 所示。
软件最下方显示了当前工作路径。

图 12-11　执行 do 文档后界面

步骤 3：查看数据。

可通过在 do 文档输入并执行 "browse"① 命令，查看数据，如图 12-12 所示。

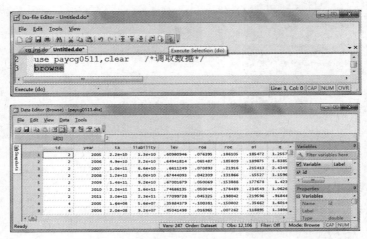

图 12-12　查看数据

步骤 4：定义面板数据。

在 do 文档中输入并执行 "xtset id year" 命令。屏幕上将弹出如下结果，"panel variable：id" 表示研究的横截面为上市公司，"time variable：year, 2005 to 2011" 表示时间频率为年，考察期限为 2005~2011 年。

```
. xtset
        panel variable:  id (unbalanced)
         time variable:  year, 2005 to 2011
                 delta:  1 unit
```

步骤 5：描述性统计。

Stata 软件中通过 summarize 命令进行描述性统计。该命令的语法如下：

<u>sum</u>marize 变量 1 变量 2 …… ［，选项］

下划线部分表明该命令可简写的部分，即输入 sum 等同于 summarize；变量 1 和变量 2 等是要进行分析变量，该命令后可附加相应选项。

在 do 文档中输入并执行以下命令：

sum lntotalpay1 lncashpay lnstock1 lnaperk perk2 rpay1 roa

执行后，结果窗口将如图 12-13 所示。

① Stata 软件内的命令与变量命名区分大小写，如 browse 与 Browse 不是同一个命令。

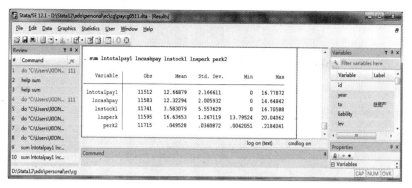

图 12-13　描述性统计

通过在 sum 命令后增加 detail 选项，可得到更丰富的结果：sum lntotalpay1，detail。

务必注意：增加选项时，前面要有英文字符的逗号 "，"，如图 12-14 所示。

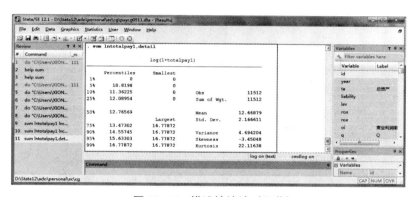

图 12-14　描述性统计（细节）

但是使用 sum 命令，无法得到表 12-1 的结果；Stata 软件中提供了 tabstat 命令可帮助我们获得表 12-1 的结果。该命令的语法与 Sum 一致。

tabstat 变量1 变量2…… ［，选项］

详细的语法与选项，请在 Stata 软件中输入 "help tabstat"[①]命令（见图 12-15）。

---

① Stata 软件中，所有命令均可通过 "help+命令名" 方式查看帮助文件，该文件详细说明了命令的语法格式、可添加选项，并提供了相应的实例。如下面的 OLS 回归，可采用 help regress 命令查看帮助文件。

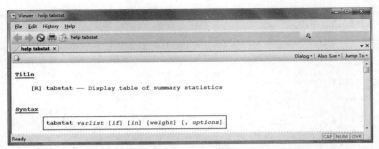

图 12-15 "help tabstat" 命令

在 Do 文档中输入并执行以下命令可获得如图 12-16 所示结果。

tabstat lntotalpay1 lncashpay lnstock1 lnaperk perk2 roa ret_ccer fcf orecta ///
size lev b2m std_roa top1 top2_5 state board_size ind_ratio ///
duality mkt_index gender_ceo age_ceo tenure_ceo， ///
stat（mean sd med min max）format（%6.3f）columns（s）

鉴于该命令较长，在一行不美观且易出错，因此，我们用"///"将该命令断行，表明上述四行属于一条命令。

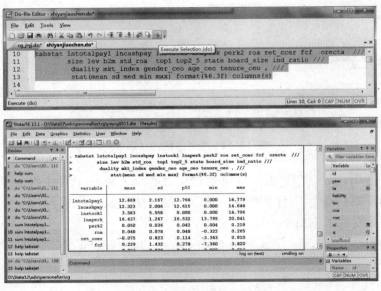

图 12-16 命令的输入及结果

步骤 6：最小二乘回归（OLS）。

表 12-2 栏（i）、（ii）、（v）以及（vi）列报告了方程（12-15）的 OLS 估计结

果，而栏（iii）、（iv）、（vii）以及（viii）报告了面板数据固定效应回归结果。本步骤先阐述 OLS，下一步演示固定效应。Stata 软件通过 regress 命令执行 OLS 回归，其主要语法如下：

regress depvar indepvars〔，选项〕

其中，"depvar"为被解释变量，"indepvars"为解释变量。选项包括 noconstant（无常数）、beta（报告标准化系数）、vce（vcetype）（设定系数估计值方差阵的估计形式）等。

如表 12-2 第（i）列和第（ii）列的估计命令为：

*** 表 12-2 第（i）列 ***（"*"开头的是注释语句）

reg lntotalpay1 lroa size lev b2m std_roa top1 top2_5 state board_size ind_ratio ///
duality mkt_index gender_ceo age_ceo tenure_ceo east central ///
　ind1−ind20 year2−year7，vce（cluster id）

*** 表 12-2 第（ii）列　****

reg lntotalpay1 lroa orecta_res orecta_res_lroa size lev b2m std_roa top1 top2_5 ///

　state board_size ind_ratio duality mkt_index gender_ceo age_ceo tenure_ceo ///
east central ind1−ind20 year2−year7，vce（cluster id）

表 12-2 第（i）列的回归结果如图 12-17 所示。

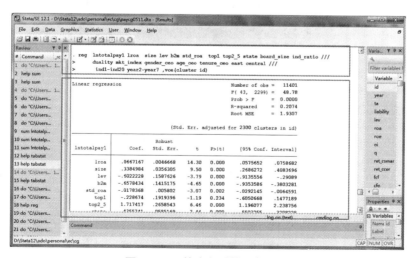

图 12-17　第（i）列的回归结果

步骤 7：面板数据固定效应回归。

鉴于混合最小二乘回归可能存在遗漏变量问题，因此，表 12-3 栏（iii）、

(iv)、(vii) 以及 (viii) 使用面板数据固定效应处理不可观测的非时变因素 (time-invariant unobservable variables) 所导致的估计误差。

Stata 软件通过 xtreg 命令执行面板数据回归, 其主要语法如下:

xtreg depvar indepvars [, 选项]

其中, "depvar" 为被解释变量, "indepvars" 为解释变量。选项包括 fe (固定效应)、re (随机效应)、be (组间估计)、vce (vcetype) (设定系数估计值方差阵的估计形式) 等。我们通过在 xtreg 命令后面增加 fe 选项执行固定效应回归。

如表 12-2 第 (iii) 列和第 (iv) 列的估计命令为:

*** 表 12-2 第 (iii) 列 *** ("*" 开头的是注释语句)

xtreg lntotalpay1 lroa size lev b2m std_roa top1 top2_5 state board_size ind_ratio ///

duality mkt_index gender_ceo age_ceo tenure_ceo east central ///

ind1-ind20 year2-year7, vce (cluster id) fe

*** 表 12-2 第 (iv) 列 ****

xtreg lntotalpay1 lroa orecta_res orecta_res_lroa size lev b2m std_roa top1 top2_5 ///

state board_size ind_ratio duality mkt_index gender_ceo age_ceo tenure_ceo ///

east central ind1-ind20 year2-year7, vce (cluster id) fe

表 12-2 第 (iii) 列的回归结果如图 12-18 所示。

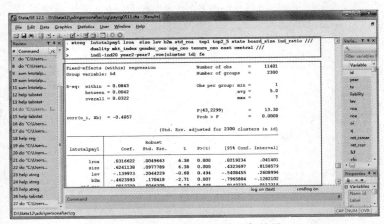

图 12-18　第 (iii) 列的回归结果

步骤 8: Logit 回归。

本章案例通过构建 Logit 模型 (12-17) 分析大股东掏空对 CEO 变更业绩敏感性的影响, 表 12-4 报告了相应回归结果。其中, 栏 (i) 和栏 (iii) 使用普通 Logit

模型拟合方程，栏（ii）和栏（iv）使用面板数据随机效应 Logit 模型拟合方程。

（1）Stata 软件通过 logit 命令执行 Logit 回归，其主要语法格式如下：

logit depvar indepvars ［，选项］

其中，"depvar" 为被解释变量，"indepvars" 为解释变量。选项包括 noconstant（无常数）、vce（vcetype）（设定系数估计值方差阵的估计形式）等。

鉴于 Logit 模型估计出来的系数并非我们所需要的边际效应，因此，我们还可以通过 "mfx" 或 "margins" 命令计算边际效应。

如表 12-4 第（i）列和第（iii）列的估计命令为：

*** 表 12-4 第（i）列 ***（"*" 开头的是注释语句）

logit　turn_force　lroa　orecta_res　orecta_res_lroa　gender_ceo　age_dummy tenure_ceo size ///

 lev　b2m　top1 top2_5 state board_size ind_ratio duality　mkt_index ///

ind1—ind20 year2—year7，vce（cluster id）

margins，dydx（*）/* 计算边际效应，dydx（*）表示对所有变量计算边际系数 */

*** 表 12-4 第（iii）列 ****

logit　turn_force　alret　orecta_res　orecta_res_alret　gender_ceo　age_dummy tenure_ceo size ///

lev　b2m　　top1 top2_5 state board_size ind_ratio duality mkt_index ///

east central ind1—ind20 year3—year7，vce（cluster id）

margins，dydx（*）/* 计算边际效应 */

表 12-4 第（i）列 logit 命令的回归结果如图 12-19 所示。

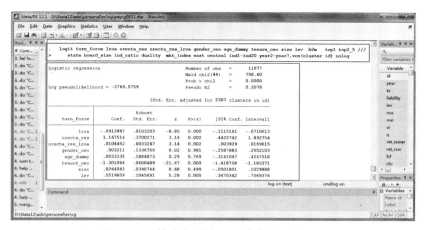

图 12-19　第（i）列的 logit 命令的回归结果

使用 margins，dydx（*）计算边际效应，如图 12-20 所示。

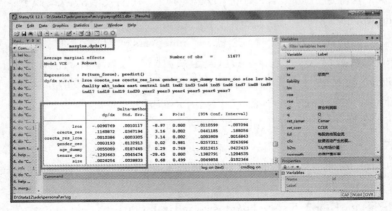

图 12-20　边际效应

（2）Stata 软件通过 xtlogit 命令执行面板数据 Logit 回归，其主要语法如下：

xtlogit depvar indepvars ［，选项］

其中，"depvar"为被解释变量，"indepvars"为解释变量。选项包括 fe（固定效应）、re（随机效应）、be（组间估计）。我们通过在 xtreg 命令后面增加 re 选项执行面板数据随机效应 Logit 回归。

如表 12-4 第（ii）列和第（iv）列的估计命令为：

*** 表 12-4 第（ii）列 ***（"*"开头的是注释语句）

xtlogit turn_force lroa orecta_res orecta_res_lroa gender_ceo age_dummy tenure_ceo size ///

 lev b2m top1 top2_5 state board_size ind_ratio duality mkt_index ///

ind1-ind20 year2-year7，re nolog

margins，dydx（*）predict（pu0）/* 计算边际系数 */

*** 表 12-4 第（iv）列 ****

xtlogit turn_force alret orecta_res orecta_res_alret gender_ceo age_dummy tenure_ceo size ///

lev b2m top1 top2_5 state board_size ind_ratio duality mkt_index ///

east central ind1-ind20 year3-year7，re nolog

margins，dydx（*）predict（pu0）/* 计算边际效应 */

表 12-4 第（ii）列的 xtlogit 命令回归结果如图 12-21 所示。

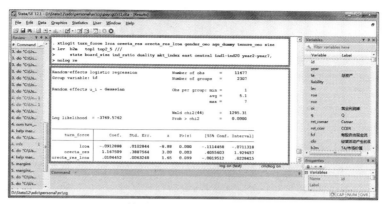

图 12–21　第（ii）列的 xtlogit 命令的回归结果

使用 margins，dydx（*）predict（pu0）计算边际效应，如图 12–22 所示。

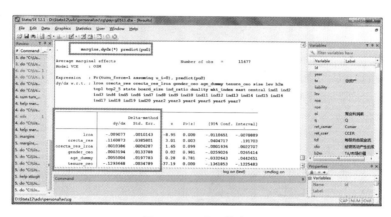

图 12–22　边际效应

四、案例讨论

1. 指出线性概率模型的优点及缺点。
2. 比较 Logit 与 Probit 模型。
3. 如何计算 Logit 与 Probit 模型的边际效应？

排序选择模型（ODM）实验

本章实验案例主要对排序选择模型（Ordered Dependent Model，ODM）原理进行简介，并在此基础上对鄱阳湖生态经济区生态工业产业的排序选择模型进行实证分析。

一、排序选择模型简介

下面主要针对定性响应回归模型及排序选择模型相关理论进行详细介绍。

（一）定性响应回归模型①

一般而言，在我们学习的回归模型中，都隐含地假定了因变量或响应变量（Response Variable）Y 是定量的，而解释变量是定量的、定性的（或虚拟的）或二者兼而有之。而在现实社会中，因变量或响应变量是定性的情形，在社会科学和医学研究的各个领域中的应用与日俱增。本实验以排序选择模型为例，练习定性响应回归模型的应用。在定性响应回归模型中，响应变量可以是二值或二分变量（Binary or Dichotomous Variable），如 Y 表示性别，Y = 0 代表女性，Y = 1 代表男性；响应变量可以是三分变量（Trichotommous），如 Y 表示所属的党派身份，Y = 0 代表民主党成员，Y = 1 代表共和党成员，Y = 2 代表独立党派成员。此外，响应变量也可以是多分响应变量（Polychotomous）或多类型响应变量（Multiple-Category），Y 取不同的值（离散而非连续的），表示不同的情况。对于 Y 是定量的回归模型，我们在给定自变量值的条件下，估计 Y 的期望值或均值。但对于 Y

① 达摩达尔·N.古扎拉蒂，唐·C.波特.计量经济学基础（第五版，下册）[M].费剑平译.北京：中国人民大学出版社，2012：539-581.

是定性的回归模型，Y 的现实含义是某个事件发生的概率，如在给定收入的条件下，某个家庭拥有住房的概率。从而，定性响应模型亦被称为概率模型 (Probability Models)。我们知道，概率的取值只能在 0~1 之间。但是，如果直接用 Y 对 X 回归，所得的结果并不一定在 0~1 之间。解决的方法是，引入中间变量 Z，Z 和解释变量 X 之间为线性关系，我们可以应用 Z 的累积分布函数 (Cumulative Distribution Function，CDF) 来表示事件发生的概率。对于 Y 是二元的情况，若 CDF 是 Logistic 累积分布函数 (Logistic Distribution Function)，得到 Logit 模型；若 CDF 是正态分布 (Normal Distribution Function)，得到 Normit 模型。

（二）排序选择模型[①]

如果因变量 y 为非连续的离散变量，在给定的区间内，有多种取值，并可按照一定的规律进行排序，此时可采用排序选择模型来进行分析。如果因变量 y 有 0，1，…，m 共 m + 1 个取值，其取值如何决定？引入指标变量 y^*，y^* 与自变量 x 相关，构造函数：

$$y_i^* = x_i'\beta + \varepsilon \tag{13-1}$$

其中，ε 为残差项。按照式（13-1），可计算 y_i^*，y_i^* 与 y_i 存在正向对应的关系，高的 y_i^* 值与高的 y_i 值相对应，即如果 $y_i^* < y_j^*$，则 $y_i < y_j$。y_i^* 有 m 个临界值 γ_1，…，γ_m，据此决定 y_i 的取值，$y_i = 0$，1，…，m，y_i^* 与 y_i 取值的对应情况以及 y_i 取值的概率如表 13-1 所示。表中的 F 为残差项的分布函数，残差项的分布一般有 Normal、Logit、Extreme Value 三种。对于排序选择模型，通常采用极大似然法来估计系数值。

表 13-1 排序选择模型中的因变量、指标变量和因变量概率值

y_i 取值	相应的 y_i^* 范围	y_i 取值的概率
0	$y^* \leqslant \gamma_1$	$F(\gamma_1 - x_i'\beta)$
1	$\gamma_1 < y^* \leqslant \gamma_2$	$F(\gamma_2 - x_i'\beta) - F(\gamma_1 - x_i'\beta)$
2	$\gamma_2 < y^* \leqslant \gamma_3$	$F(\gamma_3 - x_i'\beta) - F(\gamma_2 - x_i'\beta)$
⋮	⋮	⋮
m	$\gamma_m < y^*$	$1 - F(\gamma_m - x_i'\beta)$

资料来源：易丹辉. 数据分析与 Eviews 应用 [M]. 北京：中国统计出版社，2002：228.

---

① 易丹辉. 数据分析与 Eviews 应用 [M]. 北京：中国统计出版社，2007：227-232.

二、实验名称：鄱阳湖生态经济区生态工业产业的排序选择模型（ODM）实证分析[①]

在排序选择模型理论基础上，下面对鄱阳湖生态经济区生态工业产业的排序选择模型进行实证分析。主要包括研究背景、文献回顾、实证分析及总结与政策建议。

（一）研究背景

近年来，世界各地频发各种自然灾害，如我国的四川汶川地震、日本的地震和海啸、美国的特大暴雨以及全球气候变暖等，均向世人昭示全球环境的恶化。我国自 1978 年实施改革开放以来，经济发展取得了巨大成就，但也造成了环境破坏，如水源、空气、土壤被污染，森林减少，草场沙化，干旱和洪涝灾害交替发生。原先高耗能、高污染的发展模式已经阻碍了经济的可持续发展，转向低耗能、环保、绿色、低碳的发展模式成为当前我国面临的最为重要的经济任务。我国政府意识到转变经济发展方式、发展生态经济的重要性，第十届全国人民代表大会第三次会议的政府工作报告提出了"科学发展观"，即坚持以人为本，全面、协调、可持续的发展观，建立了生态经济发展的政策基础。党的十七大和十七届三中全会、四中全会将改变发展模式、调整产业结构、建设生态文明、发展生态经济提到了国家经济发展战略的高度，而推进新型工业化则是最重要的措施之一："建设生态文明，基本形成节约能源资源和保护生态环境的产业结构、增长方式"，深入发展"工业化、信息化、城镇化、市场化、国际化"。《中华人民共和国国民经济和社会发展第"十二个五年"（2011~2015）规划纲要》明确规定"坚持把经济结构战略性调整作为加快转变经济发展方式的主攻方向"、"坚持把建设资源节约型、环境友好型社会作为加快转变经济发展方式的重要着力点"。

2012 年 11 月 8 日，党的十八大报告强调了推动经济转型、走新型工业化道路的思路：加快转变经济发展方式的主攻方向是"推进经济结构战略性调整"，"必须以改善需求结构、优化产业结构、促进区域协调发展、推进城镇化为重点，

[①] 万春. 鄱阳湖生态经济区及江西省生态工业产业体系构建与新型工业化发展研究 [M]. 南昌：江西人民出版社，2013：126-182.

着力解决制约经济持续健康发展的重大结构性问题",“强化需求导向，推动战略性新兴产业、先进制造业健康发展，加快传统产业转型升级，推动服务业特别是现代服务业发展壮大，合理布局建设基础设施和基础产业。建设下一代信息基础设施，发展现代信息技术产业体系，健全信息安全保障体系，推进信息网络技术广泛运用"；走新型工业化道路，必须"实施创新驱动发展战略"，“完善知识创新体系，强化基础研究、前沿技术研究、社会公益技术研究，提高科学研究水平和成果转化能力，抢占科技发展战略制高点"。新型工业化建设是事关多领域、多方面的系统工程，应促进多元融合，“坚持走中国特色新型工业化、信息化、城镇化、农业现代化道路，推动信息化和工业化深度融合、工业化和城镇化良性互动、城镇化和农业现代化相互协调，促进工业化、信息化、城镇化、农业现代化同步发展"。新型工业建设的基本目标包括，到 2020 年，“资源节约型、环境友好型社会建设取得重大进展。主体功能区布局基本形成，资源循环利用体系初步建立。单位国内生产总值能源消耗和二氧化碳排放大幅下降，主要污染物排放总量显著减少。森林覆盖率提高，生态系统稳定性增强，人居环境明显改善"；“工业化基本实现，信息化水平大幅提升，城镇化质量明显提高，农业现代化和社会主义新农村建设成效显著，区域协调发展机制基本形成"。

但是，无论是一个国家还是一个地区，在资源禀赋的约束下，应根据产业特点，确定发展的优先顺序，集中发展生态化的工业产业，走新型工业化道路。本研究拟结合江西省鄱阳湖生态经济区，建立相应的原则对各工业产业进行排序，并应用排序选择模型验证排序的合理性，从而为政府对生态工业的遴选及发展重点提供有价值的参考。

(二) 文献回顾

1. 国外相关研究

很多国外学者对工业化的经济增长作用给予了积极肯定。莫诺雷—布里德、圣玛丽亚和瓦尔迪维亚（Moreno-Brid, Santamaria & Valdivia, 2005）的研究表明，1994 年《北美自由贸易协定》签订后，工业化大幅度降低了墨西哥财政赤字和通货膨胀率，并通过吸引 FDI 流入，加快了墨西哥融入世界经济的步伐，从石油出口国转变为对美国出口交通工具、服装等多种产品的重要平台。斯托姆和奈斯托派德（Storm & Naastepad, 2005）指出，中亚国家 1950~2003 年的工业化是新型工业化的典范，其经验：逐步淘汰落后产业，培育新产业、新技术，实施保护性的产业政策，以创新打造产业；利用国家政策刺激投资和储蓄，拓宽工业融资渠道等。伊斯兰和横田（Islam & Yokota, 2008）测算了 1989~2005 年中国农业部门的劳动边际生产力，发现中国经济在向"刘易斯拐点"逼近，但还未达到，这将影响到中国的工业化进程。

产业的发展，尤其是工业产业的发展，排放大量污染，对生态环境造成严重破坏。很多国外学者从污染、环境保护等视角研究了产业（主要是工业产业）与生态之间的关系。帕盖尔和惠勒（Pargal & Wheeler，1996）以印度尼西亚 1989~1990 年的工厂水污染为例，探讨了发展中国家对工业污染的非正式规制（Informal Regulation）。萨尔基斯和科代罗（Sarkis & Cordeiro，2009）调研了发电产业的技术和生态效率，探讨使相关各方共赢的策略。弗兹奥等（Frazão et al.，2010）提出通过提升环境检测技术来规制工业化的发展。

当前的国外研究主要是从环境角度来研究生态经济，或是从经济运行的角度来研究工业化，尚无将生态经济与新型工业化有机结合的相关研究。

2. 国内相关研究

国内关于生态工业化的研究主要包括几类：一是关于工业生态学的研究。工业是当今众所周知的生态污染第一来源，史言信（2006）、马传栋（2007）探讨了工业生态学的理论及实践。二是结合工业经济的平台——工业园展开的研究。中国 21 世纪议程管理中心、环境无害化技术转移中心组织（2008）及谢毕生、包景岭、温娟（2011）研究了生态工业园演化与调控、建设的理论与实践等内容。三是对循环经济的研究。张录强（2007）、任正晓（2009）对循环经济的理论与实践作了系统研究。四是从生态建设实践进行的研究。邓伟根、王贵明（2005）以西江产业带为例，讨论了产业生态理论与实践。

当前国内研究主要是战略层面的，尚未触及在具体地区特定的禀赋约束下建设生态工业产业体系，缺乏可操作性。结合生态经济的背景来探讨新型工业化的研究尚属空白。

（三）实证分析

实证分析过程主要包含模型设定和变量数据说明及对鄱阳湖生态经济区生态工业产业的排序选择模型处理结果分析。

1. 模型设定和变量数据说明

（1）模型设定。参照式（13-1），运用如下计量方程进行实证分析：

$$Y_i^* = X_i'\beta + \mu \tag{13-2}$$

其中，Y_i^* 为生态工业产业的优先发展排序，X_i' 表示影响生态工业产业排序的影响因素，i = 1，…，k，可用 X 来表示含有 k 个影响因素的 k + 1 维列向量（即 k 个自变量 X_i 以及常数项 1），β 为系数向量，μ 为干扰项或误差项。

（2）变量选取及数据来源说明。

1）变量选取。本研究的基本目的，是在各种遴选原则下，对鄱阳湖生态经济区生态工业产业的优先发展顺序作出排序。为了验证生态工业产业的排序与各项评分规则之间的关联性，对排序的合理性作出判断，采用排序选择模型，对影响鄱阳湖生态经济区生态工业产业排序的评分原则进行实证分析。

Y_i 表示各种生态工业的优先发展位序排名；X_1 表示符合生态原则的产业得分；X_2 表示符合国家及省级产业政策原则的产业得分；X_3 表示符合经济可行性原则的产业得分；X_4 表示符合区域资源支撑原则的产业得分；X_5 表示按照产业实力原则的产业得分；X_6 表示按照产业比较优势原则的产业得分；X_7 表示按照产业可持续性原则的产业得分。

2）数据来源。首先，按照符合生态、国家及省级产业政策、经济可行性、区域资源支撑，以及按照产业实力、产业比较优势、产业可持续性等七个原则，对鄱阳湖生态经济区新型工业进行评分，获得自变量 X_i 的取值，分数越高表示产业与原则的吻合程度越高，按照该原则越值得优先发展。表 13-2 提供了各产业的一组得分。其次，将每个产业在各个原则下的得分相加，根据综合得分对工业产业进排序，得分由高到低的顺序形成了工业产业发展的重要性位次：半导体照明、食品、陶瓷、生物医药、航空、高精铜材、光伏、电子信息、纺织服装、新型建材、新能源汽车及动力电池、汽车及零部件、现代家电、钢铁、炼油及精细化工、装备制造、船舶和港口机械。各产业的位序排名即为 Y_i 取值，排名越靠前的产业越重要，优先发展的权重越高，应给予更多的扶持。

表 13-2　鄱阳湖生态经济区生态工业产业的综合得分排序

	产业	符合生态的原则 X_1	符合国家及省级产业政策的原则 X_2	符合经济可行性的原则 X_3	符合区域资源支撑的原则 X_4	按照产业实力的原则 X_5	按照产业比较优势的原则 X_6	按照产业可持续性的原则 X_7	综合得分	位序排名 Y
战略性新兴产业	半导体照明	9.0	10.0	9.0	9.1	9.0	10.0	9.0	65.1	1
	光伏	8.0	10.0	7.0	8.1	9.2	10.0	8.0	60.3	7
	新能源汽车及动力电池	8.0	10.0	8.0	9.1	7.0	8.3	8.3	58.7	11
	航空	8.0	9.0	9.0	8.2	9.3	9.0	9.2	61.7	5
	生物医药	7.0	10.0	9.0	9.2	9.0	9.0	9.3	62.5	4
先进制造业	电子信息	9.0	10.0	8.0	8.2	8.0	8.0	8.4	59.6	8
	汽车及零部件	8.0	8.0	8.0	9.0	8.3	8.2	8.2	57.7	12
	船舶和港口机械	8.0	7.0	7.0	8.0	7.0	7.1	8.0	52.1	17
	装备制造	8.0	10.0	7.0	8.2	7.0	7.0	8.2	55.4	16
	高精铜材	7.0	10.0	8.0	8.3	9.1	10.0	9.0	61.4	6

续表

产业		符合生态的原则 X_1	符合国家及省级产业政策的原则 X_2	符合经济可行性的原则 X_3	符合区域资源支撑的原则 X_4	按照产业实力的原则 X_5	按照产业比较优势的原则 X_6	按照产业可持续性的原则 X_7	综合得分	位序排名 Y
传统优势产业	陶瓷	7.0	10.0	9.0	9.3	9.4	10.0	9.0	63.7	3
	钢铁	7.0	8.0	8.0	8.1	8.2	8.0	8.3	55.6	14
	新型建材	8.0	10.0	8.0	9.0	7.0	8.3	8.5	58.8	10
	炼油及精细化工	7.0	8.0	8.0	8.2	8.0	8.2	8.1	55.5	15
	纺织服装	9.0	8.0	8.0	9.3	8.1	8.5	8.3	59.2	9
	现代家电	9.0	8.0	8.0	8.2	8.0	8.1	8.2	57.5	13
	食品	9.0	9.0	9.0	9.4	9.1	9.4	9.3	64.2	2

注：表 13-2 仅是各产业在七个原则下的一组得分值。如果改变对应的得分，可以得到另一组得分，并得到对应的位序排名。

2. 对鄱阳湖生态经济区生态工业产业的排序选择模型处理结果分析

以鄱阳湖生态经济区的三大类十七个子项生态工业产业的位序排名以及 7 个原则下的得分为样本，采用排序选择模型，实证分析鄱阳湖生态经济区生态工业产业的排序合理性。取鄱阳湖生态经济区生态工业产业的位序排名为因变量 Y_i，i = 1，2，3，…，17，即共计 17 个产业，排名越靠前，产业越值得发展；自变量分别是各评判原则下的得分。利用表 13-2 提供的一组数据，以 Eviews6.0 进行分析。但是，表 13-2 数据不足以包含所有自变量，以 Y 为因变量，分别对符合生态原则的得分 X_1、符合国家及省级产业政策原则的得分 X_2、符合经济可行性原则的得分 X_3、符合区域资源支撑原则的得分 X_4、按照产业实力原则的得分 X_5、按照产业比较优势原则的得分 X_6、按照产业可持续性原则的得分 X_7 作排序选择模型处理。结果如表 13-3 所示。

表 13-3　Y 对各自变量 X_i 的排序选择模型处理结果

自变量	系数	标准差	Z 统计量	P 值
X_1	−0.261180	0.329686	−0.792210	0.4282
X_2	−0.722282	0.277259	−2.605076	0.0092
X_3	−2.137989	0.583027	−3.667052	0.0002
X_4	−1.509302	0.559340	−2.698363	0.0070
X_5	−1.608588	0.442911	−3.631850	0.0003
X_6	−1.974091	0.471905	−4.183238	0.0000
X_7	−3.907113	1.107204	−3.528812	0.0004

注：由于数据有限，表 13-3 的每一行给出的是只单独包含一个自变量 X_i 的 ODM 处理结果。如果要包含更多的自变量乃至所有自变量，读者可以参照表 13-2 生成更多数据，提供足够的样本。

根据表 13-3，生态工业产业的排序与符合生态原则的得分 X_1 相关性不显著，其基本原因在于，各产业的生态得分较接近，从而对排序的影响不能体现出来。在 10% 的显著性水平下，生态工业产业的排序与其他六个原则得分的关联性均较为显著，系数相对较大的依次是按照产业可持续性原则的得分 X_7、符合经济可行性原则的得分 X_3、按照产业比较优势原则的得分 X_6、按照产业实力原则的得分 X_5、符合区域资源支撑原则的得分 X_4，系数分别为 -3.907113、-2.137989、-1.974091、-1.608588、-1.509302。另外，符合国家及省级产业政策原则的得分 X_2 虽然也显著，但系数相对要小，为 -0.722282，这可以理解为符合国家及省级产业政策的原则，带有较强的共性，各产业区别不大，相对而言对排序的影响弱，系数小。系数为负表示的是，自变量取值越大（产业与原则的契合程度越高），产业发展前景越好（Y 的取值越小，产业重点优先发展的排序越靠前），这一点对所有的原则都是成立的。

（四）总结与政策建议

根据排序选择模型的实证分析结果，能够得到如下结论：鄱阳湖生态经济区生态工业产业的优先发展排序与各项评分原则下的得分之间具有显著的相关性，说明对鄱阳湖生态经济区生态工业产业的排序具有现实合理性。同时，由排序选择模型的输出结果，反过来可以检验我们建立的评分原则是否合理，以及在评分原则下各产业的得分是否合理。经过不断检验获得以下流程：评分原则设定→产业得分→产业排序→检验评分原则的合理性→检验各产业得分的准确性→修正原则→更正各产业的得法偏差。最终，我们可以建立一套科学的评分原则、适当的评分标准，获得符合现实的产业优先发展排序。根据产业排序，在顺应国家产业政策的共性要求下，突出区域产业政策的针对性和特质性，强化政府政策的扶持力度，优先发展符合区域资源禀赋、区位环境等区域特征的生态产业，做到"有所为，有所不为"，以优势生态产业引领新型工业产业的成长壮大。

三、实验操作步骤

步骤 1：首先打开 Eviews 软件，建立工作文件，如图 13-1 所示。

步骤 2：类似 Y 为定量数据的常规 OLS 处理，输入各变量序列，如图 13-2 所示。

步骤 3：限于样本数据，依次单独作 Y 与 X_1、X_2、X_3、X_4、X_5、X_6、X_7 之间的关联性分析（每次只包含一个解释变量）。

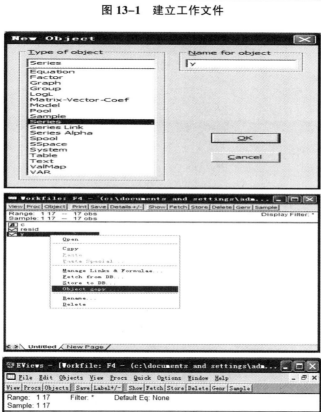

图 13-1　建立工作文件

图 13-2　输入各变量序列及数据

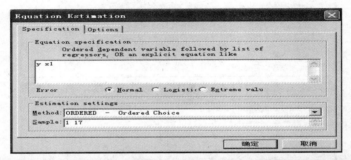

图 13-2 输入各变量序列及数据（续图）

Y 与 X₁ 之间的关联性分析，如图 13-3 所示。

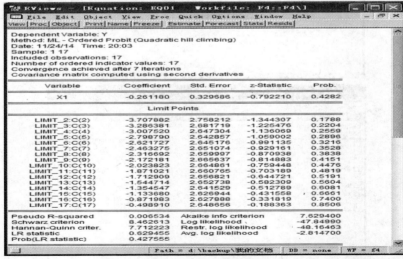

图 13-3 Y 与 X₁ 之间的关联性分析

Y 与 X_2 之间的关联性分析，如图 13–4 所示。

EViews – [Equation: EQ02　Workfile: F4::F4\]

File　Edit　Object　View　Proc　Quick　Options　Window　Help

View | Proc | Object | Print | Name | Freeze | Estimate | Forecast | Stats | Resids

Dependent Variable: Y
Method: ML - Ordered Probit (Quadratic hill climbing)
Date: 11/24/14　Time: 20:08
Sample: 1 17
Included observations: 17
Number of ordered indicator values: 17
Convergence achieved after 7 iterations
Covariance matrix computed using second derivatives

Variable	Coefficient	Std. Error	z-Statistic	Prob.
X2	-0.722282	0.277259	-2.605076	0.0092
Limit Points				
LIMIT_2:C(2)	-8.424533	2.690557	-3.131148	0.0017
LIMIT_3:C(3)	-8.020302	2.664746	-3.009781	0.0026
LIMIT_4:C(4)	-7.752202	2.656906	-2.917755	0.0035
LIMIT_5:C(5)	-7.517930	2.644044	-2.843345	0.0045
LIMIT_6:C(6)	-7.314537	2.634083	-2.776881	0.0055
LIMIT_7:C(7)	-7.128836	2.625732	-2.714990	0.0066
LIMIT_8:C(8)	-6.939807	2.611541	-2.657361	0.0079
LIMIT_9:C(9)	-6.739983	2.588757	-2.603559	0.0092
LIMIT_10:C(10)	-6.548967	2.570542	-2.547699	0.0108
LIMIT_11:C(11)	-6.359802	2.555228	-2.488937	0.0128
LIMIT_12:C(12)	-6.133131	2.521121	-2.432700	0.0150
LIMIT_13:C(13)	-5.886784	2.481579	-2.372192	0.0177
LIMIT_14:C(14)	-5.646945	2.458335	-2.297061	0.0216
LIMIT_15:C(15)	-5.399186	2.447604	-2.205906	0.0274
LIMIT_16:C(16)	-5.125235	2.451289	-2.090833	0.0365
LIMIT_17:C(17)	-4.638662	2.432756	-1.906752	0.0566

Pseudo R-squared	0.073123	Akaike info criterion	7.252083
Schwarz criterion	8.085297	Log likelihood	-44.64271
Hannan-Quinn criter.	7.334906	Restr. log likelihood	-48.16463
LR statistic	7.043840	Avg. log likelihood	-2.626042
Prob(LR statistic)	0.007954		

Path = d:\backup\我的文档　DB = none　WF = f4

图 13–4　Y 与 X_2 之间的关联性分析

Y 与 X_3 之间的关联性分析，图 13–5 所示。

EViews – [Equation: EQ03　Workfile: F4::F4\]

File　Edit　Object　View　Proc　Quick　Options　Window　Help

View | Proc | Object | Print | Name | Freeze | Estimate | Forecast | Stats | Resids

Dependent Variable: Y
Method: ML - Ordered Probit (Quadratic hill climbing)
Date: 11/24/14　Time: 20:09
Sample: 1 17
Included observations: 17
Number of ordered indicator values: 17
Convergence achieved after 7 iterations
Covariance matrix computed using second derivatives

Variable	Coefficient	Std. Error	z-Statistic	Prob.
X3	-2.137989	0.583027	-3.667052	0.0002
Limit Points				
LIMIT_2:C(2)	-20.20732	5.206754	-3.880982	0.0001
LIMIT_3:C(3)	-19.66987	5.169284	-3.805144	0.0001
LIMIT_4:C(4)	-19.23813	5.128410	-3.751286	0.0002
LIMIT_5:C(5)	-18.80565	5.061859	-3.715166	0.0002
LIMIT_6:C(6)	-18.26439	4.887991	-3.736584	0.0002
LIMIT_7:C(7)	-17.74603	4.698802	-3.776714	0.0002
LIMIT_8:C(8)	-17.46304	4.661349	-3.746348	0.0002
LIMIT_9:C(9)	-17.26803	4.657953	-3.707215	0.0002
LIMIT_10:C(10)	-17.07913	4.654507	-3.669375	0.0002
LIMIT_11:C(11)	-16.88933	4.650606	-3.631642	0.0003
LIMIT_12:C(12)	-16.69140	4.645714	-3.592859	0.0003
LIMIT_13:C(13)	-16.47564	4.638850	-3.551665	0.0004
LIMIT_14:C(14)	-16.22545	4.627640	-3.506204	0.0005
LIMIT_15:C(15)	-15.90241	4.603876	-3.454135	0.0006
LIMIT_16:C(16)	-15.34986	4.500196	-3.410931	0.0006
LIMIT_17:C(17)	-14.51145	4.335893	-3.346819	0.0008

Pseudo R-squared	0.179166	Akaike info criterion	6.651198
Schwarz criterion	7.484411	Log likelihood	-39.53518
Hannan-Quinn criter.	6.734021	Restr. log likelihood	-48.16463
LR statistic	17.25889	Avg. log likelihood	-2.325599
Prob(LR statistic)	0.000033		

Path = d:\backup\我的文档　DB = none　WF = f4

图 13–5　Y 与 X_3 之间的关联性分析

Y 与 X_4 之间的关联性分析，如图 13–6 所示。

Y 与 X_5 之间的关联性分析，如图 13–7 所示。

Y 与 X_6 之间的关联性分析，如图 13–8 所示。

Y 与 X_7 之间的关联性分析，如图 13–9 所示。

步骤 4：读者可以应用更多样本数据（自己模拟生成），同时作 Y 与 X_1、X_2、X_3、X_4、X_5、X_6、X_7 之间的关联性分析（包含多个解释变量），从而对排序选择

图 13-6　Y 与 X₄ 之间的关联性分析

图 13-7　Y 与 X₅ 之间的关联性分析

图 13-8　Y 与 X₆ 之间的关联性分析

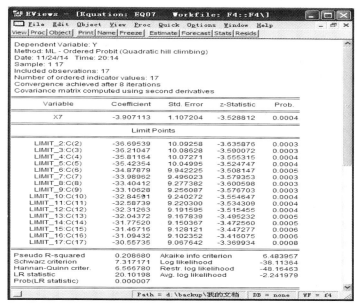

图 13-9　Y 与 X_7 之间的关联性分析

模型有更深入的了解。

四、案例讨论

1. 适用于排序的模型方法有哪些？
2. 浅析排序选择模型（ODM）的优劣。
3. 指出排序选择模型（ODM）的原理及适用范围。

实验案例十四

归并模型实验

本章主要针对归并模型相关理论进行介绍，并在此基础上针对股票流动性、股价信息含量与 CEO 薪酬契约问题进行实证分析。

一、 归并模型简介[①]

下面主要从归并模型概念、归并模型估计及归并模型的边际效应三个方面对归并模型理论知识进行介绍。

（一）归并模型概念

在某些情况下，回归方程的被解释变量取值可能被限制在某个特定范围，即取值在某一区间大致连续，在总体中有一个不可忽略的部分取值为某一自然数，如家庭对耐用品（如汽车）的支出、居民每年用于慈善捐款的支出、妇女参加劳动的小时数等。以妇女参加劳动的小时数为例，对于参加工作的妇女，我们可以获得她工作的小时数，但对于不参加工作的妇女，其工作小时数均为 0。我们将这类模型称为归并模型[②]（Censored Model），由于该模型是由 Tobit 于 1958 年最早提出，因此，也被称为 Tobit 模型。

下面以家庭购买汽车为例详细说明归并模型。在该案例中，只有购买汽车的家庭，我们才能观测到他们愿意花费的金额，对于没有购买的家庭，其支出金额均为 0。因此，我们可以用以下潜变量模型研究家庭愿意为购买汽车支付金额的

① 潘省初. 计量经济学：中级教程 [M]. 北京：清华大学出版社，2009；陈强. 高级计量经济学及 Stata 应用 [M]. 北京：高等教育出版社，2010.
② 也有国内学者将其翻译为审查模型、截取模型等。

影响因素：

$$Y_i^* = x_i'\beta + \mu_i$$

$$Y_i = \begin{cases} Y_i^*, & \text{如果 } Y_i^* > 0 \\ 0, & \text{如果 } Y_i^* \leq 0 \end{cases} \tag{14-1}$$

其中，x_i 是家庭特征向量，如家庭收入、教育背景、小孩数量等。Y_i^* 是潜变量，表示家庭愿意为购买汽车所支付的金额，仅当 $Y_i^* > 0$ 时，我们观测到 $Y_i = Y_i^*$，当 $Y_i^* \leq 0$ 时，我们设 $Y_i = 0$。该模型中，观测值是被归并的（Censored），因为我们没有观测到任何小于 0 的 Y_i^*。

在此基础上，我们给出归并模型的一般形式。当被解释变量在特定范围内的值都转换（或报告）为某个值时，被解释变量是被归并的，此变量被称为归并变量（Censored Variable）。归并模型的一般形式如下：

$$Y_i^* = x_i'\beta + \mu_i, \quad \mu_i | x_i \sim N(0, \sigma^2)$$

$$Y_i = \begin{cases} Y_i^*, & \text{如果 } Y_i^* > a \\ 0, & \text{如果 } Y_i^* \leq a \end{cases} \tag{14-2}$$

不失一般性，我们将 a 设为 0。本节仅介绍因变量观测值以 0 为归并点的情况，结果不难推广至 $a \neq 0$ 的一般情况。

（二）归并模型估计

对于归并点为 0 的 Tobit 模型：

$$Y_i^* = x_i'\beta + \mu_i, \quad \mu_i | x_i \sim N(0, \sigma^2)$$

$$Y_i = \begin{cases} Y_i^*, & \text{如果 } Y_i^* > 0 \\ 0, & \text{如果 } Y_i^* \leq 0 \end{cases} \tag{14-3}$$

如果我们使用 OLS 进行估计，那么无论使用的是整个样本，还是 $Y_i > 0$ 的子样本，其估计结果均是不一致。

首先，对于 $Y_i > 0$ 的子样本：

$$\begin{aligned} E(y_i | x_i, y_i > 0) &= E(y_i^* | x_i, y_i > 0)(\text{for } y_i > 0, y_i = y_i^*) \\ &= E(x_i'\beta + \mu_i | x_i, y_i > 0) \\ &= E(x_i'\beta + \mu_i | x_i, x_i'\beta + \mu_i > 0) = x_i'\beta + E(\mu_i | x_i, \mu_i > -x_i'\beta) \\ &= x_i'\beta + \sigma \frac{\phi(x_i'\beta/\sigma)}{\Phi(x_i'\beta/\sigma)} = x_i'\beta + \sigma\lambda(x_i'\beta/\sigma) \end{aligned} \tag{14-4}$$

其中，ϕ 和 Φ 分别是标准正态分布的概率密度函数（pdf）和累积分布函数（cdf）。上述证明用到以下统计学知识：若 $Z \sim N(0, 1)$，则对于任意常数 c，有 $\phi(c) = \phi(-c)$，$1 - \Phi(-c) = \Phi(c)$，以及 $E(Z | Z > c) = \phi(c)/[1 - \Phi(c)]$。因此，使用 $Y_i > 0$ 子样本进行回归时，忽略了非线性项 $\sigma\lambda(x_i'\beta/\sigma)$，导致扰动项与解释

变量 x_i 相关，OLS 的估计结果不一致。

其次，对于整个样本：

$$E(y_i|x_i) = 0 \times p(y_i = 0|x_i) + E(y_i|x_i, \ y_i > 0)p(y_i > 0|x_i)$$

$$= E(y_i|x_i, \ y_i > 0)p(y_i > 0|x_i)(不难证明，\ p(y_i > 0|x_i) = \Phi(x'\beta/\sigma_i))$$

$$= \Phi(x'\beta/\sigma_i)E(y_i|x_i, \ y_i > 0) \tag{14-5}$$

因此，$E(y_i|x_i)$ 是解释变量 x_i 的非线性函数，如果使用 OLS 对整个样本进行线性回归，其非线性项将被纳入扰动项，导致估计量不一致。

Tobit（1958）提出使用 MLE 估计此模型，对于 $Y_i > 0$，其概率密度依然不变，仍为 $(2\pi\sigma^2)^{-1/2} \exp\left\{-\dfrac{(y_i - x_i\beta)^2}{2\sigma^2}\right\} = \dfrac{1}{\sigma}\phi\left(\dfrac{y_i - x_i\beta}{\sigma}\right)$；$Y_i \leqslant 0$ 的分布被挤压到 $y_i = 0$ 这个点上，即 $p(y_i = 0|x_i) = 1 - p(y_i > 0|x_i) = 1 - \Phi(x_i'\beta/\sigma)$。因此，该混合分布的概率密度函数可以写为：

$$f(y_i|x_i) = \left[1 - \Phi(x_i'\beta/\sigma)\right]^{1(y_i = 0)}\left[\frac{1}{\sigma}\phi\left(\frac{y_i - x_i\beta}{\sigma}\right)\right]^{1(y_i > 0)} \tag{14-6}$$

其中，$1(\cdot)$ 为逻辑函数，即如果括号内表达式为真，取值为 1，否则为 0。因此，写出整个样本的似然函数，然后采用 MLE 进行参数估计。

（三）归并模型的边际效应

在潜变量模型 $Y_i^* = x_i'\beta + \mu_i$ 中，参数 β 的含义与线性模型相同，即 $\partial E(Y_i^*|x_i)/\partial x = \beta$，但潜变量 Y_i^* 不可观测，因此该结果没有意义。我们更关心解释变量 X 如何影响可观测变量 Y。

对于总体中随机抽取的观测值 Y，不管其是否被归并，我们有：

$$E(y_i|x_i) = \Phi(x'\beta/\sigma_i)E(y_i|x_i, \ y_i > 0) = \Phi(x'\beta/\sigma_i)(x_i'\beta + \sigma\lambda(x_i'\beta/\sigma)) \tag{14-7}$$

则可以证明，在 Tobit 模型扰动项服从正态分布下，x_i 对 y_i 的边际效应为：

$$\partial E(y_i|x_i)/\partial x = \beta\Phi(x'\beta/\sigma_i) \tag{14-8}$$

由此可知，Tobit 模型中 x_i 对 y_i 的边际效应等于回归系数 β 再乘以调整项 $\Phi(x'\beta/\sigma_i)$。

二、 实验名称：股票流动性、股价信息含量与 CEO 薪酬契约

基于归并模型的理论知识，下面对股票流动性、股价信息含量与 CEO 薪酬

契约问题进行实证分析，主要包括引言、研究假设与计量模型、变量与数据、实证结果及总结。

(一) 引言

所有权与经营权两权分离，导致公司由"所有者控制"变为"经营者控制"，经营者可能牺牲所有者的利益谋取个人私利，最终引发委托代理问题。詹森和梅克林 (Jensen & Meckling，1976) 以及詹森 (Jensen，1986) 的理论研究表明，为了克服经营者的机会主义行为并最大限度地减少代理成本，所有者必须将经营者报酬与公司绩效相挂钩，通过设计出合理的奖励性契约，对经营者进行有效的激励、约束和监督，促使经营者为实现股东利益最大化而努力工作。詹森和墨菲 (Jensen & Murphy，1990) 进一步指出，业绩型薪酬契约是否有效，取决于经营者薪酬与公司绩效的敏感性：薪酬业绩敏感性越高，高管薪酬契约的激励和约束效果就越好。

在此背景下，有关如何建立 CEO 报酬与公司价值相挂钩的业绩型薪酬契约、提高 CEO 薪酬业绩敏感性，从而抑制高管寻租并缓解委托代理问题，学界一直不断研究和探讨。例如，詹森和墨菲 (1990) 发现 1974~1986 年美国上市公司 CEO 薪酬与股东财富之间的相关性很小，且 CEO 薪酬业绩敏感性逐年下降；迈赫兰 (Mehran，1995) 使用 1979~1980 年 153 家美国制造业企业数据，发现激励方式比激励强度更有效，在年薪、奖金和股权三种激励方式中，股权对 CEO 薪酬业绩敏感性的影响最大；施莱费尔和维希里 (Shleifer & Vishny，1997) 认为，业绩型薪酬契约有助于规范高管寻租、缓解投资不足或投资过度、优化公司治理、降低代理成本并提高公司价值，但如果市场上存在信息不对称，股东无法准确观测 CEO 的经营才能和努力程度，那么业绩型薪酬契约的有效性可能减弱；科尔等 (Core et al.，1999) 发现，股权激励强化了 CEO 与股东之间利益共享和风险共担的互利机制，导致近年来 CEO 薪酬业绩敏感性不断上升；昂等 (Ang et al.，2000) 发现，大股东控制有助于提高 CEO 薪酬业绩敏感性并降低代理成本；艾尔玛森等 (Almazan et al.，2005) 使用 1992~1997 年美国 1914 家上市公司的数据，发现 CEO 薪酬业绩敏感性越大，股东对经营者的监督成本就越小；扎亚拉曼和米尔本 (Jayaraman & Milbourn，2012) 使用 1992~2007 年美国 2855 家大型上市公司的数据，发现 CEO 股权收入占总薪酬的比重和 CEO 薪酬股价敏感性均与股票流动性呈显著的正相关关系。

目前，有关我国上市公司 CEO 薪酬业绩敏感性的研究，国内早期成果主要集中在考察企业绩效、股价变动与高管报酬之间的相关性，如魏刚 (2000) 发现高管薪酬与公司业绩无关；弗思等 (Firth et al.，2006) 发现国有控股公司 CEO

薪酬与经营业绩之间的相关性很小。鉴于股权分置改革实施后，我国 A 股市场进入"全流通"时代，证监会和国资委分别于 2005 年 12 月和 2006 年 9 月颁发了《上市公司股权激励管理办法（试行）》和《国有控股上市公司（境内）实施股权激励试行办法》，因此许多上市公司纷纷向高管提供以股权激励为核心的业绩型薪酬契约，CEO 薪酬业绩敏感性逐渐增强。如杜兴强和王丽华（2007）发现高管薪酬与公司 Tobin's Q 前后两期的差值呈正相关关系；弗思等（2007）发现董事会独立性和 CEO 两职分离有助于提高 CEO 薪酬业绩敏感性；刘凤委等（2007）发现，政府对企业干预越多，会计业绩的度量评价作用就越小，而且公司外部竞争程度越低，会计业绩与经营者奖惩之间的关联度就越弱；方军雄（2009）发现，2001~2007 年高管薪酬的业绩敏感性呈上升趋势，表明我国上市公司已建立起业绩型薪酬；辛清泉和谭伟强（2009）发现市场化改革提高了国有企业经理人薪酬的业绩敏感性，但保护性行业经理人薪酬契约的市场化演进速度显著慢于竞争性行业，而且市场力量对央企经理人薪酬契约的影响显著小于地方国企。

由此可见，国内已有成果主要集中在分析股权结构、公司治理、政府干预和产品市场竞争四方面因素对高管薪酬业绩敏感性的影响，尚未从市场微观结构的视角研究 CEO 薪酬契约。但是，近年来一系列研究表明，市场微观结构与公司财务行为密切相关，如利普森和莫塔尔（Lipson & Mortal，2009）发现股票流动性较高的公司具有较低的财务杠杆，方等（Fang et al.，2009）发现流动性有助于增加公司价值。本研究前期也发现，股票流动性高的公司更有动力实施高管股权激励计划，以强化 CEO 与股东之间的利益共享和风险共担的合作关系。在此背景下，有关股票流动性是否影响 CEO 薪酬业绩敏感性已成为一个亟待研究和解决的理论与现实问题。为此，本案例以 2005~2011 年非金融类 A 股上市公司为样本，采用换手率、非流动性和收益反转指标度量流动性，同时，考虑到我国上市公司具有独特的产权特征，构建一系列假设和计量模型，研究股票流动性、股价信息含量和 CEO 薪酬契约的内在关系。

本案例的主要贡献和创新体现在以下三方面：一是首次从市场微观结构的视角，考察股票流动性对我国上市公司 CEO 薪酬股价敏感性的影响，并结合公司最终控制人的性质进行分析，从而为缓解委托代理问题提供新观点和新证据；二是首次以股价信息含量为中间变量，深入剖析流动性影响 CEO 薪酬契约的内在机制；三是首次从市场微观结构的角度为设计 CEO 薪酬契约提供崭新的政策建议。

（二）研究假设与计量模型

研究假设与计量模型主要包含股票流动性与 CEO 薪酬契约及股票流动性、

股价信息含量与 CEO 薪酬契约两方面内容。

1. 股票流动性与 CEO 薪酬契约

根据已有研究，股票流动性可通过以下三种途径影响 CEO 薪酬契约：一是交易反馈机制。康纳和桑缇 (Khanna & Sonti, 2004) 认为，知情交易者有能力改变股价，股价波动直接影响 CEO 的股权和期权报酬，进而影响 CEO 财务决策，因此利益相关者可根据知情交易的活跃程度设计出合理有效的 CEO 薪酬契约。二是股东退出机制。艾德迈特和普夫莱德雷尔 (Adamati & Pfleiderer, 2009) 以及爱德蒙斯 (Edmans, 2009) 发现，如果公司实行股权激励且 CEO 采取损害公司价值的机会主义行为，那么知情交易者将抛售股票，从而引起股价下跌，最终导致 CEO 薪酬减少。因此，在股票流动性较高的情况下，为了降低股价变化对薪酬的不利影响，CEO 必须减少机会主义行为。三是股价信息含量。霍姆斯特姆 (Holmstrom, 1979) 以及霍姆斯特姆和梯若尔 (Holmstrom & Tirole, 1993) 的理论模型表明，股票流动性上升后，私人信息的边际价值增加，因此非知情交易者愿意支付一定的信息费用，以获取知情交易者掌握的信息优势，从而导致公司特质信息不断融入股价，股价更能体现公司基本面和经理人行为，此时利益相关者可向 CEO 提供高强度的业绩型薪酬并大幅增加股权报酬的比重，CEO 薪酬业绩敏感性必然随之上升。康和刘 (Kang & Liu, 2008) 使用 1992~2001 年美国上市公司高管的薪酬数据，对霍姆斯特姆和梯若尔 (1993) 的理论命题加以实证检验，发现股价信息含量与高管薪酬股价敏感性之间存在显著的正相关关系。扎亚拉曼和米尔本 (2012) 进一步发现，CEO 股权收入占总薪酬的比重和 CEO 薪酬股价敏感性均与股票流动性呈显著的正相关关系。由此提出假设一：股票流动性有助于提高 CEO 薪酬股价敏感性。

为了检验上述假设，本案例通过 CEO 所持股票和期权组合市场价值对股价变动的敏感程度来衡量 CEO 薪酬股价敏感性并设置以下 Tobit 模型：

$$\text{LNPPS}_{it} = \begin{cases} \alpha_0 + \alpha_1 \text{LIQ}_{it} + X_{it}\lambda + Z_{it}\delta + W_{it}\gamma + \varepsilon_{it}, & \text{若右边} > 0 \\ 0, & \text{若右边} \leq 0 \end{cases} \quad (14\text{-}9)$$

其中，LNPPS_{it} 为 CEO 薪酬股价敏感性的自然对数，LIQ_{it} 为年度 t 公司 i 股票的流动性，X_{it} 包括规模、负债、成长能力、经营风险以及财务业绩等公司层面控制变量，Z_{it} 包括产权结构、股权结构、董事会规模、独立董事比例以及两职兼任状况等公司治理变量，W_{it} 包括公司所在地的市场化指数以及地区、行业和年度虚拟变量。如果使用换手率度量流动性，那么假设一要求 α_1 的估计值显著大于 0；如果采用非流动性或收益反转指标衡量流动性，那么假设一则要求 α_1 的估计值显著小于 0。

鉴于国有上市公司 CEO 的薪酬水平受政府管制较严，如人力资源与社会保障部等六部委于 2009 年联合下发《关于进一步规范中央企业负责人薪酬管理的指导意见》，明确规定国企高管年薪不得超过职工平均工资 20 倍，因此业绩型薪酬契约对国企 CEO 的激励作用有限，政治晋升和在职消费成为 CEO 激励的另类重要形式。此外，国有企业需要肩负起一些不以盈利为目标的政策性负担，如增加就业和维护社会稳定，导致经理人努力程度与公司业绩之间的因果关系减弱，因此业绩型薪酬契约对国企 CEO 的激励效果较差。反之，非国有上市公司所受的行政干预较少，政策性负担偏轻，因此更有动力通过设计合理的业绩型薪酬契约以激发 CEO 的工作热情和创造精神。弗思等（Firth et al.，2006）发现，非国有公司更倾向于提供基于市场业绩的 CEO 薪酬契约，而国有控股公司的经营业绩与 CEO 薪酬之间的相关性则较小。

基于上述分析，提出假设二：股票流动性与 CEO 薪酬股价敏感性之间的关系取决于公司产权性质，换言之，国有上市公司股票流动性与 CEO 薪酬股价敏感性之间的正相关关系较弱。

为了检验该假设，本案例在方程（14-9）中加入流动性与公司最终控制人性质的交乘项（LIQ × STATE）。如果使用换手率度量流动性，那么假设二要求交乘项的系数估计值显著小于 0；如果采用非流动性或收益反转指标衡量流动性，那么假设二则要求交乘项的系数估计值显著大于 0。

2. 股票流动性、股价信息含量与 CEO 薪酬契约

为了深入剖析股票流动性影响 CEO 薪酬契约的内在机制，本案例以股价信息含量为中间变量，考察流动性是否通过股价信息含量影响 CEO 薪酬股价敏感性。首先，流动性影响私人信息的质量和成本以及大股东的信息搜集决策。例如，霍姆斯特姆和梯若尔（1993）发现，股票流动性越高，知情交易者利用私人信息盈利的可能性就越大，其订单对股价的冲击也相应减小，因此交易成本下降，私人信息的边际成本小于边际价值，此时非知情交易者愿意支付一定的费用获取知情交易者拥有的资讯，导致公司特质信息不断融入价格中，股价信息含量逐渐增加；凯尔和维拉（Kyle & Vila，1991）认为，如果流动性上升，那么投资者买卖股份对价格形成的冲击减小，掌握信息优势的股东有能力从噪声交易者手中低价购入大量股票并获利，此时大股东更有动力关注这类公司并搜集信息，所以流动性有助于提高股价信息含量；爱德蒙斯（Edmans，2009）认为，如果负面信息充斥市场且卖空受限，那么大股东获利的唯一途径是提前出售其现有头寸；股票流动性越高，大股东搜集信息的单位成本就越低，也就更有动力获取信息并进行基本面分析，导致公司股价信息含量增加。

其次，股价信息含量影响 CEO 薪酬契约。例如，霍姆斯特姆（1979）认为，如果业绩指标具有较高的信息含量且有助于反映公司基本面和经理人努力程度，那么股东在设计高管薪酬契约的过程中应增加绩效考核的权重，但如果业绩指标包含过多噪声，那么公司绩效的薪酬缔约作用必然下降；霍姆斯特姆和梯若尔（1993）认为，股价信息含量越高，市场价格就越能体现公司的经营状况和经理人的努力程度，此时股东可增加管理层薪酬契约中股票和期权报酬的比重，通过加大激励强度提高 CEO 薪酬股价敏感性。康和刘（2008）发现，股价信息含量与高管薪酬股价敏感性之间存在显著的正相关关系。综上所述，提出以下两个假设：

假设三：股票流动性有助于增加股价信息含量。

假设四：源自流动性变化的股价信息含量有助于提高 CEO 薪酬股价敏感性。

为了检验假设三和假设四，本案例构建以下面板数据计量模型：

$$SYN_{it} = \beta_0 + \beta_1 LIQ_{it} + X_{it}\lambda + Z_{it}\delta + W_{it}\gamma + \varepsilon_{it} \tag{14-10}$$

其中，SYN_{it} 为年度 t 公司 i 股价的信息含量，计算方法参见等式（14-9）。然后，本案例借鉴科尔等（Core et al., 1999），采用以下方法估计源自流动性变化的股价信息含量 $SYNP_{it}$：

$$SYNP_{it} = \hat{\beta}_1 \times LIQ_{it} \tag{14-11}$$

其中，$\hat{\beta}_1$ 为回归方程（14-10）自变量 LIQ_{it} 的系数估计值。最后，在式（14-11）的基础上，设置以下 Tobit 模型：

$$LNPPS_{it} = \begin{cases} \phi_0 + \phi_1 SYNP_{it} + \phi_1 SYNP_{it} \times STATE_{it} + X_{it}\lambda + Z_{it}\delta + W_{it}\gamma + \varepsilon_{it}, & 若右边 > 0 \\ 0, & 若右边 \leq 0 \end{cases} \tag{14-12}$$

如果采用换手率衡量流动性，那么假设三要求 β_1 的估计值显著大于 0；如果使用非流动性或收益反转指标衡量流动性，那么假设三则要求 β_1 的估计值显著小于 0。假设四要求 ϕ_1 的估计值显著大于 0。

（三）变量与数据

变量主要包含流动性，股价信息含量，CEO 薪酬股价敏感性，投资者异质性，公司治理变量 X_{it}，其他公司层面控制变量 Z_{it}，地区、行业和年度控制变量 K_{it}，并对数据进行说明。

1. 流动性

流动性是市场以合理价格交易资产的能力，包括市场宽度（交易价偏离中间价的程度）、深度（给定报价下可交易的股票数）、弹性（委托不平衡的调整速度）和即时性（达成交易所需时间长度）四个维度，一般可通过基于高频数据的买卖价差以及基于日交易数据的换手率和非流动性等指标进行度量。考虑到数据的可得性和计算成本，本案例使用年内日均换手率、非流动性和收益反转三个指标衡量流动性。

（1）日均换手率 TOVER。

$$\text{TOVER}_{it} = \frac{1}{D_{it}} \sum_{d=1}^{D_{it}} \left(\frac{\text{VOL}_{itd}}{\text{LNS}_{itd}} \right) \tag{14-13}$$

其中，VOL_{itd} 为股票 i 于第 t 年第 d 天的成交数量；LNS_{itd} 为流通股数量，D_{it} 为股票 i 于第 t 年的总交易天数。

（2）非流动性 ILLIQ。

$$\text{ILLIQ}_{it} = \frac{1}{D_{it}} \sum_{d=1}^{D_{it}} \left(\frac{|r_{itd}|}{V_{itd}} \right) \times 100 \tag{14-14}$$

其中，r_{itd} 和 V_{itd} 分别为股票 i 于第 t 年第 d 天忽略红利再投资的回报率和交易金额；D_{it} 为当年总交易天数；$|r_{itd}|/V_{itd}$ 为每百万元成交额所引起的价格变化，取年平均值并乘以 100 后即为非流动性指标。ILLIQ 越高，单位成交金额对价格的冲击就越大，股票流动性也就越低，反之亦然。

（3）收益反转指标 GAM。根据帕斯特和斯坦博（Pastor & Stambaugh, 2003），投资者对流动性差的股票更可能产生过度反应。换言之，在成交量不变的情况下，一旦流动性下降，收益反转程度必然加大。因此，通过估计以下回归方程估计收益反转 GAM，然后使用 GAM 衡量流动性：

$$r^e_{i,t,d+1} = \theta_{i,t} + \phi_{i,t} r_{i,t,d} + \gamma_{i,t} \cdot \text{sign}(r^e_{i,t,d}) \cdot v_{i,t,d} + \varepsilon_{i,t,d+1} \tag{14-15}$$

其中，$r^e_{i,t,d}$ 为超额收益率，$r^e_{i,t,d} = r_{i,t,d} - r_{m,t,d}$（$r_{m,t,d}$ 为根据流通市值加权平均的市场收益率）；$\text{sign}(\cdot)$ 为符号函数，当 $r^e_{i,t,d}$ 为正时取值为 1，否则取值为 0 或 -1。GAM 等于 $\gamma_{i,t}$ 系数估计值的绝对值。

2. 股价信息含量

根据莫克等（Morck et al., 2000），本案例通过以下回归将个股收益率的方差分解为市场收益率方差和公司特质因子方差两部分：

$$r_{it,w} = a_{it} + \beta_{it} \times r_{mt,w} + \varepsilon_{it,w} \tag{14-16}$$

其中，$r_{it,w}$ 为年度 t 股票 i 的周收益率，$r_{mt,w}$ 为市场指数的周收益率，$\varepsilon_{it,w}$ 为残差。

上述回归方程的拟合优度 R^2_{it} 代表市场冲击对股票 i 收益率变动的影响，$1 - R^2_{it}$ 则代表公司特质信息对股票 i 收益率变动的影响。股价信息含量 SYN_{it} 为：

$$\text{SYN}_{it} = \text{Ln}\left[(1 - R^2_{it})/R^2_{it} \right] \tag{14-17}$$

若 $\varepsilon_{it,w}$ 的方差上升，那么 R^2_{it} 下降，此时股价包含的公司特质信息增加，SYN_{it} 增大。

3. CEO 薪酬股价敏感性

根据扎亚拉曼和米尔本（2012），本案例通过 CEO 所持股票和期权组合的 Delta 值计算 CEO 薪酬股价敏感性。

$$PPS_{it} = (N_{sit} \times 1 + N_{oit} \times \Delta_{it}) \times 0.01 \times S_{it} \tag{14-18}$$

其中，N_{sit} 为公司 i CEO 于第 t 年持有的股票数，N_{oit} 包括 CEO 当年获得的股票期权和往年获得但尚未执行的期权，S_{it} 为第 t 年末公司 i 的股价，Δ_{it} 为期权的 Delta 值，即期权价值变动与股价变动的比率。

本案例将股票 Delta 值设定为 1，并在允许股利发放的情况下使用 Black-Scholes 公式计算期权 Delta 值 Δ_{it}。由等式（14-18）可见，PPS_{it} 为股价变动 1% 时 CEO 所持股票与期权组合市场价值的变化幅度。

4. 投资者异质性

如果投资者对股票基础价值存在较大的意见分歧，那么知情交易者更可能利用其掌握的私人资讯谋利，也就更有动力挖掘公司层面的特质信息，因此股价信息含量较高。本案例使用经市场收益调整后的超额收益波动率（RESVAR）衡量投资者异质性。RESVAR 为回归方程（14-8）残差 ε_{it} 的方差。

5. 公司治理变量 X_{it}

第一大股东持股比例为 TOP1；股权制衡度为 TOP2-5，即第二至第五大股东持股比例之和；公司产权性质为 STATE，若公司最终控制人为国有资产管理公司或政府机构，那么 STATE 取值为 1，否则取值为 0；董事会结构，包括董事会人数（BOARD）、独立董事占董事会人数的比率（IND）和总经理是否兼任董事长（DUAL）。

6. 其他公司层面控制变量 Z_{it}

公司规模（LNSIZE），公司期末总资产的自然对数；财务杠杆（LEV），期末总负债与期末总资产之比；成长能力（BM），资产账面值与市值之比；公司业绩，包括总资产收益率（ROA）和考虑分红的股票收益率（RET）；经营风险，包括年度 t-2 至 t 期间 ROA 的标准差（STDROA）和年内股价波动标准差（SIGMA）；基本面同质性（DROA），公司 ROA 与市场总资产收益率均值之比。

7. 地区、行业和年度控制变量 K_{it}

按研究惯例设置年度虚拟变量以及东部、中部和西部三个地区虚拟变量，并根据中国证监会制定的上市公司行业分类标准，以综合类 M 为基准设置 20 个行业虚拟变量，其中制造业按二级分类构建虚拟变量，另外，从樊纲等（2011）取得 2005~2009 年上市公司所在地的市场化指数（MKT），然后使用 2008 年和 2009 年 MKT 的均值作为 2010 年的估计值，再使用 2009 年和 2010 年的均值估计 2011 年的 MKT。

8. 数据

本案例以 2005~2011 年非金融类 A 股上市公司为样本，从深圳国泰安公司开发的《中国股票市场研究数据库》（CSMAR）提取股票交易数据、CEO 薪酬和公司财务数据，从北京大学中国经济研究中心和色诺芬公司开发的《CCER 中国上市公司治理结构数据库》中提取公司治理数据，从樊纲等（2011）编制的《中国市场化指数：各地区市场化相对进程 2011 年报告》中获取地区市场化指数，从上市公司发布的股票期权激励计划草案及其修订稿等文件获取股权激励的有关信息，并根据万德资讯（Wind）发布的上市公司年报，对样本期内所有 CEO 的现金薪酬、持股数量和期权持有量进行核实和补遗，此外，对各主要变量的最大和最小 1% 极端值进行缩尾处理（Winsorize）。表 14-1 提供了变量的含义及其描述性统计量。

由表 14-1 可知，股价信息含量 SYN 的均值和标准差分别为 0.932 和 1.232，这说明：第一，公司间股价信息含量存在较大差异。第二，股权分置改革后，上市公司股价的信息含量大幅上升。据李增泉（2005）测算，1995~2003 年我国上市公司股价同步性约为 44.31%，相当于股价信息含量的均值为 0.229，袁知柱和鞠晓峰（2009）也发现，2000~2005 年我国上市公司股价信息含量的均值仅为 0.16。第三，皮奥特洛斯基和罗尔斯登（Piotroski & Roulstone，2004）发现，1984~2000 年美国证券市场股价信息含量的均值为 1.742，因此，与西方发达国家相比，我国股价的信息含量仍然相对较低。

另外，CEO 薪酬股价敏感性的均值、标准差和中位数分别为 3.580、5.554 和 0，表明 CEO 持股状况存在较大差异且许多 CEO 的持股数为零。股票的日均换手率为 3.533%，即月均换手率超过 70%（每月按 20 个交易日计算），远高于成熟市场水平（约 5%）。非流动性指标 ILLIQ 的均值为 0.222，而标准差却高达 0.413，表明个股间的流动性存在显著差异。

表 14-1 变量定义及其描述性统计量（2005~2011）

变量	含义	样本	均值	标准差	中位数	最小值	最大值
SYN	股价信息含量	11210	0.932	1.232	0.709	-4.779	19.24
LNPPS	Ln（1 + CEO 薪酬股价敏感性）	11741	3.580	5.554	0	0	16.706
TOVER	年内日均换手率	11796	3.533	3.034	2.722	0.393	19.57
ILLIQ	非流动性指标	11797	0.222	0.413	0.076	0.004	2.720
GAM	收益反转指标	11682	0.079	0.150	0.027	0.000	0.951
ROA	总资产收益率	11862	0.040	0.078	0.040	-0.322	0.265
RET	考虑分红的股票收益率	10723	-0.075	0.823	0.114	-3.363	0.810
DROA	基本面同质性	11862	2.776	22.55	1.044	-129.6	101.8

变量	含义	样本	均值	标准差	中位数	最小值	最大值
SIGMA	年内个股回报率的标准差	10729	0.032	0.009	0.031	0.013	0.056
LNSIZE	Ln（期末总资产）	11860	21.48	1.310	21.36	10.84	28.27
LEV	期末总负债/期末总资产	11861	0.515	0.327	0.497	0.045	2.555
BM	资产账面值与市值之比	11722	0.696	0.271	0.705	0.100	1.261
STDROA	t−2 年至 t 年 ROA 的标准差	11827	4.483	7.681	2.099	0.102	55.92
RESVAR	超额收益波动率	11210	0.005	0.003	0.004	0.001	0.016
TOP1	第一大股东持股比例	11863	0.368	0.155	0.347	0.089	0.758
TOP2−5	第二至第五大股东持股比例	11863	0.166	0.120	0.142	0.008	0.485
STATE	是否国有控股	11863	0.527	0.499	1	0	1
BOARD	董事会总人数	11863	9.158	1.898	9	3	19
IND	独立董事人数/董事会人数	11863	0.362	0.052	0.333	0.083	0.800
DUAL	董事长和 CEO 两职兼任状况	11863	0.181	0.385	0	0	1
MKT	市场化指数	11863	8.520	2.006	8.770	0.290	11.80

（四）实证结果

实证结果主要包含公司产权性质、股票流动性与 CEO 薪酬股价敏感性及股票流动性、股价信息含量与 CEO 薪酬股价敏感性两个方面，如下文：

1. 公司产权性质、股票流动性与 CEO 薪酬股价敏感性

表 14−2 提供了 2005~2011 年面板数据 Tobit 回归模型（14−9）的估计结果，其中，栏（i）至（iv）使用年内日均换手率 TOVER 衡量流动性，而栏（v）至（viii）则使用非流动性指标 ILLIQ 衡量流动性；栏（i）、（ii）、（v）和（vi）仅加入流动性的水平项，而栏（iii）、（iv）、（vii）和（viii）则包含产权性质 STATE 与流动性的交乘项；考虑到 CEO 薪酬契约与股票流动性之间可能存在双向因果关系，栏（ii）和（vi）根据方等（2009）以及扎亚拉曼和米尔本（2012），分别使用 TOVER 和 ILLIQ 的滞后一期及其行业中位数作为流动性的工具变量，同时，栏（iv）和（viii）使用流动性工具变量与 STATE 的交乘项作为流动性与 STATE 交乘项的工具变量。

由表 14−2 的结果可知，无论是否使用工具变量校正内生性，TOVER 和 ILLIQ 的系数估计值在 10% 水平以上均分别显著为正和为负，表明股票流动性越高，CEO 薪酬股价敏感性就越强。股票日均换手率每增加 10 个百分点，CEO 薪酬股价敏感性就上升 0.93%（栏（i））；非流动性每下降 10 个百分点，CEO 薪酬股价敏感性就上升 3.38%（栏（v）），因此假设一无法被拒绝，股票流动性有助于提高 CEO 薪酬股价敏感性。

另外，TOVER 与 STATE 交乘项的系数估计值在 5% 水平上均显著为负，而且 ILLIQ 与 STATE 交乘项的系数估计值在 1% 水平以上均显著为正，表明国有上市公司股票流动性对 CEO 薪酬股价敏感性的正面影响显著低于非国有上市公司。股票日均换手率每增加 10 个百分点，非国有上市公司 CEO 的薪酬股价敏感性就上升 1.42%，而国有上市公司 CEO 的薪酬股价敏感性仅增加 0.09%（栏（iii））；非流动性下降后，非国有上市公司 CEO 的薪酬股价敏感性显著上升，而国有上市公司 CEO 的薪酬股价敏感性却不升反降（栏（vii）），因此假设二无法被拒绝，国有上市公司股票流动性与 CEO 薪酬股价敏感性之间的正相关关系较弱。

关于股权结构和公司治理等因素对 CEO 薪酬股价敏感性的影响，本案例发现 STATE 的系数估计值均在 1% 水平上显著为负，表明国有控股公司向 CEO 提供的薪酬激励强度明显低于非国有控股公司，这与弗思等（2007）的结论一致。IND 的系数估计值在 10% 水平上均显著为负，而 DUAL 的系数估计值则在 1% 水平上均显著为正，表明独立董事比例较低或 CEO 兼任董事长的公司拥有较高的 CEO 激励强度。换言之，治理机制不完善的公司，其 CEO 拥有较大的权力，可以制订有利于自身利益的薪酬契约。LNSIZE 的系数估计值显著为正而 BM 和 LEV 的系数估计值则显著为负，表明规模较大、成长性较好或财务杠杆较低的公司向 CEO 提供的薪酬契约具有较高的激励强度。SIGMA 的系数估计值显著为负，表明经营风险较高的公司具有较低的 CEO 薪酬股价敏感性，这与霍姆斯特姆（1979）的结论一致。此外，MKT 的系数估计值均在 1% 水平上显著为正，表明公司所在地的市场化程度越高，CEO 薪酬契约的激励强度就越大，这与辛清泉和谭伟强（2009）的研究结果一致。

表 14-2 公司产权性质、股票流动性与 CEO 薪酬契约

变量	流动性 = TOVER				流动性 = ILLIQ			
	（i）Tobit	（ii）IV	（iii）Tobit	（iv）IV	（v）Tobit	（vi）IV	（vii）Tobit	（viii）IV
流动性	0.093*	0.812***	0.142***	1.022***	−0.338*	−4.688**	−1.194***	−5.749**
	(0.047)	(0.116)	(0.052)	(0.147)	(0.186)	(2.293)	(0.299)	(2.280)
流动性 × STATE			−0.133**	−0.547***			1.522***	3.350***
			(0.062)	(0.108)			(0.331)	(1.119)
STATE	−1.144***	−1.103***	−0.740***	0.636	−1.160***	−1.327***	−1.474***	−1.842***
	(0.214)	(0.231)	(0.275)	(0.410)	(0.214)	(0.231)	(0.231)	(0.296)
ROA	6.929***	8.047***	6.910***	8.103***	6.830***	7.692***	6.774***	8.004***
	(1.199)	(1.390)	(1.199)	(1.399)	(1.195)	(1.390)	(1.208)	(1.403)
RET	−0.214**	−0.406***	−0.201*	−0.381***	−0.176*	0.025	−0.163	−0.002
	(0.108)	(0.136)	(0.108)	(0.136)	(0.102)	(0.128)	(0.103)	(0.131)
LNSIZE	0.637***	1.003***	0.631***	0.956***	0.558***	0.243	0.564***	0.302
	(0.102)	(0.124)	(0.101)	(0.121)	(0.103)	(0.221)	(0.103)	(0.240)

变量	流动性 = TOVER				流动性 = ILLIQ			
	(i) Tobit	(ii) IV	(iii) Tobit	(iv) IV	(v) Tobit	(vi) IV	(vii) Tobit	(viii) IV
LEV	−1.805*** (0.426)	−1.771*** (0.458)	−1.808*** (0.426)	−1.852*** (0.460)	−1.751*** (0.424)	−1.344** (0.562)	−1.653*** (0.425)	−1.252** (0.571)
BM	−0.740* (0.447)	−2.118*** (0.543)	−0.731 (0.446)	−2.002*** (0.538)	−0.488 (0.451)	0.291 (0.625)	−0.531 (0.452)	0.120 (0.658)
SIGMA	−4.045 (11.397)	−80.101*** (18.032)	−1.737 (11.377)	−68.391*** (16.996)	6.157 (10.376)	−10.17 (19.212)	4.393 (10.350)	−9.827 (19.919)
TOP2−5	0.435 (0.792)	1.486* (0.857)	0.372 (0.791)	1.251 (0.866)	0.530 (0.802)	2.432** (1.083)	0.603 (0.800)	2.386** (1.115)
IND	−2.767* (1.535)	−2.855* (1.658)	−2.774* (1.535)	−2.963* (1.673)	−2.738* (1.535)	−2.812* (1.669)	−2.572* (1.535)	−2.602 (1.677)
DUAL	1.511*** (0.276)	1.494*** (0.292)	1.504*** (0.275)	1.499*** (0.293)	1.517*** (0.276)	1.519*** (0.294)	1.485*** (0.275)	1.491*** (0.294)
MKT	0.285*** (0.087)	0.313*** (0.092)	0.286*** (0.087)	0.311*** (0.092)	0.283*** (0.087)	0.290*** (0.094)	0.281*** (0.087)	0.287*** (0.093)
N	10390	9086	10390	9086	10390	9087	10390	9087
Pseudo R^2	0.050		0.050		0.050		0.051	
F	12.97	620.22	12.62	614.72	13.04	575.29	12.95	599.39

注：表中系数为边际效应；栏（ii）、（iv）、（vi）和（viii）中 F 值为 χ^2 统计量；***、** 和 * 分别表示双尾 t 检验在 1%、5% 和 10% 水平上统计显著；限于篇幅，表中省略了地区、行业、时间和部分不显著的变量。

2. 股票流动性、股价信息含量与 CEO 薪酬股价敏感性

表 14-3 提供了面板数据回归模型（14-10）的估计结果，其中，栏（i）和（iii）仅加入流动性的水平项；考虑到股价信息含量与股票流动性之间可能存在双向因果关系，栏（ii）和（iv）分别使用 TOVER 和 ILLIQ 的滞后一期及其行业中位数作为流动性的工具变量，并采用二阶段最小二乘法（2SLS）处理内生性问题。

由表 14-3 的结果可知，无论是否使用工具变量纠正内生性偏误，TOVER 的系数估计值在 5% 水平以上均显著为正，且 ILLIQ 的系数估计值在 1% 水平上均显著为负，表明股票流动性越高，股价信息含量就越大。日均换手率或非流动性每增加 10 个百分点，股价信息含量 $(1 - R_{it}^2)/R_{it}^2$ 就分别上升 0.96%（栏（i））或下降 4.2%（栏（iii）），因此假设三无法被拒绝，股价信息含量有助于提高股票流动性。

关于股权结构和公司治理等因素对股价信息含量的影响，本案例发现 STATE 的系数估计值在 1% 水平以上均显著为负，表明国有控股公司的股价信息含量较低。袁知柱和鞠晓峰（2009）认为，国有公司对如何切实保护外部投资者的利益不够重视，导致信息不对称程度较高，因此股价信息含量较低。TOP1 和 TOP2−5

的系数估计值显著为正，表明大股东持股和控股股东之间的制衡机制有助于强化投资者对高管的监督力度，从而提高股价信息含量。除第（iv）栏外，DUAL 的系数估计值均显著为正，表明 CEO 与董事长两职合一可以增加股价信息含量。BM 的系数估计值在 1% 水平上均显著为负，表明成长性较好的公司更受投资者青睐，因此股价信息含量较高。LEV 的系数估计值在 5% 水平以上均显著为正，表明债权人对负债多的公司可能更加严格监督，因此财务杠杆越高，股价信息含量就越大。此外，MKT 的系数估计值在 5% 水平上显著为正，表明公司所处的制度环境越好（即地区市场化指数越高），投资者就更有动力收集公司层面的资讯，导致股价信息含量增加。

表 14-3　股票流动性与股价信息含量

变量	流动性＝TOVER		流动性＝ILLIQ	
	（i）OLS	（ii）2SLS	（iii）OLS	（iv）2SLS
流动性	0.096***	0.065**	−0.420***	−1.704***
	(0.010)	(0.032)	(0.059)	(0.583)
LNSIZE	0.055***	−0.018	−0.048***	−0.185***
	(0.015)	(0.019)	(0.016)	(0.049)
LEV	0.139***	0.102**	0.166***	0.311***
	(0.049)	(0.045)	(0.052)	(0.100)
BM	−1.277***	−0.734***	−0.992***	−0.374***
	(0.086)	(0.113)	(0.084)	(0.133)
DROA	0.001	−0.016**	0	−0.016**
	(0.001)	(0.007)	(0.001)	(0.008)
RESVAR	18.85	39.296*	23.46	51.883**
	(12.983)	(23.618)	(14.440)	(25.812)
TOP1	0.599**	0.290	0.644**	0.407
	(0.298)	(0.266)	(0.292)	(0.283)
TOP2−5	0.859***	1.133***	1.094***	1.528***
	(0.112)	(0.123)	(0.118)	(0.198)
STATE	−0.088***	−0.081***	−0.114***	−0.083***
	(0.026)	(0.027)	(0.027)	(0.030)
DUAL	0.090***	0.067**	0.106***	0.047
	(0.031)	(0.030)	(0.031)	(0.033)
MKT	0.028***	0.013**	0.025***	0.008
	(0.006)	(0.006)	(0.006)	(0.006)
N	11011	9124	11011	9125
R^2	0.229	0.339	0.222	0.240
F	81.50	88.88	76.33	76.61

注：***、** 和 * 分别表示双尾 t 检验在 1%、5% 和 10% 水平上统计显著。限于篇幅，表中省略了地区、行业、时间和部分不显著的变量。

表 14-4 提供了面板数据 Tobit 回归模型 (14-12) 的估计结果, 其中, SYNP 为源自流动性变化的股价信息含量, 栏 (i) 至 (iv) 和栏 (v) 至 (viii) 分别使用换手率和非流动性指标估计 SYNP。为了减少内生性偏误, 栏 (iii)、(iv)、(vii) 和 (viii) 使用滞后一期的 SYNP 作为自变量。

由表 14-4 的结果可知, 当期或滞后一期 SYNP 的系数估计值在 5% 水平以上均显著为正, 表明源自流动性变化的股价信息含量与 CEO 薪酬股价敏感性呈显著的正相关关系, SYNP 每上升 10 个百分点, CEO 薪酬股价敏感性就增加 9.64%~ 23.89% (栏 (i)、(iii)、(v) 和 (vii)), 因此假设四无法被拒绝, 源自流动性变化的股价信息含量有助于提高 CEO 薪酬股价敏感性。

另外, SYNP 与 STATE 交乘项的系数估计值在 1% 水平上均显著为负, 表明国有上市公司 SYNP 与 CEO 薪酬股价敏感性的正相关关系减弱, 例如, SYNP 每上升 10 个百分点, 非国有上市公司 CEO 的薪酬股价敏感性就增加 24.42%, 而国有上市公司 CEO 的薪酬股价敏感性仅增加 6.26% (栏 (ii)), 因此, 源自流动性变化的股价信息含量与 CEO 薪酬股价敏感性之间的关系取决于公司最终控制人性质。

表 14-4 公司产权性质、股价信息含量与 CEO 薪酬契约

变量	流动性 = TOVER				流动性 = ILLIQ			
	(i)	(ii)	(iii)	(iv)	(v)	(vi)	(vii)	(viii)
SYNP	1.805*** (0.469)	2.442*** (0.511)			0.964** (0.472)	3.461*** (0.753)		
SYNP × STATE		-1.814*** (0.659)				-4.311*** (0.837)		
SYNP$_{it-1}$			2.389*** (0.381)	3.715*** (0.448)			1.621*** (0.527)	3.981*** (0.779)
SYNP$_{it-1}$ × STATE				-3.888*** (0.650)				-4.273*** (0.834)
STATE	-1.314*** (0.219)	-0.782*** (0.281)	-1.181*** (0.222)	0.0830 (0.297)	-1.356*** (0.219)	-1.720*** (0.236)	-1.266*** (0.222)	-1.686*** (0.242)
ROA	8.068*** (1.266)	8.051*** (1.265)	7.303*** (1.295)	7.330*** (1.282)	8.006*** (1.264)	7.917*** (1.279)	7.087*** (1.280)	7.119*** (1.271)
LNSIZE	0.588*** (0.104)	0.580*** (0.104)	0.764*** (0.104)	0.744*** (0.102)	0.465*** (0.107)	0.471*** (0.107)	0.550*** (0.105)	0.555*** (0.105)
LEV	-2.239*** (0.463)	-2.227*** (0.462)	-1.541*** (0.436)	-1.423*** (0.428)	-2.216*** (0.460)	-2.093*** (0.460)	-1.523*** (0.431)	-1.397*** (0.432)
BM	-0.288 (0.435)	-0.297 (0.434)	-1.097** (0.453)	-1.130** (0.449)	0.117 (0.447)	0.0510 (0.448)	-0.546 (0.465)	-0.570 (0.465)

变量	流动性=TOVER				流动性=ILLIQ			
	（i）	（ii）	（iii）	（iv）	（v）	（vi）	（vii）	（viii）
MKT	0.375***	0.373***	0.372***	0.364***	0.375***	0.373***	0.369***	0.365***
	(0.052)	(0.052)	(0.053)	(0.052)	(0.052)	(0.052)	(0.053)	(0.053)
N	10484	10484	8695	8695	10484	10484	8695	8695
Pseudo R^2	0.048	0.049	0.049	0.051	0.048	0.049	0.047	0.049
F	14.25	13.92	11.85	12.66	13.94	14.16	10.99	11.31

注：表中系数为边际效应；***、** 和 * 分别表示双尾 t 检验在 1%、5% 和 10% 水平上统计显著；限于篇幅，表中省略了地区、行业、时间和部分不显著的变量。

（五）总结

长期以来，解决公司委托代理问题的基本途径是在詹森和梅克林（1976）以及詹森（1986）的理论框架下，对经营者进行激励、约束与监督，如提供业绩型薪酬并要求经营者持有公司股票或期权。但是，业绩型薪酬和股权激励是否有效，取决于经营者薪酬与公司价值的敏感性。国外大量研究表明，薪酬业绩敏感性越强，高管薪酬契约的激励和约束效果就越好。

股权分置改革前，我国上市公司 CEO 薪酬契约的市场化程度不高，CEO 薪酬与公司业绩之间的关系尚不稳定。股改之后，许多上市公司纷纷向高管提供以股权激励为核心的业绩型薪酬契约，CEO 薪酬业绩敏感性逐渐增强。但是，国内已有成果主要集中在分析股权性质、公司治理、政府干预和产品市场竞争四方面因素对高管薪酬业绩敏感性的影响，仍未从市场微观结构的视角研究 CEO 薪酬契约。为此，本案例以 2005~2011 年 A 股非金融类上市公司为样本，以股价信息含量为中间变量，研究股票流动性对 CEO 薪酬契约的影响，发现无论是否考虑变量间可能存在的内生性问题，股票流动性均有助于提高 CEO 薪酬股价敏感性，但国有控股公司股票流动性对 CEO 薪酬股价敏感性的正面影响较弱；流动性通过股价信息含量影响 CEO 薪酬股价敏感性。另外，使用不同方法度量流动性、股价信息含量和 CEO 薪酬股价敏感性，上述结论均成立。

三、实验操作步骤

本实验以股票流动性与 CEO 薪酬契约为例，详细阐述如何使用 Stata 软件进行 Tobit 模型分析。

步骤 1：首先打开 Stata 软件。

Stata 软件包括以下几个窗口，如图 14-1 所示。

（1）菜单栏。包括"File Edit Data Graphic Statistics User Window Help"。

（2）命令回顾窗口。记录 Stata 本次启动以来执行过的命令。

（3）变量窗口。记录目前 Stata 内存中的所有变量。

（4）结果窗口。此窗口显示执行 Stata 命令后的输出结果。

（5）命令窗口。在此窗口输入想要执行的 Stata 命令。

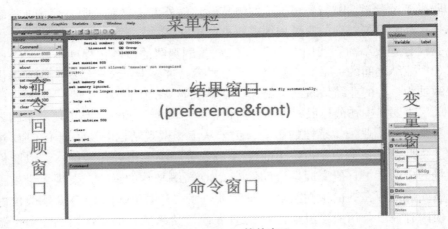

图 14-1　Stata 软件窗口

步骤 2：设置工作路径并导入数据。

（1）使用命令导入数据，如图 14-2 所示。本案例数据为 Stata 数据格式（后缀为 dta），那么可以通过在命令窗口输入命令"use **D：\Stata12\ado\personal\ec\cg\liq_syn_pay_erj.dta，clear**"导入数据，加粗部分为数据文件所在目录；导入数据时，请务必加上 clear 选项，否则将报错。

```
Command
use D:\Stata12\ado\personal\ec\cg\ liq_syn_pay_erj.dta,clea
```

图 14-2 导入数据命令

我们也可以先设置默认工作路径，再调取数据：

cd "D：\Stata12\ado\personal\ec\cg" /* 设置默认工作路径 */

use liq_syn_pay_erj.dta，clear /* 调取数据 */

（2）使用菜单导入数据，如图 14-3 所示。通过点击菜单栏中的"open"键，选择需要调取的数据。

图 14-3 菜单式导入数据

技巧：命令输入方式。

Stata 软件有两种输入命令方式：

第一种，在"命令窗口（Command）"输入命令，如图 14-4 所示。该方法较为简便，但一旦关闭软件，以前使用的命令无法保存，同时，当命令字符较多时，该方法不支持断行，因此该方法灵活性较差。

```
Command
use D:\Stata12\ado\personal\ec\cg\ liq_syn_pay_erj.dta,clea
```

图 14-4 窗口输入命令

第二种，在 do 文档里面输入命令并执行。

首先，点击工具栏上的"New Do-file Editor"按键打开一个新的 do 文档。

其次，在该文档中输入命令。

最后，选中命令，点击"Executive Selection（do）"按键执行命令。

在 do 文档输入的命令可以保存，方便下次调取，因此，具有很高的灵活性。

新建 do 文档（点击"New Do-file Editor"按键），如图 14-5 所示。

图 14-5　新建 do 文档

在 do 文档中输入命令（命令后附加的"/* */"为注释语句），如图 14-6 所示。

图 14-6　命令后加入注释句

选项命令并执行（点击 Executive Selection（do）按键），如图 14-7 所示。

图 14-7　执行 do 文件

保存 do 文档（点击 Save 按键），如图 14-8 所示。

图 14-8　保存 do 文件

执行上述命令后，软件界面如图 14-9 所示。

软件最下方显示了当前工作路径。

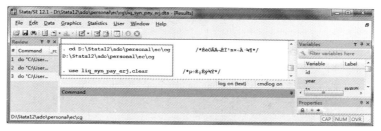

图 14-9　执行命令后界面

步骤 3：查看数据，如图 14-10 所示。

可通过在 do 文档输入并执行 "browse" 命令① 查看数据。

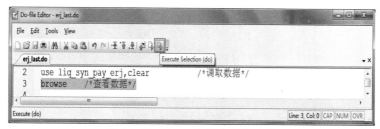

图 14-10　在 do 文档中输入命令

如果要查看特定几个变量，可以直接用 browse 变量 1 变量 2 ……，如输入 browse id year syn1 lnstock2 turn_day illiq

执行后出现如图 14-11 所示结果：

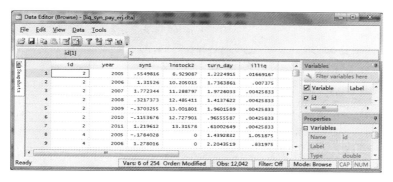

图 14-11　执行 do 文档后显示的结果

① Stata 软件内的命令与变量命名区分大小写，如 browse 与 Browse 不是同一个命令。

步骤 4：定义面板数据。

在 do 文档中输入并执行 "xtset id year" 命令。屏幕上将弹出如下结果：

```
. xtset id year
        panel variable:  id (unbalanced)
         time variable:  year, 2005 to 2011
                 delta:  1 unit
```

"panel variable：id" 表示研究的横截面为上市公司，"time variable： year, 2005 to 2011" 表示时间频率为年，考察期限为 2005~2011 年。

步骤 5：描述性统计。

Stata 软件中通过 <u>sum</u>marize 命令进行描述性统计。该命令的语法如下：

<u>sum</u>marize 变量 1 变量 2 …… ［，选项］

下划线部分表明该命令可简写的部分，即输入 sum 等同于 summarize；变量 1 和变量 2 等是要进行分析的变量，该命令后可附加相应选项。

在 do 文档中输入并执行以下命令：

sum syn1 lnstock2 turn_day illiq

执行后，结果窗口将显示如图 14-12 所示。

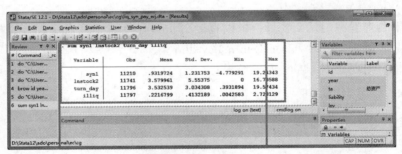

图 14-12　描述性统计

通过在 sum 命令后增加 detail 选项，可得到更丰富的结果，如图 14-13 所示：sum syn1，detail

务必注意：增加选项时，前面要前英文字符的逗号 "，"。

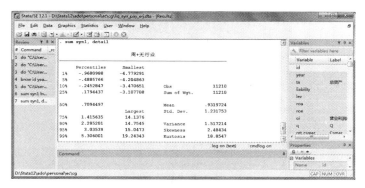

图 14-13　描述性统计（细节）

但是使用 sum 命令，无法得到表 14-1 的结果；Stata 软件中提供了 tabstat 命令可帮助我们获得表 14-1 的结果。该命令的语法与 sum 一致：

tabstat 变量 1 变量 2 …… ［，选项］

详细的语法与选项，请在 Stata 软件中输入"help tabstat"[1]命令，如图 14-14 所示。

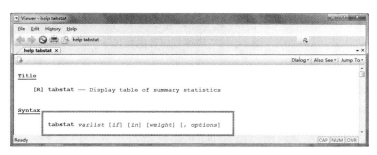

图 14-14　"help tabstat"命令

在 do 文档中输入并执行以下命令可获得本案例中表 14-1 结果，如图 14-15、图 14-16 所示。

tabstat syn1 lnstock2 turn_day illiq roa ret_ccer roa_d ///

　　sigma size lev b2m std_roa resvar1 top1 top2_5 state ///

　　board_size ind_ratio duality mkt_index，///

　　stat（N mean sd med min max）format（%6.3f）columns（s）

---

① Stata 软件中，所有命令均可通过"help+命令名"方式查看帮助文件，该文件详细阐述了命令的语法格式、可添加选项，并提供了相应的实例。如下面的 Tobit 回归，可采用 help tobit 命令查看帮助文件

鉴于该命令较长，在一行不美观且易出错，因此，我们用"///"将该命令断行，表明上述四行属于一条命令。

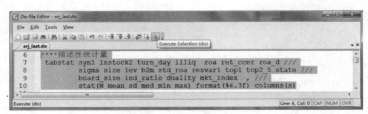

图 14-15 描述性统计量命令

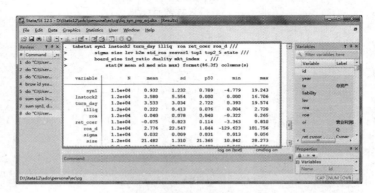

图 14-16 描述性统计量结果

步骤 6：Tobit 模型。

本案例中表 14-2 栏（i）、（iii）、（v）以及（vii）列报告了方程（14-9）的 Tobit 估计结果，而栏（ii）、（iv）、（vi）以及（viii）报告了工具变量 Tobit（IV-Tobit）回归结果。本步骤先阐述普通 Tobit 模型，步骤 7 详述 IV-Tobit。Stata 软件通过 tobit 命令估计 Tobit 模型，主要语法格式如下：

tobit depvar indepvars，ll［(#)］ul［(#)］［选项］

其中，"depvar"为被解释变量，"indepvars"为解释变量。ll［(#)］选项表明因变量是左侧归并的，即潜变量 Y* 取值小于括号内数值时，Y 实际观测值等于某一自然数。ul［(#)］选项表明因变量是右侧归并的，即潜变量 Y* 取值大于括号内数值时，Y 实际观测值等于某一自然数。其他选项包括 level（#）（设置置信水平）、vce（vcetype）（设定系数估计值方差阵的估计形式）等。

鉴于 Tobit 模型估计出来的系数并非我们所需要的边际效应，因此，我们还要通过"mfx"或"margins"命令计算边际效应。

方程（14-9）中，LNPPS 是左侧归并，即潜变量 Y* 取值小于 0 时，LNPPS 取值等于 0；当 Y* 取值大于 0 时，LNPPS 取值连续，因此适合使用左侧归并的

Tobit 模型。

表 14-2 第（i）列和第（iii）列的估计命令：

*** 表 14-2 第（i）列 ***（"*"开头的是注释语句）

tobit lnstock2 turn_day roa ret_ccer size lev b2m std_roa sigma top1 top12 top2_5 ///

state mkt_index board_size ind_ratio duality ind1-ind20 year3-year7 ///

east central，vce（cluster id）ll（0）

mfx compute，predict（ystar（0，.））/* 计算边际效应 */

*** 表 14-2 第（iii）列 ****

tobit lnstock2 turn_day turn_state roa ret_ccer size lev b2m std_roa sigma top1///

 top12 top2_5 state mkt_index board_size ind_ratio duality ind1-ind20 ///

year3-year7 east central，vce（cluster id）ll（0）

mfx compute，predict（ystar（0，.））/* 计算边际效应 */

书中表 14-2 第（i）列的 tobit 命令回归结果如图 14-17 所示。

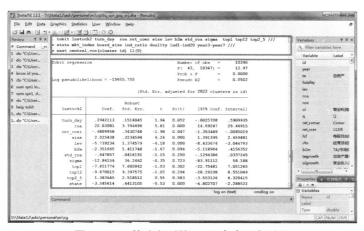

图 14-17　第（i）列的 tobit 命令回归结果

使用 mfx compute，predict（ystar（0，.））计算边际效应，如图 14-18 所示。

步骤 7：IV-Tobit 模型。

普通 Tobit 模型假定解释变量与方程扰动项无关，但实际中可能存在解释变量与扰动项相关的状况，导致内生性。如本章案例所研究的股票流动性与 CEO 薪酬股价敏感度，一方面流动性影响 CEO 薪酬股价敏感度，另一方面较高的 CEO 薪酬股价敏感度有助于激励经理人努力工作、增加信息披露，进而提高股票流动性，二者之间可能存在双向因果关系，导致内生性。根据工具变量法，我们

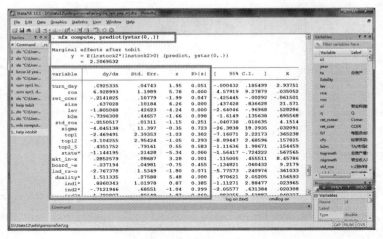

图 14-18　边际效应

可以找到流动性的一个或多个工具变量，进而运行 IV-Tobit 模型以考察内生性的影响。

　　书中表 14-2 的第（ii）、（iv）、（vi）以及（viii）报告了工具变量 Tobit（IV-Tobit）回归结果。Stata 软件通过 ivtobit 命令估计工具变量 Tobit 模型，其主要语法如下：

　　ivtobit depvar［endgevars=variables_iv］indepvars，ll［(#)］ul［(#)］［选项］

　　其中，"depvar" 为被解释变量，"endgevars" 为内生解释变量，"variables_iv" 为工具变量，"indepvars" 为外生解释变量。

　　书中表 14-2 栏（ii）和（vi）根据方等（2009）以及扎亚拉曼和米尔本（Jayaraman & Milbourn，2012），分别使用 TOVER 和 ILLIQ 的滞后一期及其行业中位数作为流动性的工具变量，同时，栏（iv）和（viii）使用流动性工具变量与 STATE 的交乘项作为流动性与 STATE 交乘项的工具变量。

　　书中表 14-2 第（ii）列和第（iv）列的估计命令：

　　*** 表 14-2 第（ii）列 ***（"*" 开头的是注释语句）

　　ivtobit lnstock2（turn_day = lturn_day turnday_med）roa ret_ccer size lev b2m std_roa ///

　　　　sigma top1 top12 top2_5 state mkt_index board_size ind_ratio duality ///

　　　　ind1-ind20　year3-year7 east central，ll（0）vce（cluster id）

　　　　mfx compute，predict（ystar（0，.））/* 计算边际效应 */

　　*** 表 14-2 第（iv）列 ****

　　ivtobit lnstock2（turn_day turn_state =lturn_day turnday_med lturnday_state ///

turnday_med_state）roa ret_ccer size lev b2m std_roa sigma top1 top12 ///

top2_5 state mkt_index board_size ind_ratio duality ind1-ind20 ///

year3-year7 east central，ll（0）vce（cluster id）

mfx compute，predict（ystar（0，.））/* 计算边际效应 */

表 14-2 第（ii）列的 ivtobit 命令回归结果如图 14-19 所示。

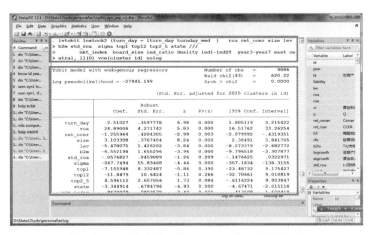

图 14-19 第（ii）列的 ivtobit 命令回归结果

使用 mfx compute，predict（ystar（0，.））计算边际效应，如图 14-20 所示。

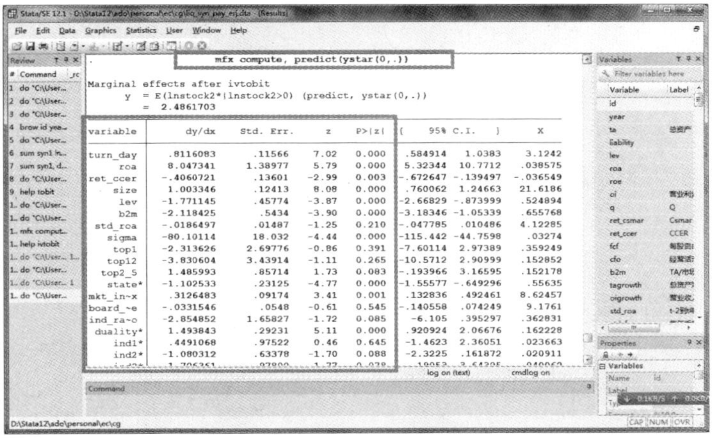

图 14-20 边际效应

四、案例讨论

1. 参考方程（14-2），写出左侧归并、右侧归并以及双侧归并 Tobit 模型的表达式。

2. 为什么使用 OLS 估计 Tobit 模型是不一致的？

3. 如何计算 Tobit 模型的边际效应？

核密度估计方法

本章主要对核密度方法相关理论进行简介，并针对中国转移支付体制的公共服务均等化效应问题进行实证研究。

一、核密度估计方法简介

核密度估计方法（Kernel Density Estimation）是在概率论中用来估计未知的密度函数，属于非参数检验方法之一，由罗森布拉特（Rosenblatt，1955）和伊曼纽尔·帕尔逊（Emanuel Parzen，1962）提出，又名 Parzen 窗（Parzen Window）。由给定样本点集合求解随机变量的分布密度函数问题是概率统计学的基本问题之一。解决这一问题的方法包括参数估计和非参数估计。参数估计又可分为参数回归分析和参数判别分析。在参数回归分析中，人们假定数据分布符合某种特定的性态，如线性、可化线性或指数性态等，然后在目标函数族中寻找特定的解，即确定回归模型中的未知参数。在参数判别分析中，人们需要假定作为判别依据的、随机取值的数据样本在各个可能的类别中都服从特定的分布。经验和理论说明，参数模型的这种基本假定与实际的物理模型之间常常存在较大的差距，这些方法并非总能取得令人满意的结果。由于上述缺陷，罗森布拉特和伊曼纽尔·帕尔逊提出了非参数估计方法，即核密度估计方法。由于核密度估计方法不利用有关数据分布的先验知识，对数据分布不附加任何假定，是一种从数据样本本身出发研究数据分布特征的方法，因而，在统计学理论和应用领域均受到高度的重视。

核密度估计的原理其实是很简单的。在我们对某一事物的概率分布不清楚的情况下，如果某一个数在观察中出现了，我们可以认为这个数的概率密度很大，和这个数比较近的数的概率密度也会比较大，而那些离这个数远的数的概率密度会比较小。基于这种想法，针对观察中的第一个数，我们都可以去拟合我们想象中的那个概率密度。当然其实也可以用其他对称的函数。针对每一个观察中出现的数拟合出多个概率密度分布函数之后，取平均。如果某些数比较重要，某些数反之，则可以取加权平均。

二、实验名称：中国转移支付体制的公共服务均等化效应

下面运用核密度相关方法对中国转移支付体制的公共服务均等化效应问题实证分析过程进行详细介绍，主要包含引言，中国各省份公共服务水平的动态分布演进，中央转移支付对公共服务均等化的作用：计量检验及相关结论。

（一）引言

1978 年中国改革开放之后，伴随着经济体制从计划为主向市场为主的转变，支持社会经济发展所需要的社会公共基础服务提供主体也大部分由中央政府集中管理转换为地方政府分散化地提供。一般来说，对于地方支出占政府总支出的比重而言，发展中国家的平均比重是 14%，转型经济体是 26%，美国也不到 50%，中国的省级财政支出却多年来一直维持了占全国财政支出的将近70%（黄佩华，2005）。可以预见，由于不同地区间历史、地理区位、经济结构与要素禀赋、公共服务提供成本以及国家优惠政策等因素的差异所导致的经济发展程度的不同，必然使得不同财政体制下地方政府的公共服务能力和水平出现非均等现象。那么，对于中央政府而言，通过转移支付平衡地区间财政能力并努力实现公共服务的均等化，就成为财政制度发挥积极作用的必要补充条件（Boadway，2004）。

对于中国而言，1994 年的财税体制改革以扭转中央财政收入在整个政府财政收入中的比例与分配结构为出发点，在基本维持地方政府原有事权不变的前提下，初步构建了现行的中央财政转移支付制度，以期能够弥补纵向财政收支缺口并努力实现财政资源的均等化配置。自此以后，在中国地方政府之间缺乏有效的横向转移支付机制的前提下，中央政府转移支付体系成为中国体制中非常重要的组成部分（谷成，2009）。我们知道，中国财政体制安排中地方政府的财权与事权安排却存在高度的不匹配。例如，2010 年全国财政收入达到 8.308 万亿元，占当年 GDP 总量的 20%多，然而各个地方政府的财政收入总额仅占到了 48%左右，不到一半。而在财政支出项目中，由于中国大部分的基础设施、教育等公共支出

一直以来都是由地方政府负责，这就意味着有大量的地方政府支出要依赖于中央政府的转移支付。

公共服务均等化已经成为中国建立公共财政体制的基本目标之一，中央政府转移支付体系是否真的能够使得中国地方公共服务提供水平实现均等化。遗憾的是，现有研究对于中央转移支付能否达到均等化目标仍然是不明确的。一方面，有学者通过计量分析得出了积极结论，如曹俊文、罗良清（2006）比较了省际财政收入与财政支出的变异系数，认为中央转移支付对于平衡各省财力差距确实发挥了一定的作用。但是，另一方面，更多的学者运用基本相同的指标测算方法却得出了不一样的结论，如 Tsui（2005）利用相关财政数据计算了"通熵指数"来反映县级财政不平等的变化，发现 1994 年财税体制改革后实施的过渡期转移支付不仅没有缩小区域间的财政差距，反而能够解释财政不平等程度的 20%。尹恒等（2007）运用中国 2000 余个县级地区的财政数据，采用收入来源不平等分解法分析得出上级财政转移支付不但没有起到均等县级财力的作用，反而拉大了财力差异，特别是在 1994 年财税体制改革后，中央转移支付差异解释了近一半的县级财力变异。

综上，在始于 1994 年的财税体制改革与中央转移支付体系运行十多年之后，将其对中国公共服务均等化发展所发挥的作用做一个基本判断就特别重要。

（二）中国各省份公共服务水平的动态分布演进

下面考察三类基本公共服务，即公共交通基础设施服务、公共卫生服务以及公共教育服务的分布演进规律。需要提前说明的是，各省份三类基本公共服务的提供水平将分别采用各省份每平方公里公路里程对数值、各省份每百万人口拥有床位对数值以及在校学生数占各省份总人口的比重对数值来衡量。

为了清晰地反映出伴随着 1994 年财税体制改革而开始构建规范的转移支付体系以来中国公共服务水平所发生的系统性变化，依据罗森布拉特（1956）、帕尔逊（Parzen，1962）以及 Van Ryzin（1969）的开创性研究，本案例采用核密度估计法（Kernel Density Estimation）分析 1994 年财税体制改革实施前后的两个时间段，即 1980~1994 年与 1995~2009 年三类基本公共服务提供水平的分布演进状态。之所以选取这两个时间段，是为了从直观上观察伴随着 1994 年财税体制改革而构建的中央转移支付体系实施前后，中国各省份公共服务的提供水平所发生的分布演变。值得指出的是，2006 年之后我国统计部门扩展了公路里程口径，开始将村级公路纳入了统计范围，这就造成了 2007 年以后公路里程数据与往年不可比，故本案例通过采用原统计口径下公路里程的 5 年移动平均增长率对 2007~2009 年的公路里程数做了测算。为了对中国各省份三类公共服务提供水平的分布演进规律进行更为准确的分析，这里首先采用省级面板数据分别计算了各自的基尼系数与泰尔指数（见表 15-1）。

表 15-1　中国省份间三类基本公共服务提供水平的两阶段差异

统计指标	公共交通基础设施服务		公共卫生服务		公共教育服务	
	1980~1994 年	1995~2009 年	1980~1994 年	1995~2009 年	1980~1994 年	1995~2009 年
基尼系数	0.319	0.366	0.190	0.196	0.067	0.075
泰尔指数	0.180	0.226	0.059	0.068	0.006	0.009

注：①计算基尼系数时采用 Bootstrap 统计推断方法；②为了满足基尼系数的非负计算条件，这里没有使用相关变量的对数值，而是直接使用的原值。

资料来源：《新中国六十年统计资料汇编》及各省份历年统计年鉴。

图 15-1 到图 15-3 分别刻画了 1980~1994 年与 1995~2009 年两个时间段中国各省份公共交通基础设施服务、公共卫生服务以及公共教育服务的核密度分布演进趋势。从三个趋势图可知：

1. 公共交通基础设施服务水平分布演进状况

图 15-1 显示在两个时段内，公共交通基础设施服务水平整体上均表现为明显的单峰分布状态。从位移特征上看，1995~2009 年核密度分布的波峰高度显著下降，而且整体分布明显向右偏移。这就表明，1994 年财税体制改革之后，中国省份间公共交通基础设施平均服务水平随着时间的推移出现了较为明显的提升，但是各省份之间的差异却在扩大。这种差异扩大的表现也体现在如下事实，即各省份公路密度的基尼系数从 0.319 增加到了 0.366，而泰尔指数则从 0.180 增加到了 0.266（见表 15-1）。

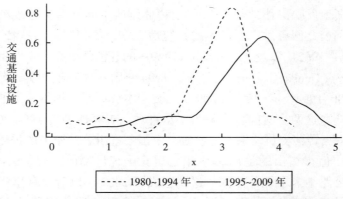

图 15-1　各省份公共交通基础设施服务水平（对数值）两时段分布演进

2. 公共卫生服务水平分布演进状况

图 15-2 显示两个时间段内公共卫生服务水平向右位移的距离较小，这就预示着，中国各省份间公共卫生服务的总体水平在两个时段的提升速度非常有限，即中国一直以来存在的居民"看病难、看病贵"的问题并没有因中央转移支付体系的建立而得到缓解。另外，虽然核密度分布的波峰在 1995~2009 年高度有所提升，这似乎预示着省份间公共服务提供水平的异质化程度降低了。但是通过仔细观察图 15-2 可知，从核密度分布图的两个右尾侧部分来看，1995~2009 年较高公共卫生服务水平在很大程度上与 1980~1994 年核密度交错分布，这表明具备最高水平公共卫生服务的省份在两个时间段的变化比较复杂。同时，又由于最高水平公共卫生服务的省份权重的相对重要性，这就使得在全国意义上的公共卫生服务集中度变化并不确定。因此，最终省份间公共卫生服务水平的差异程度还需要从基尼系数与泰尔指数中获得。由表 15-1 可知，在 1994 年财税体制改革与转移支付体系实施前后，中国各省份每百万人拥有床位的基尼系数从 1980 至 1994 年的 0.190 增加到了 0.196，而泰尔指数则从 0.059 增加到了 0.068。这就确认了1994 年财税体制改革后中国各省份公共卫生服务水平的差异程度并没有减小，而是呈现出了较小的差异提升。

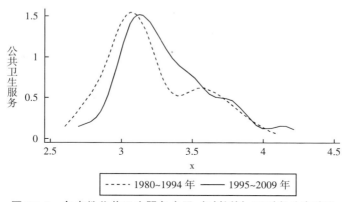

图 15-2　各省份公共卫生服务水平（对数值）两时段分布演进

3. 公共教育服务水平分布演进状况

图 15-3 显示两个阶段的核密度分布图位移距离不显著，这表明中国省份公共教育服务的整体水平在这个阶段质量和速度的提升有限，这显然与中国教育经费的比例长期低于发达国家，甚至也低于很多发展中国家有关。同时，1995~2009 年核密度分布的波峰高度较之 1980~1994 年有所下降，这也就意味着省份间公共服务差异在扩大。从表 15-1 可知，两个时间段中，各省份在校学生数占

各省份总人口比重的基尼系数从 0.067 增加到了 0.075，而泰尔指数则从 0.006 增加到了 0.009。

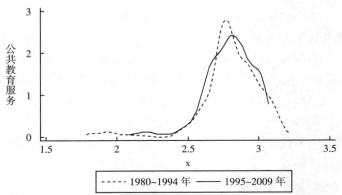

图 15-3　各省份公共教育服务水平（对数值）两时段分布演进

综合以上对中国各省份三类公共服务提供水平的分布演进状态分析可知，1980~1994 年与 1995~2009 年两个时段中国各省份公共交通基础设施服务、公共卫生服务以及公共教育服务等三种社会公共服务提供水平虽然都在一定程度上实现了提升，但是省份间的差异却随着时间的推移越来越大了，这体现在相关核密度分布图中波峰高度的下降以及表 15-1 中基尼系数、泰尔指数测算值都上升这两个方面。那么，作为 1994 年财税体制改革内容中一个重要的制度安排，中央转移支付对于地方公共服务发展中所表现出来的差异化到底发挥着怎样的作用呢？下面将对此问题进行计量分析。

（三）中央转移支付对公共服务均等化的作用：计量检验

下面主要包含计量模型的设定及参数估计结果两方面内容：

1. 计量模型设定

本部分拟回答的问题是，除了时间自然因素之外，中央政府意愿中旨在促进公共服务均等化的中央转移支付体系在这种差异化的分布演进中到底起到了正向的强化作用还是负向的缓冲作用。这里通过面板数据模型检验中央转移支付额度在促进中国省份间公共服务均等化过程中的作用。显然，公共服务提供水平的高低程度与中央转移支付力度、地方相应类别的公共服务支出、省份与时间特异效应以及其他一些相关社会经济变量相关，故将计量模型设定为：

$$\text{Pubilic}_{ijt} = \beta_0 \text{Transfer}_{ijt} + \beta_1 \text{Expenditure}_{ijt} + \beta_2 X_{ijt} + \beta_3 \text{Province}_{ij} + \beta_4 \text{Year}_{jt} + \varepsilon_{ijt}$$

$$(15\text{-}1)$$

其中，下标 i 为省份截面，j 为公共服务的类别，t 为年份，β 为回归系数；Public 为本案例所关注的三类社会公共服务，即公共交通基础设施服务、公共卫生服务以及公共教育服务；Transfer 为中央转移支付力度，即各省份获得的中央净转移支付占地方一般预算支出的比例，其中，中央净转移支付额度采用地方财政支出与收入的缺口来表征。虽然范子英、张军（2010）认为，将财政支出与财政收入的缺口作为净转移支付属于传统的测算方法，可能包含了许多噪声，但是，本案例认为无论采用何种指标来测算中央净转移支付，都同样可能包含一些由频繁的财政体制变迁所形成的噪声，再加上获得数据的逻辑一致性及完整性考虑，这里仍然使用传统的衡量中央净转移支付额度的方法。Expenditure 为各省份相应类别的公共服务支出占地方财政一般预算支出的比例。Province 与 Year 分别为省份特异虚拟变量和年份特异虚拟变量。加入这两个虚拟变量一方面是考虑到中国疆域广大，不同省份间的社会经济发展水平存在结构性差异，省份特异虚拟变量可以用来捕捉些由某种与时间因素无关的非观测因素可能造成的公共服务提供水平差异。为尽量节约样本自由度，这里按照惯例分别对隶属于东中西部的省份构造了虚拟变量。另一方面，为了控制公共服务提供水平会随着经济规模、发展阶段的进步而可能出现的自然上升趋势，并同时控制没有被包含在回归模型中且与时间因素有关的非观测效应，这里还在回归中加入了依据时间跨度而生成的时间序列虚拟变量。ε_{ijt} 为误差项；X_{ijt} 为与各省份相关公共服务提供水平相关的其他经济变量集合，具体包括以下：

（1）各省份人均 GDP 对数值及其平方。这两个变量代表着各省份的经济发展水平，同时也代表着各省份级地方政府进行公共服务投入的经济实力。模型中之所以加入各省份人均 GDP 的对数平方值，是由于本案例设想随着由人均 GDP 所代表的各省份经济发展阶段的不同，经济发展水平与公共服务提供水平之间的关联并不是单调的，而是可能出现非线性关系。

（2）各省份第一产业产值占地区 GDP 比重。本案例认为经济发展的本质是实现工业化与城镇化，从而实现从农业国向工业化国家的转变。所以第一产业比重越高代表该省份经济状况相对越不发达，故相应的公共服务提供水平也就受到制约；反之，第一产业比重越低，则代表该省份经济水平就越高，也就越有可能有利于公共服务的发展。因此，与加入各省份人均 GDP 变量一样，加入该变量是为了进一步控制由于各省份的经济发展水平不同而引起的公共服务提供水平差异。

（3）各省份常住人口规模对数值。各省份的人口规模对公共服务提供水平的影响机制在于人口规模越大，生产活动范围和市场规模也就越大，且生产活动也多样化，这时生产活动本身对社会公共服务的要求也就越高。但是，较大的人口规模也可能使地方政府面临公共服务提供成本大大增加。因此，人口规模对于公共服务提供水平的实际影响方向取决于两种相反力量的相对大小。

（4）各省份城市居民家庭人均可支配收入对数值。加入该变量为了控制地方政府的城市化倾向政策对公共服务的影响。因为最能体现经济增长绩效与增长速度的领域是城市中的制造业部门，而不是生产效率进步相对缓慢的农业部门以及在中国规模还相对不足的第三产业部门，所以中国地方政府在基于 GDP 增长率的政绩考核机制下，往往会选择有利于城市利益的经济偏向政策，并使得城市部门获得了相对较大份额的公共服务。可以预见，城镇居民的人均可支配收入越高，地方政府就越有动力按照城镇地区的利益执行二元化的公共福利政策。

（5）各省份对外开放程度，包括进出口总额对数值与实际利用外商直接投资额对数值两个变量。一般来讲，获得外省直接投资额与进出口总额越多的地方政府也就越有财政能力发展社会公共服务。而且，省份开放度越高，各种外资以及本地生产活动主体对地方公共服务发展所产生的需求以及推动力也就越大。

2. 参数估计结果

依据前文设定的面板数据模型，下面考察 1995~2009 年样本期间内，中央净转移支付对各省份三类社会公共服务提供水平的作用效应（见表 15-2）。在分别对面板数据进行固定效应回归与随机效应回归之后，本案例还采用豪斯曼检验（Hausman Test）进行了模型设定识别。检验结果显示，除了公共卫生服务模型之外，其余两种公共服务均拒绝了固定效应与随机效应回归估计系数不存在系统性差别的原假设，故表 15-2 中对于公共卫生服务模型报告了其随机效应回归结果，另外两类公共服务模型则报告了固定效应回归结果。

表 15-2　中央净转移支付对地方公共服务提供水平的影响作用

自变量	因变量		
	公共交通基础设施服务（固定效应）	公共卫生服务（随机效应）	公共教育服务（固定效应）
中央转移支付力度	−0.177* (0.082)	−0.001 (0.022)	−0.038** (0.012)
该类公共服务支出比例	−0.046 (0.144)	0.093* (0.044)	−0.017 (0.026)
人均 GDP 对数值	−2.879*** (0.530)	−0.774*** (0.136)	0.594*** (0.083)
人均 GDP 对数平方值	0.300*** (0.068)	0.118*** (0.018)	−0.082*** (0.011)
第一产业产值比重	0.078 (0.293)	−0.106 (0.073)	−0.016 (0.045)
人口规模对数值	−1.871*** (0.477)	−0.145*** (0.033)	0.120 (0.074)
城市家庭人均收入对数值	−0.087 (0.196)	−0.072 (0.050)	0.004 (0.031)
进出口总额对数值	0.136** (0.045)	0.007 (0.012)	0.022** (0.007)
实际利用 FDI 对数值	−0.045* (0.021)	−0.014* (0.006)	0.001 (0.003)
时间虚拟变量	0.048*** (0.008)	−0.004* (0.002)	0.001 (0.001)
常数项	13.120*** (2.267)	2.304** (0.329)	−1.434*** (0.357)

续表

自变量	因变量		
	公共交通基础设施服务（固定效应）	公共卫生服务（随机效应）	公共教育服务（固定效应）
Hausman Test	65.245***	15.39	33.545***
Within-R^2	0.611	0.299	0.223
F 值（或 Wald 卡方值）	46.89***	205.60***	8.55***

注：①豪斯曼检验（Hausman Test）显示，除了公共卫生服务模型之外，其余两种公共服务均拒绝了固定效应与随机效应回归估计系数不存在系统性差别的原假设；②在模型整体的拟合优度方面，固定效应回归报告 F 值，而随机效应回归报告 Wald 卡方值；③括号中为标准误，* 表示显著性水平 $p < 0.05$，** 表示显著性水平 $p < 0.01$，*** 表示显著性水平 $p < 0.001$。

从表 15-2 可以看出，中央转移支付力度对三类社会公共服务的影响方向都为负，其中，中央转移支付力度对地方公共交通基础设施服务与公共教育服务水平的影响至少在 5%的显著性水平上通过 t 检验。综合来讲，这就意味着承载着我国现行的转移支付体系没有起到缩小地区公共服务差距的预期作用。从理论预期上讲，如果一个落后省份所获得的中央转移支付力度相对较大，其提供社会公共服务的预算约束线就会向右上方扩展，从而就使得该省份公共服务水平的提高获得财政能力上的支撑，并最终使得全国省份间的社会服务发展水平趋同演进（Scott，1952；Wilde，1971）。但是，遗憾的是，这种中央转移支付与地方公共服务之间的正向促进关系在中国 1994 年财税体制改革以后的时间段内并不存在。

既然我国现行的中央转移支付没有能够扭转地区公共服务差异化的趋势，那么，中央转移支付体系在中国经济发展过程中的角色定位是什么？由于中国的转移支付体制是 1994 年财税体制改革的一个衍生品，那么 1994 年财税体制改革的一揽子内容中为什么只涉及财政收入而没有涉及财政支出？当然，财政承包制体制下的中央财政压力是一个重要的原因，即由于财政承包制缺乏规范的法律约束，许多中央与地方之间的收入分配方案都是以文件形式下达而不是根基于正式的法律法规，这就造成中央政府缺乏可信的制度承诺而是往往"鞭打快牛"。有些地方政府倾向于刻意隐瞒财政收入，藏富于民或藏富于企，努力将预算内的收入转化到预算外或体制外，从而也就大大削弱了中央政府的宏观调控能力。但是，在以上这个表层的原因之外，由于中央政府与分权化的地方政府之间天然存在着掌握信息不对称、不完全与巨大的监督成本问题，故中央政府在通过政治晋升机制对地方政府加以约束之外，也可能通过维持地方政府财政收支缺口来对其施加约束。从这个角度也可以更深刻地理解 1994 年财税体制改革没有涉及地方财政支出安排的内在逻辑。正如范子英、张军（2010）所指出的，基于单一制的国家政府组织结构、中央政治集权的传统、担心地方政府执行中央政策的偏差和基于其他政治稳定等因素的综合考虑，中央政府才倾向性地构建了这种偏重于纵向调控功能而非横向平衡功能的转移支付体系。

除了本节所关注的核心自变量，即中央转移支付力度变量之外，在三类公共服务模型中，各省份人均 GDP 变量对地方公共服务发展水平的影响表现出了非线性特征。另外，鉴于公共交通设施服务模型中的控制变量显著性与拟合优度相比于另外两类公共服务模型要好，故这里只将该模型中的控制变量加以解析。首先，各省份人口规模越大越不利于公共交通服务设施的发展，这表明人口规模越大给公共交通带来的成本增加效应越占据了主导地位。其次，反映对外开放程度的两个控制变量，即进出口总额与实际利用 FDI 中，前者对地方公共交通服务有促进作用，然而后者却不然。其原因可能在于，虽然一个地方政府辖区内的进出口总额与实际利用 FDI 总额都可以刻画地方经济的外向依赖程度，但是利用 FDI 相对于进出口来讲更有可能成为外向型地方经济规避中央文件中强制性地增加地方公共服务支出比例的一种退出通道。因为地方进出口不可避免地包含了大量本地企业的经济利益与公共服务诉求，而 FDI 却不尽然。如此，地方政府吸引的 FDI 投资越多，地方政府发展本地社会福利性公共服务的内在激励也就越有可能在一定程度上被弱化。

（四）结论

本案例采用核密度估计方法以及基尼系数、泰尔指数的测算，对中国各省份公共服务提供水平的分布演进规律进行了直观再现，指出在中央转移支付体制构建前后，即在 1980~1994 年与 1995~2009 年两个时段中，中国各省份公共交通基础设施服务、公共卫生服务以及公共教育服务等三种社会公共服务提供水平虽然都在一定程度上实现了提升，但是省份间的差异却随着时间的推移越来越大了。相应的计量检验也显示出中央转移支付力度对各省份三类公共服务提供水平的影响方向为负。

既然中央转移支付没有能够承载地方政府公共服务均等化的职能，那么，一个自然的问题是中央转移支付体系在中国经济发展过程中到底应作何种角色定位。由于中央转移支付体制作为 1994 年财税体制改革的一个衍生品，故上述问题就等同于 1994 年财税体制改革的一揽子内容中为什么只涉及财政收入而没有涉及财政支出。本案例指出，在中国式财政体制下，由于中央政府与分权化的地方政府之间天然存在着掌握信息不对称、不完全与巨大的监督成本问题，故中央政府在通过官员晋升机制对地方政府加以约束之外，也同样可能有着通过维持地方政府财政收支缺口来对其施加约束的政治考虑。

三、核密度估计的实现步骤

我们采用的是 Stata 软件。该软件只需要了解相应的命令，并找到官方提供的 help 文档，就可以对相应的命令进行详细学习。本实验针对的是核密度估计，在 Stata 中该软件的命令是 kdensity。在 Stata 的命令操作窗口输入"help kdensity"，即可跳出该命令的帮助文件。

对于核密度估计方法而言，虽然采用 epanechnikov、biweight 或 cosine 等核函数不会改变相关公共服务提供水平分布演进规律的本质状态，但是按照 Silverman（1986）计算的最优带宽并采用 gaussian 正态核函数时可以使得估计均方差（Mean Integrated Squared Error）达到最小值，故在核密度估计过程中本案例均采用了 gaussian 正态核函数。

Kdensity 命令只是针对单个经济变量进行核密度估计，如果需要对多个经济变量进行核密度估计，可以参考 kdmany 或者 mdensity 命令。本实验没有涉及多变量估计，因此不作介绍。针对本实验，如果我们需要对 2006 年的 lphwlength 变量进行核密度估计，命令格式如下：

kdensity lphwlength if year==2006，kernel（gaussian）

输入上述命令后，Stata 就给我们画出了图 15-4。

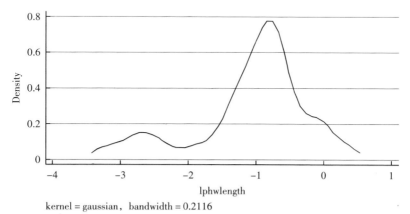

kernel = gaussian，bandwidth = 0.2116

图 15-4 lphwlength 变量的核密度估计

当然，kdensity 命令不仅可以计算某一年的核密度趋势，还可以计算一个时间段的核密度演变趋势。比如，我们要了解本实验样本 1997 年之后的总体核密度情况，可以输入下面的命令：

kdensity lphwlength if year>=1997，kernel（gaussian）

得到的结果如图 15-5 所示。

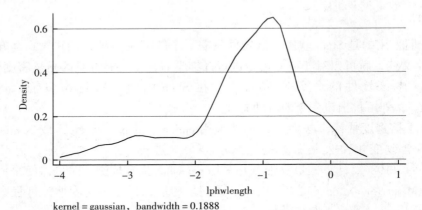

kernel = gaussian，bandwidth = 0.1888

图 15-5　1997 年之后的总体核密度情况

更重要的是，当我们需要比较两个时间点或者时间段某经济变量的核密度是否发生了变量时，可以将两张核密度估计图合并为一张图，如图 15-6 所示。例如，同样针对 lphwlength 变量，我们想知道 1994 年之前的样本时间段与 1997 年之后的时间段它的核密度是否发生了变化，可以输入下述命令：

two kdensity lphwlength if year <=1994，kernel（gaussian）‖ kdensity lphwlength if year>=1997，kernel（gaussian）

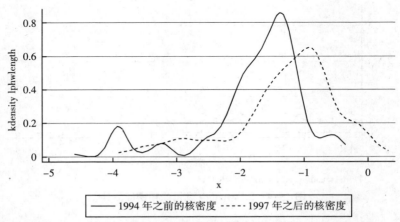

图 15-6　1994 年之前与 1997 年之后的时间段 lphwlength 的核密度

对于该合并图的解释是，后一时间段相对于前一时间段，如果整体位置向右平移，则说明变量数值总体上增加了；如果向左平移，说明变量值减小了。同时，波峰高度如果下降了，说明样本单元之间的不平等程度在上升，反之则反。采用本实验的数据，得到的结果如下，其解释可参见实验正文。

四、案例讨论

1. 核密度估计相比参数估计有何优势？
2. 核密度估计存在的问题有哪些？
3. 什么是核密度估计的边界效应？
4. 核密度估计的带宽选择有哪些方法？

参考文献

［1］Alberto Alesina. Roberto Peroti Incomed Istribution Political Instability and Investment ［D］. European Economics Review Volume 40, Issue 6, June 1996, Pages 1203–1228.

［2］Admati, A.R., and P. Pfleiderer. The "Wall Street Walk" and Shareholder Activism: Exit as a Form of Voice ［J］. Review of Financial Studies, 2009, 22 (7): 2645–2685.

［3］Alexander, C. and Barrow, M. Seasonality and Cointegration of Regional House Prices in the UK ［J］. Urban Studies, 1994 (31): 1667–1689.

［4］Almazan, A., J. Hartzell, and L. Starks. Active Institutional Shareholders and Costs of Monitoring: Evidence from Executive Compensation ［J］. Financial Management, 2005, 34 (4): 5–34.

［5］Ang, J., R. Cole, and J. Lin. Agency Costs and Ownership Structure ［J］. Journal of Finance, 2000, 55 (1): 81–106.

［6］Anselin, L. Local Indicators of Spatial Association-lisa ［J］. Geographical Analysis, 1995, 27 (2): 93–115.

［7］Anselin, L. The Moran Scatterplot as an ESDA Tool to Assess Local Instability in Spatial Association ［J］. 1996: 111–125, In M.M. Fischer, H.J. Scholten and D. Unwin (Eds.) Spatial Analytical Perspectives on GIS.London, UK: Taylor and Francis.

［8］António Afonso and Miguel St. Aubyn.Macroeconomic Rates of Return of Public and Private Investment Crowding-In and Crowding-Out Effects ［J］. Europesn Central Bank. No.864. February, 2008.

［9］Apergis, N. and Tsoumas, C. A Survey of the Feldstein-Horioka Puzzle: What has been done and where We Stand ［J］. Research in Economics, 2009, 63 (2): 64–76.

［10］ Arellano, M. and Bond, S. Some Test Specification for Panel Data:

Monte Carlo Evidence and an Application to Employment Equation ［J］. Review of Economic Studies, 1991, 58（2）: 277–297.

［11］ Arellano, M.and O. Bover. Another Look at the Instrumental Variable Estimation of Error-components Models ［J］. Journal of Econometrics, 1995（68）: 29–51.

［12］ Aschauer, David Alan. Is Public Expenditure Productive ［J］. Journal of Monetary Economics, Match 1989, 23（2）: 177–200.

［13］ Avik, C. The Saving-Investment Relationship Revisited: New Evidence from Multivariate Heterogeneous Panel Cointegration Analyses ［J］. Journal of Comparative Economics, 2006, 34（2）: 402–419.

［14］ Bai Chong-En, Tao Zhigang and Tong Yueting Sarah. Bureaucratic Integration and Regional Specialization in China ［J］. China Economic Review, 2008（19）: 308–319.

［15］ Bairam, Erkin and Ward, Bert. The Externality Effect of Government Expenditure on Investment in Oecd Counties ［D］. Applied Economics, 1993（25）: 711–716.

［16］ Barro R.J. and Crossman H.I.A General Disequilibrium Model of Income and Employment ［J］. The American Economic Review, 1971, 61（1）: 82–93.

［17］ Barro, R. J. and Sala-i-Martin, X. Convergence Across States and Regions ［J］. Brooking Papers on Economic Activity, 1991（1）: 107–182.

［18］ Barro, R.J. and Sala-i-Martin, X. Convergence ［J］. Journal of Political Economy, 1992, 100（2）: 223–251.

［19］ Baumol, W. J. Productivity Growth, Convergence, and Welfare: What the Long-Run Data Show ［J］. American Economic Review, 1986, 76（5）: 1072–1085.

［20］ Bayoumi, A. and Mickael, K. A Provincial View of Economic Integration ［J］. IMF Staff Papers, 1997, 44（4）: 534–556.

［21］ Berliant, M., Reed, R. and Wang, P. Knowledge Exchange Matching and Agglomeration ［J］. Journal of Urban Economics, 2006, 60（1）: 69–95.

［22］ Bertinelli, L. and Duncan, B. Urbanization and Growth ［J］. Journal of Urban Economics, 2004, 56（1）: 80–96.

［23］ Biais, B., P. Hillion, and C. Spatt. Price Discovery and Learning During the Preopening Period in the Paris Bourse ［J］. Journal of Political Economy, 1999, 107（6）: 1218–1248.

［24］ Blanchard O. and Shleifer A. Federalism with and Without Political Centralization: China Versus Russia ［J］. IMF Staff Papers, 2001（48）, Special Issue.

［25］ Blundell, R., and S. Bond. Initial Conditions and Moment Restrictions in Dynamic Panel Data Models ［J］. Journal of Econometrics, 1998（87）: 115-143.

［26］ Boad Way, Robin. How Well is the Equalization System Reducing Fiscal Disparities? ［M］. Working Paper, Kingston: Queen's University, 2004.

［27］ Bohringer, C., Moslener, U., Oberndorfer, U. and Ziegler, A. Clean and Productive? Empirical Evidence from the German Manufacturing Industry ［J］. Research Policy, 2012, 41（2）: 442-451.

［28］ Bollerslev, T. Generalized Autoregressive Conditional Heteroskedasticity ［J］. Journal of Economerics, 1986, 31（3）: 307-327.

［29］ Bollerslev, T., R.F. Engle, J. M. Wooldridge. A Capital Asset Pricing Model with Time-Varying Covariances ［J］. Journal of Political Economy, 1988, 96（1）: 116-131.

［30］ Bond Stephen, Anke Hoeffler and Jonathan Temple. GMM Estimation of Empirical Growth Models ［M］. CEPR Discussion Paper, 2001: 3048.

［31］ Boyd, Roy, and N. Uri. An Evaluation of the Economic: Effects of Higher Energy Prices in Mexico ［J］. Energy Policy, 1997, 25（2）: 205-215.

［32］ Boyreau-Debray, G. and Wei, S. J. Pitfalls of a State-dominated Financial System: The Case of China ［M］. NBER Working Paper, 2005: 11214.

［33］ Boyreau-Debray, G. and Wei, S. J. Can China Grow Faster? A Diagnosis on the Fragmentation of the Domestic Capital Market ［M］. IMF Working Papers, 2004: 76.

［34］ Cai Hongbin and Daniel Treisman. State Corroding Federalism ［J］. Journal of Public Economics, 2004, 88（3-4）: 819-843.

［35］ Cai Hongbin and Daniel Treisman. Did Government Decentralization Cause China's Economic Miracle? ［J］. World Politics, 58（4）: 505-535.

［36］ Campbell, J. Y., P. Perron. Pitfalls and Opportunities: What Macroeconomists Should Know about Unit Roots ［J］. in O. J. Blanchard and S. Fisher, eds., NBER Macroeconomics Annual（Cambridge, MA: MIT Press）, 1991.

［37］ Canner, Mehmet, and B. Hansen. Threshold Auto-regression with a Unit Root ［J］. Econometrica, 2011, 69（6）: 1555-1596.

［38］ Cecchetti, Stephen G., Nelson C. Mark, and Robert J. Sonora. Price

Index Convergence among United States Cities [J]. International Economic Review, 2002, 43（4）: 1081-1099.

［39］ Che, J. and Y. Qian. Insecure Property Rights and Government Ownership of Firms [J]. Quarterly Journal of Economics, May 1998, 113（2）: 467-496.

［40］ Chen, K. The Chinese Economy in Transition [J]. Singapore: Singapore University Press, 1995.

［41］ Chen, Shiushen. Oil Price Pass-through into Inflation [J]. Energy Economics, 2009, 31（1）: 126-133.

［42］ Chow G., Shen Y. Money, Price Level and Output in the Chinese Macro Economy[J]. Asia-Pacific Journal of Accounting & Economics, 2005, 12（2）: 91-111.

［43］ Chua, Swee. Economic Growth, Liberalization, and the Environment: A Review of the Economic Evidence [J]. Annual Review of Energy & the Environment, 1999, 24（1）: 340-391.

［44］ Chung, Jae Ho and Tao-chiu Lam. China's City System in Flux: Explaining Post-Mao Administrative Changes [J]. China Quarterly, 2004（180）: 945-964.

［45］ Coakley, J., Fuertes, M. and Spagnolo, F. Is the Feldstein- Horioka Puzzle History? [M]. Manchester School Working Paper, 2004, 72（5）: 569-590.

［46］ Coakley, J., Kulasi, F. and Smith, R. The Feldstein-Horioka Puzzle and Capital Mobility: A Review [J]. International Journal of Finance and Economics, 1998, 3（2）: 169-188.

［47］ Connolly R.A., F. A. Wang. Economic News and Stock Market Linkages: Evidence from the U.S, U.K. and Japan [J]. Proceeding of the Second Joint Central Bank Research Conference on Risk Management and System Risk, 1998（1）: 211-240.

［48］ Cook, Steven. The Convergence of Regional House Prices in the UK [J]. Urban Studies, 2003, 40（11）: 285-294.

［49］ Core, J.E., R.W. Holthausen, and D.F. Larker. Corporate Governance, Chief Executive Officer Compensation, and Firm Performance [J]. Journal of Financial Economics, 1999, 51（3）: 371-406.

［50］ D'Arge R. C. Essay on Economic Growth and Environmental Quality [J]. The Swedish Journal of Economics, 1971, 73（1）: 25-41.

［51］ Dickey, D. A. and Fuller, W. A. Distributions of the Estimators for

Autoregressive Time Series with a Unit Root [J]. Journal of the American Statistical Association, 1979 (75): 427-431.

[52] Dickey, D. A. and Fuller, W. A. Likelihood Ratio Statistics for Autoregressive Time Series with a Unit Root [J]. Econometrica, 1981 (49): 1057-1072.

[53] Ederington J., Minier J. Is Environmental Policy a Secondary Trade Barrier? An Empirical Analysis [J]. Canadian Journal of Economics, 2003, 36 (2): 137-154.

[54] Edmans, A. Blockholder Trading, Market Efficiency, and Managerial Myopia [J]. Journal of Finance, 2009, 64 (6): 2481-2513.

[55] Elhorst, J.P. Specification and Estimation of Spatial Panel Data Models [J]. International Regional Science Review, 2003, 26 (3): 244-268.

[56] Elliott, G., Rothenberg, T. J. and Stock, J.H. Efficient Tests for an Autoregressive Unit Root [J]. Econometrica, 1996, 64 (4): 813-836.

[57] Engel, C., Rogers, J.H. How Wide is the Border? [J]. American Economic Review, 1996 (86): 1112-1125.

[58] Engle, R.F. Autoregressive Conditional Heteroskedasticity with Estimates of Variance of UK Inflation [J]. Econometrica, 1982, 50 (4): 987-1008.

[59] Engle, R.F. Dynamic Conditional Correlation: A Simple Class of Multivariate Generalized Autoregressive Conditional Heteroskedasticity Models [J]. Journal of Business and Economic Statistics, 2002, 20 (3): 339-350.

[60] Engle, R.F., K.F. Kroner. Multivariate Simultaneous Generalized ARCH [J]. Econometric Theory, 1995, 11 (1): 122-150.

[61] Ertur, C., Gallo, J. and Baumont, C. The European Regional Convergence Process, 1980-1995: Do Spatial Regimes and Spatial Dependence Matter? [M]. International Regional Science Review, 2006, 29 (1): 3-34.

[62] Esaka, Taro. Panel Unit Root Tests of Purchasing Power Parity between Japanese Cities, 1960-1998: Disaggregated Price Data [J]. Japan and the World Economy, 2003 (15): 233-244.

[63] Fan, C. S., and Wei, X. The Law of One Price: Evidence from the Transitional Economy of China[J]. Review of Economics and Statistics, 2006 (88): 682-697.

[64] Fang, W., T.H. Noe, and S. Tice. Stock Market Liquidity and Firm Value [J]. Journal of Financial Economics, 2009, 94 (1): 150-169.

[65] Firth, M., P. Fung, and O.M. Rui. Corporate Performance and CEO

Compensation in China [J]. Journal of Corporate Finance，2006，12（4）：693-714.

［66］ Firth，M.，P. Fung，and O.M. Rui. How Ownership and Corporate Governance Influence Chief Executive Pay in China's Listed Firms ［J］. Journal of Business Research，2007，60（7）：776-785.

［67］ Frazão，Pereira D.A.，Santos J.L.，Dias I. and Dias J.M.，et al. Industrialization of Advanced Optical Technologies for Environmental Monitoring［J］. Clean Technologies and Environmental Policy，2010，12（1）：65-73.

［68］ Gray W. B. Plant Vintage，Technology and Environmental Regulation［J］. Journal of Environmental Economics and Management，2003，46（4）：384-402.

［69］ Gray W. B. The Cost of Regulation：OSHA，EPA and the Productivity Slowdown［J］. American Economic Review，1987，77（5）：998-1006.

［70］ Hahn，Elke. Pass Through of External Shock to Euro Area Inflation ［M］. European Central Bank Working Paper，2003.

［71］ Hamao Y.，R.W. Masulis，V. Ng. Correlations in Price Changes and Volatility Across International Stock Markets ［J］. Review of Financial Studies，1990，3（2）：281-307.

［72］ Hansen，B. Inference when a Nuisance Parameter is not Identified under the Null Hypothesis［J］. Econometrica，1996，64（2）：413-430.

［73］ Hansen，B. Threshold Effects in Non-dynamic Panels：Estimation，Testing and Inference［J］. Journal of Economics，1999，22（2）：345-368.

［74］ He，Canfei. Regional Decentralization and Location of Foreign Direct Investment in China［J］. Post-Communist Economies，2006，18（1）：33-50.

［75］ Holmstrom，B. Moral Hazard and Observability ［J］. The Bell Journal of Economics，1979，10（1）：74-91.

［76］ Holmstrom，B.，and J. Tirole. Market Liquidity and Performance Monitoring［J］. Journal of Political Economy，1993，101（4）：678-709.

［77］ Hsiao，C. Analysis of Panel Data ［J］. Econometric Society Monographs，Cambridge：Cambridge University Press，1986.

［78］ Im，K.S.，Pesaran，M.H.，Shin，Y. Testingfor Unit Roots in Heterogeneous Panels［J］. Journal of Econometrics，2003，（115）：53-74.

［79］ Im，K.S.，Pesaran，M.H.，Shin，Y. Testing for Unit Roots in Heterogeneous Panels ［M］. Working Paper，Department of Applied Economics，University of Cambridge，1997.

［80］ Islam N. and Yokota K. Lewis Growth Model and China's Industrialization

[J]. Asian Economic Journal, 2008, 22 (4): 359–396.

[81] Ito T., Lin W.F. Price Volatility and Volume Spillovers between the Tokyo and New York Stock Markets [R]. NBER Working Paper, No.4592, 1994.

[82] Jayaraman, S., and T.T. Milbourn. The Role of Stock Liquidity in Executive Compensation [J]. Accounting Review, 2012, 87 (2): 537–563.

[83] Jensen, M.C. Agency Costs of Free Cash Flow, Corporate Finance and Takeover [J]. American Economic Review, 1986, 76 (2): 323–329.

[84] Jensen, M.C., and K. Murphy. Performance Pay and Top-Management Incentives [J]. Journal of Political Economy, 1990, 98 (2): 225–264.

[85] Jensen, M.C., and W. Meckling. Theory of the Firm: Managerial Behavior, Agency Cost and Ownership Structure [J]. Journal of Financial Economics, 1976, 3 (4): 305–360.

[86] Jorgenson D. J., Jorgenson D. W., Wilcoxen P. J. Environmental Regulation and U.S. Economic Growth [J]. Rand Journal of Economics, 1990, 21 (2): 314–390.

[87] Kang, Q., and Q. Liu. Stock Trading, Information Production, and Executive Incentives [J]. Journal of Corporate Finance, 2008, 14 (4): 484–498.

[88] Khalifa H. Ghali. Public Investment and Private Capital Formation in a Vector Error-correction Model of Growth [J]. Applied Economics, Volume 30, Issue 6, 1998.

[89] Khanna, N., and R. Sonti. Value Creating Stock Manipulation: Feedback Effect of Stock Prices on Firm Value [J]. Journal of Financial Markets, 2004, 7 (3): 237–270.

[90] King M., S. Wadhwani. Transmission of Volatility between Stock Markets [J]. Review of Financial Studies, 1990, 3 (1): 5–33.

[91] Kingsley Davis, Hilda Hertz Golden. Urbanization and the Development of Pre-Industrial Areas [J]. Economic Development and Cultural Change, 1954, Vol.3, No.1.

[92] Kwiatkowski, D., Phillips, P.C.B., Schmidt, P. and Shin, Y. Testing the Null Hypothesis of Stationarity Against the Alternative of a Unit Root: How Sure are We that Economic Time Series Have a Unit Root? [J]. Journal of Econometrics, 1992 (54): 159–178.

[93] Kyle, A. S., and J. Vila. Noise Trading and Takeovers [J]. Rand Journal of Economics, 1991, 22 (1): 54–71.

［94］ Lipson, M.L., and S. Mortal. Liquidity and Capital Structure ［J］. Journal of Financial Markets, 2009, 12（4）: 611–644.

［95］ Luis Serven, Andrés Solimano. Private Investment and Macroeconomic Adjustment: A Survey［J］. World Bank Res Obs （1992）7（1）: 95–114.

［96］ MacKinnon, J.G. Critical Values for Cointegration Tests, Long-Run Economic Relation-ships ［M］. eds. R. F. Engle and C.W. J. Granger, London, Oxford, 1991.

［97］ Martínez, Z. I. and Maruotti. A the Impact of Urbanization on CO_2 Emissions: Evidence from Developing Countries ［J］. Ecological Economics, 2011, 70（7）: 1344–1353.

［98］ Mehran, H. Executive Compensation Structure, Ownership, and Firm Performance［J］. Journal of Financial Economics, 1995, 38（2）: 163–184.

［99］ Minh Dao. An Analysis of Growth of Urbanization in Developing Economies ［J］. The Journal of Developing Areas, 2002, 36（1）: 81–91.

［100］ Mohsin S. Khan, Carmen M. Reinhart. Private Investment and Economic Growth in Developing Eountries［J］. Business & Economics, 1989.

［101］ Morck, R., B. Yeung, and W. Yu. The Information Content of Stock Markets: Why do Emerging Markets Have Synchronous Stock Price Movements［J］. Journal of Financial Economics, 2000, 58 （1/2）: 215–260.

［102］ Moreno-Brid J.C., Santamaria J. and Valdivia J.C.R. Industrialization and Economic Growth in Mexico after NAFTA: The Road Travelled ［M］. Development and Change, 2005, 36（6）: 1095–1119.

［103］ Oscar Bajo-Rubio, Simón Sosvilla-Rivero. Does Public Capital Affect Private Sector Performance?: An Analysis of the Spanish Case, 1964-1988 ［J］. Economic Modelling Volume10, Issue 3, July 1993, Pages 179–185.

［104］ Pargal S., Wheeler D. Informal Regulation of Industrial Pollution in Developing Countries: Evidence from Indonesia ［J］. Journal of Political Economy, December, 1996, 104（6）: 1314–1327.

［105］ PARZEN, E.On Estimation of a Probability Function and its Model ［J］. Ann Math. Statist., 1963, 33: 1065–1076.

［106］ Pastor, L., and R. F. Stambaugh. Liquidity Risk and Expected Stock Returns［J］. Journal of Political Economy, 2003, 111（3）: 642–685.

［107］ Phillips, P.C.B. and Perron, P. Testing for a Unit Root in Time Series Regression, Biometrika, 1988, 75（2）: 335–346.

［108］ Piotroski，J.，and D. Roulstone. The Influence of Analysts，Institutional Investor and Insider on the Incorporation of Market，Industry，and Firm-Specific Information into Stock Price［J］. Accounting Review，2004，79（4）：1119–1151.

［109］ Ravn，Morten；Uhlig，Harald on adjusting the Hodrick-Prescott filter for the Frequency of Observations ［J］. The Review of Economics and Statistics，2002，84（2）：37.

［110］ Rosenblatt，M.Remarks on Some Nonparametric Estimator of a Density Function［J］. Ann Math.Statist.，1956（27）：832–837.

［111］ Sarkis J.，Cordeiro J.J. Investigating Technical and Ecological Efficiencies in the Electricity Generation Industry：Are There Win-Win Opportunities?［J］. Journal of the Operational Research Society，September，2009，60（9）：1160–1172.

［112］ Scott，A.D.The Evaluation of Federal Grants ［J］. Econometric，1952（19）：377–394.

［113］ Shleifer，A.，and R.W. Vishny. A Survey of Corporate Overnance［J］. Journal of Finance，1997（52）：737–783.

［114］ Silverman，B.W.Density Estimation for Statistics and Data Analysis ［M］. London：Chapman & Hill，1986.

［115］ Storm S. and Naastepad C.W.M. Strategic Factors in Economic Development：East Asian Industrialization 1950-2003 ［J］. Development and Change，2005，36（6）：1059–1094.

［116］ Toshiya Hatano.Crowding-in Effect of Public Investment on Private Investment［J］. Policy Research Institute，Ministry of Finance，Japan，Public Policy Review，2010，Vol.6，No.1.

［117］ Tsui，K.Local Tax System，Intergovernmental Transfers and China's Local Fiscal Disparities ［J］. Journal of Comparative Economics，2005（33）：173–196.

［118］ Van Ryzin，J.On Strong Consistency of Density Estimation ［J］. Ann Math.Statist，1969，40（5）：1765–1772.

［119］ Vernon Henderson. Urbanization in Developing Countries ［R］. Economics & Social Sciences，2002，Volume.17，Issue1，89–112.

［120］ Wilde James，A.Grants-in-aid：The Analytics of Design and Response［J］. National Tax Journal，1971（24）：143–156.

［121］ 蔡昉，都阳. 中国地区经济增长的趋同与差异——对西部战略开发的

启示 [J]. 经济研究，2000（10）：30-37.

[122] 蔡昉. 为什么"奥肯定律"在中国失灵——再论经济增长与就业的关系 [J]. 宏观经济研究，2007（1）：11-14.

[123] 曹吉云. 我国总量生产函数与技术进步贡献率 [J]. 数量经济技术经济研究，2007（11）：37-46.

[124] 曹俊文，罗良清. 转移支付的财政均等化效果实证分析 [J]. 统计研究，2006（1）：43-45.

[125] 查建平，郑浩生，范莉莉. 环境规制与中国工业经济增长方式转变——来自 2004~2011 年省级工业面板数据的证据 [J]. 山西财经大学学报，2014（5）：54-63.

[126] 陈昌兵. 城市化与投资率和消费率间的关系研究 [J]. 经济学动态，2010（9）：42-48.

[127] 陈继勇，雷欣，黄开琢. 知识溢出、自主创新能力与外商直接投资 [J]. 管理世界，2010（7）：30-42.

[128] 陈建宝，李坤明. 国际油价对我国物价水平的非线性冲击——基于 STR 模型的研究 [J]. 厦门大学学报（哲学社会科学版），2011（4）：43-50.

[129] 程开明. 城市化与经济增长的互动机制及理论模型评述 [J]. 经济评论，2007（4）：143-150.

[130] 达摩达尔·N.古扎拉蒂，唐·C.波特. 计量经济学基础（第五版）[M]. 费剑平译. 北京：中国人民大学出版社，2012.

[131] 戴桂林，安平，高金田. 环境承载力视角下环境治理投入与经济增长关系的实证研究——基于省级面板数据 [J]. 中国海洋大学学报，2010（10）：137-144.

[132] 单豪杰. 中国资本存量的再估算：1952~2006 [J]. 数量经济技术经济研究，2008（10）：17-31.

[133] 邓国营，徐舒，赵绍阳. 环境治理的经济价值：基于 CIC 方法的测度 [J]. 世界经济，2012（9）：143-160.

[134] 邓伟根，王贵明. 产业生态理论与实践：以西江产业带为例 [M]. 北京：经济管理出版社，2005.

[135] 刁清华. 我国新型城镇化建设对投资的影响 [J]. 现代商业，2013（23）：115.

[136] 董秀良，曹凤岐. 国内外股市波动溢出效应——基于多元 GARCH 模型的实证研究 [J]. 数理统计与管理，2009，28（6）：1091-1099.

[137] 杜雯翠，冯科. 城市化会恶化空气质量吗？——来自新兴经济体国家

的经验证据 [J]. 经济社会体制比较, 2013 (9): 91-99.

[138] 杜雯翠, 朱松, 张平淡. 我国工业化与城市化进程对环境的影响及对策 [J]. 财经问题研究, 2014 (5): 22-29.

[139] 杜兴强, 王丽华. 高层管理当局薪酬与上市公司业绩的相关性实证研究 [J]. 会计研究, 2007 (1): 58-65+93.

[140] 樊纲, 王小鲁, 朱恒鹏. 中国市场化指数: 各地区市场化相对进程2011年报告 [M]. 北京: 经济科学出版社, 2011.

[141] 樊智, 张世英. 多元GARCH建模及其在中国股市分析中的应用 [J]. 管理科学学报, 2004, 6 (2): 68-73.

[142] 范子英, 张军. 中国如何在平衡中牺牲了效率: 转移支付的视角 [J]. 世界经济, 2010 (11): 117-138.

[143] 方福前, 孙永君. 奥肯定律在我国的适用性检验 [J]. 经济学动态, 2010 (12): 36-45.

[144] 方军雄. 我国上市公司高管的薪酬存在黏性吗? [J]. 经济研究, 2009 (3): 110-124.

[145] 方俊伟. 论城镇化与投资的Granger关系检验——以江西省为例 [J]. 中国集体经济, 2012 (33): 36-37.

[146] 封福育. 环境规制与经济增长的多重均衡: 理论与中国检验 [J]. 当代财经, 2014 (11): 14-24.

[147] 冯贵宗. 生态经济理论与实践 [M]. 北京: 中国农业大学出版社, 2010.

[148] 冯晓, 朱彦元, 杨茜. 基于人力资本分布方差的中国国民经济生产函数研究 [J]. 经济学 (季刊), 2012 (2): 559-592.

[149] 龚朴, 黄荣兵. 次贷危机对中国股市影响的实证分析——基于中美股市的联动性分析 [J]. 管理评论, 2009, 21 (2): 21-32.

[150] 谷成. 财政分权下中国政府间转移支付的优化路径 [J]. 经济社会体制比较, 2009 (2): 72-78.

[151] 顾云昌. 房地产市场的地区差异性分析 [J]. 城市开发, 2004 (6): 58-62.

[152] 桂缦评, 李双妹. 基于油价上涨的中国价格传导机制研究——中国CPI被逐步推高的一个解释 [J]. 江西社会科学, 2011 (8): 94-99.

[153] 郭杰, 李涛. 2009中国地方政府间税收竞争研究——基于中国省级面板数据的经验证据 [J]. 管理世界, 2010 (11): 54-63.

[154] 郭金龙, 王宏伟. 中国区域间资本流动与区域经济差距研究 [J]. 管理

世界，2003（7）：45-58.

［155］郭庆旺，贾俊雪. 中国全要素生产率的估算：1979~2004［J］. 经济研究，2005（5）：51-60.

［156］郭庆旺，赵志耘. 论我国财政赤字的拉动效应［J］. 财贸经济，1999（6）：31-35.

［157］国家统计局. 中国统计年鉴［M］. 北京：中国统计出版社，2000~2004.

［158］黄飞雪，谷静，李延喜，苏敬勤. 金融危机前后的全球主要股指联动与动态稳定性比较［J］. 系统工程理论与实践，2010，30（10）：1929-1940.

［159］黄菁，陈霜华. 环境污染治理与经济增长：模型与中国的经验研究［J］. 南开经济研究，2011（1）：142-152.

［160］黄菁. 环境污染、人力资本与内生经济增长：一个简单的模型［J］. 南方经济，2009（4）：3-11.

［161］黄菁. 环境污染与内生经济增长：模型与中国的实证检验［J］. 山西财经大学学报，2010（6）：15-22.

［162］黄佩华. 21 世纪的中国能转变经济发展模式吗？［J］. 比较，2005（18）：29-46.

［163］江静仪. 奥肯法则——台湾实证研究［J］. 经济论文，2006，34（3）：355-389.

［164］江笑云，汪冲. 经济增长、城市化与环境污染排放的联立非线性关系［J］. 经济经纬，2013（5）：42-47.

［165］蒋时节，刘贵文，李世蓉. 基础设施投资与城市化之间的相关性分析［J］. 城市发展研究，2005（2）：72-74.

［166］敬辉蓉. 基于 VEC 模型的城镇化与投资间动态影响关系的实证研究［J］. 特区经济，2013（3）：187-189.

［167］李宾，曾志雄. 中国全要素生产率变动的再测算：1978~2007 年［J］. 数量经济技术经济研究，2009（3）：3-15.

［168］李成，王彬，马文涛. 国际石油价格与通货膨胀的周期波动关系［J］. 统计研究，2010（5）：28-34.

［169］李婧，谭清美，白俊红. 2010 中国区域创新生产的空间计量分析［J］. 管理世界，2010（7）：43-55.

［170］李姝. 城市化、产业结构调整与环境污染［J］. 财经问题研究，2011（6）：38-43.

［171］李小平，陈勇. 劳动力流动、资本转移和生产率增长［J］. 统计研究，

2007（7）：22-28.

[172] 李增泉. 所有权安排与股票价格的同步性——来自中国股票市场的证据 [C]. 中国会计学会 2005 年学术年会论文集.

[173] 李治国. 中国区域间资本流动：基于 Feldstein-Horioka 方法的检验 [J]. 统计研究，2008（10）：73-80.

[174] 李卓，邢宏洋. 国际石油价格波动对我国通货膨胀的影响——基于新凯恩斯 Phillips 曲线的研究 [J]. 国际贸易问题，2011（11）：18-30.

[175] 林伯强，牟敦国. 能源价格对宏观经济的影响：基于可计算一般均衡（CGE）的分析 [J]. 经济研究，2008（11）：88-101.

[176] 林伯强，王锋. 能源价格上涨对中国一般价格水平的影响 [J]. 经济研究，2009（12）：66-79.

[177] 林秀梅，王磊. 我国经济增长与失业的非线性关系研究 [J]. 数量经济技术经济研究，2007，24（6）：47-55.

[178] 林毅夫，蔡昉，都阳. 中国经济转型时期的地区差距分析 [J]. 经济研究，1998（6）：5-12.

[179] 刘凤委，孙铮，李增泉. 政府干预、行业竞争与薪酬契约——来自国有上市公司的经验证据 [J]. 管理世界，2007（9）：76-84+128.

[180] 刘建，蒋殿春. 国际原油价格波动对我国工业品出厂价格的影响——基于行业层面的实证分析 [J]. 经济评论，2010（2）：110-119.

[181] 刘进等. 关于公共支出与经济增长关系的分析与实证研究 [J]. 财政研究，2004（3）：50-52.

[182] 刘佩玲，苏勇. 中国私人投资影响因素的实证研究 [J]. 复旦学报，2003（5）：742-748.

[183] 刘生龙，胡鞍钢. 交通基础设施与中国区域经济一体化 [J]. 经济研究，2011（3）：72-82.

[184] 马传栋. 工业生态经济学与循环经济 [M]. 北京：中国社会科学出版社，2007.

[185] 马拴友. 中国公共资本与私人部门经济增长的实证分析 [J]. 经济科学，2000（6）：21-26.

[186] 梅国平，万建香. 环境约束下我国经济增长的内生机理——基于 CDE 与 FBA 的数理分析与数字校正 [J]. 经济管理，2012（3）：1-12.

[187] 潘文卿. 中国的区域关联与经济增长的空间溢出效应 [J]. 经济研究，2012（1）：54-65.

[188] 庞瑞芝，李鹏. 中国新型工业化增长绩效区域差异及动态演进 [J]. 经

济研究，2011（11）：36-47.

[189] 蒲艳萍. 中国经济增长与失业关系的实证研究——有效就业分析与协整检验 [J]. 南京师范大学学报（社会科学版），2006（1）：53-58.

[190] 饶晓辉. 参数异质性、财政分权与区域经济增长的不平衡性 [J]. 统计研究，2010（3）：51-58.

[191] 任若恩，樊茂清. 国际油价波动对中国宏观经济的影响：基于中国IGEM 模型的经验研究 [J]. 世界经济，2010（12）：28-47.

[192] 任晓红，张宗益，余元全. 中国省际资本流动影响因素的实证分析 [J]. 经济问题，2011（1）：31-35.

[193] 任泽平，潘文卿，刘起运. 原油价格波动对中国物价的影响——基于投入产出价格模型 [J]. 统计研究，2007（11）：22-28.

[194] 任正晓. 生态循环经济论 [M]. 北京：经济管理出版社，2009.

[195] 邵全权. 保险业发展与经济增长的多重均衡 [J]. 数量经济技术经济研究，2013（2）：3-18.

[196] 沈坤荣. 1978~1997 年中国经济增长因素的实证分析 [J]. 经济科学，1999（4）：14-24.

[197] 史言信. 新型工业化道路产业结构调整与升级 [M]. 北京：中国社会科学出版社，2006.

[198] 宋建波，武春友. 城市化与生态环境协调发展评价研究——以长江三角洲城市群为例 [J]. 中国软科学，2010（2）：78-87.

[199] 宋马林，王舒鸿. 环境规制、技术进步与经济增长 [J]. 经济研究，2013（3）：122-134.

[200] 宋言奇，傅崇兰. 城市化的生态环境效应 [J]. 社会科学战线，2005（3）：186-188.

[201] 孙敬水. 中级计量经济学 [M]. 上海：上海财经大学出版社，2009.

[202] 孙琳琳，任若恩. 中国资本投入和全要素生产率的估算 [J]. 世界经济，2005（12）：4-13.

[203] 孙新雷，钟培武. 改革开放后我国全要素生产率的变动与资本投入 [J]. 经济经纬，2006（5）：24-27.

[204] 田杰棠. 近年来财政扩张挤出效应的实证分析 [J]. 财贸研究，2002（3）：80-114.

[205] 万春，许莉. 中国预算内收支长期稳定性和均衡性实证分析——基于1978~2003 年的样本 [J]. 财贸研究，2006（2）：85-92.

[206] 万春. 鄱阳湖生态经济区及江西省生态工业产业体系构建与新型工业

化发展研究 [M].南昌：江西人民出版社，2013.

[207] 万道琴，杨飞虎.严格界定我国公共投资范围探析 [J].江西社会科学，2011（7）：73-77.

[208] 汪冲.资本集聚、税收互动与纵向税收竞争 [J].经济学（季刊），2011（1）：19-38.

[209] 汪森军，张国强.中国经济增长的理论和实证分析：1978~1997 [J].浙江社会科学，2000（5）：39-42.

[210] 汪伟.公共投资对私人投资的挤出挤进效应分析 [J].中南财经政法大学学报，2009（5）：19-24.

[211] 王国刚.城镇化：中国经济发展方式转变的重心所在 [J].经济研究，2010（12）：70-81+148.

[212] 王美今，林建浩，余壮雄.中国地方政府财政竞争行为特性识别 [J].管理世界，2010（3）：22-31.

[213] 王清涛.中国私人投资的宏观决定因素研究 [D].厦门大学博士学位论文，2008.

[214] 王小鲁，樊纲等.中国经济增长的可持续性——跨世纪的回顾与展望 [M].北京：经济科学出版社，2000.

[215] 王晓丽.我国城镇化发展与产业结构、投资的动态分析 [J].中国物价，2013（6）：31-34.

[216] 魏刚.高级管理层激励与上市公司经营绩效 [J].经济研究，2000（3）：32-39+64.

[217] 魏浩.中国30个省市对外贸易的集聚效应和辐射效应研究 [J].世界经济，2010（4）：68-84.

[218] 魏后凯.中国地区经济增长及其收敛性 [J].中国工业经济，1997（3）：31-37.

[219] 吴强.国内资本流动的 Feldstein-Horioka 之谜 [J].宏观经济研究，2009（1）：63-66.

[220] 谢毕生，包景岭，温娟.生态工业园理论与实践 [M].北京：中国环境科学出版社，2011.

[221] 辛清泉，谭伟强.市场化改革、企业业绩与国有企业经理薪酬 [J].经济研究，2009（11）：68-81.

[222] 熊艳.基于省级数据的环境规制与经济增长关系 [J].中国人口·资源与环境，2011（5）：126-131.

[223] 徐东林，陈永伟.区域资本流动：基于投资与储蓄关系的检验 [J].中

国工业经济，2009（3）：40-48.

[224] 徐现祥，李郇. 中国城市经济增长的趋同分析 [J]. 经济研究，2004（5）：40-48.

[225] 许年行，洪涛，吴世农，徐信忠. 信息传递模式、投资者心理偏差与股价"同涨同跌"现象 [J]. 经济研究，2011（4）：135-146.

[226] 许士春，龙如银. 经济增长、城市化与二氧化碳排放 [J]. 广东财经大学学报，2014（6）：23-42.

[227] 薛永鹏，王莎. 基于时变参数的中国经济增长因素分析 [J]. 统计教育，2009（9）：52-55.

[228] 杨飞虎. 江西省公共投资效率分析及政策建议 [J]. 价格月刊，2012（12）：75-79.

[229] 杨海生，罗党论，陈少凌. 资源禀赋、官员交流与经济增长 [J]. 管理世界，2010（5）：17-26.

[230] 杨晓华. 中国公共投资与经济增长的计量分析 [J]. 统计与数量经济研究，2006（5）：68-72.

[231] 易丹辉. 数据分析与 Eviews 应用 [M]. 北京：中国统计出版社，2002.

[232] 尹恒，康琳琳，王丽娟. 政府间转移支付的财力均等化效应 [J]. 管理世界，2007（1）：48-55.

[233] 尹贻林，卢晶. 我国公共投资对私人投资影响的经验分析 [J]. 财经问题研究，2008（3）：77-81.

[234] 于春海. Feldstein-Horioka 之谜的中国经验分析 [J]. 世界经济，2007（1）：39-48.

[235] 余红艳. 城镇化发展与财政政策相关关系的实证分析 [J]. 统计教育，2008（11）：60-64.

[236] 原毅军，刘柳. 环境规制与经济增长：基于经济型规制分类的研究 [J]. 经济评论，2013（1）：27-33.

[237] 袁知柱，鞠晓峰. 制度环境、公司治理与股价信息含量 [J]. 管理科学，2009（1）：17-29.

[238] 曾慧. 基于技术创新能力的 FDI 与中国经济增长 [J]. 浙江工商大学学报，2012（3）：32-38.

[239] 曾志坚，徐迪，谢赤. 金融危机影响下证券市场联动效应研究 [J]. 管理评论，2009，21（2）：33-39.

[240] 张海星. 中国公共投资与经济增长的协整检验 [J]. 财政研究，2004（7）：40-43.

[241] 张军，吴桂英，张吉鹏. 中国省际物质资本存量估算（1952~2000）[J]. 经济研究，2004（10）：35–44.

[242] 张军，章元. 对中国资本存量 K 的再估计 [J]. 经济研究，2003（7）：35–43.

[243] 张录强. 广义循环经济的生态学基础——自然科学与社会科学的整合 [M]. 北京：人民出版社，2007.

[244] 张晓莉，刘启仁. 中国区域资本流动：动态与区域差异 [J]. 国际商务研究，2012（3）.

[245] 张勇，古明明. 公共投资能否带动私人投资——对中国公共投资政策的再评价 [J]. 世界经济，2011（2）：119–134.

[246] 张征宇，朱平芳. 地方环境支出的实证研究 [J]. 经济研究，2010（5）：37–48.

[247] 赵岩，赵留彦. 投资—储蓄相关性与资本的地区间流动能力检验 [J]. 经济科学，2005（5）：25–36.

[248] 郑恒. 炒楼投机对房地产价格的影响分析 [J]. 预测，2004（4）：41–44.

[249] 郑群峰，王迪，阚大学. 中国政府投资挤出（挤入）效应空间计量研究 [J]. 财贸研究，2011（3）：69–77.

[250] 郑思齐，刘洪玉. 如何正确衡量房地产价格走势 [J]. 中国房地产，2003（3）：27–29.

[251] 中国 21 世纪议程管理中心，环境无害化技术转移中心. 生态工业园规划与管理指南 [M]. 北京：化学工业出版社，2008.

[252] 钟水映，李魁. 人口红利、空间外溢与省域经济增长 [J]. 管理世界，2010（4）：14–26.

[253] 周长才. 经济增长与失业：奥肯定律在中国的存在性检 [J]. 学术研究，2001（12）：36–40.

[254] 周游，秦向东. 奥肯定理在中国适用情况的实证分析 [J]. 当代经济研究，2006（10）：28–30.

[255] 庄子银，邹薇. 国有企业改革——企业作为一种激励性制度安排 [J]. 经济学家，1997（1）：34–41.

后　记

　　掌握一定计量经济学方法是从事经济学研究的有力工具，为此笔者将自身多年教育经验及多位同行在经济学领域研究的心得汇总，以供大家分享，希望能在此方面给有志于经济学领域探究者答疑解惑，避免走弯路。古人云：不闻不若闻之，闻之不若见之，见之不若知之，知之不若行之，学至于行而止矣。本案例深入浅出，通俗易懂，通过详细的实验步骤使读者能够更好消化吸收。多数人畏惧经济学数理方法，华罗庚说过："难也是如此，面对悬崖峭壁，一百年也看不出一条缝来，但用斧凿，能进一寸进一寸，得进一尺进一尺，不断积累，飞跃必来，突破随之。"只要我们怀着"石以砥焉，化钝为利"的精神，必定能攻克此难关。本案例编写历时一年，在即将封笔之际深感"逝者如斯夫"。本案例努力提供经济学领域有关实证研究方法的案例，然而，在该领域内不过是冰山之一角，在今后教学研究中将积累更多优秀案例，不断地对本案例进行补充及完善。

　　伴随着"日轮当午凝不去，万国如在洪炉中"的南昌炎炎夏日，我们完成了对本案例的编写工作。在此对参与及帮助本案例编写的同仁致以深深的感激和谢意，感谢江西财经大学李国民副教授、封福育副教授、万春副教授、王守坤博士、熊家财博士、张鹏博士、余炳文博士、邢有为同学等对本案例编写的无私奉献，感谢江西财经大学经济学院硕士生孟祥慧、李冀凯等为本案例编写的认真校对及辛勤付出。

　　本案例编写过程中借鉴和吸收了大量专家和同行的研究成果，在此深表感谢。本成果的不足之处，恳请各位专家、同行及读者批评指正。

　　本案例由中央财政支持地方高校发展项目：理论经济学项目、江西省学位与研究生教育教改项目及江西财经大学教学项目资助出版，在此深表感谢。

　　感谢生活！感谢大家！

杨飞虎

2015 年 9 月于南昌